mark

這個系列標記的是一些人、一些事件與活動。

Mark 91

也無風雨也無晴

作者：沈昌文
責任編輯：韓衛衛、繆沛倫
封面設計：楊啟巽
封面插畫：沈帆
排版：天翼電腦排版印刷股份有限公司
法律顧問：全理法律事務所董安丹律師
出版者：大塊文化出版股份有限公司
台北市105南京東路四段25號11樓
www.locuspublishing.com
讀者服務專線：0800-006689
TEL：(02) 87123898　FAX：(02) 87123897
郵撥帳號：18955675　戶名：大塊文化出版股份有限公司

總經銷：大和書報圖書股份有限公司
地址：台北縣五股工業區五工五路2號
TEL：(02) 89902588 (代表號)　FAX：(02) 22901658
製版：瑞豐實業股份有限公司
初版一刷：2012年1月
定價：新台幣380元

ISBN 978-986-213-315-6

Printed in Taiwan

也無風雨也無晴

沈昌文 著

目錄

第一章　二十年上海生活

第二章　從校對開始的翻身

第三章　文革中的記憶

第四章　「二主」之下的一把手

第五章 十年總經理

第六章 「退休」後的天地

第七章　「脈望」的故事

結語

後記

附錄

第一章

二十年上海生活

「棚户」裏的「小赤佬」

我的父親是上海大場地方人。大場據說就是現在上海大學所在的地方，可是我沒去過。祖父出身大概是大場的一個農民或者地主，我說不清楚；祖母出生於大場附近，一個叫廟頭的地方。

祖父叫什麼名字也不知道，我只知道他是做廚師出身，後來經營「包飯作坊」。當年上海的上班族越來越多，上辦公室送餐的行業發展起來，那時把這行業叫「包飯」。祖父很早就去世了。開「包飯作坊」以前，據說在一家著名的中學——民立中學做過總務工作。後來聽說同中學的領導鬧得不大愉快，也不知什麼原因。民立中學是蘇家私人創辦的，現在在上海還挺有名。據說我姐姐當年進不了那中學，祖輩爲此生氣已極，因此一定要督促我進入別的好中學。

祖母是一個很有能耐的人，很長時候是她管包飯作坊的業務。在上海，開包飯作坊據說一定要同黑社會有勾結。不然，你的工人肩

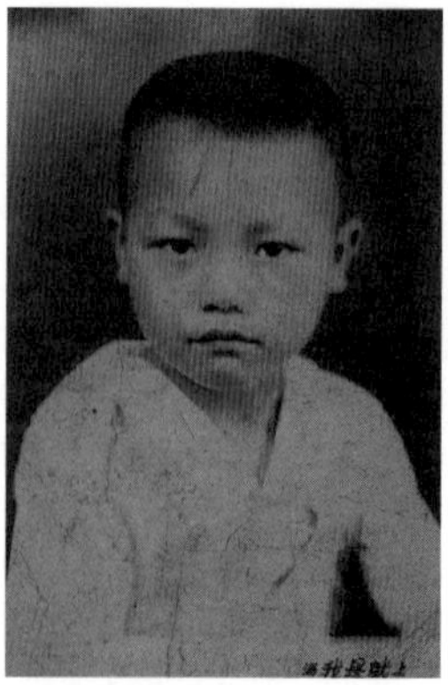

沈昌文（六歲）

挑菜、飯在市裏走，有可能被乞丐搶奪。所以，據說祖母一直是個小有名聲的「白相人①嫂嫂」。我還記得，小時看見她某日穿得衣著鮮明，說是要出去「吃講茶」，這次她是去解決人家的婚姻問題，是離是合，全憑她的「閒話一句」。

可能由於祖母太能幹，父親一直做大少爺，沒法繼承上輩的事業。他十三歲就抽鴉片，畢生一無作爲。我問祖母爲什麼讓他抽鴉片，她說當年流行的觀念是：抽鴉片的孩子不變壞，比如不嫖不賭，這就能夠把我們的家產保持下來。我父親的確是不嫖不賭，可是也從來不做事情，整天抽鴉片，直到二十九歲去世，那時我才三歲。

我不知道父親長得怎麼樣，只知道他叫沈漢英。我現在能回憶起來的只是他去世的時候，我在靈堂上哭，別的全不記得了。父親去世沒多久，我們全家就逃亡了，因爲出乎我祖母的意料，父親所負的債已經超過我們家所住的房子和店產所值，只得逃亡，留下房產抵債。我跟媽媽逃到寧波她的娘家，祖母和姐姐逃到山東煙台，我的姑媽家（爸爸有兩個妹妹，小妹夫在煙台工作）。

---

①白相人，舊上海俚語，相當於現在說的流氓。

我補說一句，我爸爸和媽媽怎麼會結合？我外祖父是寧波人，來上海經商，成爲祖母家的房客。父親和母親就在那個宅子裏結的婚。母親告訴我說，她是結了婚才知道老公是抽鴉片的。十三歲就抽，結婚的時候也就二十歲多一點，已經抽了很多年了。

我們逃到寧波，住在外祖父的老家。住了一年回到上海。在寧波的一年光景，我人雖小，收穫倒是不小。主要是，我的外祖母天天教育我怎樣做寧波人。她總是讚揚同外國人打交道的寧波人。她鼓勵我長大後去做「剛白多」（「買辦」的音譯）。她用寧波話說，「剛」就是「講」，「白」是「白白地」，「多」是「拿」。那類人靠講講話就能白白的拿錢，所以是最好的職業。我後來才知道，「剛白多」者，**comprador** 的寧波發音也。怪不得，在我外婆心目中，最偉大的「剛白多」，是「阿德哥」（虞洽卿②）。這可以說是我最早受到的啓蒙教育。

不久，祖母也從煙台回到上海。她在上海租了一個房子，又借錢開了一個米店。沒多久，米店倒閉。於是我們就變成流浪人了。我祖母在那個店關了門之後在附近租了一個現在的話叫「臨時建築」的小房子，那時叫「棚戶」，就是馬路邊上用木板釘的破爛房子。

---

②虞洽卿，上海幫會領袖，人稱阿德哥。浙江鎮海人。出身貧寒，曾讀私塾。一八九五年起，歷任德商魯麟洋行、荷蘭銀行、華俄道勝銀行買辦。先後創辦寧紹、鴻安及三北輪船公司。辛亥革命曾捐助軍餉。歷任上海總商會會長、寧波旅滬同鄉會會長、淞滬市政會辦、公共租界工部局華董等職。抗日戰爭爆發後，拒絕與日方合作，於一九四一年赴渝。卒於重慶。

沈母

住到棚戶裏，我倒算是「落葉歸根」了。我在那裏住了五六年，天天在那破舊的木板房子的板縫中看這個世界。按上海話說，我只不過是個「小赤佬」，但家裏大人覺得我們家是敗落的大戶人家，不許我跟附近的窮孩子在一起，只能一個人從板縫中看世界了。

這個時候我大概六歲，要上學了。開始在附近一家寧波人辦的學校上了幾個月的學。學校很差勁，祖母堅決反對。祖母說我們是好人家，好人家的孩子必須受好的教育，不跟壞孩子在一起。我們周圍住的都是工人和小商販子弟，他們生活水平比我們高些，因爲他們好歹還有收入，但祖母絕不允許我同他們交往，叫他們「野蠻小鬼」。祖母找她的親戚，就是我二姑媽的婆家，他們家有人是上海「工部局」的文員，上海話叫「大寫」。工部局實際上是英國人統治上海租界的政權機構。工部局職工在他們開辦的學校讀書可以免費。於是我改名叫王昌文（原名沈錦文。這一家姓王，孩子的排行為「昌」，因改如此），冒充他們家孩子入學。學校的名稱叫「北區小學」（現在叫「康樂路小學」），在上海北火車站附近。我從來沒穿過西式襯衣，爲了要進這個學校，媽媽連夜給我用針線縫了一件襯衣。我從此更不跟鄰居交往，只跟學校裏的同學交往。我在這個小學裏念了六年，從一九三七年一直到一九四三年。這個學校用現在的語言講是帝國主義統治的，強調英語，但也有一些著名教育家在那裏，例如陳鶴琴③先生、葛鯉庭先生、章印丹先生。學校教育的確很好，我在裏面假冒有錢人家孩子，天天跟有錢人家的孩子一起念書。我必須成績好，才能保證繼續學習。

還沒到畢業，一九四二年底，上海給日本人佔領了，英美人都進了集中營，來了日本老師。英語不學了，開始學日語。很意外，新來的日本年輕女老師對我很好，所以我學日語非常勤奮。

順便說說，當時李香蘭他們唱的流行歌曲中有控訴鴉片禍害的內容，這也對我起了作用，使我對日本人有好感，因爲我受母親教育，十分痛恨鴉片——這裏可見日本人當年的宣傳還是起了不小的作用。

一九四三年我小學畢業，但上不起中學，怎麼辦？當時北區小學透露給我有一個機會，有一位上海有名的紳士，叫沈恩孚④，一九四三年八十歲生日，收了些禮金，他把那些禮金辦成獎學金。我經過小學老師推薦，得到了他一年學費的資助。恩孚先生的兒子沈有乾⑤先生那時是上海工部局華人教育處的領導，記得當時還把我

---

③陳鶴琴，一八九二年生。教育家。提出活教育理論，重視科學實驗，主張中國兒童教育的發展要適合國情，符合兒童身心發展規律；呼籲建立兒童教育師資培訓體系。編寫過幼稚園、小學課本及兒童課外讀物數十種，設計與推廣玩具、教具和幼稚園設備。一生主要從事於一系列開創性的幼兒教育研究與實踐。建國後，先後任中央人民政府政務院文教委員會委員、華東軍政委員會文教委員、文字改革委員會委員。一九八二年去世。

④沈恩孚，一八六四年生，字信卿，江蘇吳縣人。中國近現代教育家，同濟大學第四任校長。早年就讀於上海龍門書院，後執教於寶山縣學堂。一九〇四年東渡日本考察教育。回國後任龍門師範學堂監督，主張變法維新。一九一三年主持江蘇教育，主張體育、童子軍、新教育等理論、方法。民國六年與黃炎培等發起中華職業教育社，籌創南京河海工程專門學校。武昌起義後入江蘇

找去專門談話，懇切勉勵我好好學習（半個世紀後，我才知道有乾先生是知名的旅美學者。我很高興後來自己在大陸出版了他的著作，但那時他大概已作古了。恩孚先生的幼子沈有鼎，恰恰又是社會科學院的專家，我也為他出過書）。

這時我也考取了工部局的育才中學，恢復姓沈，名就不改回來了。我進去的時候當然已經是日本人統治下了，但學校還十分重視英語訓練。英語老師是牛津畢業的，叫丁文彪。語文老師也非常好，是一位小說家，叫陳汝惠⑥。我在中學初一念完，到初二，獎學金沒有了，家裏怎麼也籌不出錢來。那時我媽媽在當保姆，我姐姐找到一個工作是做火車站裏邊的播音員，都沒多少收入。所以初二下半學期念了不多天，連上學期的學費都欠繳，就在學校「失蹤」了——一九四五年三月二十八日，我的媽媽通過她的姑父介紹，把我送到一個銀樓當學徒了。

在家庭十來年的教育下，我已初步形成幾個觀念：

一、痛恨鴉片，因爲它是家道中落的根源。

二、討厭上海人，喜歡寧波人。這是母親幾乎每天教導我的，因

都督府，任副民政長，旋任江蘇省公署秘書長。一九一三年「二次革命」後棄政從教。創辦鴻英圖書館。又任上海市議會議長。抗戰期間寓居上海閉門讀書。一九四九年四月病逝於上海。

⑤沈有乾，一八九九年生，字公健，江蘇吳縣人。心理學家、邏輯學家和統計學家。三十年代曾致力於學術小品和隨筆的寫作，作品散見於《新月》、《論語》等刊。著有《心理學》、《教育心理學》、《論理學》、《現代邏輯》等。

⑥陳汝惠，一九一七年生，上海寶山人。一九三二年畢業於省立上海中學鄉師，一九三四年起任上海立德中學初中語文教師。愛好文學，業餘開始寫作。一九三七年抗戰爆發，向《申報．自由談》《譯報．前哨》《文匯報．學林》投寄雜文，並出版有兒童文學作品《我們的新生活》等。

爲她認爲自己最大的失誤是嫁了一個上海人。她認爲上海人好吃懶做，不如寧波人勤奮。

三、時刻記住自己是「好人家子弟」，不跟窮人家的「野蠻小鬼」交往。

第二點，等到自己做了寧波人商店的學徒後更加強了。第三點，幾乎影響了我幾十年。直到「文化大革命」起來，一九六六年中，有人專門寫了一張系統揭發我的大字報，說我是假工人，實際上是階級異己分子。他這麼寫，可以說，是有他的理由的。

「銀樓」裏的小夥計

銀樓也者，是上海製作和買賣金銀首飾的商店。這一家店招牌叫「老寶盛」，在法租界西門路六十五號，規模不大。這個店的老闆姓趙，我從此就成爲他家裏的一個成員。我從此諱言自己是上海人，包括戶口本在內，都說我是寧波人或鎮海人。好歹我從小跟媽媽長大，會說寧波話，懂得寧波人的生活習慣。我長得很小，不大會做體力勞動，也不知道怎麼經營首飾。做金銀買賣看來不費勁，其實很累。例如隔幾天晚上要把金子銀子分別放到一個坩鍋裏面熔化，然後澆在模子裏面。我剛去只會拉風箱，就簡直累死人。另外還要做各種雜務，等於是一個傭人。生活也不習慣。寧波小商人眞是不得了，他們把最地道的農村習慣都帶到上海來了。例如愛吃臭的東西。檢驗臭的標準是看有沒有長蛆，長了蛆這食物才算臭得夠了，可以食用。老闆娘規定，每次從臭缸裏取出食物必須先送給她看，她邊念「往生咒」邊把蛆蟲挑出，然後把食物給我們吃。我開頭吃

沈昌文（左）學徒時照

不下，過了六年之後，我也視此爲美味了（現在如還有人請我吃，一定感恩不盡。現在在北京，我常去飯館吃臭豆腐，都嫌不臭，想必是他們不懂要先長蛆這個竅門）。

我進去了之後，因體力不夠只能做雜務，手藝學得不多。可是沒多久，我的長處表現出來了：我的文化比較高。初二念了半個學期，在那裏就算是文化高的。寧波小商人的特點喜歡雇用家鄉裏的半文盲，把他們弄到上海，以後好駕馭。我的師兄弟都識很少的字，報紙也看不下來。我能夠看報，天天讀小報（上海當年的小報是我的語文老師，大家可以想見我的文化品味了）。也看《文匯報》，經常給人宣傳裏面的消息。但徐鑄成⑦三字中的「鑄」，我當年一直讀成「壽」，也從沒人更正（將近半世紀後，我見徐老多次，卻不敢把這故事告訴他）到一九四五年九月，我的另外一個才能發揮出來了：我敢說半吊子的英語。當時抗戰勝利了，美國兵到上海，美國水兵大都帶著妓女（那時叫「鹹水妹」——handsome mate）一起買首飾。我學會叫美國兵：Hi, Mr Roosevelt，生意就容易做成。

那是一個很奇怪的地方，鄰近老西門，往北是法租界，往南是中國地界，是所謂的「三不管」地帶。這裏的特點，一個是妓女多。

⑦徐鑄成，一九〇七年生，江蘇宜興人。民國十六年步入新聞界，前後達六十餘年。曾參與籌備《大公報》上海版的創刊工作，歷任要聞編輯、總編輯。後主持《文匯報》編務，堅持宣傳抗戰，報道中國共產黨領導的抗日武裝力量的英勇鬥爭，後任《文匯報》總主筆。民國三十六年五月，《文匯報》被國民黨當局勒令停刊。他赴香港創辦香港《文匯報》，任總主筆兼總經理。一九四九年六月，《文匯報》在上海復刊，徐任社長兼總編輯。此外，長期致力於新聞教育事業，傳授新聞工作經驗，培養新聞人才。一九九一年逝世。

那裏的妓院不叫「長三」、「么二」，叫「鹹肉莊」，就是說，這裏賣的人肉，已是醃過的了，可見檔次之低。另一個是賭場多，我見識過中式洋式的各種賭博。我從小在這麼一個場所謀生，可說是三生有幸了。現在我結交的朋友，就不止是「野蠻小鬼」了。我很好的一個朋友就是扒手。我從原來的假裝自己是有錢人家的孩子發展到完全墮落到社會的底層。當然朋友中也有體面的人物。例如有一個朋友是大漢奸周佛海的小舅子（實際上是情人的弟弟）。他原來是附近一個工廠的學徒，後來他的唱京戲的姐姐同周佛海好上了，他就開上了奧斯汀。一次我去他姐姐家收帳款，看見保險箱裏的大金條（上海叫「大黃魚」）碼了幾十摞。這位先生是北方人，常常鼓勵我讀《紅樓夢》，用北京話解釋裏面的情節。

在上海，凡名叫「銀樓」的金銀首飾店都是寧波人經營的。寧波商人取勝之道，在我今天看來主要就是「誠信」兩字。這種誠信教育，可以說是我在六年學徒生涯中時刻感受得到的。

首先，在上海由寧波人經營的銀樓，全用同業公會的形式組織起來。我記得當年全上海一共有五十四家銀樓：十八家「大同行」，十八家「新同行」，另十八家「小同行」。我所在的店，只是「小同行」之一，但是它有合法經營金銀首飾的權利。其次，它採用嚴格的師徒制。徒弟進山門拜師，當場諸親友高呼：「一日爲師，終身爲父」。於是，爲徒的種種，都由「師」管起來。學徒三年，屆滿後，師傅召集同業，盛會通知，並顯示這徒弟以後所做首飾上面所鐫特別的鋼印暗記。以後，憑這暗記，凡此徒所做首飾，成色如有不足，爲師要負全責。記得一個師傅對我說過，如你把這鋼印暗記打在一把剪刀上，別人也只能當作黃金收購，然後找你師傅算帳。我在這商店工作雖然有六年，但是一年多後，黃金已不准買賣，所以沒有享受到如此殊榮。但是，耳聞目睹，情況確實如此。

次則，在上海混日子，所見哄矇拐騙自然極多。我爲傭做工六載，學得到一條閃避之道是：勿貪小利。這也是我爲工六年學到的一條生存法則。在當年上海，只要在馬路上稍微走上幾步，就有種種營利之道吸引你。你一旦上鉤，最後莫不鎩羽而歸，弄得口袋空空。其中細節，不必細說。因是之故，我至現在爲止，極少使用什麼「卡」。我總相信，爲何要把辛苦掙得的血汗錢，放在一個什麼「卡」裏。有錢只存荷包，是爲上策。

成爲了小「僕歐」

進銀樓才一年多，中國大局勢有了變化，我做不成首飾工人了。一九四七年前後，蔣經國到上海「打老虎」⑧，不久禁止黃金買賣。於是店就關門了，店員都遣散了。在這種情況之下，老闆考慮到以後可能還有復業的希望，便把我留下。我也沒工資，也沒正經事，只伺候老闆和他的朋友們飲宴和打牌，成爲了一個十十足足的上海灘小「僕歐」（boy）了。

我沒有工資，一無收入。現在來看，有這幾年經歷倒也好。第一，我趁伺候人的機會認識了一些人，大長見識。第二，我有了時間上夜校，做一個半吊子的學生。這兩點，使我成爲現在的沈昌文。

說認識人，那時給我印象很好的人是一個漢奸，叫劉碩甫。他是一個非常有學問的人，一九四二年後擔任過汪僞上海電影方面的領

---

⑧打老虎：一九四八年八月，蔣介石為了管控上海日益嚴重的財金紊亂現象，欽命蔣經國到上海「協助經濟管制督導生產」，俗稱「蔣太子上海打老虎」。

導。一九四五年後好像沒抓起來。他那時閒著沒事，常常過來打橋牌。有時看見我這小孩在伺候這些人的時候，一有空暇，不是念《古文觀止》，就是練毛筆字，就過來瞧瞧。他看我臨帖，先誇獎我臨帖時能體會帖中的筆意，認爲這是學寫字的正道，孺子可教。接著認爲我臨的帖不好。他要我臨《虞恭公碑》，不要臨《玄秘塔》，以後還買來送給我。他常講寫字如做人，高明處要「意到筆不到」，認爲其中有深意存焉。我這十幾歲的毛孩子，哪能聽懂他這話，但也恭恭敬敬地記在腦海裏了。在以後的幾十年裏，我經常想起這話，越來越覺得有道理。做人做事，到高級階段，太需要「意到筆不到」。等我當了領導，覺得更需如此。所謂「化境」，此之謂也。

他見我勤讀《古文觀止》，要我少讀後半，多讀前半，認爲這才是古典的根本。但是我哪能讀懂先秦的文章，他沒教我，後來還是去公園跟一位趙老師學的。

劉先生還經常跟我念叨他的老師清道人。他一說起清道人⑨，立即肅然起敬，而我當年根本不知道清道人是何許人。以後稍稍知其人。年邁以後，吃喝玩樂之餘，讀讀飲食史，方知其人有日啖百蟹之美名。

---

⑨清道人，一八六七年生，清末書法家。姓李，名瑞清，號梅庵。江西人。光緒進士，授編修；累官江寧布政使及提學使。鼎革後，居滬改道服，自稱「清道人」。鬻書自活。其書初學黃庭堅，後摹北魏，以蒼勁勝。兼工詩畫。一九○二年去世。

這位劉先生不僅政治上走了下坡路，家庭生活也極不如意。他的太太據說是個大美女，抗戰勝利後跟國民黨接收大員跑了。此公那時真是百無聊賴，只好經常同我這小傭工閒聊，實際上成了我的導師。

老闆的表弟賀尚華，是生活書店⑩出身的。來上海後，自己在四馬路（今福州路）開了一家「上海書報雜誌聯合發行所」。沒開的時候，郵件都託我這小鬼收轉。我經常收到延安寄來的書報，大開眼界。有一次，讀到寄來的《李有才板話》，是我接觸到的第一本中國紅色文學。賀先生自己的店開業後，我也常去（一九四九年後他來北京當新華書店總店的一個中層領導，我一九五一年到北京後，他對我很照顧。但他在以後政治運動中處境一直不佳，不知為什麼，可能是因為他當過「資本家」的緣故）。

賀先生曾經帶來不少朋友，我印象最深的是一位黃寶珣女士。這位女士經營一家耕耘出版社，常在飯桌上談論那裏的業務。但我最不能忘的是，她的先生，一個四川人，居然食物非辣不能下嚥。這就苦了我這僕歐——要上街去買什麼「魚香肉絲」。

---

⑩生活書店：一九三二年七月成立於上海的革命出版機構。前身是鄒韜奮主編的《生活》週刊。一九四八年十月與讀書出版社、新知書店合併成立生活・讀書・新知三聯書店。

還可以講一下我同著名的台灣女作家於梨華⑪的結識。老闆的一個同鄉叫於升峰，是留法的化學家，抗戰勝利後從大後方到上海，轉道去台北，借住在老闆店裏。於先生的大小姐跟保姆說要找書看。他們說我們這店裏沒有書，只有樓下的小屋子裏邊有個小鬼他還有一點書。她後來找我。我記得借給她看的是生活書店的「世界文庫」。那是我從廢物堆裏撿來的，自己正在愁看不懂。於小姐見到這書，可能會以爲我是有學問的人了（同時撿到的還有幾本《萬象》雜誌，這是我以後辦《萬象》的最早的動因）。就這樣認識了於梨華。當年我是一個小窮鬼，她是大小姐，我們沒說過什麼話。但是老闆的弟弟趙振堯先生以後去台北，在「台糖」工作，常告訴我大小姐的消息。

---

⑪於梨華，一九三一年生於上海，原籍寧波鎮海。華裔美國作家。抗日戰爭時期隨家遷居福建、湖南、四川等地。一九四九年赴台灣，考入台灣大學外文系，後轉歷史系。一九五三年畢業後進入美國加州大學新聞系，一九五六年獲碩士學位。一九六五年起在紐約州立大學奧爾巴巴分校講授中國文學課程，一九七七年任該校中文研究部主任。

地下共產黨的小崇拜者

老闆讓我伺候的人有各種各樣，就政治身分說，有國民黨、青年黨，更有大量的共產黨。前兩種人是當政的，正在鋒頭上，對我們下人呼五喝六、兇得要命，我們當然沒有好印象。記得有一個文人叫張希爲，當什麼報紙的頭頭。起初對我們很禮貌。不多久，不知怎麼當上了上海的社會局長，坐上了名牌車，於是態度大變。我輩下人，豈有政治意識？對人之好惡，大都是看他們對自己的態度而定。

後來我發覺來的人中間，共產黨的越來越多。寧波有一個地方叫四明山，據說新四軍被打散的時候，有一個「三五支隊」退到這個地方，以後寧波人就稱共產黨爲「三五」。老闆有個堂兄叫趙鳴皋，據說就是「三五」。他有時就住在這家銀樓裏，常常同我們談時局，對我們很有啓發。但現在到店裏來的，實際上卻是從蘇北解放區來的。他們在上海做各種活動，跟我非常好，我跟共產黨發生關係就從這時候開始。他們讓我買進步雜誌，有時還讓我為他們收發郵件。他們來上海做的事情多半是採購，買的東西一個是盤尼西林等藥品，一個是無線電器材，第三個是機帆船，後來知道那船是準備渡江用的。

他們來的時候穿得很破爛，往往睡在我的床上。以後不知怎麼，一下子就服飾鮮明了。於是就跟其他客人一起打牌或吃飯。有次打橋牌，有一個蘇北來的年輕人，每天打牌之餘都努力去讀一本英文書。我能讀簡單的英語，得便找來偷看一眼，原來是本橋牌手冊。看來他要為黨工作，不得不努力讀書熟練打橋牌技巧，這眞使我肅然起敬了。看來他們嘴裏也叫著 diamond、spade……心裏可在想別的。

有一次，從蘇北來了個年輕人，叫李俍民。他的哥哥李鐵民過去常來，我只知道他們的父親是上海的大地產商，寧波鎮海的名人。李俍民很早就投身革命，現在因病從蘇北來上海。他來的時候，衣衫簡陋、病容滿面，當然無法回家，就先住在我的鋪上。如是幾週，他又變成城裏人模樣，再回家。但是等我回到床鋪，住了一晚，給蝨子叮得渾身瘡疤，由是可以想見他們在蘇北生活的艱苦。以後他去上海滬江大學念書，還常來玩。他在大學裏念外語，因此他來時我總要同他討論外語，特別是俄語。他後來成爲大陸著名翻譯家，有名的一個譯品是《牛虻》⑫。一九四九年以後，他在上海譯文出版社工作，以專譯外國紅色文學作品著稱。後來聽說到「文革」的時候，不知爲什麼連他也挨整了。

還有一個地下共產黨員，同我關係更多些。他叫虞天石，似乎是一位領導。他來後不久，就託我們在銀樓旁邊租一小房，把家眷接來。這樣同我們關係更密切了。他看我愛好學習，常常同我談天，但很少討論革命，只是勸我多學本領。常常要我辦事，無非是購買書報，至多是收發信件，有時幫忙做做家務。我相信都不是什麼地下的祕密活動。他給我取了一個外號：「小聰明」。動不動就對他的那些熟人說：這事交給「小聰明」去辦吧。這使我十分得意。

儘管如此，我可是從來沒有爲他幹過革命地下工作。他本人，也從來沒有透露在做地下工作。可是，大概過一年光景，他忽然被捕了。於是才知道，他此行的目的，就是來爲共產黨策反國民黨的一些部隊的。二〇〇〇年北京的中共黨史出版社出了一本《天石詩選》

---

⑫牛虻：英國女作家艾捷爾・麗蓮・伏尼契（Ethel Lilian Voynich）的代表作。《牛虻》以十九世紀三四十年代意大利人民反對奧地利殖民統治的鬥爭為背景，以愛國志士「牛虻」的命運、遭遇和結局為線索，猛烈抨擊了天主教會虛偽的反動本質，熱情歌頌意大利人民為民族解放、國家獨立所做的英勇鬥爭。《牛虻》中文譯本於一九五三年出版，發行量達一百多萬冊。

（寧波新四軍研究會等編），我看到了，覺著好奇，翻了一下，發現原來就是紀念這位先生的，而且由此知道虞天石善詩，這是大出我的意料的。從此書看來，他在一九四九年後在上海的法院做領導工作，但那時我多半不在上海，從來也沒見過他。我看了此書後，最覺得不解的是，到了「文化大革命」，連他這樣的革命分子也受衝擊，居然「被隔離審查，並帶病下放上海乒乓球拍廠勞動」，直到一九七七年秋才平反，一九九八年去世。

再說一句：虞天石入獄後，銀樓的老闆趙先生和他的家人還想營救他。他們當時找到了一位很有名的吳律師（就是著名人士楊瀾的先生吳征先生的先人），一起在飯桌上討論多次，都歸我伺候。很意外的是，師傅趙先生多次表示，不惜花費，一定要營救虞天石。我由此對趙的「四海」又多了一層認識。

前不久，有幸見到虞天石一九九五年寫的關於當年在老寶盛銀樓從事地下活動的材料，附印在這裏，可以看看。

我當年看到這些人，自以爲看到了光明，多次提出來要跟他們到蘇北去。他們告訴我說全國快勝利了，你就等待解放吧。

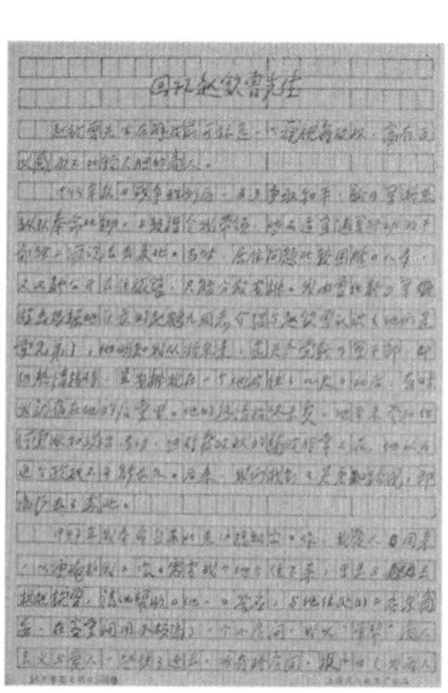
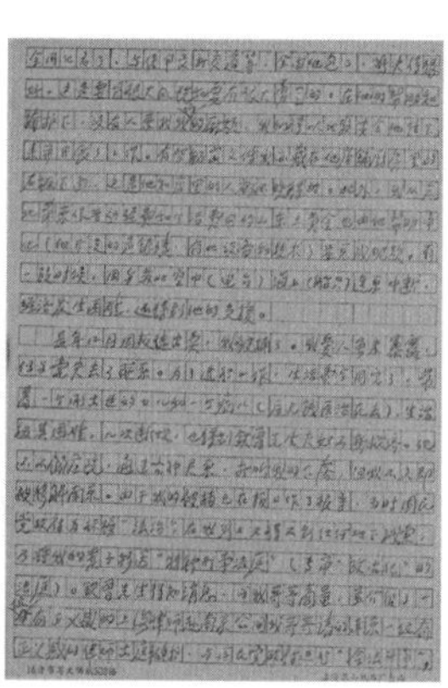
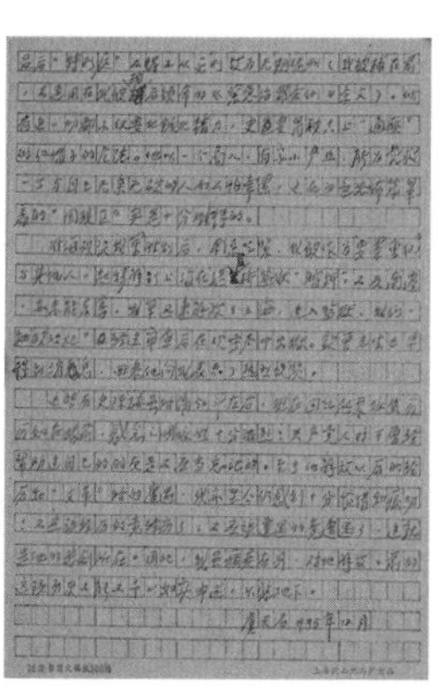

虞天石：回憶趙嶔曾先生

漫無目標的自學生涯

我受了祖母「要記得自己是好人家子弟」的教育，一直想離開「學徒」的崗位，另謀出路。而出路之唯一可行之處，便是要使自己有一技之長。因此，從學徒的第一天開始，我就千方百計尋覓補習的途徑。

開頭找到的是函授學校。先是通過函授學速記，後來開始學會計。一九四七年以後，自己在店裏的地位比較穩定，就進一步出門去上夜校。我感謝當時上海教育的商業化程度，更感謝諸多熱心教育的公益人士。在那時的上海，幾乎從早上五點鐘到夜晚十點十一點，都能找到學習機會。

五六年時間，算起來我前後上了十四所補習學校，學習多種技能，從速記、會計，直到攝影、英語、世界語、俄語和無線電等等。這還不算早上五點就到法國公園（現復興公園）聽講英文等語文。

公園裏一位丁文彪先生，我在念中學時就上過他的課，這時又有幸在公園聽他跟我們講《泰西五十軼事》，既有外語又有西方歷史和文化，令我大開眼界。還有一位趙老師，每天清晨在公園開講《古文觀止》。從劉碩甫先生和他那裏，我才知道我在櫃檯邊一人偷偷自修的《五人墓碑記》之類，都還算不上地道的古文。讀《古文觀止》，難處在書的前面部分。我跟他讀《鄭伯克段於鄢》，那抑揚頓挫的語調，至今難忘。

讀這些書，除了可以幫老闆寫些半文不白的商業信件，用處不大。於是，轉向實用課程。學了好一陣簿記、會計，唯一的成果是把店裏的中式帳簿改爲西式的簿記，更大的成就是會做假帳。這名聲一傳出去，就謀得了若干業餘做假帳的活計。找我最勤的是一家玻璃廠，老闆姓高。高先生有兩架照相機，都是名牌，可以借我使用。我於是又去學了攝影。上的夜校在上海八仙橋基督教青年會，那裏有一個印度人教「孤光攝影」（one light photo），用英文講課。我半懂不懂地聽了一陣，覺得這玩意兒太公子哥兒，不能爲我提供飯碗，遂中止。但通過這課程，開始知道人像攝影的一些基本道理，還包括給女士化妝的若干技巧。

在上海學外文自然很方便。跟丁博士學了一陣英語，覺得不實用。就到東方飯店一位張先生處學實用英語。晚上九點後到張先生寢室，專門教我們學「西崽」（waiter）用的英語，從招呼人到菜名，好背了一陣。但是以後進不了菜館打工，也是白搭，只能作罷。至於學世界語、俄語，完全受當年的進步思想影響，特別是李俍民老兄的點撥，但學了沒用，自然只能空學一陣而已。

學得最久的是無線電收發報。整整一年，在上海五馬路（今廣東路）格致中學辦的一個夜校裏。老師是交通大學出身的，記得叫汪永年。汪老師教得很認眞，特別是無線電原理。我只學過初一的數學，聽課非常吃力。特別是講到交流電，我哪懂什麼三角，老師講什麼 angle COA 之類，我更莫名其妙。但收發報的技巧我很行。這是我唯一讀畢業的夜校。五馬路是上海妓女出沒之所，每晚，我們這裏講無線電理論，旁邊不斷傳來妓院裏的歌聲，實實在在是當年上海洋場的一景。畢業後，夜校介紹工作，讓我去一個什麼電訊機構，一打聽，背景是軍統。在那些共產黨員的無形薰陶下，當年自己已有一些進步傾向了，當然不願去，於是又只能半途而廢。想考航空公司做報務員。試了一下，英語關過不了。這時，上海已經快解放了。汪老師對我說，你這本領大概只能進通訊社做報務員。但做通訊社的報務員談何容易，主要是我收發報的速度還跟不上，只得暫時作罷。

對文化的興趣和妄圖鑽進三聯書店

爲傭做工六年，除了上夜校和複習初中學過的功課外，自然還少不了讀書。說起當年上海的讀書生活，回想起來，實在覺得有趣。我在法國公園跟趙老師讀了《古文觀止》，對古文有了興趣，於是上書攤買有關的書。買到一本講唐詩的書，名稱忘了，照裏面的解釋，唐詩講的一切，都是男女的生殖情事。我這十五六歲的孩子，也居然確信不疑，當然也沒法眞正瞭解。那時又常看小報。店裏訂了《羅賓漢報》等小報，我常看一位叫楊樂郎的作家的專欄。後來我當年最崇拜的劉碩甫先生在小報上也開了一個專欄，署名「牛馬走」，我自然天天拜讀。找小說看，那時流行的是蘇青⑬的《結婚十年》。看了一遍，不很喜歡，只是由此知道蘇青是寧波人，有點知己之感。張競生⑭的《性史》當年在上海常常見到，找來看看，興趣不大。但注意到作者有一好友叫「小廣平」（多少年後，同人民文學出版社管人事的朋友說起，他們編譯所某位外語專家就是這位小廣平，

---

⑬蘇青，一九一四年生，浙江寧波人。作家，小說家、散文家、劇作家。是與張愛玲齊名的海派女作家的代表人物。著有長篇小說《結婚十年》，散文集《浣錦集》等。一九八二年去世。

⑭張競生，一八八八年生，原名張江流、張公室，廣東饒平人。哲學家、美學家、性學家、文學家和教育家。昔年加入同盟會，被孫中山委任為南方議和團首席秘書，協助伍廷芳、汪精衛與袁世凱、唐紹儀參與南北議和談判，促成清帝退位。民國第一批留洋（法國）博士，也是民國「三大博士」之一；一九二一至一九二六年任北京大學哲學系教授。第一個在大學課堂講授「邏輯學」，第一個提出「美治」思想；他在中國最早提出和確立風俗學，最早翻譯盧梭的《懺悔錄》，最早發表人體裸體研究論文；三四十年代在粵東山區開公路、育苗圃、辦農校，開展了轟轟烈烈的「鄉村建設運動」，時有「南張北梁」（北方

我很想去同這位老先生結交，後來因政治運動太多，沒有辦成）。

我當時有一些商店以外的好朋友。我離開育才中學，那時對誰也沒有招呼，生怕惹起學費糾紛（我欠繳學費就開溜了）。後來偶然遇見小學同學楊慈傳，他原來就在我工作的商店附近上中學。他常常約我出去玩。起初只是去看看美國電影，後來常去打檯球。我很會打「斯諾克」，一桿子可連打好多球，害得他只能拿著球桿空站在那裏做「童子軍」。我每次外出，都要換衣服：把學徒穿的中式破衣換下，穿上西式襯衣。這又滿足了我從小就被培養的「好人家孩子」的虛榮心。楊慈傳不喜歡語文，常常要我幫他寫作文。而他在我學無線電的時候，常常教我數學。但是，好景不長。大約在一九四八、四九年吧，楊的媽媽發現了這些。她居然到我工作的地方來大鬧一場，罵我這「小流氓」帶壞了她的兒子。我由此更覺悟到，像我這種社會地位的人要出頭是如此艱難。

在我自學的長途上，對我幫助極大的，還有一位是店主的弟弟趙振堯先生。他一九四六年前後自大後方來上海，以後看我喜歡書本，常勉勵我。一次，他把當年我接觸到的第一本新文學方面的書借我看。那是駱賓基寫的《蕭紅小傳》。我由此才知道新文學，想

是梁漱溟）之稱。率先提出計劃生育，比馬寅初還早三十七年，首倡愛情大討論，徵集出版《性史》，毀譽參半。生平著述與譯作甚豐。一九七〇年去世。

起初中一年級時語文老師陳汝惠先生提到過的一些人。以後又看到延安寄給賀尚華要我代轉的《李有才板話》，這才漸入正軌。當然，我還是看不懂我從當年廢紙堆裏撿來的「世界文庫」。直到後來，振堯先生爲上海書報雜誌聯合發行所的賀尚華先生編校一本講希臘神話的書，要我做些抄抄寫寫之類下手的事情，於是我才知道外國文學。這時，振堯先生的表弟顧宣懷在上海待業。他後來也去了台灣糖廠，在於梨華女士父親麾下工作。當年他才是眞正的文學青年，經常對我講外國文學特別是蘇俄文學，我才第一次聽說托爾斯泰、屠格涅夫等大名，於是到賀先生的上海書報雜誌聯合發行所去購讀。這時又有重大發現：離我做工的商店不遠，呂班路（今重慶南路）上，有一家生活書店，那裏有賣好看的書，特別是一套「青年自學叢書」。我對其中沈起予先生編的一本特別入迷。熬到上海解放前後，我就自居爲「文學青年」，開始不多看小報，而讀《文匯報》和《觀察》，至多看看《東南日報》。也買了《生活日記》，想寫些什麼。

從《生活日記》和生活書店別的一些書刊上，知道他們在香港辦了一個持恆函授學校。據介紹，那裏的老師都是我素所仰慕的民主人士，如孫起孟、葛琴、邵荃麟、胡繩等。我非常想進去。不過當時我在學無線電收發報和俄語，籌不出錢，報了名沒有入學。

一九四九年，又聽說三聯書店（生活書店的新名稱）在招收員工。我滿懷熱情，寫信去報考。那時以爲，像三聯書店這樣的革命單位，一定會歡迎我這個「自學成才」的工人。於是在報考的信中，把自己的「自學」刻意描述打扮了一番。不料三聯書店給我一個回信，說是本店需要的是大學生，不需要工人。我於是滿頭晦氣，只得另籌出路。當然，三聯書店那時投考要求上是說得很清楚，要招的是大學生，一切是我自作多情。

但不論如何，我同三聯書店的因緣，是從這開始結下了。

當年的三聯書店

講到這裏，順便介紹一下我所瞭解的「三聯書店」的情況。三聯書店的全名是「生活・讀書・新知三聯書店」，顧名思義，是由三個單位合併而成的。這三個單位是：生活書店、讀書出版社和新知書店，它們分別成立於一九三二、一九三六、一九三五年。成立地點都在上海。這是因爲那時的上海適合在國民黨統治區傳播革命種子。

生活書店由鄒韜奮⑮、徐伯昕⑯、胡愈之⑰主持；讀書出版社創辦人是李公樸⑱、黃洛峰⑲、艾思奇⑳、鄭易里㉑；新知書店爲錢俊瑞㉒、徐雪寒、姜君辰㉓、華應申㉔。他們在一九四九年以前是國統區㉕裏進步文化運動的先驅，以後則大多是出版界的領導人。例如胡愈之是中華人民共和國建立後出版總署的第一任署長，出版界的最高領導人，黃洛峰是他副手。華應申則主持人民出版社多

---

⑮鄒韜奮，一八九五年生，原名鄒恩潤，乳名蔭書，曾用名李晉卿。江西余江人。中國卓越的新聞記者、政論家、出版家，先後就讀於福州工業大學、上海南洋公學附屬小學、南洋公學中院，一九一九年由南洋公學上院機電工程科轉入上海聖約翰大學文科。一九四四年去世。二〇〇九年被評為一百位為新中國成立作出突出貢獻的英雄模範之一。

⑯徐伯昕：一九〇五年生於江蘇武進。出版家。一九二六年協助鄒韜奮承辦《生活》週刊，後與鄒韜奮共創生活書店，歷任經理、總經理。抗戰勝利後，在上海與鄭振鐸等人創辦《民主》週刊。一九四四年加入中國共產黨。翌年參與創建中國民主促進會，任理事。一九四六年當選上海人民團體聯合會理事。一九四八年任香港生活・讀書・新知三聯書店總經理。一九四九年四月任中共中央宣傳部出版委員會委員。建國後，歷任中央人民政府出版總署辦公廳副主任，發行管

年。

這三個出版單位，有一些共同特點。第一個是辦雜誌起家。范用在一九九二年總結過這個特點。他認爲，這三家出版社「由辦雜誌起家，生根發芽，成長壯大，用雜誌開拓思想文化陣地，直接面向大眾、聯繫讀者、團結作家、推薦新人、培養編輯人才，改變了過去的出版祕密刊物只在極小的圈子裏流傳的局面」。另外，「從經濟上講，出版發行雜誌徵求預訂，吸收了可觀的訂戶存款，一部分訂戶又發展成爲郵購圖書的基本讀者，這就在相當程度上解決了出書資金問題」，「更爲有利的是，在雜誌上發表書評文章，刊登新書廣告，爲圖書發行及時傳遞信息，許多讀者，是看了雜誌，再去買書、找書」。范用對建國以後的情況慨嘆道：現在「有的雜誌辦起來以後，又從出版社分出去，獨立經營，出版社對此彷彿卸掉了包袱，這不僅是出於經濟上的考慮，還在於政治上可以少點麻煩，少擔些風險，君不見，稍有風吹草動，雜誌往往首當其衝」。

三個單位第二個共同的特點，是它們設有錯綜複雜的分支機構，大概來說有三條戰線。第一線出版共產黨的政策文件，第二線偏重於理論性，第三線是完全隱蔽的。出書的名義更是眾多。所有這

理局長兼新華書店總經理，文化部電影局副局長，文化部出版委員會委員，中國出版工作者協會副主席，中國民主同盟中央委員，中國民主促進會中央副秘書長、第五屆中央秘書長，第六、七屆中央副主席。一九八四年去世。

⑰胡愈之：一八九六年生，原名學愚，浙江上虞人。出版家，社會活動家。五四運動時期任《東方雜誌》編輯，一九三二年任主編。一九三三年秘密加入中共共產黨。一九四六年受中共委派加入中國民主同盟。一九四九年之後，歷任中國民主同盟中央委員會秘書長、副主席、代主席，中國文字改革委員會副主任、《光明日報》總編輯、中央人民政府出版總署署長、文化部副部長，全國政協委員、第五屆全國政協副主席，第一至第五屆全國人大常委會委員、第六屆全國人大常委會副委員長等職。一九八六年去世。

⑱李公樸：一九〇二年生於江蘇

些，都是爲了便於在國民黨統治區工作，化整爲零。甚至還從事和編輯出版業務無關的貿易運輸業務，設立有關機構。因此，到一九四九年以後，統計先後參加過三個單位的人員總數，幾近兩千人。

第三個特點是，這些書店，有相當一部分人在一九四九年前，實際上同時擔任共產黨的地下活動。這中間，現在最著名的就是朱楓。朱楓早在一九三八年就在武漢參加新知書店工作。一九四五年她參加共產黨。多年來，她由於出身富裕家庭，可以周旋於國民黨特務人員之間，出色地完成任務。一九四九年國民黨政府撤退大陸前，她奉調到香港工作。以後，她因親屬關係，奉派到台灣，任務是策動台灣蔣介石的軍隊高官反叛。這就是著名的吳石一案。她曾經出逃，但後來又被抓住。一九五〇年六月她在台北馬場町就義。這可以說，是三聯書店員工爲中國共產黨做的最大貢獻。

所有這些，我們自然不能不歸功於生活書店的創辦人鄒韜奮。韜奮先生一生致力於發展書刊、出版活動。他在一九四四年去世，遺囑要求追認加入中國共產黨。中共中央當時唁電中說：「我們謹以嚴肅而沉痛的心情，接受先生臨終的請求，並引此爲吾黨的光榮。」現在，中國大陸設有韜奮出版獎，專門褒獎爲出版事業做出貢獻的

淮安。號僕如，原名永祥，號晉祥。中國民主同盟早期領導人、社會教育家。曾與鄒韜奮等籌辦《生活日報》。創辦《申報》流通圖書館、《申報》業餘補習學校和婦女補習學校。一九三四年與艾思奇一起創辦《讀書生活》。一九三六年創辦讀書生活出版社，出版過《資本論》等。同年十一月，與沈鈞儒等六人被捕入獄，是為「七君子事件」。一九四六年被暗殺身亡。

⑲黃洛峰：一九〇九年生，原名黃塏，雲南鶴慶人。一九三六年與李公樸、艾思奇等創辦讀書出版社，任總經理。一九四八年後，任「生活・讀書・新知三聯書店」管理委員會主席、中共中央宣傳部出版委員會主任委員。建國後，歷任中央人民政府出版總署出版局局長，文化部出版局局長、部長助理、辦公廳主任，文化學院院長，中國出版工作者協會第一屆副主席。一九八〇年去世。

人。我讀了不少關於鄒韜奮的著作。以後讀到郁風等人談魯迅去世多少年後，一次毛澤東主席談及魯公，居然說他如在世，一九五七年反右會受打擊。由此聯想，鄒公如活到一九五七年，必然要成爲特大右派。他當年在蔣政權下的英勇作爲，實在是今天誰也學不來的。

⑳艾思奇：一九一〇年生，原名李生萱。雲南騰衝人，蒙古族後裔。一九二五年考入雲南省立一中，接觸馬克思主義並與聶耳結為好友。早年留學日本，一九三五年參加中國共產黨。一九三五至一九三六年任上海《讀書雜誌》編輯。一九三七年到延安，歷任抗日軍政大學主任教員、中央研究院文化思想研究室主任、中共中央文委秘書長、《解放日報》副總編輯。建國後，任中共中央高級黨校哲學教研室主任、副校長，中國哲學會副會長、中國科學院哲學社會科學部學部委員。

㉑鄭易里：一九〇六年生，原名鄭雨笙，曾用名鄭重良，雲南玉溪人。農學家，科技情報專家，中國電腦漢字形碼理論體系的奠基人。早期從事馬列主義著作的編譯和出版工作。曾任讀書生活出版社董事，並主持讀書生活出版社上海分社工作。建國後曾在北京三聯書店編輯部任職。其所主編的《英華大詞典》影響廣泛。在國內

最早開始漢字形碼研究，晚年尤致力於計算機漢字編碼的研究，並制定出《字根通用碼》，被命名為「鄭碼」。二〇〇二年去世。

㉒錢俊瑞：一九〇八年生，江蘇無錫人。經濟學家。一九二九年參加陳翰笙領導的無錫農村經濟調查工作，一九三三年發起成立中國農村經濟研究會，一九三四年加入左聯，一九三五年加入中國共產黨，一九三九年後歷任皖南新四軍軍部戰地文化服務處處長，新四軍政治部宣傳部長等職；建國初期，任北平軍管會文管委主任，後歷任教育部副部長，文化部副部長；一九五五年當選為中國科學院哲學社會科學部學部委員，並任世界經濟與政治研究所所長、中國世界經濟學會會長、北京大學教授等職。一九八五年去世。

㉓姜君辰：一九〇四生，江蘇江陰人。三十年代初與陳翰笙、錢俊瑞等發起成立「中國農村經濟研究會」。曾任上海新知書店編輯、代經理，一九三六年加入中國共產黨。一九四三年赴延安，歷任延安大學財政系副主任、北平解放三日刊社副總編輯等職。建國後，歷任東北供應合作總社副主任、全國供銷合作總社副主任，中華全國供銷合作總社幹部學校校長，一九五七年起任國務院科學規劃委員會副秘書長、中科院哲學社會科學研究所副主任等職。一九八五年病逝。

㉔華應申：一九一一年生，原名遺曾，筆名革索，江蘇無錫人。一九三〇年參加社會科學研究會，並參加左翼文化活動。一九三四進入生活書店。翌年參與創辦新知書店，並任副經理，主持書店的日常業務，繼續從事革命工作。建國後歷任中共中央宣傳部出版委員會委員，出版總署出版局副局長，發行事業管理局局長，新華書店總管理處副總經理，人民出版社副社長，國際書店經理，文化部群眾文化事業管理局副局長，計劃財務司司長、辦公廳主任，廣西壯族自治區文化局局長等職。「文革」中被下放勞動。一九七七年後，任國家文物管理局副局長。一九八一年病故。

㉕國統區，指抗日戰爭、解放戰爭時期的國民黨統治區。在抗日戰爭期間，專指未被日寇佔領的西南各省，又稱大後方，系對共產黨領導的敵後抗日根據地和廣大游擊區而言。

冒牌大學生

在上海天天奔來走去，發現住處不遠有一家「民治新聞專科學校」，設有新聞電訊系，可以晚上上課。我想，還是設法去通訊社當報務員吧，於是立即報名應試，想提高一下收報速度，再去考通訊社。想不到這一來，由此改變了我一生的命運。

民治新聞專科學校創辦人是顧執中㉖先生，上海《新聞報》的名記者。這家學校在上海有很高的名望，尤其在一九四九年以前爭取民主運動中，功勳卓著。可是我之所以報考，同這些毫無關係。我只不過想由此去做報務員。

於是天天準備應考，想不到考取之後，校方告訴我，新聞電訊系不辦了，因爲學生太少。教務處一位先生鼓勵我上別的系。我一看時間表，採訪系是晚上上課的，就進了這個系。從這以後，想不到由此不再去「的達的達」地敲電鍵，而是變成耍筆桿的了。

㉖顧執中，一八九八年生，號效湯，上海人。中國新聞記者、新聞教育家。東吳大學肄業。曾任上海《時報》、上海《新聞報》記者。一九二八年，利用業餘時間在上海創辦民治新聞專科學校。一九三一年「九一八」事變後，參加教師救國會和對日經濟絕交大同盟。一九三四至一九三五年出訪歐洲及蘇聯、美國、日本等地。抗戰爆發後曾遭日偽特務狙擊負傷。一九四二年在重慶續辦民治新聞專科學校。一九四四年赴印度，在加爾各答僑報《印度日報》任社長兼總編輯。一九四六年回上海，續辦民治新聞專科學校。中華人民共和國建立後到北京，任高等教育出版社編審。一九九五年去世。

每天下午五點左右，從自己打工的商店裏拖著疲乏的身軀出來，在馬路上買一塊點心，就去上學。如是，要到晚上九點來鐘才回去。儘管這麼辛苦，我還是很快活，因爲民治新聞專科學校給我打開了一個新的窗口，讓我看到與以前迥然不同的世界。

像民治新聞專科學校這類所謂「野雞大學」，在舊上海多的是，普遍來説聲譽不太好。但這家學校不同。校長顧執中先生眞是認眞辦學。首先，他把上海新聞界許多名流都請來教課，如陸詒㉗、惲逸群㉘、胡星原㉙、笪移今㉚、潘子農㉛、盛敘功㉜、許杰㉝、姚士彥㉞、顏鶴鳴㉟等等，看來比某些正規大學的陣容還要強。那裏又設了一個強大的俄語課程，老師是顧先生之弟顧用中。顧用中有時自己教，有時請他的白俄朋友來教，我在那時就上過著名的白俄詩人夏清雲（俄文原名別列列勳）先生的課。在所有的課程裏，我讀得最盡心的是攝影和俄語兩門主課，其餘的課程不是不努力學，而是實在跟不上。這兩門，大家都從頭學起，我只要努力，就可跟上，並且成績優良。別的，以我初中一二年級程度，如何能同別人攀高低。譬如新聞寫作，我努力半天，結業成績只是五十分。六十分才及格，老師陸詒先生是讓我大大出洋相了。

沈（左前一）與民治新專同學

㉗陸詒，一九一一年生，上海人。中國共產黨黨員，中國民主同盟盟員。著名新聞工作者。曾就讀於上海私立民治新聞學院（肄業）。一九四六年加入中國民主同盟。曾任上海《新聞報》、《大公報》記者，漢口、重慶《新華日報》記者、編委，上海《聯合晚報》、《聯合日報》編委、記者，香港國際新聞社主任，香港達德學院

成績不好是一方面，那是因爲我基礎實在太差。可是，許多老師的課，我實在愛聽，簡直終生難忘。例如，潘孑農先生講電影時，一次批評 melodrama，而舉美國電影 *Golden Boy*（《千金之子》）爲例來說明 drama 的正面功能。他說劇中 Joe 的父親舉著 Joe 的手，痛苦地講述拳擊如何毀了 Joe 的音樂天才。這一段警句，潘老師用英文朗誦，我聽了簡直畢生難忘。潘先生還常找學生去做臨時演員，我最願意參加。一次是演排隊擠買黃金的群眾。在擁擠不堪的人堆中奮鬥了好一陣，弄得一身臭汗。最後電影廠賞我吃一碗陽春麵回家。又如許杰教授，他在學界也可算名人了。他講中國現代文學，我在這方面毫無基礎，聽得似懂非懂，但還是愛聽。這些，都吸引我這個缺「文」少「化」的窮孩子進入文化的大門。

對我這個長期失學的年輕人來說，實在太喜歡上這樣的大學了。可是，我讀了一年多又交不起學費了。當時我做「僕歐」，人家給我一口飯吃已算幸運，談不到工資。我的學費，大都靠掙「外快」所得來支付。例如侍候人賭錢所得的小費。後來，找到一個活計：爲人造假帳。這事比較好辦，只要晚上開些夜車，就可辦到，所得也較豐富，可以付學費等開支。但不經常有這「業務」。因此，念了一年半，最後一個學期實在讀不下去，只能開溜。

新聞專自重班主任，香港《光明報》主編。建國後歷任上海《新聞日報》副總編輯、編委兼復旦大學教授，民盟第五屆中央委員。一九九七年去世。

㉘ 惲逸群，一九〇五年生，名鑰動，江蘇武進人。一九二六年加入中國共產黨，曾先後在上海《立報》、香港《生活日報》、上海《導報》、《譯報》任編輯、總編輯等，並參與發起成立「上海文化界救國會」。建國後任上海《解放日報》社長、總編輯兼華東新聞出版局局長，後遭遇政治運動備受迫害，一九七八年含冤去世。

㉙ 胡星原，一九二一年生，江蘇邳縣人。一九四五年畢業於重慶民治新聞專科學校。歷任重慶民治通訊社採訪主任，中國體育通訊社副社長兼總編輯，渝、寧《新民報》編輯、記者，上海《聯合日報》、《新聞報》重慶特約記者。一九四六年任上海《聯合晚報》南京特派記者兼南京辦事處主任。後到香港，任香港《光明日報》、《文

剛好當時解放未久，百廢待興，亟需人才，到處都在招人。我當年讀三聯書店的「青年自學叢書」等入迷，又在銀樓裏認識一些進步文化人，也常去呂班路（今重慶南路）的生活書店門市部閒逛，因此，一心想做出版。鑒於前些時候考三聯書店的失敗，到一九五〇年人民出版社招考，我就改變招數，化身成爲一個青年知識分子，僞造了一封《學習報》社的介紹信，私刻一枚公章，說自己是這個報社的記者，完全隱瞞我的學徒、店員身分，於是考取。當年憑成績考取並不難，只要熟讀學校裏教的新民主主義革命史和政治經濟學等課程即可，答題是把什麼事情都歸結在反帝反封建名下，保管老師欣賞。

當時也有別的機會。俄語老師顧用中先生看我成績不錯，介紹我去見姜椿芳㊱先生，保送我進剛成立的上海俄文專修學校。姜先生很同意我去。還有，當時的「革命大學」也在招生。另外，風傳私立的民辦大專要併入國立大學，我們以後很可能進復旦大學（事實上沒多久民治新聞專科學校就併到復旦大學了）。但是，一切一切，我都無緣了。因爲我不僅籌不起學費，還要養活母親。我母親年年在別人家做「娘姨」（傭人），我再也忍不下心去。因此，唯一的選擇是找一職業。於是，就溜到北京來了，時在一九五一年三月二十

彙報》編輯記者。上海解放後，任《新聞日報》編委兼採訪部主任。一九五七年被錯劃為右派，「文革」中被下放勞動。一九七九年後任《羊城晚報》上海特約記者，兼任《上海畫報》、《上海電影》、《上影畫報》攝影記者。一九八三年病逝。

㉚笪移今，一九〇九年生，江蘇句容人。曾任江西《政治情報》月刊主編，重慶上川實業公司專員，中國工業經濟研究所、上海銀行研究員《觀察》週刊代主編。參與發起組織九三學社，為第一屆理事會理事。建國後，歷任上海政法學院、上海學院教授、院長，復旦大學教授，九三學社第二屆理事、第三屆中央候補委員、第四至六屆中央委員、第七屆中央常委和中央參議委員會副主任等職。長期從事世界經濟的教學與研究。撰有《節制資本的再認識》、《新民主主義革命的本質》等論文。一九九八年去世。

㉛潘子農，一九〇九年生，浙江

四日。

我從此離開六年學徒生涯。但在開始講新的生活以前，還不得不說幾句閒話。

我這幾年裏還有一個人是很值得我感激的，那就是我的老闆，或師傅，趙嶔曾先生。他在六年裏，平時對我疾言厲色，可是事後回想，實在仁慈異常。一九四六年我因扁桃體發炎，病倒多時，他出資讓我去醫院住院治病。我在工作崗位上之所以能不放棄學習，同他的寬容顯然有關。更讓我歉然的是，到了北京，我死硬搬用《資本論》，覺得資本家中沒好人，多次向組織上表示要同他劃清界線。「文革」前他坐牢多年，「文革」中夫婦投河自盡，這些雖然同我沒有直接關係，但忝爲共產黨員，總覺得與有過焉！

湖州人，劇作家、知名話劇導演，早年成名於滬上。抗日名曲《長城謠》創作者之一，著有《舞臺銀幕六十年》。二十年代後期開始從事文學創作，是當時著名的話劇編劇和導演。一九三七年，進入藝華影業公司，編寫電影劇本《花開花落》等。一九四八年，在中央電影攝影場編導著名影片《街頭巷尾》。五十年代後，有電影作品《彩鳳雙飛》等。一九九三年去世。

㉜盛敘功，浙江金華人。教授，地理學家。一九二八至一九二九年東渡日本留學，開始學習並介紹馬克思主義的思想。三十年代初，與楚圖南一起在《地學季刊》上發表過多篇關於辯證唯物主義觀點地理學思想的論文，為我國三十年代最早介紹新哲學思想地理觀點的啟蒙人物。從事地理教育工作六十年，治學嚴謹，筆耕不輟，發表了《農業地理》、《交通地理》等十多部專著。反映他早期地理學思想和觀點的《西洋地理學史》講稿，其內

容材料截至三十年代，此後因戰爭與一系列運動的影響，一九九三年才與廣大讀者正式見面。

㉝許杰，一九〇一年生，原名許世杰，字士仁，教授。浙江天台人。一九二四年參加文學研究會。曾任安徽大學、同濟大學教授，暨南大學教授、中文系主任、教務長。一九二八年七月，去吉隆坡，任華僑《益群日報》總編輯。一九四六年加入中國民主同盟。建國後，歷任復旦大學教授，華東師範大學教授、中文系主任，中國作家協會上海分會第二、三屆副主席。一九五七年秋被錯划為右派分子，「文化大革命」中又備受折磨。黨的十一屆三中全會以後得到平反，恢復職稱和待遇，擔任培養研究生的工作。著有《慘霧》、《魯迅小說講話》等。一九九三年去世。

㉞姚士彥，浙江杭州人，教授，社會活動家。一九三六年任上海各界救國聯合會幹事，曾主辦魯迅先生喪禮。抗戰時任《前線日報》總編輯。一九四七起擔任上海誠明文學院、民治新聞專科學校教授。一九五〇起同時在上海財經學院任教，是上海財經學院院務委員會委員之一。退休後為浙江文史研究館館員。著有《報業生涯散記》、《陷京三月記》、《聯合國一年》、《中美貸款及其他》等。

㉟顏鶴鳴，一九〇九年生，曾用名顏鶴眠。浙江嘉興人，中國有聲電影和彩色電影的先驅者。一九三〇年到一九三二年研製成功我國第一台國產的電影錄音機。一九四八年，與梅蘭芳、費穆先生合作，拍攝《生死恨》，是中國第一部彩色影片。一九五一年受命於周總理，圓滿完成中國第一批革命歌曲「紅唱片」的製作任務。一九八五年獲美國電影電視工程師協會頒發終身榮譽會員證章。九十二歲時榮獲「世界文化名人成就榮譽證書」。二〇〇三年去世。

㊱姜椿芳，一九一二年生，江蘇武進人，別名椒山。當代著名翻譯家，新中國文化教育、編輯出版事業、外語教育事業奠基者之一，《中國大百科全書》的首倡者之一和第一任總編輯，華東革命大學附屬上海俄文學校校長（上海外國語大學前身）首任校長。曾任中共上海局文委文化總支部書記、《時代》週刊主編、時代出版社社長。曾領導參加《馬恩全集》、《列寧全集》、《斯大林全集》、《毛澤東選集》和中央文件俄文版的翻譯編輯工作。「文化大革命」中受迫害，入獄近七年。一九七五年出獄。一九七八年，出任《中國大百科全書》總編委員會副主任、大百科全書出版社總編輯、顧問。一九八七年病逝於北京。

在上海二十年生活的回顧

行年近八十，只有將近二十年生活在上海。但這二十年生活對我的「烙印」，是畢生難以忘卻的。

在上海，首先學到的是「開放」。我一輩子同洋人打交道並不多，但從小就知道不要害怕他們，而且要同他們打交道。我的外祖母，一個不識字的家庭婦女，首先爲我啓了蒙。她講的是寧波，其實更適應於上海，以至後來適應於全中國。我喜歡外國的「新鮮」，總要想去學一學。在上海當年學俄語、世界語，雖說主要是李俍民等地下黨員的引導，有革命意識的成分，但歸根到柢是出於對國外新鮮事的喜好。想不到，俄語救了我的命。離開上海到了北京，全靠它才活了下來。

人們愛說上海人「滑頭」，並不假。但這「滑頭」，首先是指遇到爲難的事知所趨避。這多少年裏，我前面提到過的一個做扒手的朋友給了我很多教育。我們兩人，一有空就閒聊。他喜歡說每天的「收穫」，同時講講其間的經過。此人的職業很不光彩，但是個很老實的蘇北少年，同我談得來。他每天的經歷，講來說去，總是一個意思：他之所以得手，是因爲對方是「洋盤㊲」、「阿屈死㊳」。他並不想以此爲自己辯解，這在那時不必要。但由此我深深覺得，在上海灘做人，非得靈活不可，也就是說要知所趨避，保存自己。扒手先生教我的這個道理，讓我在殘酷的「階級鬥爭爲綱」的年代裏苟活了下來。在階級鬥爭中得手的那些人，特別是時時刻刻要想對我這個「走白專道路」的人下手、置我於死地的「同志」，我應付他們的，多年來就是「趨避」這一招。

舊上海是典型的「黑幫」佔統治地位的社會。我有幸，在同齡的所謂「文化人」中，算是比較瞭解上海下層的這些人和事的。因爲我做過「僕歐」，顧客中少不了這類人。同他們打交道，更要謹愼小心。過去有人問我，什麼是「白相人嫂嫂」，讓我想起一個往事。有一次，店裏一個職員同一位女顧客起了小爭執，這個同事生氣起來，講話裏帶了個「操」字。這本是上海人講話的一種壞習慣，一般不以爲奇。不料對方忽然躺在地上，大聲嚷嚷：「你說要『操』，你就上來吧！」店裏有好多顧客，瞬間大亂。十來分鐘光景，客人

㊲洋盤，上海話指對事物缺乏經驗、外行、容易上當受騙的人。
㊳阿屈死，上海話指因見識少而常易為人所愚弄的人。

走得精光。店主知道對方不是善者，趕緊賠禮道歉，請她起身。後來知道其人是附近的「白相人嫂嫂」，於是又請「吃講茶」，才算了事。當然，那裏是低檔的生活區，所以附近的「白相人嫂嫂」檔次也不高。不然，就更麻煩了。同黑社會有關的這種生活鍛鍊，只能教會我「趨避」。

當然，單單趨避也不行，還得機靈。我再講一個故事。某日，來兩個女顧客，一老一少，來買首飾。挑了半天，選出一些，表示很中意。那位少者對老者說：「媽！你在這裏坐一會，我拿去給姨看看，她是否喜歡。」於是就離開了。半天不見回來，忽見那老者大哭。盤問之下，方知那老者本是路邊要飯的外地老人。某日，忽有一婦女前來，叫她媽，說是失散多年，好歹找到。去一住處，共同生活數日，今天方外出。於是報警察局，去到他們住處，卻已人去樓空，原來房已退租。這種事只能由首飾店承擔損失。因而規定，凡未付款者，貨物概不出門。

經過這二十年的諸如此類的歷練，我自然只能成爲一個謹小愼微的小員工，當不了革命者。

第二章

從校對開始的翻身

四十個月的校對生涯

我考取的是上海人民出版社，在那裏待了半個月。後來說有十個人要調到北京去，到北京的人民出版社工作，我是其中之一。一九五一年三月二十四日把我們送到了北京。那個時候已經「抗美援朝」了，所以我們到北方來被家人認爲是冒著很大危險的。這十個人彼此都不認識，火車上才開始認識。我算其中年齡比較小的，裏面有好幾位是大學畢業生。我們十個人分兩個部門，一半是做圖書的校對，還有一半是雜誌的校對，我屬後者。我主要校對《新觀察》①，另一個是《翻譯通報》②，第三個叫《爭取人民民主，爭取世界和平》，還有一個叫《保衛和平》，是國際和平組織的刊物。期刊校對科的科長叫嚴俊，是位女士，寧波人。她上面的主任叫范用③，我從參加工作第一天起，就在范用領導下。嚴俊跟我談得來，很器重我。她是寧波人，同我也算同鄉。她是老革命，從蘇北老根據地來的。我工作很努力。校對非常地累而且責任重大，我出過大錯，一

---

①《新觀察》：中國面向知識界的綜合性期刊。一九五〇年七月一日在北京創刊。初期先後由人民出版社、人民日報社出版。一九五四年成為中國作家協會機關刊物。一九五九年一度改為散文刊物。一九六〇年停刊。一九八〇年七月十日復刊，恢復為綜合性刊物。

②《翻譯通報》：一九五〇年創刊的專門探討翻譯問題的刊物，主要內容是給譯者糾錯，由出版總署編譯局主辦，主編為董秋斯。一九五二年一月，因刊物「火藥味」太濃，乃停刊。

③范用，一九二三年生於江蘇鎮江。原名范鶴鏞，曾用名范大用。著名出版家。一九三八年在漢口經黃洛峰介紹在讀書生活出版社參加革命工作，並加入青年救國團等進步團體。一九三九年隨讀書出版社到重慶，同年加入中國共產黨。一九四一至一九四四年在桂林任讀書生活出版社經理，一九四四年調任重慶讀書出版社經理。一九四六年調上海讀書出

次把校樣上「抗美援朝」錯成「援美抗朝」，我沒校出來算是原則性錯誤。

我非常喜歡校對《翻譯通報》，因爲我喜歡外文。不但在工作時間校對，業餘時間我也學習那裏的文章。呂叔湘④先生譯的《伊坦·弗洛美》，中山大學一位王教授在《翻譯通報》著文讚好，我就找到原文認眞學了一下。下了這番工夫，英語不會提高太多，倒是幾十年後我編《讀書》雜誌時，同呂老說起這個故事並且背了一兩句其中的話，呂老開始對我大感興趣。《新觀察》裏面，我特別愛聽兩位女主編（戈陽與郁風）同編輯部裏的人說話，只怨我自己夠不上這個格。直到幾十年後，我在中國和美國，都是他們家的常客了。《新觀察》編輯部裏有位朱先生，我很熟。後來，這位朱先生因爲夜闖女集體宿舍被認爲犯規，當眾做檢查。他檢查得太深刻，好幾小時講他如何在那裏同一位女士討論屠格涅夫的小說。於是害得我把屠格涅夫的《初戀》俄文原文讀了好幾遍，從此愛上了俄國小說。當時《翻譯通報》面臨的任務是要學習俄國的翻譯工作，特別是學習《聯共（布）黨史簡明教程》⑤的譯文，認爲這本書的翻譯工作做得特別好，所以我也認眞學習了好久。

版社工作，並參加救國會活動。一九四七年七月，因受「文萃」案牽連被捕，經黨組織營救出獄。一九四九年五至八月，任上海軍管會新聞出版處聯絡員。一九四九年八月調北京工作，先後任中宣部出版委員會科長、出版總署出版局科長、新華書店總管理處出版部出版處副主任。一九五〇年十二月調人民出版社工作，歷任期刊出版部主任、秘書室主任、總編辦公室主任；一九六〇年四月任人民出版社副總編輯，後兼任副社長；一九八三年兼任三聯書店總經理。中國出版工作者協會第一、二屆理事。一九八五年十二月離休。二〇一〇年去世。

④呂叔湘，一九〇四年生，江蘇丹陽人。一九二六年畢業於國立東南大學外國語文系。一九三六年赴英國留學，先後在牛津大學人類學系、倫敦大學圖書館學科學習。一九三八年回國後任雲南大學文史系副教授，後又任華西協和大學中國文化研究所研究員、金陵大學

後來我自己也學習做翻譯，譯文常請《翻譯通報》編輯部的郭從周⑥、石寶孍先生爲我校閱。他們很肯幫助我。石先生一句名言令我永記不忘：俄文有什麼難，一本文法才那麼厚，你背也背出來了。

中國文化研究所研究員兼中央大學中文系教授以及開明書店編輯等職。解放後，歷任中國科學院語言研究所研究員、中國科學院哲學社會科學學部委員、語言研究所副所長、所長、名譽所長，《中國語文》雜誌主編，中國語言學會會長等職。一九九八年去世。

⑤《蘇聯共產黨（布爾什維克）黨史簡明教程》，簡稱《聯共（布）黨史簡明教程》，是一本嚴格按照斯大林的觀點論述蘇聯共產黨歷史的著作，是斯大林主義主要文獻之一，對蘇聯國內意識形態的塑造產生了深遠的影響，是斯大林時期蘇聯意識形態的範本。

⑥郭從周，一九一二年生。人民出版社資深編輯、翻譯家，民盟盟員。一九七五年退休後，又在一九七八年返聘人民出版社工作十年。一九九六年去世。

階級鬥爭和健康鬥爭的第一課

我當然在政治上也要求進步。一九五三年光景，上面給了我一個特殊任務：我們上海來的十個人中有一位叫余時光，原是復旦大學法律系的學生，溫州人，上面懷疑他是「托派」⑦。有一天把我找去，介紹一位外面來的人，那人自稱王力，是公安系統的。他提出來這位余時光有政治問題，委託我暗中監視。要我每天暗中觀察他幾點出去幾點回來等等，塡一個表，一個星期送給他們一次。而且再三講我好話，說你這個人比較可靠。我很緊張。余時光是我好朋友，我們一起參加工作，怎麼能做這事呢？但是無可奈何。當時跟我關係最好的叫馬福音，他是中國天主教的創辦人馬相伯⑧後裔，復旦大學經濟系畢業的。馬福音沒讓我天天監視，但也讓我注意他，因爲他是天主教的。這也搞得我非常緊張。可是當時爲了加入青年團，都不得不照辦。一個星期報告一次余時光的活動，應當說對不起朋友，但是沒辦法。事實上余一點問題也沒有，後來上面也

---

⑦托派：托洛茨基派，簡稱托派。托派思想以繼承列寧主義為基礎，是托洛茨基對於馬克思列寧主義的維護與發展，其不同於斯大林主義對於列寧主義的修改。在本質上，依然堅持階級鬥爭的理念，依然堅持工人階級民主與無產階級專政這一達到社會主義方式的理論。當斯大林執政後，托洛茨基於一九二七年被流放，一九四〇年被暗殺。幾乎所有列寧主義的堅持者、十月革命的領導者以及蘇聯的托派人士均於一九二七年開始被大肆逮捕。此外，任何國家的斯大林主義者都習慣把自己的政敵稱為托派分子。

⑧馬相伯，一八四〇年生，以字行，祖籍江蘇丹陽。教育家、復旦大學創始人、愛國人士、耶穌會神學博士。蔡元培、于右任、邵力子等皆為其弟子。著作等身，後人輯有《馬相伯先生文集》。一九三九年去世。

向他道歉了。但我的秘密賣友，卻始終沒向他道歉過。現在佘兄也作古了，我就向人民道歉吧。

以後又搞新的運動了，我們叫做「忠誠老實運動」，也就是「洗澡」。到了這個運動中，我自己有問題了。我交代了自己的歷史。爲了對黨表示忠心，把問題形容得很嚴重。最主要的是我解放後曾給一個資本家做假帳，以及造假證件混進出版社，還有參與老闆的黃金黑市買賣，等等。嚴俊跟我挺好，跟我說你不要緊張。可是過不了幾天，她又說不行了，人事科有關領導認爲我問題很重大，不適合在北京的國營機構工作，要我回上海去，就是說要遣散我。她要我有思想準備。

那個時候因爲學習外語太努力了，所以病了：神經衰弱、肺結核、關節炎。我簡直不能工作。最苦惱的是神經衰弱，一晚睡不了兩三小時，整天昏昏沉沉，提不起勁。想不到自然會對我做這樣的報復。但我不屈服，還要鬥爭。我相信科學，相信一個人必須睡眠八小時，要不然短壽。我一睡醒了就看時間，比如睡了五小時半，那我必須再睡兩小時半。越這樣，越不能入睡，搞得我狼狽不堪。那時看病同現在一樣不容易。雖然有合同醫院，但解決不了問題。

不得不到北京大學醫學院看病，我媽媽得通宵在醫院門口排隊。可是結果還是開了一點安眠藥了事。我工作上有成就，可身體垮了，這對我的打擊非常大。

身體受到這樣的折磨，原來以爲可以翻身，現在翻不了身了。這個時候正好嚴俊派我到上海去校對《英華大詞典》，那是三聯書店看家的書，新的修訂本要趕出來。領導上派我去，就認爲我的外文是可以的。這樣我就到了上海。

到了上海，工作之外，就是想治病。人家介紹我去見一位老先生，名蔣維喬⑨（竹莊），號「因是子」。蔣先生八十來歲高壽，是氣功專家。他又是有名的國學專家，當過江蘇省教育廳長。他提倡「因是子靜坐法」，又名「小周天氣功」。我去拜謁了幾次。蔣先生所談使我頓開茅塞，豁然開朗。他認爲我平時只注意「形骸之我」，而忽略「精神之我」。結果重心擾亂而致疾病。當今之法，在於安定重心，即做到形神一致。於是從他學習靜坐。學習未久，即回北京。在京又與他通信，告知靜坐後的感覺，老先生不吝筆墨，反覆指點。過後未久，得知北京的協和醫院附近有蔣老先生的學生在授藝，於是又去就診。如是反覆若干時日，漸漸恢復健康，無異常

⑨蔣維喬，一八七三年生，字竹莊，號因是子。清末至民國時期氣功學家。江蘇武進人。廩生，肄業於南菁書院，與丁福保、曹穎甫等同學。曾任江蘇省教育廳廳長，上海商務印書館編譯所編譯，光華大學教授、中文系主任，誠明文學院院長等職。一九四九年後，任上海文史研究館副館長。早年因體弱多病，患肺結核咯血症，經氣功鍛鍊而愈，因此潛心研究呼吸療法以防治疾病，開創氣功靜坐法保健強身獲得效果。著有《因是子靜坐法正續編》、《因是子靜坐衛生實驗談》、《中國的習靜養生法》、《廢止朝食論》等。一九五八年去世。

人——甚至勝於常人了。

我在這裏，不想過分誇獎氣功的治療功效，更不想討論什麼「特異功能」（事實上，蔣老先生從沒同我談到過「特異功能」。在我此後五十多年裏，也從未見過什麼特異功能）。事實上，我治好自己的病，也靠西醫。例如當時治肺結核，就靠做人工氣胸，還有用盤尼西林。我還讀過一本有意義的書：舒新城⑩著《我怎樣恢復健康》（中華書局版）。舒老我久仰其名，是出版界的元老。但我未能有機會學習舒老的出版經驗，卻一讀再讀他恢復健康的經驗談。舒老的健身法是西派的，例如飲食要算卡路里，等等。可是談到心理，他還是中國哲學，強調破除「我執」。這同蔣老所論，有異曲同工之妙。

蔣竹莊先生的「小周天」，我幾十年奉行不輟。一九六六年「文化大革命」到來，紅衛兵印行毛澤東主席的早期著作。我偶然得到一冊，其中有一篇署名「二十八畫生」的〈體育之研究〉，據介紹是毛澤東早期所作。一讀之下，大吃一驚。原來早在二三十年代，毛與蔣關於生命的理論就已尖銳對立。毛主張生命的本質在於運動，而蔣認爲在於靜止。所以有論者認爲，毛的主張符合馬克思主義。打這以後，憑我的政治警覺性，不敢再對人公開談論蔣先生的

---

⑩舒新成，一八九三年生，原名玉山，學名維周，字心怡，號暢吾廬，曾用名舒建勛，湖南溆浦人。出版家、教育家。一九一七年畢業於湖南高等師範學校。後在長沙兌澤中學、省立一中及福湘女學等校任教務主任。曾辦《湖南教育月刊》。一九二〇年應張東蓀之邀任吳淞中國公學中學部主任。一九二三年任南京東南大學附中研究股主任，推行道爾頓制，並赴上海、武昌、長沙等地講演，編寫《道爾頓制研究集》和《近代中國教育史料》，成為教育界名人。一九三〇年起，任中華書局編輯所所長兼圖書館館長，全力主編《辭海》。建國後，曾當選為全國人大代表、政協上海市委員會副主席、《辭海》編委會主任委員。一九六〇年去世。

「小周天」，當然私下裏還是奉行不輟。以後讀他的論著（那還是託人從海外買來的），對於所謂「止觀工夫」之類，更爲嘆服。

對不起，一說起氣功，我不免滔滔不絕，囉唆不已。這本身大概是違背氣功精神的。

我去上海出差，社領導內曾有人主張我去了不必回來。其實是把我發配回原籍了。應該說，嚴俊是不贊成這麼做的，她悄悄告訴過我，你現在面臨危機，人事部門一位很堅定的共產黨員（也就是祕密布置我監視余時光的那位）聽到上海人有這些奇怪的故事，認爲簡直是革命隊伍裏混進來的壞人，一定要開除我。但是高級領導不這麼看，究竟如何還不知道。

翻身記

正在擔心自己會被「遣返」上海，就是說要被「清除出革命隊伍」之際，我翻譯的介紹蘇聯出版情況的書《出版物的成本核算》出版了，又發表了一些我寫的關於蘇聯如何控制出版的文章。於是，沒多久情況來個大變化——我不但沒有被遣返，而且被大大提拔了。一九五四年八月，我調動工作，當了總編輯辦公室即社領導的秘書。此後好事紛至沓來，例如升了級，成爲行政十七級⑪的科級幹部，月薪可拿九十九元（此前是三十三元）。這還不去說它，我還當上了「青年社會主義建設積極分子」，這可是一個很重要的光榮稱號。

情況很清楚：上面否定了人事部門這位忠於黨國的同志的意見，而且做出了相反的決定，讓我翻了身。

領導裏，名義上第一把手是胡繩⑫，但他在中共中央宣傳部當秘

---

⑪行政十七級，五十年代的幹部工資，共劃為二十二級。十七級，是中級幹部的基線。十三級以上是為高幹。幹部級別在當時生活中被經常運用，例如某中央文件傳達到縣團級，十七級以上幹部就都要去聽。

⑫胡繩，一九一八年生於蘇州，原名項之迪。一九三四年入北京大學哲學系學習。一九三七年後，歷任武漢《全民週刊》等刊物編輯、《鄂北日報》社主編、中共中央南方局文委委員、生活書店編輯、《讀書月報》主編。一九三八年加入中國共產黨。一九四一年在香港任《大眾生活》編輯。一九四二年後，在重慶任中共中央南方局文委委員、《新華日報》社編委。一九四六年後，任中共上海市工委文委委員、香港生活書店總編輯。一九四九年後，任中共中央宣傳部教材編寫組組長、華北人民政府教科書編審委員會副主任、人民出版社社長、政務院出版總署黨組書記、中共中央宣傳部秘書長。一九五五年至一九六六

書長，難得到出版社來。常在的是副社長王子野⑬。不久又從廣東調來一位老幹部曾彥修⑭，他排名在王之上。

王子野懂俄語，在延安就翻譯過一本《西洋哲學史簡編》，很有名的書，那時候是王稼祥⑮的秘書。他自學出身，當過上海的亞東圖書館⑯的學徒。他很欣賞喜好自學的人，又因爲我也算是懂俄語的，同我更談得來。我相信，我之調動和提拔，有嚴俊他們的推薦，但歸根結蒂是出於王子野的決定。可是因爲共產黨內的規矩，他們從來不對我多說什麼。

此外，總編輯室裏還有陳原⑰、梁純夫、張明養⑱、史枚⑲、馮賓府⑳等領導人，我坐在陳原的對面，同他接觸機會最多。

我開始當他們的秘書，所謂秘書也者，不是起草文件等等，而是給他們準備文件、找資料，開會的時候給他們做記錄，等等。總編室主任是范用。那個時候學習蘇聯到了高潮。一九五三年，出版了一本書，不是我翻譯的，叫《圖書出版事業的組織和經營》，作者叫馬爾庫斯。這本書是五十年代出版的經典，你做出版工作必須先讀這本書，陳原專門爲這本書的讀者作過報告。我也寫東西竭力吹

年，任中共中央政治研究室副主任、《紅旗》雜誌社副總編輯。一九七五年後，先在國務院研究室及毛澤東選集工作小組工作，後任毛澤東著作編委會辦公室副主任、中共中央文獻研究室副主任、中共中央黨史研究室主任、中國社會科學院院長、中國人民政治協商會議全國委員會副主席，中華人民共和國憲法修改委員會委員、副秘書長，香港、澳門特別行政區基本法起草委員會副主任委員。二〇〇〇年去世。

⑬王子野，一九一六年生，原名程扶鐸，安徽績溪人。編輯家、出版家，曾任人民出版社社長兼總編輯。一九三八年入陝北公學學習，同年加入中國共產黨。曾任中共中央書記處圖書資料室副主任、中央軍委編譯局翻譯處處長、《晉察冀日報》編委、中共中央華北局宣傳部出版科科長。建國後，歷任中央人民政府出版總署處長、人民出版社社長兼總編輯、國務院政策研究室理論組組長、國家出版局副局長、國

捧。可是，正當大家學蘇聯學得興高采烈的時候，上面來了新精神，在出版工作中發生了巨大的變化。什麼變化呢？原來，一九五四年四月，上面發布了一個文件：《黨中央批轉中央宣傳部關於改進人民出版社工作狀況的報告》（詳見附錄二），這個報告可以說是五十年代出版改革的最重要文件，也是對一九四九年以來學習「蘇聯出版經驗」的實際否定。我是學蘇聯經驗出身的，到這時，又躬逢其盛，親眼目睹了這一重要的事件，眞是幸何如之。

務院古籍整理出版規劃小組副組長，國家出版委員會主任委員等職。著有《槐下居叢稿》，譯有〔法〕拉法格的《思想起源論》等。一九九四年去世。

⑭曾彥修，一九一九年生，四川宜賓人。一九三八年加入中國共產黨。同年起先後入陝北公學、延安馬列學院學習。曾任延馬列學院教員。一九四一年後，在中共中央政治研究室、中共中央宣傳部工作。建國後，歷任中共中央華南分局宣傳部副部長，南方日報社、華南人民出版社社長，廣東省教育廳廳長，人民出版社副總編輯、總編輯、社長等職。

⑮王稼祥，一九〇六年生，原名嘉祥，又名稼嗇。安徽宣城人。馬克思主義者、無產階級革命家，中國共產黨和中國人民解放軍的卓越領導人，中國共產黨和新中國對外工作的開拓者之一。一九七四年去世。

⑯亞東圖書館：一九一三年由汪孟鄒先生在上海創辦的出版機構。胡適、陳獨秀等對它十分

支持，因而能把握時代的思想文化方向。一九五三年歇業。

⑰陳原，一九一八年生，廣東新會人。語言學家、編輯出版家、世界語專家。建國後，歷任中國國際書店副經理、三聯書店編輯室主任、人民出版社副總編輯。後任文化部出版局副局長，商務印書館總編輯兼總經理、顧問，國家語言文字工作委員會副主任，中國社會科學院語言文字應用研究所所長，中國出版工作者協會第一、二屆副主席，中華全國世界語協會副理事長，世界控制論、信息論、系統論學會（TAKIS）國際理事會副主席，國際科學院（AIS）最高評議會委員，國家語言文字工作委員會主任。二〇〇四年去世。

⑱張明養，一九〇六年生，浙江寧海人。一九二九年畢業於復旦大學政治系。曾任上海商務印書館《東方雜誌》編輯，復旦大學教授、系主任。建國後，歷任華東軍政委員會文教委員會委員、世界知識出版社副社長兼總編輯、人民出版社副總編輯、國際關係研究所研究員、國內問題研究所副所長、民進第四至七屆中央常委兼宣傳部部長、中央參議委員會副主席。長期從事編輯工作，對國際政治問題有較深入的研究。一九九一年去世。

⑲史枚，一九一四年生，原名佘增濤，江蘇蘇州人。編輯出版家。一九三一年加入中國共產主義青年團。曾任共青團滬西區委宣傳部部長、滬東區委書記。一九三六年一月被捕，同年十一月出獄，失去黨的組織關係。一九三八年初，在武漢和徐步編輯《新學識》期刊。十月在宜昌，和趙冬垠編輯《救中國》期刊。一九三九年後，任重慶生活書店編輯、《讀書月報》主編、新疆文化協會編審部副主任兼新疆學院講師。一九四五年後任重慶生活書店編輯。一九四六年初，隨生活書店回上海，主編《讀書與出版》。上海解放後，調北京任三聯書店副經理兼編審部主任。建國後，歷任生活·讀書·新知三聯書店編輯部主任、副經理，人民出版社第三編輯室主任，《讀書》雜誌副主編等。一九八一年逝世。

⑳馮賓符，一九一五年生，浙江慈溪人。早年畢業於寧波效實中學，至上海任商務印書館校對、生活書店特約編輯，一九三四年始發表譯著和評論文章。抗日戰爭爆發後參加上海文化界救亡協會及復社，主編《譯報週刊》，參與翻譯斯諾《西行漫記》。一九四二年遭日軍憲兵隊逮捕，後釋出。一九四五年參與發起組織中國民主促進會。後歷任上海《聯合日報》總編輯、世界知識出版社主編、《聯合晚報》主筆等。一九四七年加入中國共產黨。建國後歷任世界知識出版社副社長、社長兼總編輯，人民出版社副總編輯，外交部研究室研究員、新聞司專員，民進第三、四屆中央常委兼副秘書長，中國民主促進會北京市委員會主任委員等職。一九六六年逝於北京。

「名存實亡」的三聯書店

這個文件首先批評當時出版社的工作「沒有長期的打算，沒有遠大的眼光，表現了相當程度的盲目性。其次是，除了馬克思列寧主義經典著作以外，沒有有計劃地翻譯出版比較重要的理論著作，本國作家的學術著作所出無幾……著作稿件的缺乏雖有多方面的原因，但出版社對組織作家寫稿不夠積極和熱心是重要原因之一。出版社在作家稿件的處理上的積壓拖延的現象及書籍的出版時間過長，也引起作家的不滿，因而影響了寫稿的積極性」。

這文件特別強調三聯書店的重要性。它說：「為使人民出版社集中力量做好上述工作並提高工作質量，應在人民出版社內部設立三聯書店編輯部（目前三聯書店並無單獨的編輯機構，也沒有獨立的編輯計劃），編制上仍為人民出版社的一部分，但須有獨立的編輯方針與計劃，以充分發揮現有譯著力量。」「三聯書店應當更多出版著作書籍，以便使黨員和非黨員作者的各種雖然尚有某些缺點，但有一定的用處的作品都能印出來。」「許多舊的學者的著作，特別是關於中國歷史的各方面材料的整理和考據的著作，對於我們還是有用的，這類著作……可酌量選印。」

根據這個報告的精神，於是在人民出版社內設立一個「三聯書店編輯部」。這樣，我這個一九四九年進不了三聯書店的人，又同「三聯」發生關係了。自然，我不是三聯編輯部的成員。但因爲這是根據上面的意思成立的，單位裏特重視，我也就經常走動。何況陳原是這編輯部的兼職主任，他在總編輯室的座位又在我對面，是我專門伺候的對象之一。

三聯書店在一九四九年就在北京建立了，可是到一九五一年八月忽然又撤銷了。其中奧妙我說不清。估計這是學習蘇聯出版經驗的結果（史達林喜歡大統一）。有的三聯老人對於三聯書店的別的變動是很激動的，但對這事似乎態度很冷靜，不知什麼原因。總之，到一九五四年中開始，社會上三聯書店的書出得沸沸揚揚，實際上中國沒這機構，只是人民出版社用這牌號而已。

那時上面（據說是胡喬木㉑）提出，作家是出版社的「衣食父母」。過去我們習慣編輯領導作者，現在要反過來。根據「開門辦社」和「衣食父母」論的精神，出版社做了一些前所未有的創舉。例如，社內舉行了幾次大討論，公然辯論某部書稿的取捨。記得一個是關於美國侵華史的討論。已經有一位黨內權威專家劉大年㉒先生寫了一本《美國侵華史》，用人民出版社名義出版。當時是抗美援朝之後，這書當然是大熱門。一位權威寫過以後，別人能不能再寫？按過去慣例是不大行的。恰好有一位卿汝楫㉓先生，燕京大學的老教授，又寫了一本《美國侵華史》，很多說法和劉著不同。當時曾彥修先生主張三聯書店一定要出卿著。激烈爭辯多次，終於出版。我作爲多次討論的記錄員，大開眼界，由是知道我們在用蘇聯以外的辦法做出版。

五十年代初的出版社是不必出去組織稿件的。一九五四年出版改革之後，在本市，一口氣開了十一場座談會，會後都有飲宴。在外地，陸續出去六、七個組稿團，都由主要領導帶隊。這一來，組織到不少稿件。例如西北大學教授陳登原㉔教授的《國史舊聞》，就是陳原去組稿的。這稿子來了之後，我記得很清楚，陳先生在序裏面最後一句話說：「稿成，有書賈來，乃付之去」。我看了大吃一

㉑胡喬木，一九一二年生，本名胡鼎新，「喬木」是筆名。江蘇鹽城人。清華大學、浙江大學肄業。一九三二年加入中國共產黨。曾任共青團北平西郊區委書記、共青團北平市委宣傳部部長。參與領導北平學生和工人的抗日愛國運動。一九三五年後，任中國左翼文化界總同盟書記、中共江蘇省臨時工委委員。一九三七年後，任安吳青訓班副主任、中共中央青委委員、中國青年聯合會辦事處宣傳部部長。一九四一年任毛澤東秘書、中共中央政治局秘書。一九四五年參與起草了《關於若干歷史問題的決議》。一九四八年後任新華通訊社社長。建國後，歷任新華社社長、新聞總署署長、中共中央宣傳部副部長、政務院文化教育委員會秘書長、中共中央副秘書長。參與起草了第一部《中華人民共和國憲法》。一九五六年當選為中共第八屆中央委員、中央書記處候補書記。一九七五年後任國務院政治研究室負責人。一九七七年後任

驚。怎麼能把陳原叫「書賈」呢？我向陳原提出，他一笑置之，照樣放行。還有一本岑仲勉㉕先生寫的《黃河變遷史》，書裏有這麼一段話，說黃河怎麼變遷的，很多人考察過，都不如我的考證清楚，因爲我是根據古今的記載講的，所以比實際考察準確。我說這有點違反「實踐論」了。陳原說我們應該允許各種不同的意見。這本書改革開放以後也印了。總之，一時間，開門辦社，衣食父母，翻箱倒櫃，傳播知識，那些口號響徹雲霄。

還有一件當年讓我很驚異的事。那期間，毛澤東忽然提出要批判胡適，這在知識界震動很大。人民出版社根據上級指示，要出版《胡適思想批判》。這是大事，大家很盡心，先後一共編了八輯。但奇怪的是，到第一本快出的時候，得到通知，出版名義改爲「三聯」。前面說過，三聯版的書，在政治上是低一頭的。從這裏，我開始意識到，做出版、幹編輯，眞不能頭腦發熱。連批胡適如此大事，上面說得熱鬧，做起來也講尺度的。

更重要的，我參與得最多的，就是要編一個十二年的翻譯規劃，十二年出版一億二千萬字外國名著的譯本。明確提出口號學習日本明治維新，認爲日本現代化之所以能夠成功，原因之一是他們翻譯

中國社會科學院院長、顧問、名譽院長，中共中央副秘書長，毛澤東著作編輯出版委員會辦公室主任，中共中央黨史研究室主任。一九七八年補選為中共第十一屆中央委員。一九八〇年當選為中共中央書記處書記。一九八二年當選為中共第十二屆中央政治局委員。一九九二年逝於北京。

㉒劉大年，一九一五年生，歷史學家。湖南華容人。一九三八年赴陝北抗日軍政大學學習。一九四七年着手研究中美關係史。一九五〇年後，歷任中國社會科學院近代史研究所所長、中國史學會執行主席等職。著有《美國侵華史》、《中國近代史問題》、《赤門談史錄》、《劉大年史學論文選集》等。一九九九年去世。

㉓卿汝楫，一九〇二年生，湖南隆回縣人。一九二二年人燕京大學教育系學習，追隨過李大釗，曾參與謀刺殺害李大釗的兇手張作霖。一九二四年加入中國共產黨，後以個人名義加入國民黨，任國民黨北平西

出版了大量的外國經典。這據說是胡喬木提出來的。這個規劃我參與了。規劃印出來是藍皮的，所以叫藍皮書。我記得第一本出版的是黑格爾的《小邏輯》。下面一本是凱恩斯的《就業利息貨幣通論》，是一位北大教授譯的。這本書是列寧的帝國主義論裏嚴厲批判了的。出這本書以後有點害怕，所以接著又趕緊出了一本《就業利息貨幣通論批判》。

當時我做這事很有興趣，因爲從這裏學了不少編輯的基本功，讀了不少書。記得陳原和史枚都要我多讀馬恩的書，從那裏找他們對西方經典名著的評價。我讀了恩格斯的《反杜林論》後，才知道杜林的書大可一出。

除了組織和審讀稿件以外，還學到些什麼呢？

那就是如何編輯加工稿件。有一本叫《中國史綱》，張蔭麟先生的名著。編輯加工時，刪掉了一些話，如說到昭君和番，去和番的美女「未必嬌妍」。編輯把「未必嬌妍」刪了，認爲寫得庸俗。後來，曾彥修等幾位領導認爲，這事做得過苛，我們應當允許作者有自己的表達方式，特別是像張蔭麟先生這樣有成就的學者。諸如此類，

部區黨部常委。一九三二年赴美留學，並在美國國會圖書館等處撰寫《美國侵華史》。建國後，曾任燕京大學教授。著有《美蔣陰謀秘聞》《美國侵略台灣史》等。

㉔陳登原，一九〇〇年生，原名登元，字伯瀛。浙江餘姚人。歷史學家。一九二六年畢業於國立東南大學歷史系，留校任助教。後任教於寧波女校。一九三〇年任金陵大學講師、中國文化研究所研究員，一九三五年任教授。後任杭州之江大學教授。抗戰爆發後，陳登原回老家編著《國史舊聞》。抗戰勝利後，先後在廣州中山大學、寧波浙東中學、杭州樹範中學執教。一九五〇年後，任西安西北大學歷史系教授。一九七五年去世。

㉕岑仲勉，一八八五年生，名銘恕，字仲勉，原名汝懋。廣東順德人。歷史學家。自學成才，第一本專著《佛游天竺記考釋》為史家陳垣所賞識，後發表多篇論著。一九三七年經陳垣推薦入中央研究院歷史語

都大有異於過去的方式。

至於文字，更主張著者有自己的自由。當年出版總署葉聖陶㉖副署長是主張語言規範化的，後來人們有點誤解，以爲編輯必須大刀闊斧地爲作者「統一」規範。記得有位張蓉初教授，他譯的俄國史著作裏說某人的病「一日日好起來」，編輯把「一日日」改爲「一天天」。領導也認爲不必。總之，他們認爲，當編輯的，要抓大事，小事不要拘泥。

陳原先生在社領導中間，最年輕，名次排在最後。他當然也參與決策，例如多次帶組稿團外出，還主持十二年翻譯書的規劃，等等。此外，他的特別貢獻，就是認認眞眞地做出版社的管理工作。大家知道，在五十年代初期，出版工作是不講正規化的。無論做什麼，都喜歡搞「游擊作風」。陳原爲此大加整頓。例如編輯訪問作者，事後必須寫詳細的訪問報告。對書稿的修改，必須有紀錄。陳原經常表揚一位張梁木先生，他的檔案紀錄寫得最多，寫得最好。陳原提出建立書稿檔案管理制度。還主張編輯工作中很多事要「挪前做」。就是在做選題的時候考慮到約稿，約稿的時候考慮到來稿，來稿的時候考慮到加工。還有一個觀念是陳原非常強調的，也

言研究所。代表作《隋唐史》。一九六一年病逝於廣州。

㉖葉聖陶，一八九四年生，原名葉紹鈞，字秉臣。江蘇蘇州人，著名作家、教育家、編輯家、文學出版家和社會活動家。建國後歷任出版總署副署長、人民教育出版社社長、教育部副部長，也是第五屆全國人大常委委員、第五屆全國政協常委委員、民進中央主席。一九八八年逝於北京。

陳原

因此得罪了不少人，就是上面說過的尊重作者的文風。說實話，那時很多年輕人學《語法修辭講話》㉗學得走火入魔，有人甚至要改魯迅的文章。例如魯迅不大用「和平」一詞，總說「平和」，有人就主張改，陳原竭力阻止。這問題我覺得現在還有現實意義。要保存作家的風格，不是一件簡單的事。

㉗《語法修辭講話》：呂叔湘、朱德熙先生合著的漢語語法修辭知識的普及性著作。一九五一年《語法修辭講話》在《人民日報》連載，同年正式出版。本書著重實際用例的分析，強調語言知識對語言實踐的指導作用，當年對促進漢語規範化起了十分積極的作用。

「急用先學」和得遇明師

這個三聯書店編輯部，實在人才濟濟。不知道什麼原因，上面調了不少高級的政界人物進來。在那時的人民出版社，這個編輯部加上還有一個世界知識編輯部，其中知名人士據我記得的就有：

何思源㉘ 北京市老市長，沒到台灣去，對北京的解放有功。他是很活躍的一個人。山東人，跟我非常熟。我跟他學過法語，他又介紹人教我德語。他很願意幫助我們年輕人。

劉仁靜㉙ 共產黨第一次代表大會的代表。跟毛澤東在一起幹過革命，可是他以後參加了托洛茨基派。他專門翻譯俄文的東西。中國人中就他見到過托洛茨基。他也跟我談得來。他在編輯部專門翻譯普列漢諾夫的東西，不用來上班。社領導規定由我每個月見他，向他拿稿子，給他九十塊錢。

㉘何思源，一八九六年生，山東菏澤人。著名教育家。早年畢業於北京大學，一九一九年官費留學美國，後展轉留學德國、法國，在巴黎大學留學時結識出生於波爾多的宜文妮．詹姆斯并於一九二八年與之結婚。回國後任廣州中山大學經濟學教授兼圖書館館長、經濟系主任、法學院主任、政治訓育部副主任。後歷任國民革命軍軍事委員會政治部副主任、山東教育廳長、魯北行署主任、山東民政廳長、山東省政府主席兼國民黨省黨部主任委員。一九四六年十一月調任北平市市長，一九四九年一月被推選為和平談判首席代表，為北平和平解放積極奔走。建國後，歷任全國第二、三、四屆政協委員，民革中央委員。一九八二年去世。

㉙劉仁靜，一九〇二年生，又名劉養初、劉亦宇，湖北應城人。中國共產黨早期領導之一，著名托洛茨基主義者。一九一九年進入北京大學，同年參加五四運動，曾舉菜刀揚言

彭澤湘　一九二二年的老共產黨員，為北京的和平解放出過力。

舒貽上　湖南名流，據說給齊白石算過命，還當過毛澤東的老師。

郭根　《文匯報》的名記者。

謝和賡　美國回來的著名文化人士，名演員王瑩的丈夫。

還有一位應德田。他是張學良的秘書，也留下來了，他是專門編中國歷史書的。

還有董秋水。他也是東北軍的，張學良下面的人，也是搞歷史學的。女作家張潔的爸爸，跟張潔的關係據說很壞。他很會表現自己，例如，共產黨有什麼重大活動，他就要在牆上貼一幅詩詞，以示慶賀。

除此之外，三聯書店原來還有一些名編，如：朱南銑㉚。清華大學哲學系畢業的，「紅學」專家，筆名「一粟」。他英文德文都非常好。常帶我出去飲宴，邊吃邊講文壇種種故事，使我大開眼界。他

自殺，以死勸勉世人愛國。一九二〇年春，加入中國社會主義青年團，是北京共產主義小組成員之一。一九二一年，劉仁靜作為北京代表出席在上海舉行的中國共產黨第一次全國代表大會，是與會代表中最年輕的一位。一九二二年和鄧中夏在北京創辦《先驅》雜誌。同年九月，劉同陳獨秀赴莫斯科出席共產國際第四次代表大會和少共國際第三次代表大會並代表中共發言。回國後，劉一度出任中國共青團的書記。一九二六年，劉仁靜前往莫斯科列寧主義學院學習，其間開始追隨托洛茨基。一九二九年，離開蘇聯，前往土耳其拜見托洛茨基，希望能得到他的確認，成為中國托洛茨基派的領袖，但是遭到了托的拒絕。回國後，劉即被中共開除黨籍。一九三五年，劉仁靜被中華民國國民政府逮捕，一九三七年抗日戰爭爆發前夕被釋放，並脫離托洛茨基派，在國民政府就職。一九四九年十月，中華人民共和國成立，次

鼓勵我跟他研究中國遊戲史，可惜我那時的興趣還在外國，沒有進入門下。他飲酒不喝到醉臥在馬路上不停止，我只能想辦法把他抬回來。這類知識分子眞叫放浪形骸。他老是跟我說，規規矩矩的人做不出學問來。還有一位張梁木，最擅長做組織工作，負責地理書稿，做出很大成績。可惜後來成爲處分最嚴厲的極右分子，一身的本領都施展不了。

另外，當年出版總署的編譯局也合併過來了。我經常請教外語的郭從周、石寶嫦、王以鑄㉛、楊靜遠㉜等老師，現在成爲同事。

此外，我在「反右」前還有一個錯誤：有個正中書局的留用人員，叫陳玉祥，是管版權的。他非常愛書，同我也很熟。他是老出版，常給我一些指點，很有用。比如給老專家寫信，他教我要稱字，不呼名。有次給郭沫若寫信，他教我抬頭要寫：「鼎堂先生」，使我大開眼界。他也愛講出版史，經常提到有個叫葉溯中㉝的正中書局當年的領導，說他如何好。那時，領導說要看台灣報紙，訂了《中央日報》等，都歸我管。有時候這位陳先生要借看，我就照辦了。據說借台灣報紙給他和讚美葉某人並未反駁都是政治錯誤。因這些問題，當年派人留蘇時，范用他們就沒讓我去，認爲我立場不

年，劉仁靜從上海前往北京，向中共中央組織部承認錯誤。一九五〇年十二月二十一日，《人民日報》發表了劉仁靜的認錯檢討，但是認為他沒有完全悔悟。劉此後被安排在北京師範大學任教，但由於遭到學生的反對，只得又調往人民出版社工作。次年，被人民出版社改為編外的特約翻譯，開除出工會，不再承認其為正式職工。一九六七年，劉仁靜在「文化大革命」中被關入秦城監獄，一九七九年方得以釋放。一九八七年去世。

㉚朱南銑，一九一六年生，紅學家，江蘇無錫人。畢業於清華大學哲學系，學習期間主要研究數理邏輯，對中西哲學史也很有造詣。同時鑽研藏文，研究遊戲史。畢業後先後在《上海僑聲報》和美聯社翻譯電訊。業餘時間研究《紅樓夢》。一九四九年去上海三聯書店擔任編輯。他與周紹良以「一粟」筆名出版的《古典文學研究資料彙編．紅樓夢卷》及《紅樓夢書錄》是關於曹雪芹和《紅

穩。到一九五七年我錯上加錯，當然情節嚴重。至於陳玉祥，他在一九五七年情緒激烈，牢騷不少，自然「新老帳一起算」，劃爲極右派，後來去「勞改」。據說某年勞改期滿要釋放他時，因平時常挨餓，這時過於高興，一下子吃得太多，不幸撐死了。

曾彥修其人平時疾言厲色，可是內心非常慈祥。他當年極力主張資料室開架，對我輩年輕人的成長有很大作用。一開架之後，我覺得一進去就出不來了，實在美不勝收。那時還有一個韜奮圖書館㉞，裏面有大量十月革命前的俄文書，我進去瀏覽後才知道裏邊眞是花樣古怪得很。我英文的能力不夠，比如說《性心理學》作者的大部分著作我沒見過，我在五十年代的時候不懂這些。在曾彥修說了資料室開架後，我在韜奮圖書館裏看了不少十月革命前的俄文書，才知道《性心理學》作者的其他著作。

樓夢》資料最全的著作之一。此外，他對於象棋、打馬、圍棋、博塞、雙陸等遊戲項目也很有研究。文革時，下放湖北咸寧幹校。一九七〇年十月一日酒後落水淹死，終年五十四歲。

㉛王以鑄，一九二五年生於天津，原籍浙江。翻譯家。家境富裕，幼年讀私塾，好舊體詩，詩詞集《傾蓋集》收有其詩作。北京大學肄業，曾任大學外語教師、人民出版社編審。通日語和多種歐洲語言，從古希臘原文譯出希羅多德的《歷史》，並以文言文譯出日本文學名著吉田兼好的隨筆集子《徒然草》，二〇〇二年獲中國翻譯協會表彰，授予「資深翻譯家」的稱號。

㉜楊靜遠，一九二三年生，女，湖南長沙人。一九四五年畢業於武漢大學外文系，後赴美國密歇根大學英語文學系學習並獲碩士學位。歷任武漢大學外文系講師、人民出版社編輯、中國社科院外國文學研究所編

輯、中國社科院外國文學研究所編審、中國譯者協會第二屆理事等職。

㉝葉溯中，一九〇二年生，名震，字溯中，以字行。浙江永嘉人。一九二五年畢業於北京大學中文系，並加入中國國民黨。後歷任上海暨南大學講師、浙江省防軍政治部主任、國民黨浙江省黨部執行委員兼常委。一九三一年，任浙江省立杭州高級中學校長。一九三四年，任浙江省政府委員兼省教育廳廳長。一九三五年，先後任國民政府考試院考選委員會典試委員、軍事委員會秘書、正中書局常務董事兼副總經理等職。抗戰爆發後，曾創獨立出版社和《民意週刊》社。一九三八年後，先後任三民主義青年團中央幹事會幹事、宣傳處處長，中央文化運動委員會副委員長等。一九四〇至一九四五年，先後任第二、三、四屆國民參政會委員，國民黨第六、七屆候補中央監察委員。一九四六年被選為制憲國民大會代表，次年當選為立法院立法委員。一九四九年去台灣，次年在台北創辦復興書局，從事出版事業。一九六四年去世。

㉞韜奮圖書館：辦一個圖書館是韜奮先生的遺願。一九四四年在延安就曾提出在重慶建立。一九四五年後開始籌備工作。一九四七年在香港英皇道設籌備處。一九四九年後在北京西總布胡同正式建立，但於一九五三年又隨三聯書店撤銷。當前北京三聯書店正在籌議恢復中。

在反右派風暴裏的自我醜化

在上面說的這種大好形勢下，我還加入了共產主義青年團，政治上又進了一步。當時，不少積極分子對我入團有意見，認爲我不夠活躍。爲了改正缺點，我決心學習跳舞。那時以毛主席爲首的中央領導人都愛跳舞，於是下面也以此作爲考核年輕人的標準之一。我努力學習跳舞，可惜我一直聽不懂音樂，不知道什麼是三步，什麼是四步，要共舞的女伴告訴我，並口誦一二三、一二三四地帶著我。但不論如何，這一關過了，我成爲光榮的青年團員了。

很可惜，出版社的這種大好形勢沒有持續多久，大概只有三年不到。到一九五七年反右派㉟鬥爭起來，什麼又都顛倒過來了。

那時人民出版社成爲反右鬥爭的重點單位，社長曾彥修被定爲「中國共產黨內的納吉㊱」，是文化出版界最大的右派分子。他的所謂「右派」情節，都是在高層機關的發言，細節我不瞭解。只知道

㉟反右派：一九五七年六月，中國共產黨開展整風運動，毛澤東號召黨內外開展批評。俟後，忽又認為許多批評意見是向共產黨和社會主義制度進行攻擊，為此，中共中央發出指示，在全國範圍內開展反右派鬥爭，至一九五八年夏季結束。一九七八年，中共中央決定對被劃為「右派分子」的人進行全面復查，將錯劃的予以改正。

㊱納吉（一八九六～一九五八），曾任匈牙利政府總理。一九五六年公開宣佈要蘇軍立即撤退，並請求聯合國干預。一九五八年被判處死刑。一九八九年匈牙利最高法院宣佈一九五八年對他的判決無效，並追認他為「傑出的國家領導人」。

他講話用語尖銳，在方針問題上，竭力捍衛已定的三聯書店等開放的政策。從這意義上說，他應該是當今三聯書店的大功臣，只是人們都已忘了就是。

社內在開始整風時，大家只是對黨支部有點意見，特別是對黨內的一個問題的處理有意見。這個問題是，幾年前，一位女士向領導告發她的部門領導人對她有不軌言行。這位領導沒有認眞處理。一九五七年開始整風時，這位女士公開揭發了，於是掀起一場大風浪。這風浪，當年通稱「趙王事件」——兩個領導人，一姓趙，一姓王。四五月間，有人發動群眾簽名呼籲黨組織嚴肅處理此事。我一時腦袋發熱，也上去簽了名，還說了一些激動的話。人事部門本來對我印象不佳，認爲我這人從來立場有問題，現在這些行爲當然更給了他們口實，差不多就要劃上右派了。幸虧這時候范用幫了我。有一天晚上他悄悄告訴我，有個戴文葆㊲馬上就要被劃上右派了，要我趕緊表態。戴文葆在「肅反」時挨過整，他有意見，在號召整風時說了一些話，一時也很引人注意。我聽范用告訴我這消息後，連夜寫了一張大字報，批判戴文葆在整風時的言論「別有用心」，質問他想幹什麼。後來我被認爲是第一個起來反對戴文葆的，將功折罪，於是就只定爲中右分子。

㊲戴文葆，一九二二年生，曾用名戴文寶。江蘇阜寧人。中國民主同盟盟員。建國後先後在人民出版社、世界知識出版社、中華書局、文物出版社、三聯書店工作，編寫了大量哲學社會科學書籍。曾獲首屆「韜奮出版獎」。二〇〇八年去世。

出版社裏一大批知識分子劃爲右派。社長曾彥修爲首，大都是平時比較開明的人士，尤多才智之士。陳原極爲讚揚的張梁木，我經常請益的王以鑄，都成大右派。最令我不解的是一位楊靜遠女士。楊女士是留美歸來的英語專家，那時還是共青團員，同我是一個支部。她之回國，實在出於愛國熱情，特別是受了斯諾著作的影響。因爲愛國，於是遇事喜歡貢獻意見，這就容易得罪人。在一九五七年，她當然講了「錯話」，但上面考慮她是留學生，從「統戰」出發，未劃右派。以後讓她下鄉勞動。在鄉下，她覺得村幹部不注意衛生，就寫了一張大字報提出意見。爲了給貧下中農幹部提意見，必須文章方向正確，她特別引了毛主席語錄：「講衛生光榮，不講衛生可恥」。於是，這又大大得罪了村幹部。你說，在當年，怎麼可以允許一個去農村改造的資產階級知識分子說貧下中農幹部「可恥」呢？於是農村裏立即轉來材料。出版社的人事科長爲此專門給領導寫了一個報告，說楊如此囂張，非補劃右派不可。我是領導的秘書，偶在他們桌上見此文件，眞是大吃一驚。後來楊靜遠女士當然補上「右派」名單。

還有一位堅強不屈的「右派」也讓我心折，那就是史枚先生。此公仗義執言，起初，他當然在「趙王事件」等尖端問題上大聲疾呼。

反右開始後，人們絕對饒不了他。但是，此公的執拗讓我心折。不管你們怎麼批判，他就是一個不服，甚至連《人民日報》社論，他也要寫大字報提不同意見。結果，他當然被處分得最重。

最後說一下吳道弘㊳。此公與我基本同齡，十分儒雅、好學，當時是我們的團支部書記。他是一九四九年那次進的三聯書店，然後轉到人民出版社。從職務、學養到資歷，都是我的模範。不料說話不慎，也被劃上右派。

我做校對的時候，結識了一位女同事。她喜歡畫畫，後來調到美編室畫封面去了。她是北京人，父親在故宮工作。她叫胡文珂，比我小三四歲。她沒念過大學，喜歡畫畫。身體不好，得一種病，叫脊椎強直症（台灣叫「僵直性脊椎炎」）。這個病據說挺麻煩。她完全是一個藝術型的女孩子。我們挺談得來，她的父親和哥哥也跟我談得來。她的宗旨跟我不一樣。我是迫切地要向上爬的，我不甘心做小事情、做小事業。她搞藝術，完全另外一個念頭。她喜歡追求善跟美。平時這矛盾不尖銳，也沒關係。到一九五七年的時候就尖銳了。我面對的問題是曾彥修被打成右派了，我要去檢舉揭發，必須站在反曾彥修的立場上。她希望我不要參與政治，安心做我的業

㊳吳道弘，一九二九年生，著名編輯家，中國韜奮獎獲得者。一九五〇年二月從上海誠明文學院文學系考入上海三聯書店，一直從事編輯工作。曾任人民出版社副總編輯、中國圖書評論學會副會長、中國編輯學會副會長、中國出版工作者協會學術委員會主任。著有書評集《書評例話》、《書旅集》等。

務。我已經意識到我們出版社沒有政治是不行的，而且我還一定要入黨。再加上我有一個機會，沒有被劃成右派，揭發了戴文葆，所以我要進一步表現。這樣我們兩人常吵架。她的一句名言：你一參加政治活動，我就覺得你的形象開始醜陋了，我覺得這是她的資產階級美學觀點。

意見越來越分歧。一九五八年我們全國都出現了一個問題，就是一九五七年表現不好的，五八年找一個藉口把他們遣散，就叫「退職」。她屬於這類。只給她很少的錢，以後沒有工資什麼的，等於解雇了。她就回家了，她又有病，處境很慘。當然我還是在經濟上積極幫助她。直到一九六〇年她抑鬱而終。

總之，經過一九五七年的風暴，讓我這個年輕人深刻地認識到。凡事必須聽黨的話，不然沒有好日子過。這對我這類貧寒出身的小工人來說，是不難做到的。

煉鋼戰士和話劇明星

一九五七年以後，反右剛完，我又不安分了。我想到還是要學習。於是，請教何思源老先生。他當然主張學法語，但我覺得我已會了一些列寧史達林的語言，現在最好再學會馬克思恩格斯的語言。於是何老爲我介紹一位德語老師王先生。我組織了一個班，居然社長王子野還參加。王先生安徽人，口音重，口語最差，但學習最勤奮，班裏進步最快。我們不用任何現成課本，就從《共產黨宣言》學起。所以，我們的學德語，先學「鬼」（der Gespenst），再學「人」（der Mensch）；先學「鬼走路」（umgehen），再學「人走路」（gehen），完全不管語言的規律。讓學外語爲階級鬥爭服務，我們是創舉。

學習沒多久，到一九五八年，情況又起了變化。那年十月，上面認爲右派都打倒了，問題解決了，我們很快要向共產主義邁進了。據說我們的國力已經快超過英國了，現在要縮短同美國的距離。我記得很清楚，當時眞是大喜，中國人總算出頭了。

要趕上美國，關鍵的問題是鋼鐵產量。我記得十月份的時候毛主席連夜到湖北去，講了話，很激動人心。一傳達下來，立刻到處掀起了一個民間大煉鋼鐵的浪潮。我在「反右」沒有劃上右派，以後又正在積極要求入黨，如此良機，豈能後人，當然踴躍報名，於是立刻被選中去做煉鋼工人。白天照常工作，晚上在朝內大街一六六號的大院裏煉鋼。所謂煉鋼，實際上只是把家裏舊的鐵傢伙通統拿來，放到一個高爐子裏面熔化，熔化後倒在模子裏就算鋼了。這我不算太外行，因爲小時候當學徒時參加過煉金銀。

每天煉完鋼已經中夜十二點一點了，去街上一個名叫「大酒缸」的酒攤上喝老白乾。這時我最帶勁，因爲從來沒有這麼樂過。

在這前不久，又根據上級指示搞了一次「向黨交心」㊴活動。我當然也要積極表現一番。這更因爲，有的黨員跟我打招呼，這次的重點是要糾正社內的所謂「沈昌文現象」。我於是在全社人員大會上做了長時間的「交心」發言。我自以爲這一發言設計得很巧妙。我檢討的是「白專道路」㊵，內容是說自己讀了太多的馬恩論宗教

㊴向黨交心：「向黨交心」的運動始於一九五七年。當時讓一批知識分子給黨提意見，「向黨交心」，以後把提意見的人打成反革命。一九五八年又提倡知識分子以大字報的形式暴露自己的內心思想，從而「積累社會主義教育的思想資料，研究資產階級知識分子的政治思想狀況，和他們在交心運動中的動向，以便更好地進行思想政治教育工作」。

㊵白專路線：「白專路線」是在改革開放前的歲月裏，對那些埋頭學習、鑽研業務，對「政治」不那麼敏感的一類人的卑稱。

的論著，而沒有聯繫實際。我以爲這一來，別人拿我沒辦法，因爲我好歹讀的是馬恩著作。於是不少人裝模作樣地「批」了一通。只有一位宋家修㊶老先生說了實話：我看這個沈昌文的毛病是讀書太少，而不是太多。這一來，差不多要把批評矛頭轉向他了，幸虧大會及早散場。會下，王子野先生私下裏對我說了一句：批了白專道路也不能不讀書啊！這使我感到這位老領導還是挺公正和開明的。

大躍進年代的大事，還有一樁：就是開展群眾文藝活動。很多人寫詩，這我不會，但我喜歡演話劇。那年我們朝內大街一六六號兩家出版社組織了一個話劇團，演一場話劇。名字忘了，內容是講一個美國人如何低俗。我就演這美國人。同台的有人民文學出版社外文部主任高駿千先生。記得我演美國佬，可是不會打領帶，全靠高兄指點。我這時開始認識老高，以後成爲知己。

很快到了一九六〇年的時候，我又被派遣到農村去鍛鍊了一年。去農村的地方在北京附近，叫高碑店。我在這農村裏待了一年，大煉鋼鐵的時候說東西吃不完，到一九六〇年開始沒東西吃了，眞是苦。這一年農村生活眞把我弄得困苦不堪，我會吃苦，小時候也過

㊶宋家修，一九〇七年生，小名象井，筆名麥園。湖南醴陵人。一九二九年考入上海勞動大學，後轉上海商學院學習。期間，開始研馬克思主義，與中共地下黨員馬純古、許滌新、黃大德等一批進步同學往來甚密，加入中共地下組織領導的「中國社會科學家聯盟」、「救國會」等抗日救亡組織，積極參與抗日救亡活動。一九三四年考入上海商務印書館任編輯，與傅偉平、周建人等從事大型工具書《辭源》增訂出版工作。翻譯出版了《二十世紀經濟學說》、《戰後世界金融史》等書。一九九三年去世。

過窮日子，但再窮也沒過過沒有糧食吃的日子。同去這個村的就是當年同台演話劇的高駿千先生。他是富家子弟出身，燕京大學畢業的。我們兩個成天吃不飽飯，走不動路。但儘管這樣，我倒還不放棄學習。老高擅長英、法語。我不想學英語，就跟他學法語，又學了一年法語，比過去提高了一大步。農村裏還要我們抓階級鬥爭，當然只能裝裝樣子。這一年，吃的是土豆（馬鈴薯），學的是法語 la pomme de terre（法語：土豆，直譯是「地裏的蘋果」）。在農村階級鬥爭和生產鬥爭中的表現委實不佳，但總算是蒙混過關了。

這一年裏邊，除了這個以外，還有一件事情就是談戀愛。我下鄉前我的支部書記白以坦㊷先生，是黨的中層負責人，老幹部。他看我一九五七年和一九五八年表現都不錯，就給我介紹了一個女朋友。我原來的戀愛對象胡文珂女士本是白先生的部下，現在已故，所以他有點同情我。他在阜外醫院治病，認識了一個住院醫生白曼頤大夫，認爲白大夫挺好，於是介紹我們認識。白大夫喜歡音樂，她在學醫之前學過師範，師範裏有音樂課，她喜歡貝多芬等等。我於是假裝懂音樂，白天看了關於貝多芬的書，到晚上約會時賣弄。後來下鄉，又拚命寫信。這麼就戀愛成功結婚了。

㊷白以坦，一九一三年生，回族，河北滄縣人。人民出版社原副編審。一九三三年至一九三九年在天津新學中學讀書。一九四四年四月開始從事新聞出版工作，曾任魯南時報社校對組長、山東新華書店印刷廠校對股長。一九五一年到人民出版社從事校對工作，先後擔任校對科科長、編輯、出版部副主任等職。他長期從事毛主席著作的編選校對工作。經他校對的《毛澤東選集》繁體字本、簡化横排本、單行本以及黨和國家領導人著作、大量的文獻、黨史資料、黨史叢書等上百種圖書，至今都未發現有一字、一點的成品錯誤，人稱「校對王」。一九九四年去世。

下鄉回來連辦兩大喜事，一個是結婚，還有一個是入黨。在當年來說這都是人生大事。在那次討論我入黨的會上，說要討論兩個人入黨，另一人是董秀玉㊸女士。討論到她，大家眾口一辭地贊同，一下子就通過了。說到我，兩個小時還通不過。會上一片反對聲，都認爲我這人「懷有異心」，走白專道路。後來，由入黨介紹人講話。我的入黨介紹人就是我給他當秘書的出版社最高負責人王子野，另一位就是范用（范先生到文革的時候，否認他是我的入黨介紹人，不知道什麼原因）。王子野在我的入黨會上有一個多小時的講話。這個講話我眞是畢生銘記在心，實實在在是長輩對我的懇切幫助。王子野以黨委書記和社長的身分說，我們黨目前需要的是人們渴求知識，所以說某人有專長沒有錯，愛學習沒有錯，而且是應該的，是符合黨的要求的。並不是所謂的「專」都是「白專」，專了以後會對工作有好處。這樣一來，有他這樣的大人物撐腰，我入黨也很快通過了。王先生這類言論跟我私下也說過多次，總是勸我努力學習。只有一次，他批評我太落後。那是我忽然問起他，在政治運動中，上面常要我們年輕人去跟蹤和密報某個懷疑對象，這該不該？王子野聽後大笑說，「我們馬克思主義者認爲，只要目的正當，手段不重要。你知道，我們無產階級是要解放全人類的，懷著這樣的目的，應當說，任何手段都是允許的。」他明確說，「你這人太落後。

㊸董秀玉，一九四一年生，女，上海人。一九五六年進入人民出版社，一九七九年任《讀書》編輯部副主任，一九八六年擔任三聯書店副總經理、副總編。一九八七年任香港三聯書店總經理、總編輯。一九九三年回北京任三聯書店總經理、總編輯，一九九四年創辦《三聯生活週刊》，一九九六年創辦「韜奮圖書中心」。二〇〇二年退休。

沈昌文與白曼頤女士結婚照

不過這種困惑，我們剛到延安時也有過，後來才慢慢克服了」。我當時當然深受教育。

在黨的領導下做「告密」活動，到了二十一世紀成爲一個熱門話題。但在我們的活動年代裏，這可是常事。當年，王子野對我的幫助是很重要的。總之，爲了黨的事業，不應有任何個人考慮。

爲「反修」做後勤

一九六二年上面提出要反帝反修，當時發表了一些文章，總稱「九評」。實際上跟赫魯曉夫較勁。最後合成一本書《國際共產主義運動總路線》。當時上面成立一個反修小組，實際頭頭是康生㊹。這個偉大的任務又大大地影響了我以後的編輯出版生涯。

爲了反修㊺，要瞭解各國共產黨的事情。當時發現各個共產黨大多跟蘇聯走，只剩下個阿爾巴尼亞。所以要研究這些黨的情況。中宣部內成立了一個機構，叫做「外國政治學術著作辦公室」。這個辦公室表面上是一個行政機構，實際上是爲反修小組服務，因爲牽扯到外國的資料，單靠新華社已經認爲不夠了。要內行的共產黨員去做。不知什麼原因，本人被選上了。我編制還在人民出版社，實際上則天天到中宣部上班。那是中共中央的高級機構，憑我的這個身分可以到共產黨最機密的機關去查閱圖書資料。

㊹康生，一八九八年生，原名張宗可，字少卿，山東膠縣人。曾任中共中央副主席、中央政治局常委、全國人民代表大會常務委員會副委員長、全國政協副主席等重要職務。「文革」期間與林彪、江青等相互勾結，是發動文化大革命的主要成員之一；此外他精於文物鑒賞，還擅長書法和中國畫。一九七五年去世。

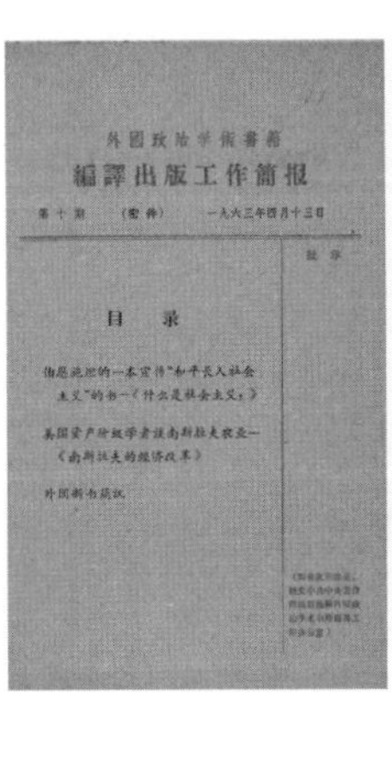

外國政治學術書籍
編譯出版工作簡報
第十期　（密件）　一九六三年四月十三日

目录

伯恩施坦的一本宣传"和平长入社会主义"的书—《什么是社会主义？》
美国资产阶级学者谈南斯拉夫农业—《南斯拉夫的经济改革》
外国新书简讯

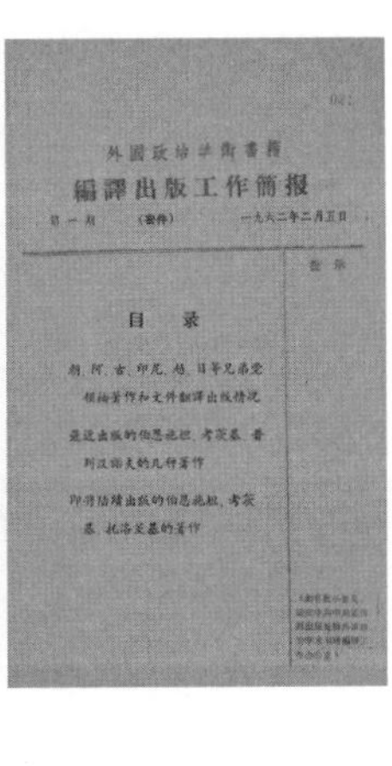

外國政治學術書籍
編譯出版工作簡報
第一期　（密件）　一九六二年二月五日

目录

朝、阿、古、印尼、越、日等兄弟党领袖著作和文件翻译出版情况
最近出版的伯恩施坦、考茨基、普列汉诺夫的几种著作
即将陆续出版的伯恩施坦、考茨基、托洛茨基的著作

沈昌文借調「外國政治學術著作辦公室」時所編簡報材料

我的專門研究是修正主義思潮。任務是籌劃出版「灰皮書」和「黃皮書」。「灰皮書」讀者主要是司局以上領導幹部，是社會政治方面的「反面材料」。「黃皮書」全是文藝思潮。「灰皮書」裏很有名的如《第三帝國的興亡》，講希特勒怎麼完蛋的，對研究帝國主義很有意義。文藝著作的重點是外國有代表性的新思潮，我記得第一本是《在路上》。我們先跟專家討論，然後報上去，上面通過，再由有關出版社組織翻譯，然後出版。效率非常高，因爲我們有很大的權力。

我雖則只是一名借調幹部，但可以憑這身分出入中共中央聯絡部，中央馬恩列斯著作編譯局㊻乃至總參謀部三部㊼的書報資料部門，見到不少少見的外國書。這個辦公室裏，自然還有外語專家，但是他們都不及我的「非專」。我這時的外語水平，除了俄語能譯一些簡單的書外，其餘都只能讀懂書名和目錄。但這「其餘」包括十來個語種，而且在日益增加。例如當時上面非常注意南斯拉夫、古巴和波蘭，我於是花一、兩個月，把塞爾維亞文、西班牙文和波蘭文的大概瞭解一下，就能借助字典、語法書讀懂書名、目錄，於是就和這方面的專家大膽交換意見了。

㊺反修，即「反對修正主義」的簡稱。六十年代初，由於蘇共領導人挑起中蘇兩黨論戰，並將之擴大為兩國之間的爭端，對中國施加政治、軍事、經濟壓力，迫使中國共產黨和中國政府不得不對蘇共的「老子黨」作風和大國沙文主義行徑展開鬥爭。但在對蘇共理論的意識形態界定上，中共認為其是「修正主義」，因而提出了「反對修正主義」的口號，並以此在黨內開展「反修防修」的鬥爭。

灰皮書

㊻中央馬恩列斯著作編譯局，即中央編譯局馬恩列斯著作編譯局，成立於一九五三年，是系統翻譯和出版馬克思、恩格

我們大都是靠新華社提供的資料，新華社的「內參」裏邊反映出國際共產主義㊽裏有什麼思潮，根據這個思潮我們應該翻譯什麼書。還有中共中央編譯局，在這方面也對我們有巨大幫助。編譯局裏人才濟濟，我在相當長的時間裏，同他們合作辦事。他們出主意，出主張，由我出面去找「社會力量」完成。

還應當說說，我的領導是一位馮修蕙女士。她是老革命，但很開明。她上面，是一位包之靜先生，更是既懂行情，又能放手讓我們工作。

應當說，這是上帝給我又一次機會，讓我爲以後的人生長途做好若干思想準備。什麼思想準備呢？具體地說，就是：在天天接觸各類「修正主義」（十九世紀到當代的）過程中，我的頭腦也漸漸地變「修了，也就是說，認識到中國的事情有改變的必要。所謂「修正主義」，無非是說馬克思主義的若干原理在其後發展過程中爲實際生活所「修正」。這本來是一種學科發展中的必然過程。但是，卻爲所謂「正統的」馬克思主義所不允許。在上世紀七十年代，尤其爲毛澤東所不允許。

斯、列寧、斯大林著作的專門部門。

㊼總參三部：全名為「中國人民解放軍總參謀部第三部」，主要負責偵聽、處理和轉送國外電台的通信傳播信號。

㊽國際共產主義：國際共產主義運動，簡稱「國際共運」，是指在世界各國開展的共產主義運動，其目的是為了推翻剝削階級的社會建立起人人平等的社會主義，進而實現共產主義。以一八四七年世界上第一個共產主義政黨「共產主義者同盟」的建立為開端，迄今已經歷了一個半世紀。

我們起先從第二國際[49]以來的修正主義思潮入手，發現恩格斯他老人家晚年觀點已有不少轉變。至於伯恩施坦[50]、考茨基[51]更甭說了。一個時期，出了不少這兩位的作品。考茨基的名著《無產階級專政》和《被背叛了的革命》，我聞名已久，現在總算讓它們見到中國的天日。找到一部南斯拉夫出的《馬克思主義史》（弗蘭尼茨基著），趕緊請人譯出，大開眼界。

我國的修正主義者，主要找同列寧、史達林觀點相異的，特別是普列漢諾夫[52]。這方面的材料，我們過去素有準備，有劉仁靜、王蔭庭[53]這些專家已經做了不少工作（遺憾的是當時還不知道有「普列漢諾夫遺囑」[54]這回事）。後來到了托洛茨基和布哈林[55]，那就同史達林正面交鋒了。請一些專家譯出托洛茨基的《斯大林評傳》，幾十萬字的大著，委實大開眼界。從這書裏，知道史達林其人如何剛愎自用，喪心病狂。

後來又轉入「現修」[56]，主要是關於南斯拉夫、東歐的現狀的著作。我個人最感興趣的是波蘭的沙夫，爲此專門學了一段波蘭文。

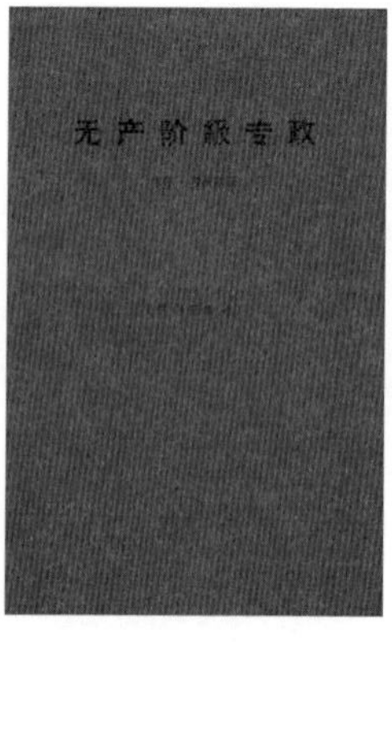

《無產階級專政》書封

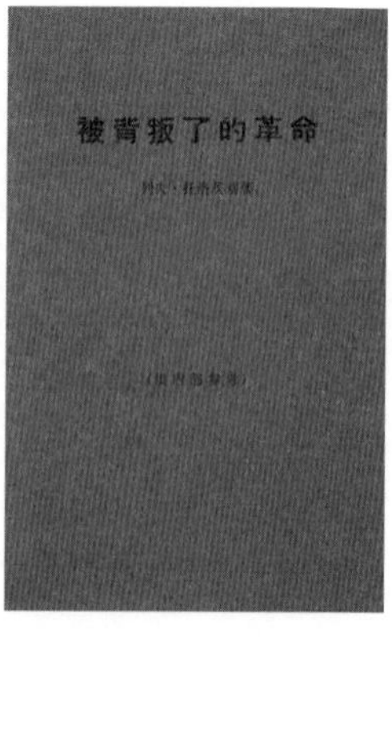

《被背叛了的革命》書封，也即九〇頁之灰皮書

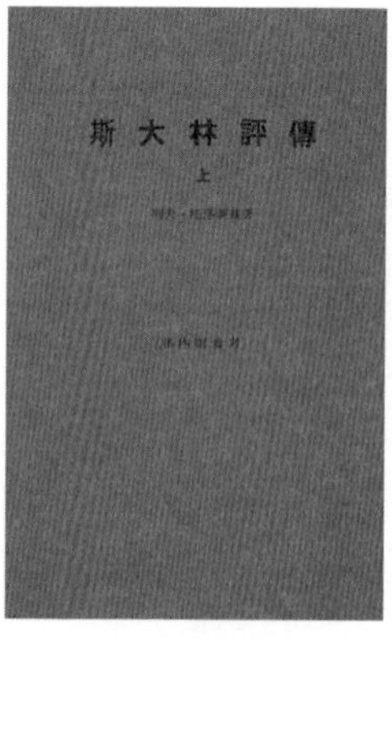

《斯大林評傳》書影

㊾第二國際（the Second International）即「社會主義國際」、「社會黨國際」，是一八八九～一九一四年各國社會主義政黨的國際聯合組織。相對於第一國際（國際工人協會），故稱第二國際。第二國際於一八八九年七月十四日在巴黎召開第一次大會，通過《勞工法案》及《五一節案》，決定以同盟罷工作為工人鬥爭的武器。

㊿伯恩施坦：愛德華・伯恩施坦（Eduard Bernstein）。一八五〇年生。德國社會民主主義理論家及政治家。一八七二年加入德國社會民主黨，後來在外流亡數年，任幾份社會主義雜誌的編輯。在英國倫敦遇到恩格斯，並受到費邊社的影響。一九〇一年回到德國，成為了修正主義（進化社會主義）的理論家，是修正馬克思主義基本原則的第一批社會主義者中的一個。伯恩施坦設想出一種社會民主的類型，將個人的創新精神與社會的改革結合在一起。他曾擔任幾屆的議員，啓發了社會民主黨的許多改革計劃。一九三二年去世。

(51)考茨基：卡爾・考茨基，一八五四年生於布拉格，後遷居維也納。一八七四年入維也納大學讀哲學，深受馬爾薩斯、斯賓塞、穆勒等人思想的影響，反對民族壓迫，成為激進民主主義者、民族主義者。一八七五年加入奧地利社會民主黨，兩年後加入德國社會主義工人黨。一八八〇年到蘇黎世擔任改良主義者赫希伯格的助手。次年在倫敦與馬克思、恩格斯會面，轉向馬克思主義。恩格斯逝世後著文批判伯恩斯坦修正主義。一九一〇年起成為第二國際中派代表：回避暴力革命。第一次世界大戰爆發後支持戰爭。一九一四年著《帝國主義》，提出「超帝國主義論」。一九一七年四月組建德國獨立社會民主黨。反對俄國十月革命和蘇維埃政權。一九一八年參加政府。一九二四年著《唯物主義歷史觀》，系統闡述他的思想觀點。希特勒上臺後流亡國外。一九三八年在阿姆斯特丹病逝。

(52)普列漢諾夫，俄國社會民主工黨總委員會主席，早年是民粹主義者，在一八八三年後的二十年間是俄國馬克思主義政黨的創始人和領袖之一，是最早在俄國和歐洲傳播馬克思主義的思想家，俄國和國際工人運動著名活動家，十分受列寧尊敬。但一九〇三年俄國社會民主工黨第二次代表大會後，他漸漸與布爾什維克分道揚鑣，轉向孟什維克主義，第一次世界大戰的時候又支持民族主義，此後對十月革命又持反對態度。

(53)王蔭庭，一九三四年生，湖南湘潭人。五十年代在北京大學畢業，畢業後入武漢大學哲學系任教，以後被打成「右派」。他從大學時期，即研究普列漢諾夫的思想，一九八八年出版《普列漢諾夫哲學新論》，甚得好評。一九八七年調南京解放軍政治學院工作。

(54)《普列漢諾夫的遺囑》：一九九九年十一月俄羅斯《獨立報》發表普列漢諾夫的政治遺囑，其中普列漢諾夫攻擊列寧和布爾什維克及十月革命，認為「馬克思所理解的無產階級專政無論現在還是未來，永遠不能實現」，而十月革命的成功「不是必然的，而是非常不幸的偶然原因」。遺囑的真實性，目前不少論者認為還缺乏確鑿證據。

(55)尼古拉・伊萬諾維奇・布哈林（一八八八～一九三八），聯共（布）黨和共產國際的領導人之一，馬克思主義理論家和經濟學家。曾任聯共（布）黨中央委員會委員和政治局委員，共產國際執行委員會委員、主席團委員、政治書記處書記。《真理報》主編。曾經被譽為「黨內頭號思想家」。列寧逝世後，他同斯大林站在一起，在戰勝「新反對派」和托季聯盟的鬥爭中起了重要作用。後由於和斯大林的分歧於一九二九年被解職。大清洗時被處決。

㊱現修，「現代反革命修正主義」的簡稱，與「老修」（老的修正主義，即伯恩斯坦、考茨基等）對稱，當年專指蘇聯及一些東歐國家。

開始結識「廢物」

在這個辦公室的若干年頭，我受益最多的是認識人頭。

我不知道這是哪一級領導來的方針，就是那時組譯翻譯稿，可以「廢物利用」，就是可以找有學問但是政治上有問題的人。這種做法我是很熟悉的，因爲在一九五四年到五十年的三聯書店編輯部，實行的就是這辦法。我憑這方針，大力開展工作，找到了一大批眞正名副其實的「老師」。我在這方面，說實話，有一長處，就是一點都不以他們的「政治污點」爲忤，而是眞正拜他們爲師。這可以說是我無意中得之的一個善爲書商的法寶，決定了我以後的一生。

我最早的老師是李愼之㊼、董樂山㊽等幾位，他們都是新華社的「右派」。李老是新華社右派改造隊的隊長。董是所謂的「極右分子」，其實聽說他只是批評了當時的集權主義而已。我對他們執禮甚恭，他們也就對我十分親切。可以說，從這時開始，直到整個二

沈昌文（右）與李慎之（左）

㊼李慎之，一九二三年生，哲學家、社會學家。江蘇無錫人。資深新聞人、著名國際問題專家。曾任周恩來外交秘書、中國社會科學院副院長兼美國研究所所長，是二十世紀下半葉中國自由主義思想的代表人物。二〇〇三年逝世。

十世紀末，他們都一直在幫助我工作。沒有他們，我在改革開放後是怎麼也沒法做成事情的。

人民文學出版社編譯所的各位，像施咸榮[59]、黃雨石等各位，也給我很多幫助。施先生是寧波人，我們常在一起講家鄉話，特別親切。當時組織上對我說，此人曾有過暗通特務嫌疑，我也不管它。我們一起做「黃皮書」，得益極大。施老以後對我幫助最大的是：我在八十年代中，對他說起李慎之老先生講的出翻譯書要「向後看」的主張，他極爲贊成。於是，他趁幾次出國的機會，幫我在美國的圖書業裏挑選人家要免費處理掉的舊書，裝箱運來。我所爲者，只是按時去天津塘沽港接貨，然後花極少的運費運達北京。這對我當年剛獨立經營還並無財力的三聯書店來說，是何等巨大的支持！

還得一提兩位當年社會上的「廢物」。一位叫馬元德[60]，另一位是王蔭庭。

馬先生畢業於北京大學，通英、德語，特別對羅素有研究。他在北大，大概因爲對蘇共二十大說了一些當年不該說的話，於是一直被打入冷宮，畢業後幾乎失業。我們讀了他的譯文，特別是譯伯恩

---

[58] 董樂山，一九二四年生，浙江寧波人。一九四六年畢業於上海聖約翰大學英國文學專業。建國後，曾長期從事新聞翻譯和英語教學工作。一九五〇年後歷任新華社參編部翻譯、審稿、業務秘書，新華社外訓班教員，北京第二外國語學院英語教師，中國社會科學院新聞所研究生導師、研究生院美國系主任、美國研究所研究員。是一位頗有造詣的美國社會與文學研究專家、作家與翻譯家。一九九九年去世。

[59] 施咸榮，一九二七年生，浙江人。一九五三年畢業於北京大學西語系，同年八月到北京人民文學出版社外國文學編輯室工作。一九八一年調入中國社會科學院美國研究所。一九八六年加入中國共產黨。歷任中國社會科學院美國研究所美國文化研究室主任、副所長、研究員，中華美國學會秘書長，中國作家協會會員，全國美國文學研究會常務理事、副秘書長。長期從事英美文學研究，尤以對黑人文學和通俗文學的

施坦、考茨基等人的論著，詫為奇才。以後，「灰皮書」中這方面的德語著作，多半央他翻譯。王先生是俄語專家，也不知怎的，被組織上目為「異端」。我們覺得他譯普列漢諾夫極為得心應手，以後俄文論著多半是他完成。值得一提的是，我如此作為，實際上還得到人民出版社黨委書記王子野的大力支持。這位名義上黨內堅定的馬克思主義者，實際上非常支持「異端」。他多次要我大膽請馬、王辦事，並且親自批准破格按月給他們預支生活費。

其實，那時還有一大批「廢物」，是我無法結識和請教的。那是北京清河勞改農場的犯人。北京市把他們組織起來，從事譯作，發表時一律用筆名「何清新」（「何清」指「清河勞改農場」，「新」指「自新」）。據說譯日文最佳，因其中頗多偽滿時期的高官貴人。

當然，我所仰仗的，還有一大批當年的並非「廢物」，例如中共中央馬恩列斯著作編譯局的諸君子。他們既有學養，又很開明，同我一起做「灰皮書」，大都出諸他們的努力。我最記得一位副局長林基洲[61]。此公通俄語，一度不知什麼原因，食宿都在辦公室。於是我乘興同他每週共度假日，一起在辦公室狂飲啤酒，呼呼大睡。如是一起批判反對托洛茨基、布哈林等人，卻也有趣。至於局內殷

研究見長。著有《莎士比亞和他的戲劇》、《美國黑人奴隸歌曲》、《美國通俗文化在中國的影響》等，並主持編輯出版了《莎士比亞全集》。一九九三年去世。

[60] 馬元德，翻譯家。早年在北京大學數學系肄業。因思想認識問題，畢業後未能分配工作。後在職工學校教書。以後以譯稿為生。通德文、英文。崇拜英國哲學家羅素，曾傾全力譯出羅素《西方哲學史》。

[61] 林基洲，一九二九年生，遼寧大連人。一九四七年參加革命工作。一九五〇年加入中國共產黨，同年在蘇軍主辦的大連《實話報》社任翻譯。一九五一年，他調北京中共中央宣傳部《斯大林全集》翻譯室任翻譯。一九五三年，到中共中央馬恩列斯著作編譯局工作，先後任斯大林著作翻譯室、哲學著作翻譯室、國際共運史資料室副主任，中共中央編譯局副局長。一九九三年去世。

敘彝⑥②、鄭異凡⑥③諸君子，至今還是我的老師。

但是，另一方面，這時期我的家庭狀況是幸福而淒慘。幸福是自然的，新婚燕爾，兩情歡洽。淒慘的是實在窮。不單單是個人窮，而是整個民族都在所謂「三年困難時期⑥④」的貧窮和飢餓之中。我經常浮腫，騎自行車不到一二里路，就得在人行道坐下休息一陣。

當然，我還是幸福的。特別是我有業餘的稿費收入。那時我搞翻譯非常努力，主要翻譯同馬克思主義有關的東西。業餘譯書，是社長王子野先生特別提倡的。由此曾引來不少非議。比如社內的電工就說，爲什麼我們不能到別的地方去修電燈掙外快，而編輯就可以。王先生獨排眾議，讓我輩得以苟活，我至今感念無已。

業餘譯書，除了收入外，還大開眼界。例如我譯了克拉拉·蔡特金的《列寧給全世界婦女的遺教》，知道列寧對柯倫泰及其「杯水主義」的態度，促使我以後就這問題讀了不少書，以致三聯書店獨立後，我主持工作期間發掘出了《情愛論》這本書，大賺其錢。又譯了季米特洛夫晚年的《控訴法西斯》一書，對法西斯的可惡的認識大爲提高。當然，收入也是重要的。記得我太太懷孕時，我曾耗

---

⑥② 殷敘彝，一九二五年生，江蘇鎮江人。中共中央馬恩列斯著作編輯局世界社會主義研究所研究員。一九五四年畢業於北京大學歷史系，迄今在中共中央編輯局從事五四運動史、第二國際史、西歐社會黨之歷史、現狀和理論的研究工作。合著《從五四記蒙運動到馬克思主義的傳播》、《第二國際研究》，譯有伯恩施坦《社會主義的前提和社會民主黨的任務（一九六四年）》等。

《列寧給全世界婦女的遺教》書影

⑥③ 鄭異凡，一九三五年生，浙江江山人。一九五二年人復旦大學中文系學習，一九五四至一九五九年就學於蘇聯列寧格勒

費人民幣大洋拾元，一起去飯館吃了一頓紅燒肉。這種活動，在那時只可做而不可說，不然準保有人要議論此人變「修」了。說某人「修」，是其時很鄙視的說法。其實，照我看來，「修」也者，與時俱進也！

這期間，我還做了一件頗爲自得的事情，就是獨力編了一本《編輯手冊》。它的意義在於匯集了當年陳原他們手訂的各種制度和辦法，反映當年的工作成果。這種參考書現在不少，在那時可是創舉。

大學歷史系。中央編譯局研究員、俄羅斯研究中心顧問，俄羅斯東歐中亞學會常務理事，兼任中國社會科學院東歐中亞研究所蘇聯研究中心副主任，北京大學兼職教授。著有《天鵝之歌—關於列寧後期思想的對話》、《不惑集》、《史海探索》。

(64) 三年困難時期，三年困難時期是指中國大陸從一九五九年至一九六一年期間，由於大躍進運動以及犧牲農業發展工業的政策所導致的全國性的糧食短缺和飢荒。官方說法在一九八〇年代以前多稱其為三年自然災害，後改稱為三年困難時期。

《編輯手冊》書影

第三章

文革中的記憶

印象深刻的「夫人同志」

一九六六年六月，文化大革命開始了。在這之前，已經風風雨雨，出現了不少要整肅文化領域的消息。但是，按照慣例，政治運動隔三差五總是要搞的，所以儘管聽說了一些很驚人的事情，可是好像跟自己這種小人物沒有很大關係。當時在我們這些文化出版發行系統的「小小老百姓」中，只是比較注意鄧力群①的夫人在文化部的高級幹部會議上的一些驚人言論，儘管我無緣親聆，但因在年輕人中廣泛流傳，所以也還記得很清楚。

在這之前，先要表一表這位夫人同志。她是待過延安的老幹部，不可能認識我。她擔任人民文學出版社的一個中層領導，同我們在一個大樓，因此常常碰見，也常常在我們這類年輕後輩中傳說她的故事。她引人注意的是，言論非常革命，非常無產階級，可是穿著又十分「資產階級」。這當然是對她不敬的話。其實在現在看來，

---

①鄧力群，一九一五年生，湖南桂東縣人。中國共產黨毛澤東思想理論家、宣傳家。鄧於一九三五年到北平，在「一二九運動」中任北平學生聯合會執行委員。一九三六年考入北京大學經濟系，同年加入中國共青團與中國共產黨，任中共區委幹事。一九四九年作為中共代表赴新疆促成新疆政權的和平過渡。一九五〇年代初任中共中央新疆分局常委、秘書長、宣傳部長，《紅旗》雜誌副總編輯。文革期間被陳伯達打為「現行反革命」，在石家莊幹校接受審查。一九七四年四月復出，一九七五年七月初調任新成立之國務院「政治研究室」七人負責人之一，歷任中國社會科學院副院長、中共中央辦公廳副主任、中共中央書記處研究室主任、中宣部部長。一九八二年中共十二大上當選為中央委員、十二屆一中全會上當選中央書記處書記。一九九〇年任中共中央黨史工作領導小組副組長。

她打扮也算不上什麼講究，只是例如夏天要打上一把小傘，戴著黑紗手套，穿上黑綢子的連衣裙。據說這全是學的安娜・卡列尼娜，那在當年是很驚世駭俗的，當然會讓我們這些受俄國文學薰陶長大的小青年多看上幾眼。尤其是，她一張口滿是無產階級革命派的語言、黨的語言，充滿了革命的火焰、革命的精神。我那時已經在比較上層做一些類似秘書的工作了，所以時常有機會直接間接地聽到她的言論，特別是充滿火藥味的革命言論，眞是敬佩已極。

已經聽到了不少風聲，特別是聽到剛才說到的那位夫人尖銳地批判文化部部長的言論。大家都知道她一定是有來頭的，不然不會平白無故地那麼上綱上線。她聲色俱厲，據說激烈的程度超過文化部的任何中層幹部。當時也聽到過毛澤東的一些批示，批判文化部是才子佳人部，說周揚②是反對魯迅的，三十年代的時候，周揚代表黨內的機會路線，等等。當然還有不久前問世的「海瑞罷官」，吳晗③也被點名了。由這種種，知道有一場大火要燒起來了，六月一日，北京大學第一張大字報出世，大火就燒得很厲害了。

但是，儘管如此，我還是覺得火在遠處燃燒，同我自己關係不大。

---

②周揚，一九〇八年生，原名周運宜，字起應。筆名有綺影、谷揚、周莧等。湖南益陽人。「文革」之前大陸文藝界的主要領導人。文藝理論家、文學翻譯家、文藝活動家，中國科學院哲學社會科學學部委員。一九八九年逝世。

③吳晗，一九〇九年生，原名吳春晗，字伯辰，筆名語軒、酉生等，浙江金華義烏人，是著名歷史學家、社會活動家。曾加入民盟，後入中國共產黨，曾任教於雲南大學、西南聯合大學、清華大學，擔任過中國科學院歷史研究所學術委員、中國科學院哲學社會科學部學部委員、北京市政協副主席、北京市副市長等職。一九六九年「文革」期間因《海瑞罷官》劇本被批鬥迫害致死，家破人亡。

想不到火會燒到自己身上

那時候我的第二個女兒馬上要出生。一九六六年六月四日，她出生了，於是家務十分緊張，忙得一塌糊塗。也因此，即使像六月一日北京大學出了聶元梓大字報這樣的大事，也並沒有太驚動我。

可是偏偏這時候，出來一件事。

那個時候，出版社內所有的老幹部負責人都到一個什麼訓練班去學習，叫「社會主義學院」。在他們快回來之前，六月八日，社裏出了一張大字報。大字報的作者叫金作善，他主持一個群眾組織，叫東方紅兵團，不少老黨員都加入其中。我當時在行政上是一個編輯部的主任，金是副主任。大家天天相處，想不到此公隔天就變臉。這當然也是當年大陸「以階級鬥爭爲綱」大時潮中的一景，想不到這下給我遇到了。金作善的大字報指名道姓要我交代所謂「出版黑線」問題，用的措詞非常尖銳。那時到處都颳起大字報風，可是我沒想到會有針對我的。金作善說我跟文藝黑線有千絲萬縷的聯繫，特別是同黑幫分子王子野有割不斷的關係，於是這個「革命群眾的代表」命令我交代跟黑線的關係。

當時還提出來一個罪名，讓我在文化大革命中背了很長時間，叫「階級異己分子」。這是當年很容易中傷別人的罪名。儘管我是店員工人出身，可是金作善說我從來有異己之心，並不是眞正的工人階級。這對我的刺激非常大。

我很奇怪，明明在不久以前我們彼此還是老熟人，這時怎麼忽然變了臉。後來我一瞭解，才知道是有背景的。

文化部裏有一個副部長叫石西民④，這位石部長可能有什麼來頭，他找了人民出版社裏面的一些幹部個別談話，要他們揭發社長王子野。在這個情況之下，出版社裏邊有的人認爲可以從我這個王子野的老秘書下手。因爲王子野還在訓練班沒回來，從我下手，讓我來揭發王子野，可以給王子野一個下馬威，搞得他眾叛親離。

我的壓力非常大，簡直是坐立不安，似乎馬上就要到了身敗名裂的地步了。但我還是有各種各樣的熟人，一打聽，原來金作善有這

④石西民，一九一二年生，浙江浦江人。一九二九年加入中國共產黨。一九三七年在武漢參加《新華日報》的籌建，並在該報工作九年，撰寫了大量國內外政治評論、專論、通訊和新聞，在統一戰線工作中作出重要貢獻。歷任江蘇省委常委、南京市委宣傳部長，中共中央宣傳部秘書長，上海市委常委、宣傳部長，上海市委書記，中共中央華東局委員、宣傳部長，國家文化部副部長、黨組副書記，國家出版事業管理局局長等職。一九八七年去世。

個來頭，看來沒有抵抗的餘地了。但是，也就正好在這個時候，毛澤東號召普遍造反，我們本單位的別的造反派也起來了。社裏邊有些年輕人組織了一個新的造反派組織，叫「遵義兵團」。他們居然認爲石西民本人就是「三反分子」⑤，而石反對王只是三反分子和三反分子之間的內鬥。同時他們認爲王子野即使有問題，也比石來得輕。因爲最大的問題在於毛澤東點名的文化部的黑線。這樣一來，就對王子野減少壓力了。到了六月十四日還是十五日，這些領導人從社會主義學院回來，接受群眾批鬥，當然王子野要首先挨批。當時先安排這些領導遊街示眾。那些「革命群眾」居然命我敲一小鑼，走在游街隊伍最前面，以示我從來都是爲走資派「鳴鑼開道」的。他們當然更強迫我在批鬥大會上揭發。我無奈，就上去表示要和王子野劃清界限。接著我揭發「重要事情」，說王子野從來不喜歡在社裏吃飯，每頓飯都要回家吃，這說明他一向不願意同革命群眾打成一片，連生活細節上都刻意反對毛主席的群眾革命路線。這帽子很大，其實事情很小。這種辦法叫明批暗保，讓自己也蒙混過關。東方紅兵團拿我沒辦法。後來他們自身難保了，因爲石西民部長也被揪出來了。

順便說說，在批鬥大會上，又出了一個笑話，也大大地幫了我的

⑤三反分子：建國初期在中國共產黨和國家機關內部開展的「反貪污、反浪費、反官僚主義」的運動，即「三反運動」。「三反分子」即指黨和國家機關內部被認定貪污、浪費、官僚主義的人。但此處所指的「三反分子」，係指「文革」中反黨、反社會主義、反無產階級專政的人。

忙。那是在喊「打倒王子野」、「打倒劉少奇」、「毛主席萬歲」等口號時，一位同事情緒過於激動，把口號錯喊成「打倒毛主席」，於是會場上一片大亂，人們都忙著去指責這位因過於熱情而鑄成大錯的同路人，顧不得來批判我這個小人物。批鬥會因而草草收場。

於是，我在「文革」中為了過這第一關，身不由己地成為了人民出版社的一個造反派「遵義兵團」的成員。遵義兵團很歡迎我，他們給我的第一個任務是跟他們一起去抄家。我要做的事情是，抄出來的東西由我來鑒定。主要是書，哪些是屬於反黨要沒收的，哪些是可以保留的。這樣我就算是混入了造反派的隊伍。

如此這般下來，眼前總算過了「文革」的第一關。不少人對我有意見，說我太滑頭了，但我要是老老實實讓金作善等人擺布，也許活不到今天。

想辦法活下去

我不想一直當造反派，因爲看不清上面特別是最高層領導的想法。這麼大亂，難道是上面希望的？可要是徹底逍遙，等於沒有響應黨的號召，將來整起黨來，你又如何交代？千思萬想，覺得好辦法是執乎其中。

於是，第一，我找幾個志同道合的同事組織了一個「孺子牛」戰鬥隊。顧名思義，我們這些人不會衝鋒陷陣，只能跟在年輕人後面跑，做一頭「孺子牛」（遵義兵團的領導都是新分配來的年輕大學生）。這個「戰鬥隊」一共四員大將，除我以外，一位是張光璐，另一位是李金聲。我們平時都是以俄語翻譯爲務，比較談得來。另一位大概是劉元彥，劉文輝⑥的公子。

第二，我找了一個夥伴，合編一本《人民出版社兩條路線鬥爭大事記》。這樣，我每天有事可做，而且很忙碌，又不致犯錯誤，自

⑥劉文輝，一八九四年生，字自乾，法號玉猷。民國第二十四軍軍長，二級陸軍上將。四川省主席，四川爭霸戰的主角之一，在川軍五行中他屬火。政治上神通廣大，人送外號「多寶道人」。曾主政西康省十年之久，人稱「西南王」。一九四九年十二月九日率部起義，一九五五年被授予一級解放勛章。歷任西南軍政委員會副主席、四川省政協副主席、國家林業部部長。「文革」中病故。

《人民出版社兩條路線鬥爭大事記》書影

以爲頗爲得計。

夥伴是誰？我想到我的老領導史枚。史枚是一個非常古怪的人。這位老先生平時不多說話，非常固執，但跟我談得來。當然他不怎麼跟我講很多內部的事情，例如他過去同江青的關係，就從來沒有透露過。一九五七年以後，他被劃成「右派」，不再是我的領導。「文化大革命」期間，他是老右派，我還算革命群眾，顯得比他高了一頭。我還跟他坐在一個辦公室裏，於是我提出：我們兩個人編一個《人民出版社反革命修正主義路線大事記》，他完全同意。我也想趁著這個機會多看檔案材料，名義上參加鬥爭，實際上是滿足了自己調看檔案資料的需要。這個大事記我寫得比較多，因爲我可以分頭瞭解各種歷史情況，又去調看各種檔案。不過更多的是抄寫整理社內每天貼出的新的大字報。史枚除了稍寫一些之外，做了一個重頭工作：刻鋼版。這位四十年代共產黨的上海滬東區委書記，這時重拾舊業，天天刻起鋼版來。我眞想不到，這位老革命眞有一手，鋼版刻得著實好看。就這樣，我們倆每天沒事就寫條目、刻鋼版，辛辛苦苦，陸陸續續，總算編寫出了一個長達十五萬字的大事記。

我在很長的時候都埋頭寫大事記，這樣我比較安全了。問起來我也算是在「造反」，而毛主席是支持造反派的。這個行動，當年無非是爲了自保，但是後來覺得，它實實在在對我的成長有重大意義。試問，什麼時候有機會花一兩年時間鑽在出版社的檔案堆裏，整日去發掘「寶貝」呢。即使有時間，也不可能讓你自由自在地出入檔案庫重地。現在，不僅有書面材料可看，而且可以隨時同當年的「活見證」史枚老先生一起討論商量。當然，這十五萬字，觀點和提法都是十十足足顛倒黑白的。但我還是常在以後的歲月裏翻看乃至使用它。因爲黑白之事，可以因時因地顛而倒之，倒而顛之，而事實及原話俱在，卻總是有用的。八十年代後，我常讀此文件，常常使我感到，改革開放的苗頭在幾十年的歲月裏，事實上總在不斷顯現。共產黨裏邊，改革派多的是，只是當年有「偉大領袖」在，不易顯出身手就是了。這一批改革家，永遠無法使人忘懷。

當然，文革初期，除了奮力寫作大事記外，也少不了參加批鬥。記得很清楚的是一位同鄉朋友要我去批鬥陳原。陳原當時同我已不在一個單位，原本可以不去，拗不過，因爲這位陳原的舊部一心要當批鬥陳原的專家，只得去了。當時沒發言，事後寫一大字報，把陳老當時苦心孤詣勸我讀書上進的事，大罵一通。這是忘恩負義的典型（我很感念陳老對這些從不計較，在此後的年代裏，特別是改革開放年代，他對我依然故我，照樣事事體貼關照）。除此之外，常去觀看隔壁人民文學出版社的鬥爭會。一次還去鄰近南小街的鄧立群住宅看抄家的情況。這也完全是爲了間接表達對那位「夫人同志」的無限仰慕。

這樣，我在文化大革命中間總算比較風平浪靜地過去，沒有犯什麼大錯誤。

但我之所以能夠平穩地過「文革」這一關，還得歸功於軍宣隊和工宣隊⑦的進駐。起初對工、軍宣隊很害怕，沒過幾天，同軍宣隊的一個負責人談起來覺得很投機，原來他過去是在蘇聯留學的，很理解我一直在鑽研的蘇俄歷史。我們有時就用俄語交談。工宣隊也對我挺好，因爲我本是一個工人。有一個工宣隊員對我說，我們把文化部三千個幹部的檔案查下來，沒有多少人像沈昌文那樣是當工人出身的。這樣一來，儘管工宣隊進來後「遵義兵團」不當家了，我的地位還是比較不錯。我還能夠做這做那，甚至可以經常到檔案庫裏查檔案。

經過這場「革命」，我更加清楚地看到，人的私欲是無法消滅的。

---

⑦軍宣隊、工宣隊：中國大陸「文革」期間於一九六八年起在各地、各系統成立了一種派駐教育、文化等單位的組織，以控制這些單位的局面，維護基本秩序。「工宣隊」全稱「工人毛澤東思想宣傳隊」，即由工人組成的毛澤東思想宣傳隊。由中國人民解放軍部隊組成的毛澤東思想宣傳隊即解放軍毛澤東思想宣傳隊，即簡稱「軍宣隊」。

「文化大革命」那麼一場口號響徹雲天的「破私立公」運動，回過頭來看，誰都在爲了自己個人利益而努力；而口號叫得越響亮的，謀私利的欲望越厲害。這就使我消除了當年還留存的不多的左翼烏托邦觀念，並且很有助於我在十來年後改革開放年代裏少走彎路。

到農村去

一九六九年，上面號召幹部都去「五七幹校」⑧，我們的幹校在湖北的咸寧。

去幹校，按我的地位是一定要去的，整個出版社沒留下多少人，我沒有留下來的資格。

爲了表示積極，表示擁護與工農兵結合的偉大方針，我不僅自己去幹校，而且申請全家都去幹校。我媽媽、我妻子、我兩個女兒都去幹校。一到幹校，我們一家五個人住五個地方。我妻子是幹校醫院的醫生，我是連隊文書，我媽媽加入老太太家屬隊，我大女兒是小學生隊，小女兒是幼兒園隊。我本人處境不錯。工宣隊讓我當了連隊裏的文書。文書不簡單，在幹校的學員當中就算我有權力，可以每天去鎮上取信。這個工作必須是上面認爲政治上可靠的人才能做。大家的信由我拿來分給大家，我有權扣下一些信給連隊審查。

---

⑧「五七幹校」是「文革」期間根據毛澤東《五七指示》精神興辦的農場，是集中容納中國黨政機關幹部、科研文教部門的知識分子，對他們進行勞動改造、思想教育的地方。所謂「幹校」即「幹部學校」。

還要寫各種材料。我學會了部隊的文體，寫得半通半不通。那些工人看了挺高興，覺得寫得挺不錯。適應了這個形勢，我參加的勞動不多。我身體比較弱，也不大能勞動。尤其在幹校種麥子、種稻子我受不了。我經常可以到處走走，順便看看我妻子，看看我媽媽。我媽媽和史枚的太太住一起。我也經常幫史枚帶一點東西，比較談得來。

但是，幹校裏面的階級鬥爭簡直多得不得了。在幹校沒多久，就興起了深挖「五一六」的鬥爭。眞奇怪，過去的造反派，一時間差不多全成了「五一六反革命分子」⑨。一個承認了，招供了若干個，又出現了一大串「反革命分子」。負責審查「五一六」的，多半是已解放的老幹部。我奇怪，那些自己深受「鬥爭」之苦的老幹部，反過來鬥別人的時候，倒是一點也不手軟。那個殘忍，簡直又難以訴說。體罰不說，更多的是，隨便審訊多少小時，不讓人睡覺。我幸而雖然參加過造反派，卻沒當頭頭，所以老幹部們饒過了我。何況我又在工軍宣隊面前說得上話。再舉個「階級鬥爭爲綱」的例子。我的連隊辦公室旁邊就是醫務室，醫務室裏有一個醫生是別的連隊的人派來的。我只記得姓金，這位醫生要入黨非常積極，但醫道並不高明。他把政治掛帥用到醫務工作上：認爲你政治上好，給你的

---

⑨五一六反革命分子：一九六七年九月八日毛澤東在姚文元的文章《評陶鑄的兩本書》中加了一句話，指出原北京的「首都五・一六紅衛兵團」這個組織是一個「用貌似極左實則極右的口號，颳起『懷疑一切』的妖風」，他們「炮打無產階級司令部」，是一個「搞陰謀的反革命集團」。以後，江青等接過清查「五一六」的口號，任意擴大範圍，借機把許多人打成「五一六反革命分子」。一九七〇年三月，中共中央發出《關於清查「五一六」反革命陰謀集團的通知》，進一步擴大打擊範圍。

藥分量多加倍，認爲你政治上不好，給你藥分量減半。這位金先生跟我住在一起，每天晚上聽他的高論。誰出了問題，他一定要問，你跟台灣蔣介石有沒有聯繫。他認爲有問題的「五一六分子」，就一定是蔣介石派來的。

在幹校的這種環境裏面，我只能跟很多老知識分子關係比較好。一位是史枚。從一九五四年開始，我們有很多年的交情，一直很談得來，沒事的時候要聊天。但我現在很遺憾的是，那時從來不敢問他江青的舊事。當然，在當年的情勢下，問了他也未必會說。

還有一位叫朱南銑，是清華大學畢業的，三聯書店的老編輯。他是學哲學的，可是文字功底很好。難得有這麼一位三聯書店的老編輯，他跟我也很談得來，他在北京的時候我們也能談，我們經常上小飯館喝酒。他做研究，讓我幫他整理材料。他最後的成果是《紅樓夢》，我沒出什麼力。他的筆名是「一粟」。這位先生自學的辦法是，自學跟玩結合在一起。他說我們那時候沒有那麼死板地只念一個東西，我們的學習都是同看京戲上小館混在一起的。去幹校之前，我們這方面談得來，他老帶著我去一個小飯館叫「灶溫」。我不會喝白酒，他要白酒。他認爲編輯、學問、看戲、喝酒這幾件事都可以結合起來。他認爲埋頭做編輯的人沒多大出息，因爲很多學問上的主意是一念之間產生的。他對我的幫助很大，遇到中外文的事都向他請教。他並不因爲我的學歷不夠而厭棄我。在幹校，實際上是我領導他，當然更談得來了。到了休息的時候，我們兩人往往偷偷溜出去找飯館去「打牙祭」。後來有一次，他一邊喝酒，一邊念很多詩，他那天是特別高興，他告訴我他馬上回去探親，他馬上要結婚。我只能點頭。我們兩人喝完酒回來，半路上遇見一位沙先生，我把喝醉了的朱先生託他照料，自己去郵局取信。等我回來，才知道出了大事：朱南銑淹死了。原來，他一回到連隊，發覺自己忘了今天是他值日，一看水缸沒水，就趕緊去挑。一不小心，掉到井裏了。等到人們發現，他已經死了。我知道這事我有責任，至少在那時出去喝酒是違規的。

朱先生是我做出版和編輯工作時難得的老師，我對他卻如此疏於照料，實在是我畢生的遺憾。

回京，混入「批林批孔」的革命隊伍

在幹校生活了一年多一點，約莫在一九七一年初，非常幸運，上面說要把我調回北京了。下幹校時交代過，此去是終生與工農兵相結合，再也不回城市了。想不到那麼快就又出了頭。後來知道我們這批人之所以回北京，是因爲周恩來給毛澤東寫信，建議出一些中外歷史著作。

回來之後我很奇怪，我跟我媽媽、我大女兒三個人可以回來，我老婆跟小女兒不能回來，原因是我老婆是幹校的醫生，醫生還有任務，不能一下子走。而小女兒當年是隨她一起下幹校的，必須同她一起回來。

回到出版社已經面目全非了，正常的業務幾乎沒有了，大家忙的是出版毛澤東著作，這當然用不到我。但我也很幸運，回來之後，就當上了人民出版社的歷史編輯室的負責人，當時叫不叫主任我忘了。我的任務，就是要執行無產階級司令部的一個指示：出版歷史著作。毛澤東講過要「學點歷史」，我們出的叢書於是就叫「學點歷史」。每一本五六萬字，一個主題。這個叢書我自己都沒有收存，因爲太沒有價値了。全是我們所謂的「古爲今用」：今天的事情去找一個歷史的根據，編寫一個歷史故事寫進去。

開頭是編這個，後來要求比較高了，要出外國歷史著作。一個是各國歷史，具體任務由商務印書館擔任。而交給我們承擔的第一本是一本極有意義的書——H．G．威爾斯的《世界史綱》。那時上面怎麼會想到這本書，有什麼政治考慮，我一點也不清楚，現在的袞袞君子們談論「文革」往事時，似乎也沒有提到過它。這本書當年已有舊譯本，但現在要我們重做新譯本。譯者找誰，說出來會嚇一跳：謝冰心⑩、費孝通⑪、吳文藻⑫，還有一位翁獨健⑬。這本不是很難的東西，居然找這幾位大人物來翻譯，中國的人才浪費到了什麼程度了？不過，那時，這幾位前輩大概還都在「黑洞」裏，找他們來譯東西，說不定上面還算照顧呢。所以找他們，都是上面的意思，我們無非奉命行事而已。

做這麼一些工作，對我這個無知無識無學歷又無革命精神的人，

---

⑩謝冰心，一九〇〇年生，原名謝婉瑩，筆名為冰心，取「一片冰心在玉壺」意。原籍福建。被稱為「世紀老人」，現代著名詩人、作家、翻譯家、兒童文學家。曾任中國民主促進會中央名譽主席，中國文聯副主席，中國作家協會名譽主席、顧問，中國翻譯工作者協會名譽理事等職。一九九九年去世。

⑪費孝通，一九一〇年生，江蘇吳江人。著名社會學家、人類學家、民族學家、社會活動家，中國社會學和人類學的奠基人之一。一九八二年起任北京大學社會學系教授，其博士論文《江村經濟》被國內外許多大學列為社會人類學系的必讀書目。曾任第七、八屆全國人民代表大會常務委員會副委員長，中國人民政治協商會議第六屆全國委員會副主席。二〇〇五年去世。

⑫吳文藻，一九〇一年生，江蘇江陰人。著名社會學家、人類學家、民族學家。吳文藻先生

顯然是不合適的。於是，出版社裏的革命分子，乘文革後期「反復舊」的機會，又對我展開攻擊。他們藉當時「反復舊」的名義，認爲我之出場就是「復舊」的表現。同前幾年「文革」發動時的情況類似，又是我的副手起來反對我，要我下台，讓他上台。於是，沒多久，我就被調開了。

調開編輯室以後，幹了兩件事。第一，又派我上幹校。上次去幹校，待了一年多，據說革命群眾有意見，現在就來個「二進宮」。這次幹校跟上次不一樣，在石家莊。我當了那裏的政工組長，領導我的是胡耀邦⑭的兒子胡德平⑮。他跟我挺談得來。他是北大中文系出來的，研究過紅學。我不研究紅學，但我還懂得一點。我在這裏待了一年，沒勞動，天天就是做政治宣傳。要趕我走的那些人，想不到我會有這麼一段經歷。

第二件事，是我混進了那時所謂批林批孔⑯小組。當然，這麼說太自我吹噓。我根本沒有資格進這個小組，那是江青他們主持的。我進去的只是批林批孔小組下面的一個機構，在北京的前門飯店。那裏天天召集一批專家討論孔老二的罪惡。我是這裏簡報組的成員，天天聽專家學者發言，詳細記錄，然後做成簡報，向最高領導

是中國社會學、人類學和民族學本土化、中國化的最早提倡者和積極實踐者。一九八五年去世。

⑬翁獨健，一九〇六年生，原名翁賢華，福建福清人。著名的史學家、教育家。一九二八年入北平燕京大學歷史系學習。一九三五年赴美留學，一九三八年獲哈佛大學博士學位，同年入巴黎大學深造。一九三九年回國，先後擔任雲南大學、北平中國大學、燕京大學等校教授。一九八六年去世。

⑭胡耀邦，一九一五年生，字國光。早年加入中國共產黨、中國工農紅軍，任紅三軍團第五師第十三團黨總支書記。抗日戰爭期間，擔任抗日軍政大學政治部副主任、中共中央軍委總政治部組織部副部長。第二次國共內戰期間，擔任晉察冀野戰軍第四縱隊、第三縱隊政治委員、華北軍區十八兵團政治部主任、第一野戰軍政治部主任等職。建國後，擔任中國共青團書記、中國科學院副院

報告。我通過這個活動認識了一大批中國歷史專家，如馮友蘭⑰、楊寬⑱。更常見到這個機構的負責人朱永嘉等等。我不懂孔夫子，大家怎麼說，我怎麼做，既沒有立功，也沒有犯大錯。

這兩件大事應付完，又回到單位。那裏安排我的職位是資料室主任。熟悉中國大陸官場的人都知道，這是個閒職，是給那些無法使用的人安排的出路。當然，我本來喜歡翻書，這工作也沒有什麼不合適。在整個文革期間，我自問比較安分守己，一切作爲僅求自保，即使有攀附的機會，也不爭取。例如王力，文革中大紅。我同他還算認識。他過去在山東《大眾日報》時的同事周保昌，以後是人民出版社的領導成員。他介紹我認識王力。一時頗有交往，當然都是我爲他們服務的事。文革中，我諱言此事。以後王倒台，我在單位居然無恙，很高興。另一位，周建人⑲，魯迅之弟，文革中依然擔任浙江省長。他是文化人，是我在文革時期唯一聯繫的高級領導。但我只是求老人家一揮大筆，題一些字。這裏附印他的一件墨寶。他老人家所以題寫魯迅此語，我想是因爲知道我太太是醫生之故。

在人民出版社當資料室主任這閒職沒多久，十一屆三中全會召開了，我又覺得自己應當還能做一點事，而不必每天泡在資料堆裏。

長、中共中央黨校常務副校長、中共中央組織部長。「文革」後，擔任中央政治局常委，任中央紀律檢查委員會第三書記、中共中央秘書長兼中共中央宣傳部長，是改革開放早期平反冤假錯案和真理標準大討論的具體執行者，一九八七年被指責反對自由化不力而被迫辭職。一九八九年去世。民眾對他的追悼後來演變成為全國性學潮，並最終發展成「六四」運動。

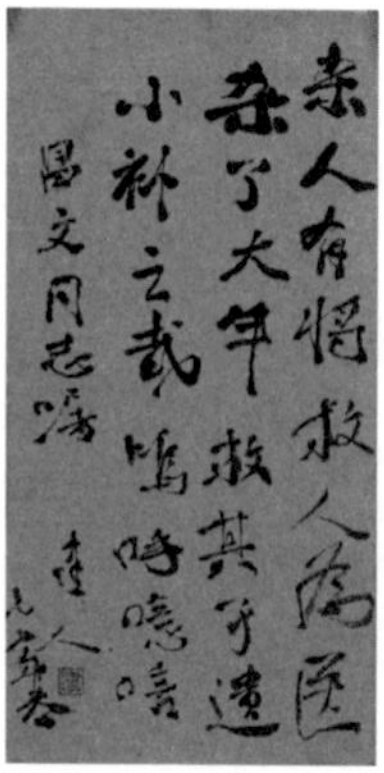
周建人墨寶

⑮胡德平，一九四二年生，湖南瀏陽人，原中共中央總書記胡耀邦之子。畢業於北京大學歷史系黨史專業。曾任中央統戰部副部長，十屆全國人大常委、全國人大內務司法委員會

委員，中華全國工商業聯合會第一副主席。現任全國政協常委、經濟委員會副主任委員。

⑯「批林批孔」是一九七四年一月至六月，經毛澤東批准發起的一次批判林彪、孔丘為主題的政治運動。一九七一年九月林彪墜機死亡，一九七三年七月毛澤東指出：「尊孔反法，國民黨也是一樣啊！林彪也是啊！」九月，毛澤東說：「我贊成秦始皇，不贊成孔夫子。」一九七四年一月，毛澤東批准江青、王洪文的要求，轉發江青主持選編的《林彪與孔孟之道》，「批林批孔」運動由是展開。在批林批孔運動中，一批學者由於拒絕批判儒家學說而被視為「反動學術權威」，因而遭到殘酷迫害。

⑰馮友蘭，一八九五年生，字芝生，河南南陽人。著名哲學家、教育家。一九二四年獲哥倫比亞大學博士學位，歷任中州大學、廣東大學、燕京大學教授、清華大學文學院院長兼哲學系主任，西南聯大哲學系教授兼文學院院長，清華大學校務會議主席，北京大學哲學系教授。著有《中國哲學簡史》等，是中國哲學史學科建設中的重要人物，被譽為「現代新儒家」。一九九〇年去世。

⑱楊寬，一九一四年生，字寬正，江蘇青浦人。一九三六年畢業於光華大學中文系。一九五三年任復旦大學歷史系教授，一九六〇年調任上海社會科學院歷史所副所長，一九七〇年又回復旦大學歷史系任教授。著有《西周史》、《戰國史》、《楊寬古史論文選集》等。二〇〇五年去世。

⑲周建人，一八八八年生，浙江紹興人。周樹人（魯迅）和周作人之弟。中國民主促進會創始人之一，現代著名社會活動家、生物學家、魯迅研究專家和婦女解放運動的先驅者之一。一九八四年去世。

批鬥作者——「文革」中的一大快事

在「文革」中，鬥爭自己系統，尤其是本單位的「走資派」，把平時在上面發號施令的最高領導「拎出來」狠罵一通，自是常事。但就出版社來說，更有甚者，是揪鬥作者。

作者是別的系統和單位的，如何能夠去「揪」來鬥爭呢？我那時經歷過一場是人民出版的「革命群眾」揪鬥中國社會科學院近代史研究所的歷史學家丁守和和殷敘彝等人。

人民出版社的造反派何以有如此能耐，能到別的單位去揪人來鬥呢？這源於共產黨內的老左派「大理論家」康生。

丁守和先生和他的合作者殷敘彝先生等，寫了一本學術專著《從五四啓蒙運動到馬克思主義的傳播》，一九六三年在人民出版社出版。這本書裏肯定了陳獨秀對五四新文化運動的貢獻。康生在「文革」中忽然指出，這是「利用歷史反黨」，因爲書中說了陳獨秀的「好話」，這就是在圖謀貶低毛澤東。

人民出版社的造反派得知「康老」的這個指示，如獲至寶，立即同近代史研究所的造反派聯繫，將作者丁守和、殷敘彝等人揪來鬥爭。這個鬥爭會我是參與的，但我不敢說一句話，表一點態。原因很簡單，一則是不熟悉中國近現代史，更主要的，是因爲殷敘彝是老熟人。多少年來，我一直對這位學者尊之爲師。他研究中國近現代史，我不瞭解，但他熟稔法語、英語，對外國「修正主義思潮」極其熟悉，是我一直欽佩不已的。現在要面對面鬥他，當然辦不到。好在「造反派」沒人瞭解這段因緣，讓我在會場上枯坐了幾個小時以後悄然身退。

以後知道，這類鬥爭會，當年在出版界極其風行。我總算經過一回。由此使我輩深刻認識到，做出版這一行，必須如古人所說「朝乾夕惕，愼之又愼」！

改革開放後，我輩憬然有悟，首先想到要爲這本書平反。在《讀書》創辦未久，一九九七年第二期發表了這本書要重印出版的消息，並指出，「不破除那種『左』的誇誇其談，雙百方針就是一句空話」。其實，康生之流何嘗只是「誇誇其談」，而是明槍實炮、殺人為快。當然格於形勢，還是說輕了。

稿費——文革期間的一大糾紛

大陸的稿費制度的基本觀念是從蘇聯學來的，要點是不讓作家取得較多的稿費，免得產生新的資產階級分子。因此，稿酬辦法一再變動。我印象較深的是一九五八年下半年在「大躍進」的形勢下，實行稿酬一律降半的辦法。到一九五九年才稍稍恢復。一九六四年下半年，又因「反修」鬥爭的深入，上面通知停付印數稿酬。以後，到了「文化大革命」即將爆發之前，中共中央批轉了文化部黨委的《關於進一步降低報刊圖書稿酬的請示報告》，其中認爲，社會主義制度下的稿酬，僅屬獎勵補助性質，與資本主義制度下的稿酬制度根本不同。因此，中共中央批准文化部黨委的意見，將著作稿每千字由四至十五元降爲二至八元；翻譯稿由三至十元降至一至五元。報刊上轉載不付稿酬。對工人、農民、戰士和學生的稿件，稿酬按最低標準發給，也可不發稿酬，只贈給報刊、圖書和文具。

即使如此，上面說的這種出於「反帝、反修」原則的新精神，到了「文革」風暴起來，自然又遭到革命群眾的激烈批判。革命群眾採取的行動是：一律停止付稿費。好在那時也簡直不出書了，不付也看不出什麼大影響。於是，革命群眾在左傾思想鼓舞下，一不做二不休，又想出一個新辦法：到作者所在單位，給過去一些年收稿費較多的作者貼大字報。

我也不幸捲進了這個風潮。現在記不起當年出版系統的造反派給哪位作者貼了大字報。但是貼誰不貼誰，造反派的青年朋友們往往要聽我們一些「知情人」的主意。我只記得，當年提出這類建議是很費心機的。因爲著眼點不在此人拿了多少稿費，而首先要查他是不是地主資產階級的「孝子賢孫」，然後看他的作品是不是毒草。一旦兩點都能抓實，自然諸罪併發。我們當然是以上面已點名的書出版，譬如「三家村」之類，是絕不放過的。

說來可憐，直到改革開放後我才知道，我們那時的稿費原本就是很低的。「文革」發生前又降一半，現在全部取消，眞是「革命」之至。現在已改革開放幾十年，據專家研究，我們的稿酬仍然很低，人們認爲稿酬制度是中國改革開放「最後的盲區」，「改革開放的春風根本就沒吹到過這個地方」。原因在於，這裡從上到下都認爲，所有的撰稿人都有工資收入，稿費無非是工資外的「外快」。低稿酬制度幾乎消滅了自由撰稿人這個重要行業。

不過，據說「文革」中大量印刷的《毛主席語錄》和《毛澤東選集》都是付稿費的，而且爲數不小。此事究竟如何，我未經手，不敢妄說。不過按照當年的階級鬥爭爲綱的觀念，根據我這樣的人在那時的觀念，會認爲對毛等即使付高稿酬也是應該的，不付才是犯罪。

「文革」中某些書的殊榮

「文革」期間，幾乎一切學術文化著譯都停止出版，只是大印特印毛澤東著作，特別是《毛主席語錄》。可是，大概到了七十年代初，也就是林彪事件以後，忽然得訊，上面組織了專印大字本的機構，印的書只供偉大領袖及其周圍的高參閱讀。這機構的工作人員都是上海的。當然，在當年，上面認爲「文化部」爛掉了，出版局在文化部之下，自然不足信賴。一切秘密的行動，都是上海在操作。據說，這種書起初只印十五冊，後來又改成五冊，免得他人閱讀。排印這些書的鉛字字模，都是上海有關印刷廠專門派人製用的。

「文革」後據有關人士披露，這類大字本從一九七二年至一九七六年老人家去世，共印了近一百三十種。這類大字本目前已成了藏書家的珍品了。

其實，由黨的領袖親自批示印刷的大字本，並非從「文革」才開始，此前已經有過。一九五八年人民文學社出版了《魯迅全集》十卷本。一九六三年出版大字線裝本《毛主席詩詞》。以後，在六十年代中，人民出版社又出了大字線裝本《毛澤東選集》四卷。當年只有此事，我曾略有聽聞，但是不敢打聽細節。

「文革」印的這類書，我輩當年最關注的是在六十年代出的《金瓶梅》。這套書也在上海影印，共二十冊，共印二千套。只賣給省軍級以上的高級幹部，我輩且要登記購書者的姓名、單位名稱。我輩稍知其事，也曾瞧見其書，但無法到手。

「文革」之中，可以問世的學術著作幾乎沒有。當年比較令人注意的，是一九七一年出的章士釗的《柳文指要》。據說，即使這本毛澤東當初關注的專著，在出版時還是受到康生的阻攔。康生讀完初稿，表示「著者不能用辯證唯物主義的觀點解釋柳文，對柳宗元這個歷史人物缺乏階級分析……」，因此一度停頓出版。後來在作者章士釗一再要求之下，並寫了一封措辭激烈的信向毛澤東親自告狀。於是毛澤東親自下令中華書局立即排印《柳文指要》。

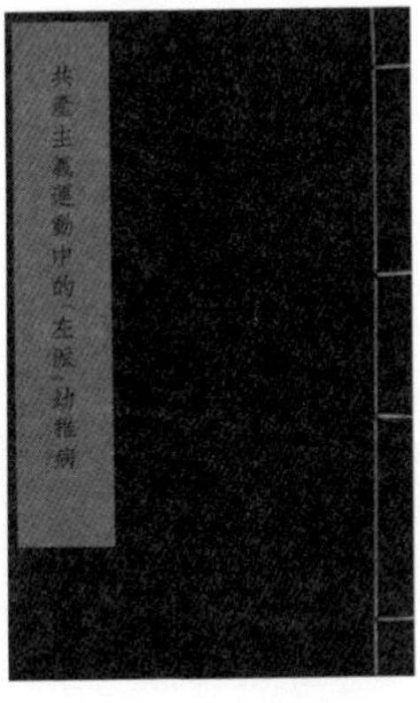

專給毛和老幹部印的線裝大字本書書影

《柳文指要》的出版，我輩雖未參與，但因在北京操作，中華書局裏熟人又多，有關消息逐漸傳播，使不少人對出版學術專著稍有信心。但正式提出選題，還是不敢。我記得那時另外出過的一本學術專著，便是郭沫若的《李白與杜甫》，此外說不出了。

總之，在「文革」中，文化出版近於枯寂，然而在另一角落裏也有繁華之景。我一直奇怪的是，何以大領袖自己那麼愛好讀書，卻不許治下的人民來讀。這大概是獨裁制度的一個顯著特色。

林彪事件的影響

「文革」後期，對我思想震動最大的是林彪事件。

對林彪，我輩所謂「革命群眾」一直對他恭而敬之。「文革」中間，林副統帥是個偉大的偶像。廬山會議上批判陳伯達，其中核心問題是設不設國家主席。陳伯達受林彪指示，宣傳天才論來鼓吹設立國家主席，以後又說毛澤東主張不設國家主席，這是毛澤東「偉大的謙虛」。以後，毛批判天才論，照後來的理解，是針對林彪的，但我輩何嘗知道其中究竟。直到一九七一年九月，林彪企圖另立中央，九月十三日與妻子強行乘機外逃，結果在蒙古墜機身亡。

這個消息不久傳達下來，黨內掀起了大規模的批判活動。我當時已從幹校回來，自然急跟猛轉，大批特批。但在批判之餘，不免要尋思一個問題。這就是，當年共產黨領袖毛澤東親自樹立的接班人，結果鬧得如此下場，可見中國共產黨內實在不大太平。過去一直崇敬毛澤東，簡直視之如神，現在看來，實在未必。在這思路啓發之下，尋思「文革」前後的種種問題，覺得今後自己還是要有己見，不能太相信領袖、相信組織。

但是，就我個人說，雖然只有四十多歲，已可說此生已完，原有的路一定要走下去。問題在於自己的孩子。我可不能讓他們也走我的路。

當時，我的幼女正進小學未久，我聽到消息，北京有個外國語學校，專門培養幼童學外語。我覺得這是個門徑。應當讓孩子今後面向世界，而不像我輩一輩子只相信一個領袖、一個黨。我千方百計打聽這個學校。憑我在北京文化界的能耐，自然不難找到這學校，並辦理報名手續。

不料，事情忽生阻礙：報名以後，學校表示，要學英語，只能是高級革命幹部子弟，否則只能學小語種，如西班牙語之類，以後同拉美國家打交道。我是不願意孩子去學小語種的，因爲這不能遍識世界，只是一個謀業之道。於是又找人疏通，幾次「做工作」下來，終於讓孩子進了英語班，於是一塊石頭落地。

孩子學了一陣，確實不錯，英語出口成章。如對家長的布置不滿，會脫口而出「stupid」。問她某次考試的感覺如何，她答以「just so so」，諸如此類。這使我很滿意，但不久又產生一憂慮：長此以往，英語對答如流了，國學不行怎麼辦？於是，又找人商量。後來央及同事吳彬女士，找到一位國學大家，請他抽時間教孩子讀古籍。如此這般，總算使我們家產生一位女博士，比較文學教授。

說來慚愧，「批林」的結果，只是讓我這家庭起了這麼一些變化，但是就我本人說，在「批林」以後，的確是「獨立思考」能力強了一些，這有助於我以後比較心悅誠服地迎接「改革開放」，並想方設法做好工作。

第四章

「二主」之下的一把手

新領域裏「二主」下的一僕

一九七八年底中國開始改革開放，這是中國歷史上一個極其重大的事件。改革開放了，大家都想做點事，我當然不甘心只擔任一個資料室主任的閒職，內心不免騷動。何況，「文革」中要整垮我的幾位，有的以後比較得勢，在單位裏當了領導。我覺得自己不應該再在那裏待下去了。當時，我比較接近的出版界的元老是陳原，跟他比較熟，於是向他多次要求到他領導的商務印書館去工作。在一九八〇年初某一天下班的時候，范用找我談，他說，聽說你要去商務印書館，現在不必去了，我讓你留在這裏負責《讀書》雜誌。我馬上去跟陳原商量了一下，他同意了。事後我想，這大概是他們已經商量好了的。

《讀書》雜誌的創辦，我早已知道。范用在早些時候還問過我，他那時要調一個人到編輯室當主管，問我誰合適，我沒回答。他又問我董秀玉行不行。董秀玉過去一直在出版部門，沒有在編輯部工作過，所以范不瞭解。她在「文革」中也同我一樣，參加過造反派「遵義兵團」。大概有人向范告發，說她在那裏做過一個驚人的事情，就是整理過三聯書店的「黑材料」，其中認爲「三聯」是「黑店」。范用問我有沒有這情況。我向范解釋，她不可能做這樣的事，至多是受騙上當。范用於是同意她到《讀書》雜誌來。

一九八〇年三月，我正式調去編《讀書》雜誌，職務名稱是新成立的「三聯編輯室」主任。去了之後，我才發現，《讀書》雜誌的實力十分雄厚。名義上是出版局研究室（那時的出版局相當於現在的新聞出版署）的雜誌，由人民出版社代管。總頭頭是陳翰伯①兼。他是老黨員老幹部，當年出版局的代局長，燕京大學畢業，埃德加·斯諾②的老學生。斯諾當年到延安，據說就是他張羅的。他一直在國統區工作，是一位老報人，國際問題評論專家，筆名梅碧華。但他在《讀書》雜誌不出面，居幕後，出面的是陳原，擔任主編。但是陳原還要管商務印書館，又是文字改革和世界語方面的領導，沒有多少精力能放到《讀書》雜誌上來。因此，在實際事務上，范用起很大的作用。他沒有任何名義，曾經一度擔任過副總編。可是他起的作用某種程度上比陳原大。他名義上是人民出版社的副總

①陳翰伯，一九一四年生於天津，祖籍江蘇蘇州。中共黨員，新聞家、編輯出版家、國際問題評論家。曾就讀於燕京大學新聞系，後參加一二·九運動，自此投身於中國人民的解放事業。建國後曾任新華通訊社編委兼國際部主任、北京新聞學校副校長、中宣部理論宣傳處副處長，主管理論刊物《學習》的編輯工作，後任商務印書館總編輯兼總經理、人民出版社領導小組組長、文化部出版局局長、國家出版事業管理局代局長、中國出版工作者協會主席等職。一九八八年去世。

②愛德加·斯諾於一九二八年來華，曾任歐美幾家報社駐華記者、通訊員。一九三六年六月斯諾訪問陝甘寧邊區，寫了大量通訊報道，成為第一個採訪紅區的西方記者。抗日戰爭爆發後，又任《每日先驅報》和美國《星期六晚郵報》駐華戰地記者。一九四二年去中亞和蘇聯前線採訪，離開中國。新中國成立後，曾三次來華訪

編輯，我之所以進去工作完全是他安排的。他脾氣耿直，人緣不佳，跟很多人有矛盾，跟陳原也有矛盾。我去了不久他就跟我講，要我聽他的，不要聽陳原的。這是比較麻煩的問題，是我面臨的一個僵局。我在組織上是范的系統，可在思想觀念上一直同陳原比較一致。范用瞭解這些，所以特別警告我。范用還說，陳原要是有什麼想跟當局和現狀妥協的主張，你不要聽他的；你可以問問他，創辦《讀書》雜誌的時候他是怎麼說的。我猜想，大概創辦之初他們老頭商量的時候，大家都講過一些激動的話。我是范用系統的人，可以說一直是在他照管下工作、成長的，而這次又因我求陳原謀事，由陳原推薦給他。所以，由這開始，就注定我要處於一種「一僕二主」的處境了。

這些老頭辦《讀書》雜誌，有其歷史原因。陳翰伯在四十年代就辦過這名稱的雜誌。范用所在的三聯書店，是解放後的名稱，過去這「三聯」中的一「聯」，是讀書生活出版社，辦有《讀書生活》雜誌。范用就是在那裏成長起來的。解放後的出版總署，也辦過《讀書》，是那裏唯一公開的刊物，陳原一度是它的主管。現在，老人們把《讀書》定性爲「以書爲中心的思想評論刊物」，提出了更高的要求。一位主管出版工作的領導人以後對我說過，這個刊物這

問，一九七二年病逝於瑞士日內瓦。遵照其遺願，其一部分骨灰葬在北京大學未名湖畔。

麼定性，只因爲陳翰伯的原因才能被批准。因爲照中國當年的規矩，只有像《紅旗》那樣的黨刊，才能叫「思想評論」。

我那時搞出版儘管已有近三十年，但是從沒編過雜誌，更沒有編過性質那麼重要的刊物。現在忽負重任，加上頭上已有「二主」，簡直誠惶誠恐極了。

黨支部書記、一把手……

我一直是編翻譯稿的，對著作稿的編譯不太熟。從幹校回京後雖然主持過歷史編輯室，但大都是通俗讀物，而且當時是徹徹底底的「爲政治服務」，很少有學術性的事情。至於編期刊，尤其外行。

現在一下子到了「思想解放」的第一線，當然很惶恐。但是，上面很看重我，讓我當編輯室裏的「第一把手」，後來又是編輯室裏的黨支部書記。儘管老前輩一大批，但都不是專職人員，是兼差。而且，改革開放以後，這些老前輩越來越忙，外面兼職日益增加，包括范用在內，都不大顧得上我們了。

我有五十年代上半期人民出版社黨的領導（曾彥修、王子野、陳原等）下管理三聯編輯部的經驗，知道做事要適當放手。這實際上也是一九四九年以前共產黨「統戰工作」的經驗。我於是拚命侍奉幾個黨外的老前輩，如馮亦代、史枚、丁聰等。我的確是小心侍奉他們，這不僅是工作需要，也因爲他們確有可學習之處。例如馮亦代，這位老先生對文化界的熟悉，鮮有其比。只要遇到文壇上的麻煩事，他總有善解之途。至於史枚，寡言少語，然而從五十年代直到現在，我一直待之如師長，他對我是很放心的。因此，他樂於同我說眞心話，知道我不會洩漏。

編輯部裏，唯一會與我作對的，是一位包遵信③先生。包兄原在中華書局，後來調入出版總局的審讀室。當時《讀書》雜誌名義上是同出版總局審讀室合辦的，所以他常駐編輯室。此公個性極強，不善與人相處。他是學中國古典文獻出身的，有專業訓練，自然更不把我看在眼裏。他出口必說：你懂什麼？知道我是工人出身，又偏偏當上支部書記和行政領導，所以極不服氣。他處理稿件又極專斷，不講情誼，沒一點客套。但我也有對付之法。主要是，在有他在一起議事時，我常常講那些「三腳貓」的外國話和外國故事。陳原老人家當然聽了很知情，馮亦代當然會同情，史枚也不反對，這位「小老包」（有時還加上范公）只能瞎瞪眼，眼看著我的意見被通過。這類招數，說實話，多半得自陳原，但只是身教，並非言傳。

後來，這位包大人日益走紅，兼職日多。他主編了一套「走向未

③包遵信，一九三七年生，安徽無為縣人。著名政治異議人士。八十年代初由其任主編的《走向未來》叢書，被譽為中國自由民主思想的啓蒙者，影響巨大。一九八九年五月學運期間曾連同多名知識分子到廣場勸學生停止絕食，後和陳子明、王軍濤、劉曉波等被中國當局指為事件之「幕後黑手」並被捕入獄五年。出獄後長期被非法監控，以研究和寫作為生，並一直積極參與中國民主運動，曾參與聲援劉荻、杜導斌和多項維權簽名活動。二〇〇七年於北京病逝。

來叢書」，影響極大，可以說是改革開放年頭的重大貢獻。不久，他又得到別的委任，於是就離開編輯部了。不論如何，此公思維敏捷，行動果斷，實在少見。但是另一方面，又喜獨斷專行。在他眼裏，我自然只是一個「僞君子」而已。但是我不覺得難受，能把這攤子維持下去就好。

《走向未來叢書》書影

大膽的舉措

《讀書》編輯部的成員，據說都是陳翰伯、陳原和范用安排的。我進去後發現，都是大人物，而且都是剛挨過大整剛恢復名譽未久的著名人士。

首先是陳翰伯找來的馮亦代④。馮先生那時已年過六十，過去是外文出版局的專家，中國民主同盟的領導人之一。他的專長是美國文學，是黨外的著名外國文學專家。但是他更出名的是大量的社會活動。他在文化界號稱「馮二哥」，以善於排難解紛著稱。他自己著譯也不少。我在上海民治新聞專科學校讀新聞時，非常喜歡的美國電影《千金之子》，中譯的劇本就是他的傑作。一九五七年，他耿直敢言，禍從口出，因而被戴上「右派」帽子。「文革」中，又被打成「美蔣特務」、「二流堂黑幹將」、「死不悔改的右派」、「反革命修正主義分子」，以後多年勞役摧殘。現在他剛恢復名譽，復出

---

④馮亦代，一九一三年生，浙江杭州人。民盟成員。畢業於滬江大學。歷任中外文化聯絡社經理，人民救國會中央常務理事、上海分會負責人，民盟上海市委負責人，民盟中央幹事。美國文學研究會常務理事，中國作協理事，中外文學交流委員會委員，國際筆會中心理事，中國翻譯工作者協會常務理事，北京翻譯工作者協會副會長，國際文化交流中心理事，國際文化出版公司副董事長。全國政協委員，民盟中央委員會委員。二〇〇五年去世。

任職，自然幹勁十足。陳翰伯可謂識人。

范用又安排了一個副主編倪子明⑤，是范用多年的老戰友，出版總署的一位老處長。他是老黨員，在黨內挨過整，說他是「胡風分子」⑥，因爲他認識胡風。這位老黨員是位少說話多幹事的老實人。連他這樣的人，過去也要挨整，現在想來，依然覺得奇怪。他黨齡很長，因此在編輯部地位較高。

另外就是史枚。我在前面多次說起這位老人。他是人民出版社一九五七年的大右派，按「編齡」說，他自然最長。他曾是老共產黨員，據說胡繩當年都還是他介紹入黨的。范用聘他擔任執行主編，讓我十分驚訝。因爲范用當年是人民出版社反右辦公室主任，史老就在他手裏劃上「右派」的。現在做此安排，可見改革開放那些年頭思想解放的深度和范用他們的膽略。

因馮亦代的關係，又引進了著名的畫家丁聰⑦來做版面。丁老又是一位著名的「大右派」。他同馮亦代一樣，爲人「四海」，廣交朋友。馮同他又都是老上海，都同我特別談得來。

所有這些，都同那時某些老前輩的大膽作爲有關。那些老前輩那

---

⑤倪子明，一九一九年生於安徽桐城。著名編輯家、出版家，原三聯書店總編輯。長期在文化部門工作，擔任過多種職務，一九七九年四月，與范用、陳翰伯、陳原、馮亦代共創《讀書》雜誌，開創了「讀書無禁區」的先河。二〇一〇年去世。

⑥胡風分子：事出「胡風反革命集團案」。該案是一九五〇年代在中國大陸發生的一場從文藝爭論到政治審判的事件，因主要人物胡風而得名。在民間和學界被廣泛視為中華人民共和國成立後發生的一場大規模文字獄。由於胡風的文藝理論被認為偏離毛澤東紅色文藝理論，胡風及其支持者與周揚等人的文藝爭論被升級為政治批判。隨著事件的發展，中共高層介入文藝爭論並給予胡風「反革命」的政治定性，胡風等人也因此遭到審判。政治定性後的整個批判運動波及甚廣，共清查了兩千一百多人，逮捕九十二人，隔離六十二人，停職反省七十三人，到一

時的某些言論，我也略有所聞。當年聽了，都嚇得目瞪口呆。例如胡愈之⑧，那是我五十年代參加工作時，所知道的出版界最高領導人——出版總署署長。他在一九七九年中有過一個著名言論，就是主張建立「群言堂產銷合作社」。這個合作社是個經濟實體，可以搞出版，出雜誌。它應當是集體經濟，只要出力、出錢、出知識，都能成爲會員。總之，就出版而言，那就是典型的民營出版社了。這主張居然由五十年代初一手操持出版業整體蘇式國有化的領導人口中說出，豈不嚇人一大跳。現在我們當年僅見的胡老的有關主張收錄在本書附錄裏，請參閱。

在這樣的形勢下，我們出版界的幾位開放前輩所做的自然不止籌備《讀書》一件事。范用那時也大發「辦刊狂」。辦《讀書》之外，他在人民出版社又創辦了《新華文摘》。以後這刊物取得很大的成功，至今是人民出版社的「看家法寶」之一。辦這刊物，他同我討論過。他顯然想學習四十年代的《文摘》。那個刊物當年的編輯汪衡先生，後來專門負責版權業務。我同他比較熟，一則他也算是老上海，另外他是英語專家，我常找他討教。所以范用同我常談談汪當年辦雜誌的事。

九五六年，共正式認定七十八人為「胡風分子」，其中骨幹二十三人。

丁聰

⑦丁聰，一九一六年生於上海。三十年代初開始發表漫畫。抗戰期間，輾轉於香港及西南大後方，從事畫報編輯、舞台美

但是，范用更大的心願是要學習當年的鄒韜奮，或者說，他要做中國改革年代的鄒韜奮。因此，他費很大力量，想重辦《生活》雜誌，以此成爲中國改革開放時期的標誌性刊物。我知道，他花了絕大的力量，先獨手編了一份試刊，又爲試刊開了座談會，會後印發了座談會紀要。可惜的是，這個刊物流產了。原因多半是他的試刊言論比較激烈，後來上面風向也有變化，所以沒有通過。也可能因爲，他那時太注重單幹，沒找陳翰伯之類的高級領導撐腰。

有趣的是，不知什麼原因，他從來也沒有把試刊和討論紀要送給我學習，也很少談起有關情況。但事有湊巧，他離休後若干年，人民出版社要他搬離辦公室。某日我在人民出版社五樓走廊裏閒逛，看見工人正在清掃，廢棄物滿地，其中赫然就有大量這兩件寶物。我立即信手收存各一份。現在將試刊號書影附印在這裏，供大家看看。我重視這兩件寶物，時時摩挲，學習范公的這一未能實現的業績，因而才促使我在二十世紀後半期退休前夕創議辦《三聯生活週刊》。當然，我學不會他的激進觀念，這是他一定不滿意的。

術設計、藝專教員和畫抗戰宣傳畫等工作，同時也以漫畫參加過多次畫展。一九四五至四七年在上海發表過不少較有影響的、以「爭民主」為題材的諷刺畫。建國後，任《人民畫報》副總編輯。一九五七年至一九七七年間二十餘年未發表漫畫作品。一九八〇年以後，創作大量的文學書籍插圖及諷刺漫畫作品，自一九七九年《讀書》創刊，他就始終堅持為讀書供稿，近二十年來，共出版三十多種集子。二〇〇九年去世。

范公當年試辦《生活》試刊書影

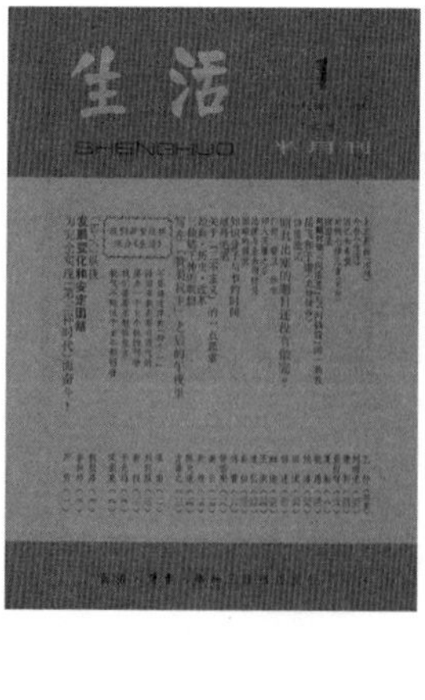

⑧胡愈之，一八九六年生，原名

學愚，浙江上虞人。出版家，社會活動家。五四運動時期任《東方雜誌》編輯，一九三二年任主編。一九三三年秘密加入中共共產黨。一九四六年受中共委派加入中國民主同盟。一九四九年之後，歷任中國民主同盟中央委員會秘書長、副主席、代主席，中國文字改革委員會副主任、《光明日報》總編輯、中央人民政府出版總署署長、文化部副部長，全國政協委員、第五屆全國政協副主席，第一至第五屆全國人大常委會委員、第六屆全國人大常委會副委員長等職。一九八六年去世。

〈讀書無禁區〉及以後

幾年前，我在一篇文章裏說過這樣的話：「記得《讀書》雜誌，不必去記得沈昌文之流，但不能忘記李洪林⑨。原因很簡單，李洪林在《讀書》創刊號上發表過一篇有名的文章：〈讀書無禁區〉，由是使中國讀書界大受震動，《讀書》雜誌其名大彰，直至今天。」我至今仍然這麼看。

《讀書》雜誌一九七九年四月創刊時，我還沒去《讀書》雜誌，並沒有經手這篇文章，但是它引起的震動，卻是我感同身受的。這篇名文一直爲人稱道。所爲者何？原因很簡單。這裏首先分析批判了史無前例的中國「文化大革命」中「四人幫」的禁書政策。「文化大革命」中的禁書，確是「史無前例」，今天的年輕讀者絕難索解。三十多年後，仍然禁不住我大段摘抄這篇名文的衝動。

請先讀這篇名文中對四人幫禁書政策的揭發：

---

⑨李洪林，一九二五年生於遼寧。改革開放前在中共中央政治研究室工作。一九七九年為中國歷史博物館黨史研究室主任，兼中央文件起草小組成員，後為中共中央宣傳部理論局副局長。在此期間寫作〈讀書無禁區〉等文章，在中國大陸有絕大影響。一九八五年後任福建社會科學院院長。一九八九年後一度身陷囹圄，被釋後回福建工作。

《讀書》創刊號書影

在林彪和「四人幫」橫行的十年間，書的命運和一些人的命運一樣，都經歷了一場浩劫。

這個期間，幾乎所有的書籍，一下子都成為非法的東西，從書店裏失蹤了。很多藏書的人家，像窩藏土匪的人家一樣，被人破門而入，進行搜查。主人歷年辛辛苦苦收藏的圖書，就像逃犯一樣，被搜出來，拉走了。

這個期間，幾乎所有的圖書館，都成了書的監獄。能夠「開放」的，是有數的幾本。其餘，從孔夫子到孫中山，從莎士比亞到托爾斯泰，統統成了囚犯。誰要看一本被封存的書，真比探監還難。

書籍被封存起來，命運確實是好的，因為它被保存下來了。最糟糕的是在一片火海當中被燒個精光。後來發現，燒書畢竟比較落後，燒完了灰飛煙滅。不如送去造紙，造出紙來又可以印書。這就像把鐵鍋砸碎了去煉鐵一樣，既增加了鐵的產量，又可以鑄出許多同樣的鐵鍋。而且「煮書造紙」比「砸鍋煉鐵」還要高明。「砸鍋煉鐵」所鑄的鍋，仍然是被砸之前的鍋，是簡單的循環；而「煮書造紙」所印的好多書，則是林彪、陳伯達、「四人幫」以及他們的顧問等等大「左派」的「最最革命」的新書。這是一些足以使人們在「靈魂深處爆發革命」的新書，其「偉大」意義遠遠超出鐵鍋之上。於是落後的「焚書」就被先進的「煮書」所代替了。

如果此時有人來到我們的國度，對這些現象感到驚奇，「四人幫」就會告訴他說：這是對文化實行「全面專政」。你感到驚訝嗎？那也難怪。這些事情都是「史無前例」的。

那麼，在「文化大革命」期間，究竟對多少書實行了「專政」呢？〈讀書無禁區〉的作者寫道：

> 在「四人幫」對文化實行「全面專政」的時候，到底禁錮了多少圖書，已經無法計算。但是可以從反面看了一個大概。當時有一個《開放圖書目錄》，出了兩期，一共刊載文科書目一千多種。這就是說，除了自然科學和工程技術書籍之外，我國幾千年來的積累的至少數十萬種圖書，能夠蒙受「開放」之恩的，只有一千多種！
>
> 除了秦始皇燒書之外，我國歷史上清朝是實行禁書政策最厲害的朝代。有一個統計説清代禁書至少有二千四百餘種。蔣介石也實行禁書政策，他查禁的書不會少於清朝。但是，和林彪、「四人幫」

的禁書政策相比，從秦始皇到蔣介石，全都黯然失色。理工農醫書籍除外（這類書，秦始皇也不燒的），清朝和國民黨政府查禁的書，充其量不過幾千種，而「四人幫」開放的書，最多也不過幾千種，這差別是多麼巨大！

中國的出版社原就不多，「文革」前只有八十七家，職工約一萬人。「文化大革命」中，經撤銷、歸併，到一九七一年，只剩五十三家出版社，職工四千六百四十九人。中央級的所謂「皇牌」出版社五家（人民、人民文學、人民美術、中華書局、商務印書館；注意：三聯書店早在一九五三年裁撤，當時早已不存在了），原有職工一千零七十四人，到一九七一年只剩一百六十六人（其中編輯六十三人）。上海原有十家出版社，職工一千五百四十人（以上據《中國當代出版史料》，第六冊，六十二頁）。

讀書人見不到書，怎麼辦呢？一位朱正琳教授近年回憶他的青年時光說：

記得我與匆匆跑到離家最近的一家書店時，那景象真讓我吃了一驚。書架上空空落落，已經沒剩下幾種書了。我站在那裏，只覺得手足無措。一種失落感漸漸變成一種悲憤之情，我突然做出了出乎自己意料的舉動：幾乎是當著售貨員的面，我從書架上拿了兩本《斯大林選集》就往外跑。

這以後我索性退了學，躲在家裏讀書。自己擬了個計劃，系統地讀。想讀書，書好像就不是問題，我總是有辦法找到我想讀的一些禁書。後來則更是一勞永逸地解決了這個問題，那就是到各個學校的圖書館去偷書。一家一家地偷下來，我們幾個人的藏書種類（限於人文類）就超過許多家圖書館了……

偷書的好處不僅是有書讀，而且還讓我們大開眼界——許多「內部發行」的讀物讓我們見著了，這才知道山外有山。

只可惜還沒來得及讀多少，我們一夥就已鋃鐺入獄，那些書自然是被盡數沒收。不過我們被捕的案由卻不是偷書，而是「反革命」。那時候趕上「中央」有文件要求注意「階級鬥爭新動向」，說全國各地出現了一些「無組織、無綱領但實質上是」的「反革命集團」。於是全國各地都有許多素不相識的人被捏成一個個不知其名的「集團」，有些地方則索性命名為「讀書會」。我們幾個人被定為在貴陽「破獲」的「集團」（據說是一個全國性的「組織」）的「學生支部」成員，我們的「地下書庫」簡直就是天賜的「鐵證」。這一坐牢就坐了四年多。待到出獄時，離本文篇首所說的排隊買書的日子已經不太遠了。排隊買書之後緊接著是《讀書》雜誌復刊，頭條文章的標題是「讀書無禁區」。從那時起我開始與「飢荒」告別，漸漸地卻發現，市面上有越來越多的書讓我相見恨晚。（《裏面的故事》，北京三聯書店二〇〇五年七月版）

〈讀書無禁區〉這篇文章發表後，引起了一場風波。有一陣子，有人還認爲，此文的宗旨是「不要黨的領導，反對行政干預，主張放任自流」。有人甚至認爲，文中在「毛澤東」後未加「主席」兩字，就是反動思想的表現。不少人因此到上面去告狀。

范用說，「〈讀書無禁區〉原來的標題是『打破讀書禁區』，發稿時，他把篇名改成了『讀書無禁區』。」當時，他並非不知道這樣做會有麻煩，但是，「我當時心裏就是這麼想的，因爲毛澤東讀書就沒有什麼禁區」，范用說。此前，他有數年時間專門給毛澤東買書。

雜誌出來後，上級主管機關先找范用談話，批評「讀書無禁區」

提法不妥。范用說，「我當時進行了辯解。估計那位領導沒有仔細讀完這篇文章。因爲裏面的內容主要是打破精神枷鎖，文章有一段說得很清楚，『對於書籍的編輯、翻譯、出版發行，一定要加強黨的領導，加強馬克思主義的陣地。對於那些玷污人的尊嚴，敗壞社會風氣，毒害青少年身心的書籍，必須嚴加取締』。」他還說，「我個人認爲，我們要相信讀者的判斷力。即使是不好的書，也應該讓他們看，知道這些書不好在什麼地方。」

以後，連續刊發了幾篇批評和反批評的文章，做公開討論。《讀書》的實際負責人倪子明以「子起」筆名寫了贊同的文章。尤其是，當年人民出版社的領導曾彥修用筆名「范玉民」，發表了一篇《圖書館必須四門大開》。這篇文章寫得很有意思。過去「圖書館」三個字有一種簡寫，就是把書字放在一個大「口」字裏。「范玉民」從這個字出發，建議圖書館去掉外面的「口」，普遍向讀者開放。這表面上是討論文字，實際上探討的是一個社會問題——當時書店不准賣這書那書，連圖書館的許多書也不能外借。

一九八一年第一期《讀書》又發了一篇重要文章：〈實現出版自由是重要問題〉，作者于浩成⑩。文中指出：「一切由國家壟斷，

---

⑩于浩成，一九二五年生於北京，滿族。中共黨員。一九四八年畢業於華北聯合大學俄語系。一九四六年後歷任《晉察冀日報》編輯，晉察冀軍區司令部秘書處英語譯員，天津市公安局科長，公安部群眾出版社編輯、主任、副總編輯、社長兼總編輯、編審，天津南開大學法學所名譽所長、教授，首鋼中國法律與社會發展研究所所長，美國哥倫比亞大學訪問學者，中國出版工作者學會理事，北京雜文學會副會長，中國政治學會副會長，法律史學會副會長，中國法學會常務理事、副秘書長，中國憲法學研究會副總幹事等。

統得太死，管得太嚴，缺乏競爭，是當前的主要弊端，既不能充分實現人民的言論、出版自由，又非常不利於出版事業的發展和繁榮。」「言論出版自由的問題不解決，憲法上的有關規定也就是一紙具文，社會主義民主就是空的。」這篇文章出自延安老幹部之手，上面也無可奈何，但對《讀書》自然是更加警惕了。

在一九八一年《讀書》創刊兩週年的時候，陳翰伯親自執筆寫了一篇〈兩週年告讀者〉，重申辦刊宗旨，文中坦蕩地堅持「讀書無禁區」的主張，並宣告：「探索眞理的工作絕不是一代人所能完成的。聽憑某一聖哲一言定鼎的辦法，更是不足爲訓。我們願意和讀者一起在激盪的思想海洋裏，各自拿出一點智慧來……」

然而，事情並未就此結束，我調到《讀書》雜誌後，首要的工作就是代表雜誌到上級部門做檢查。我代表編輯部寫過一些書面檢查。後來，出版總署通知我去出席一個各出版社領導人的會議，事先通知我要在會上做沉痛的深刻的檢查。我花不少時間準備了稿子。到了會場，議程排來排去，一直沒有安排我上場。最後散會，我一言未發。以後也不再提這事。那次會議，主持人是杜導正⑪。近年多讀此公言論，有點覺得他那時實際上是在故意放我們一馬。

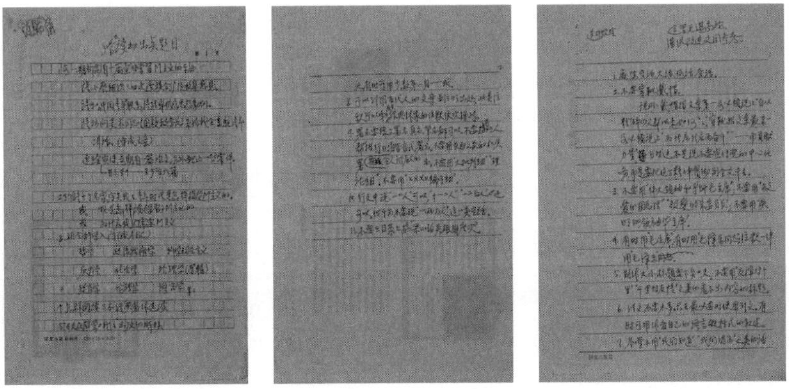

陳翰伯對《讀書》雜誌的指示

未知然否。

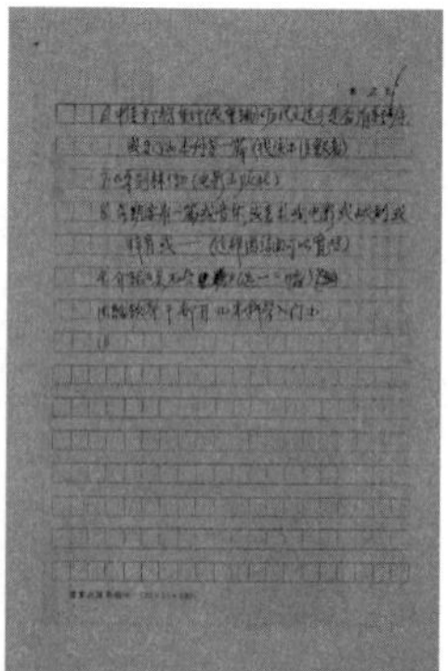

⑪杜導正，一九二三年生，山西定襄人。一九三七年十月參加革命並加入中國共產黨。曾任新華社河北分社社長、廣東分社社長，中共中央中南局機關報《羊城晚報》總編輯。「文革」後，歷任新華總社黨組成員兼國內部主任、《光明日報》總編輯、新聞出版署署長等職。現任中華炎黃文化研究會副會長、《炎黃春秋》雜誌社社長。

「哪壺水不開提哪壺」和「跪著造反」

〈讀書無禁區〉事件後，糾紛還是不斷。不久，《讀書》上又有文章批評海關對進口書刊檢查太嚴，例如有人帶了有裸體畫插圖的圖書進關時要被沒收。海外文化人士如韓素音⑫對這很反感。這一來惹得海關大怒。他們要求著文答覆，文中強調他們是執行中央的方針。這一來，弄得我們有點無可奈何。

一九八一年第二期上發了一篇〈人的太陽必然升起〉，作者是李以洪⑬，一位女作家。文中主張人性解放，說「三十年來，我們曾經把尊敬，熱愛，信任和崇仰無限制地奉獻給神，現在是償還給人的時候了」，「人性和人道主義問題曾經成了禁區。但是神封的大門一旦被實踐推開，巨大的能量就會被釋放出來，豐富的精神蘊藏就會在實踐中煥發光彩。從物質生活到精神生活，所有社會實踐的領域都將迸發著摧枯拉朽、振聾發聵的聲響和火光，以此歡慶歷史新

---

⑫韓素音，一九一七年生，中國籍亞歐混血女作家伊麗莎白・柯默（Elisabeth Comber）的筆名，原名周光瑚（Rosalie Elisabeth Kuanghu Chow），生於河南信陽。她的主要作品取材於二十世紀中國生活和歷史，體裁有小說和自傳。

⑬李以洪，一九四一年生於北京。一九六七年畢業於北京師範大學中文系。曾任中國文聯研究室副研究員，長期從事心理學、文學研究工作。在《讀書》發表〈人的太陽必然升起〉等文章，產生廣泛影響。著有《建造靈魂的廟宇——西方著名心理學家榮格評傳》（與劉耀中合著）。一九九八年去世。

時期的開端。這將是人的重新發現，是在新的歷史條件下的人的重新發現」，文章最後提出：「神的太陽落下去了，人的太陽必然昇起」。

文章寫得眞精彩，我們編輯部全都拍案叫絕，但我們都擔心能不能發，並請示了陳翰伯、陳原兩位老先生，陳原讀後立即回話：一字不改，全文刊登。不久就有一位老作家馬上寫了一篇反駁文章〈狗的月亮已經昇起〉。後來知道，這兩篇文章的爭論，其實背後是周揚、胡喬木對「人性論」的爭論。

還有一類糾紛屬於另一種性質。

一九七九年第五期上發表了老作家李荒蕪⑭的一些舊體詩，總題是《有贈》，最後一首是《贈自己》。李先生是外文局系統的老前輩，馮亦代的老朋友。一九八〇年第四期中國社會科學雜誌社的內部刊物《未定稿》上發表了朱元石的批評文章。元石認爲這些詩作表達了對現實的不滿，加以猛烈的抨擊。他同人民出版社當時的黨委書記（我那時的最高領導）相熟，又把文章寄他，請他轉《讀書》發表。書記當即批示我照辦。

---

⑭李荒蕪，一九一六年生。一九三七年畢業於北京大學。翻譯家，譯有惠特曼《草葉集》。一九九五年去世。

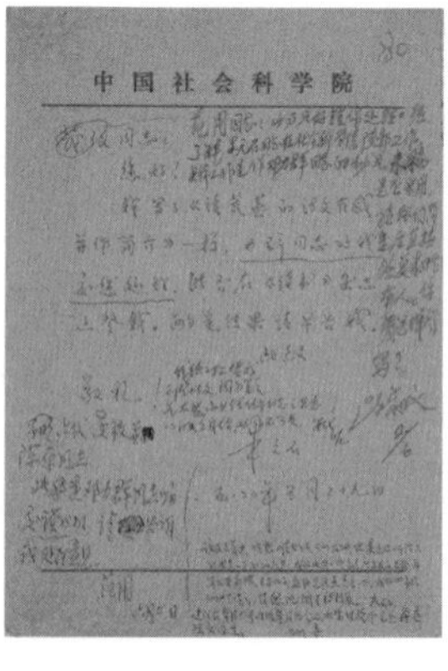

關於《讀書》是否發表朱元石〈讀荒蕪的詩文有感並作簡介〉一文的討論信

李荒蕪的原詩說：「羞賦《凌雲》與《子虛》，閒來安步勝華車。三生有幸能耽酒，一著驕人不讀書。醉裏欣看天遠大，世間難得老空疏。可憐晁蓋臨東市，朱色朝衣尚未除。」元石說作者「不過是拈封建士大夫階層失意文人的筆觸，來刺中國人民生活著的社會主義『現實』罷了」。這顯然荒唐，但是元石有「來頭」，怎麼辦？

經過瞭解，李荒蕪是當年的「右派」，曾在黑龍江原始森林裏伐木為生，進行勞動改造。他對此自然不滿。於是那些老左派一直盯住他的言論不放，要在雞蛋裏挑骨頭。

幸好，我背後還有更高的領導——陳翰伯，經他和陳原等同意，不予發表。陳原當時有一句名言，獲得大家首肯：「《讀書》的性格，應當是容許發表各種不同的意見，但不容許打棍子。」元石此文經各人反覆閱讀，認為不是爭鳴，而是「棍子」，乃退。

（儘管如此，後來聽說，李荒蕪這位老人以後多年處於無欲望無興趣的境地，臨終遺言是「但求安靜」四字。這想必同改革開放以後左派仍然對他窮追猛打有關。我們雖然沒有加入窮追猛打，但是過於潔身自好，也不全對。）

經過這一系列事件，我知道，我們正面臨著一個新的考驗。

怎麼辦？

在這關口上，范用有一次跟我講了一件事情。我們三聯書店的頭頭鄒韜奮，他辦的刊物有一次得罪了日本人，日本人找蔣介石，蔣把我們的刊物封了。這就是所謂的「《生活》事件」。但是因這一來，三聯書店刊物的名聲更大了。因此，我們要敢於講話，不怕封。

我聽了大爲驚訝。他的這種態度我如何學習和實行？我私下裏跟陳原談了這事。陳原很擔憂，覺得這樣下去不是辦法。他認爲現在歷史條件改變了，共產黨掌握政權了，不能那麼做了。但是他認爲時下不合理的事確實不少，我們的雜誌要說話。如何說話，可以研究，但不必採取國統區的辦法。這話對我深有啓發。

也在這時，上面也有人說話了。上級機關批評我們的用語是：你們現在「哪壺水不開提哪壺」，意爲你們專愛做上面不讓做的事。

這倒也對。的確，我們編輯部裏面有幾位是熱中於此道的。我那時算是實際負責人，他們惹出麻煩，一切都在我身上。雜誌一出事，上面和單位，都來找我。我該如何是好？范用屢次說，有事他擔當。但是，上面開會，他從不出席。他只對我說，「讓他們來找我，我才不找他們呢！我做出版的時候，他們在哪裏？」

在這萬般無奈之際，我想起了六十年代「反修」時，我們常常引用的一個故事。列寧批判考茨基的時候，指出考茨基之批判資產階級社會，無非是「跪著『造反』」。我們後來反修，多次例舉這一故實。我覺得，我們在共產黨領導下批評種種不合理之事，大可借用這說法，以此行事。因爲它可以解釋爲「小罵大幫忙」，從根本上說，是擁護共產黨的領導並擁護社會主義的。

以後，我就以此作爲我行事的準則，並不斷宣揚。這是我不敢被「封門」的懦弱表現。我大概這輩子也學不到韜奮先生，包括范用了。我在三聯書店系統的幾十年裏，范用不斷罵我「沒出息」，以致一再絕交。以此開端，良有以也。

厚積薄發，行而有文

「跪著造反」這一總方針之下，《讀書》對文章的具體要求，首先是「厚積薄發，行而有文」。從陳原開始，《讀書》雜誌就主張文章要寫得有文采，「不文不發」。我們退掉過很多著名學者的稿子，他們的觀點很可以，但是文筆實在不行。比如，老革命何方⑮的稿子被我退掉過兩次。有一次何方寫了一篇〈記李一氓同志的爲人和幾個重要觀點⑯〉的文章，談李老的古典詩詞。李一氓是中國共產黨裏面最有文采的人之一，但是何方的文章卻寫得像社論，大家覺得實在沒辦法用。結果何方後來到處告我的狀。又如王亞南⑰先生的學生孫越生⑱先生，所寫關於官僚主義的文章分析很深刻，但乏文采，我記得也壓下未發或少發。近年讀一些思想先驅者的文章，對他的觀點評價頗高。

在那時候，文章要能做到這八個字的，只能找文壇老人。那時完

---

⑮何方，一九二二年生，中共黨員。一九四五年畢業於延安外語學院俄文系。從一九五〇年起一直從事國際問題和中國對外關係研究。曾任中國社會科學院日本研究所研究員、北京大學教授、中國戰略學會高級顧問、中俄友好協會副會長。

⑯李一氓，一九〇三年生於四川彭州。一九二五年加入中國共產黨。早年赴法國勤工儉學。在國內革命戰爭時期，曾任國民革命軍總政治部宣傳部科長、南昌起義參謀團秘書長。參加過紅軍二萬五千里長征，並先後任陝甘寧省委宣傳部長、新四軍秘書長。抗戰勝利後，先後任蘇北區黨委書記、華中分局宣傳部長、大連大學校長等職。建國後，歷任中國駐緬甸大使、國務院外事辦副主任、中聯部副部長、中紀委副書記、中顧委常委、國務院古籍整理出版組組長、中國國際交流協會會長。一九九〇年十二月逝於北京。

⑰王亞南，一九〇一年生，原名

全想不到，在八十年代，找老一代名家組稿有多容易。因爲那些老人受困多年，大都還挨過整，現在一旦解放，是多麼想寫些東西，一抒胸懷。可以說，《讀書》雜誌當年之所以成功，大都得力於他們。

我首先要提到呂叔湘老先生。我同他老人家結識後，他知道我從學徒時期開始，就不斷自習他的著譯。從《中國人學英文》開始，到讀他譯的《伊坦·弗洛美》，一直到在做校對員時自學《語法修辭講話》而出人頭地。他很樂意指導我編刊物，幾乎每月讀過《讀書》後就寫一封信給我，提出意見。他的不少意見，具有方針性，不只是就文論文。如他說：

「編《讀書》這樣的刊物，要腦子裏有一個 general reader（翻成『一般讀者』有點詞不達意，應是『有相當文化修養的一般讀者』）。要堅持兩條原則：一、不把料器當玉器，更不能把魚眼當珠子；二、不拿十億人的共同語言開玩笑。」

他還爲《讀書》總結了風格：

「什麼是《讀書》的風格？正面說不好，可以從反面說，就是『不

際主，號漁村，筆名王真。湖北黃岡人。馬克思主義經濟學家、教育家、廈門大學校長、《資本論》譯者之一。著有《中國官僚政治研究》、《〈資本論〉研究》等。一九六九年去世。

⑱孫越生，一九二五年生，王亞南弟子，畢業於廈門大學經濟學系。中國社會科學院情報研究所研究員。著有《歐洲中國學》、《官僚主義的起源和元模式》、《孫越生文集》等。一九九七年去世。

庸俗』……可是這『不庸俗』要自然形成，不可立志『不庸俗』。那樣就會『矜持』，就會刻意求工、求高、求深，就會流於晦澀，讓人看不懂。」

當然，他自己也爲《讀書》寫了許多耐讀的好文章。

還有金克木先生。我們去找這位老先生之前，編輯部內的老人就同我們打招呼，說這位老教授特別不好對付，脾氣特大。等我們一接觸，發現完全不是如此。同金老特別容易親近。我想這可能因爲過去是「階級鬥爭爲綱」的年代，老知識分子看到官方的編輯不免要有幾分警惕。現在不一樣了。我同他談話，總是無法結束。他送行時，同你握手言別，然後手握門把，還要談三五分鐘。一次趙麗雅⑲找他寫一篇稿，他一口氣寫了五篇，統統請趙處理。金老的文章特別受讀者歡迎。正如陳平原教授後來所說，「像他那樣保持童心，無所顧忌，探索不已的」，「難以尋覓」，「以老頑童的心態和姿態，挑戰各種有形無形的權威——包括難以逾越的學科邊界，實在是妙不可言。」

還可以舉一位舒蕪⑳先生。上世紀五十年代，我就認識舒先生，

金克木

⑲趙麗雅，一九五四年生，筆名「揚之水」，浙江諸暨人。一九七〇年初中畢業，於北京房山縣山區插隊。回城後在北京市王府井果品店上班，開過卡車，賣過西瓜。一九七九年，調往民間文藝研究會負責圖書館工作，博覽群書，自學成才。一九八六年至一九九六年間擔任《讀書》編輯，與金克木、張中行、徐梵澄、唐振常、鄧雲鄉、金性堯、王世襄等著名學者相往還，被稱為「《讀書》四大金釵」之一。一九九六年起進入中國社會科學

和舒先生在一棟樓裏辦公。不過那個時候，舒先生是人民文學出版社的編審，一般在樓東辦公，而我在樓西，很少見面，也沒有什麼接觸。尤其，政治上他是「胡風分子」，我們看到他都要躲著走。但改革開放後，情況就完全改變了，我開始認識到，舒先生是一個眞正有學問有見解的學者。舒蕪先生給《讀書》雜誌寫的文章之多，大概爲眾老者之首。他的文章言之有物，有許多不錯的見解，比如，他對周作人等當時的一批老學者都有很多看法，在許多方面對我們有許多啓發。老先生受了五四的影響，特別關注女性問題，往往有過人的見識。

還如張中行㉑先生。剛開始時，聽說他就是《青春之歌》中的余永澤，要不要去找他，很猶豫。後來一生二熟，發現這老頭眞能寫。那時主要由趙麗雅同他聯繫，他們很快成爲了知己。張老爲《讀書》越寫越多。在他只是隨便寫寫，卻把埋藏在深處的寫作熱情給挖掘出來。正如有的評論家所說，本來打口井取點水喝，沒想到一下子冒出了豐富的石油。值得一提的是，張中行先生對趙麗雅有深刻的印象。一九九三年他寫了一篇名爲〈趙麗雅〉的專文，居然說：「我，不避自吹自擂之嫌，一生沒有離開書，可是談到勤和快，與她相比，就只能甘拜下風。」作者和編輯的交往到如此莫逆

院文學研究所工作，開始深入研究文物考古，用考古學的成果來研究文學作品，對中國古代詩歌中的名物或物象有精彩的闡釋，主要致力於先秦文學與古代名物研究。著有《詩經名物新證》、《詩經別裁》《先秦詩文史》、《古詩文名物新證》等書，並發表多篇論文，被稱為「京城三大才女」之一。

⑳舒蕪，一九二二年生，本名方管，學名方矽德，字重禹。安徽桐城人。現代作家、文學評論家。曾任四川女子師範學院、江蘇學院副教授、南寧師範學院教授。一九四五年初在胡風主編的《七月》上發表《論主觀》一文，成為一場長達五年之久的文藝論爭的主要焦點之一。建國後，歷任廣西省文聯研究部部長，人民文學出版社編輯、編審，《中國社會科學》雜誌編審。二〇〇九年病逝於北京。

的程度，實爲我畢生所僅見。

寫到這裏，我禁不住想起一位奇人——勞祖德㉒（谷林）。我早在五十年代就認識他。那時他是出版總署財務處的官員，財務專家。寧波人，滿口鄉音不改，所以我非常願意聽他說話。料不到，到改革開放年際，這位先生寫作之勤快，作品之耐讀，完全出乎我輩意外。在我主持《讀書》期間，他寫文不下百篇。這樣深藏不露的學問家，多年由趙麗雅聯繫。他們都有「深藏不露」的特點，所以特別談得來。

老人中應當還有顧准㉓，儘管《讀書》創刊時他已作古。范用最早欣賞顧准，我由他才知道，顧准的弟弟陳敏之先生原來是「老三聯」出身的，現在上海。我很快同他取得了聯繫，得到一篇稿件，立即發表。可以說，《讀書》是國內最早發表顧准文章的。可惜的是，後來得到一篇是談毛澤東思想的文章，我不敢發，怕挨批。以後貴州出書，此文已收入，說明我太膽小了。怨不得范用對我的膽小恨之入骨。

我們很榮幸地能請到一些老革命家爲我們寫稿。例如夏公（夏

㉑張中行，一九〇九年生，原名張璇，學名張璿，字仲衡，出自《尚書》「在璇璣玉衡，以齊七政」。後因名難認，遂以字的簡化「中行」（《論語》有「不得中行而與之，必也狂狷乎」）行世。河北香河縣人。著名學者、哲學家，散文家。一九三一年通縣師範學校畢業。一九三五年畢業於北京大學中國語言文學系。先後任教於中學和大學。建國後就職於人民教育出版社，任編輯、特約編審等職。主要從事語文、古典文學及思想史的研究。二〇〇六年去世。

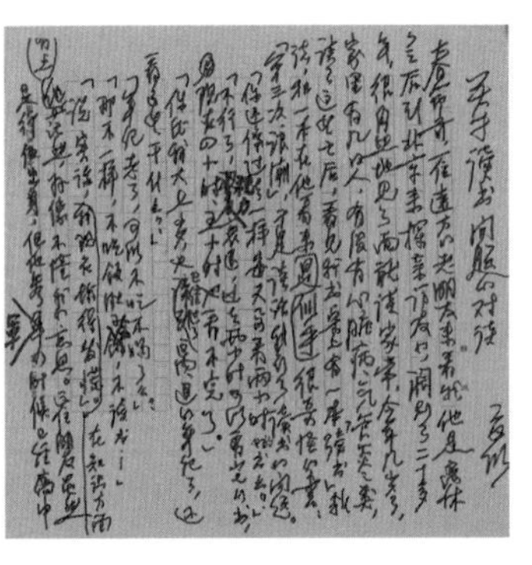

夏衍手稿

衍㉔），一九八四年二月特地給《讀書》寫了篇〈關於讀書問題的對話〉，有很大影響。于光遠㉕老先生也經常來稿。這些，大都由范用親自組稿。或者他指派董秀玉辦。我很少插手。

上面經常批評《讀書》宣傳馬克思主義、毛澤東思想不力。這是我們的一大難事。我們不反對談這些，只是找不到好文章。後來，我想到了龔育之㉖。他過去在中宣部科學處工作時我們有接觸，我發覺他有文墨氣，不像官員。辦《讀書》後，還常往還。現在我帶這難題向他討教。他說，這好辦，我來開一個專欄。不久，這個名爲「大書小識」的專欄就開場了。他用了一個筆名「郁之」。文章寫得不俗，又符合大方向，快何如之！

還有一位專家用很特別的方式關心我們。這是近代史研究所的沈自敏㉗先生。他老先生沒事就來編輯部同我們聊天。說的都是「閑話」，實際上是代表了一位老學者對學術界、對《讀書》文章的看法，使我們十分得益。

老一輩的大家，還能列出不少，如：許國璋㉘、王佐良㉙、王宗炎㉚、陳樂民㉛、徐梵澄㉜、何爲㉝、柯靈㉞，等等，這裏不多說

㉒勞祖德，一九一九年生於浙江鄞縣，筆名谷林。建國前在銀行和工商單位從事會計工作，同時為共產黨從事地下活動。一九四九年後在新華書店總管理處繼續任職會計。一九七五年曾在中國歷史博物館參加歷史文獻的整理，歷時十三年時間點校完成二百三十萬字的《鄭孝胥日記》。長期擔任《讀書》雜誌的義務校對、編輯及評論員。著有《情趣 知識 襟懷》、《書邊雜寫》、《淡墨痕》、《書簡三疊》等。二〇〇九年去世。

㉓顧准，一九一五年生，字哲雲。上海人。當代學者，思想家、經濟學家、會計學家、歷史學家，中國提出社會主義市場經濟理論第一人。早年畢業於上海立信會計學校。一九三五年加入中國共產黨。一九五七年發表《試論社會主義制度下的商品經濟和價值規律》，第一次提出了在社會主義條件下實行市場經濟。後來兩次被打成「右派」，在逆境中寫下《希臘城邦制度》和《從理想

了。至於老一輩以下，大多是當年剛露頭角的留學生，留待別處去說吧。這裏還想表一下的，是我個人聯繫老學者時的幾個敗筆。

首先是錢鍾書㉟。這位老人家一直是由董秀玉聯繫的。她去香港工作，我頭腦發熱，很想趁機同這位老人家有些接觸。我是《圍城》迷，五十年代喜歡得發瘋，連當時自己所譯的書，署名一概是「魏城」。在錢府同錢老晤談幾次，都很高興。後來，三聯書店要出版一套學術叢書，想請錢老署名編委。我很願意去當說客，欣然而往。錢老也欣然同意，楊絳在旁，也沒發表意見。不料，幾天後又去錢府，楊絳對我說：「外面傳錢鍾書要列名三聯書店某某叢書編委，這是謠傳，沒有這事。我想這是欒貴明搞的，你們別去聽他。」我一聽大驚。那不是我同你們兩位老人家前幾天當面議定之事？本想辯解，轉而一想，其事必有緣故，還是作罷爲好，於是唯唯而退。回社後將已排的顧問名單一概撤銷，從此絕跡錢府。

還有一件事是同季羨林㊱老先生有關的。學界傳聞，季老同金克木㊲老先生不和，我們既同金老莫逆，也就不去多找季老。但在某日，我本人忽然接到季老一個電話，說你們刊物上盡發文表揚出版總署官員宋木文㊳當編委的叢書，貶低我們編的一套關於四庫

主義到經驗主義》等著作，對建國後中國所遇到的問題進行了深入思考和探索。一九七四年去世。

㉔夏衍，一九〇〇年生於浙江杭州，原名沈乃熙，字端先。新文化運動的先驅者之一，中國著名文學、電影、戲劇作家，文藝評論家、翻譯家、社會活動家。早年赴日留學，接受馬克思主義，參加日本左翼運動。一九二七年翻譯高爾基的《母親》等名著。一九二九年與鄭伯奇等組織上海藝術社，首先提出「普羅列塔利亞戲劇」的口號，開展無產階級戲劇活動。一九三〇年加入「左聯」，當選為「左聯」執委。一九三三年後，任中共上海文委成員、電影組組長，為中國進步電影的開拓者、領導者。創作有電影劇本《狂流》、《春蠶》，話劇《秋瑾傳》、《上海屋檐下》及報告文學《包身工》，對三十年代進步文藝產生巨大影響。抗戰爆發後，在上海、廣州、桂林、香港主辦《救亡日報》、《華商報》，後輾轉到重

全書的書，太不公平。你們編刊物，只聽官員意見，逢迎拍馬，太不像話，我要寫信抗議。我聽後惑然不解，只能表示，研究研究。以後收到來稿，方知他是批評丁聰、陳四益兩位的詩配畫中的論述。這個專欄談什麼書，同官方何涉？陳先生也絕不會同官員有關，而官員宋木文也絕不是喜歡別人逢迎的人。再一打聽，方知季老這一動作同某書某書的商業利益有關，季先生是明顯給人利用了。如何辦？橫下一心，把季文原樣發表。以後由陳四益㊴先生爲文反批評，很是熱鬧了一場。我由是知道季老爲事的特點了。

慶，在周恩來直接領導下，主持大後方的文化運動，曾任《新華日報》代總編。新中國成立後曾任文化部副部長、中國文聯副主席、中國電影家協會主席等職。一九九五年去世。

㉕于光遠，一九一五年生，原姓郁，名鍾正。上海人。著名經濟學家。一九三四年由上海大同大學轉入清華大學，次年參加一二九學生運動。一九三六年畢業於清華大學物理系，翌年加入中國共產黨。一九三九年兼任延安中山圖書館主任，一九四一年起從事陝甘寧邊區經濟的研究工作，後在延安大學財經系任教。歷任中共中央圖書館主任，北京大學圖書館系教授，北京華夏管理學院名譽院長，中共中央宣傳部理論宣傳處副處長，中國科學院哲學社會科學部委員、常委，科學規劃委員會副秘書長，科學技術委員會副主任，國家計劃委員會經濟研究所所長，中國社會科學院副院長兼馬列主義毛澤東思想研究所所長，中共

中央顧問委員會委員，中國社會科學院顧問，《中國大百科全書》總編委會副主任等職。

㉖龔育之，一九二九年生，原籍湖南長沙。中國共產黨著名理論家。一九四八年加入中國共產黨。一九五二年至一九六六年在中共中央宣傳部科學處工作。「文革」期間曾受到批判和沖擊。一九七三年至一九七六年在國務院科教組、教育部工作，期間借調到國務院政治研究室，參加《毛澤東選集》材料組的工作。曾任中共中央毛澤東主席著作編委會辦公室副主任、中共中央文獻研究室副主任、中共中央宣傳部副部長、中共中央黨校副校長、中共中央黨史研究室常務副主任。二〇〇七年去世。

㉗沈自敏，一九一九年生，浙江富陽人。一九四九年畢業於清華大學研究院，同年進華北大學四部，一九五〇年隨華北大學轉入近代史研究所。副研究員。譯有《民國名人傳記辭典》（一～十三）；並與人合編《鴉片戰爭時期思想史資料》等。一九九七年去世。

㉘許國璋，一九一五年生於浙江海寧。一九三九年畢業於西南聯合大學外文系。先後任教於上海交通大學、復旦大學等校。一九四七年十二月赴英國留學，相繼在倫敦大學、牛津大學攻讀十七、十八世紀英國文學。一九四九年十月回國，在北京外國語大學任教直至逝世。其六十年代編著出版的《許國璋英語》、《大學英語》等，歷時三十多年而不衰，影響廣泛。一九九四年病逝於北京。

㉙王佐良，一九一六年生，浙江上虞人。詩人、翻譯家、英國文學研究專家。一九三九年畢業於西南聯合大學外語系並留校任教，一九四七年赴英國牛津大學攻讀英國文學研究生。一九四九年回國後，歷任北京外國語學院教授、英語系主任、副院長。一九九五年逝於北京。

㉚王宗炎，一九一三年生，廣西合浦人。語言學家。一九三四年畢業於廣州中山大學英文系，曾歷任公務員、報館編輯、海關人員、中學教員、中山大學外語系講師和副教授兼任《上海密勒氏評論報》(The China Weekly Review)駐廣州特約通訊員、廣州外國語學院教授、中國語言學會學術委員會委員等。

㉛陳樂民，一九三〇年生。中國社會科學院歐洲研究所研究員、原所長，歐洲學會原會長。長期從事「民間外交」、國際政治和中西歷史文化的研究工作。著有《「歐洲觀念」的歷史哲學》、《戴高樂》、《撒切爾夫人》等。二〇〇八年去世。

㉜徐梵澄，一九〇九年生，原名琥，譜名詩荃，字季海，湖南長沙人。哲學家、印度學家、翻譯家。曾就讀於武漢中山大學歷史系，後入上海復旦大學西洋文學系。一九二九年赴德國海德堡留學。一九三二年歸國後曾任教於中央藝術專科學校，後任中央圖書館編纂、中央大學教授。一九四五年起僑居印度三十三載，先後在印度泰戈爾大學、室利阿羅頻多學院從事教學、著述與翻譯工作。後歸國任中國社會科學院世界宗教研究所研究員。精通英、

德、法、梵、拉丁、希臘等多種語文，所譯德國現代哲學家尼采作品、印度古今哲學典籍，國內評價甚高。二○○○年去世。

㉝何為，一九二二年生，原名何敬業，浙江定海人。當代著名作家。一九四三年畢業於上海聖約翰大學。一九四五年參加革命工作，歷任上海《文匯報》記者、上海電影文學研究所編劇、上海電影劇本創作所編輯、江南電影製片廠編輯、福建省電影製片廠編輯組長，是福建省文聯及作家協會專業作家。二○一一年逝世。

㉞柯靈，一九○九年生於廣州，原名高季琳，筆名朱梵、宋約。電影理論家、劇作家、評論家。一九二六年發表敘事詩《織布的女人》從而步入文壇。一九四一年與師陀合作改編高爾基的話劇《底層》為劇本《夜店》（後改編成電影），影響廣泛。一九四三年七月柯靈編輯《萬象》，至一九四五年六月停刊（本年僅出這一期），前後共四十三期，另有號外一期，幾乎貫穿了上海淪陷的整個時期。一九四八年到香港《文匯報》工作，擔任副社長兼副總編輯。一九四九年回到上海，次年加入中國共產黨。曾任《文匯報》副社長兼副總編、上海電影劇本創作所所長、上海電影藝術研究所所長、《大眾電影》主編、上海作協書記處書記、上海影協常務副主席等職。二○○○年去世。

㉟錢鍾書，一九一○年生，字默存，號槐聚，曾用筆名中書君。江蘇無錫人，錢基博之子，夫人楊絳。現代著名作家、文學研究家。曾為《毛澤東選集》英文版翻譯小組成員，晚年任中國社會科學院副院長，在文學、國故、比較文學、文化批評等領域的成就卓著，推崇者甚至冠以「錢學」。著有《圍城》、《管錐編》、《走在人生邊上》等。一九九八年去世。

㊱季羨林，一九一一年生，字希逋，又字齊奘。著名文學家、語言學家、教育家、社會活動家、翻譯家，精通十二國語言。曾歷任中國科學院哲學社會科學部委員、北京大學副校長、中國社科院南亞研究所所長。二○○九年病逝。

㊲金克木，一九一二年生，安徽壽縣人。詩人、散文家、翻譯家、學者。早年自學多國語言，後又於印度學習梵文和巴利文，研究古印度哲學、佛學和文學。一九四六年任武漢大學哲學系教授。一九四八年任北京大學東方語言文學系教授。和季羨林、張中行、鄧廣銘一起被稱為「燕園四老」。二○○○年逝世。

㊳宋木文，一九二九年生，吉林榆樹人。一九四八年加入中國共產黨。一九四九年東北大學政治經濟系肄業。一九五○年至一九六六年先後在東北人民政府文化部和中央人民政府文化部工作。一九七二年起從事出版工作，歷任國家出版局研究室副主任、辦公室主任；文化部出版局副局長、代局長，文化部副部長、黨組成員；國家出版局局長、黨組書記。一九八七年任新聞出版署副署長、黨組副書記兼國家版權局局長。一九八九年至一九九三年任新聞出版署署長、黨組書記。曾任中國出版工作者協會第一屆秘書長、第二屆副主席、第三屆主席，中國版權研究會第一屆、第二屆理事長。

㊴陳四益，上海人。中共黨員。一九六二年畢業於復旦大學中國語言文學系。歷任復旦大學中文系助教，中國人民解放軍二三四八工程指揮部政治部幹事，新華社湖南分社記者、政文組組長，新華社《瞭望》週刊編輯、文化編輯室主任及總編室主任、編委、副總編輯。

無能、無爲、無我

在當年《讀書》面臨的複雜情況下，特別是在思想大爲解放，種種新觀念不斷呈現的新情境之中，我認爲，我們時下可做的只有「三無」，即無能、無爲、無我。只有這樣，我們才能不拘一格，放棄成見，讓種種新見呈現。

王蒙㊵以後對我們的這個想法解釋得最精彩。他說，出版家、編輯家只有進入兼收並蓄的「無」的狀態，即無先入爲主、無偏見、無過分的派別傾向、無過分的圈子山頭（有意或無意的）、無過多的自以爲是與過小的鼠目寸光、無太厲害的排他性、無過熱的趁機提升自己即爲個人名利積累的動機，才能兼容並蓄得來好稿子，也才能眞正團結住各不相同的作者，才能眞正顯出一種恢弘，一種思稿若渴，一種思賢若渴的謙虛和眞誠，才能具有相當的凝聚力、吸引力和容納力——港台的說法叫做磁性。

王蒙

㊵王蒙，一九三四年生於北京，中國當代作家、學者。著有長篇小說《青春萬歲》、《活動變人形》等近百部小說，其作品反映了中國人民在前進道路上的坎坷歷程。曾任文化部部長、作協副主席等職。

王蒙說的顯然是「三無」的最高境界，是我們企望的目標。這種對編輯出版的理解是有一個產生過程的。我在上世紀五十年代剛學做編輯時，上面告訴我，我們找作家寫稿是代表黨來組稿。那時候，比如說要找北京大學的教授寫稿，先要到北大的人事部門，對方告訴你這個教授是什麼階級出身，有什麼歷史問題，然後我們才找到這個教授。見到這個教授的第一句話，就是我們已經和黨委組織部門談了，他們同意你寫這篇文章。後來，一度來個大改變。記得是胡喬木在一九五四年有一次講話中說，作家是出版社的「衣食父母」。他開始把作家的地位放得相當高，以後我們開始知道要恭敬作者。但到了一九五七年，又開始注重作者的政治身分了。發展到「文革」，簡直不得了了。我就參加過對作者的批鬥會，把毛澤東點了名的「壞書」的作者揪來狠鬥一通。到八十年代，我們才開始又意識到，做編輯，自己最好退居幕後，把編輯的角色在形式上減低到最小限度，才能做好工作。

正是這種大「無」的思想辦出了《讀書》的「大有」。這種「大無」以無限做爲參照，有極大的胸懷；同時有極大的彈性，不是剛體的不可入性；是一種無我狀態，無欲則剛，有容乃大。「三無」辦刊論爲《讀書》成爲知識分子的公共俱樂部創造了這樣一個前提：不管是科學還是人文、啓蒙，抑或後現代、自由主義與「西馬」，《讀書》都能夠一概笑臉相迎，兼容並蓄。這也使《讀書》雜誌的作者、編者、讀者之間的關係，不是簡單的生產者、銷售者和消費者之間的交易買賣，而是知識分子內部的知識交往和心靈溝通。我們一再強調：「把一個思想評論雜誌《讀書》長期堅持下來，讀者越來越多（從兩三萬到十三四萬），靠的無非是認識到自己的局限和無能。」《讀書》爲一代人提供精神食糧，「三無」辦刊論功不可沒。

因此，《讀書》不拘一格，找各方面的人才，開設各種專欄。文學方面如：馮亦代的「西書拾錦」專欄；吳岳添㊶的「遠眺巴黎」，寫的是法國文學；李長聲㊷的「日知漫錄」、「東瀛孤燈」，介紹日本文學和見聞；俄羅斯文學則有藍英年㊸的「尋墓者說」。此外，詩歌有王佐良的「讀詩隨筆」；翻譯有董樂山的「譯餘廢墨」。思想方面，則有樊綱㊹的「現代經濟學讀書札記」、趙一凡㊺的「哈佛讀書札記」，引入的新學人有錢滿素㊻、張寬、崔之元㊼、汪暉㊽、樊綱和劉軍寧㊾等人。我還想特別提一下，儘管《讀書》的主要傾向是所謂自由主義，但當「西馬」和「新左」的某些表現一露頭，我們就樂於介紹和引進。

㊶吳岳添，一九四四年生，江蘇常州人。中共黨員，中國社會科學院外文所研究員，法國文學研究專家。一九六八年畢業於南京大學外文系法語專業，一九八一年畢業於中國社會科學院研究生院外國文學系法國文學專業，獲文學碩士學位。畢業後在外文所工作至二〇〇四年退休。曾任外文所科研處處長、南歐拉美文學研究室主任、中國法國文學研究會副會長。現為外文所研究員、中國作協會員、中國法國文學研究會會長、湘潭大學文學與新聞學院教授。

㊷李長聲，一九四九年生，曾任日本文學雜誌副主編。一九八八年自費東渡，一度專攻日本出版文化史。上世紀九十年代以來為北京、上海、廣東、台灣等地的報刊寫隨筆專欄，結集《櫻下漫讀》、《日知漫錄》、《東遊西話》、《四帖半閑話》等十餘種。

㊸藍英年，一九三三年生，江蘇吳江人。一九四五年進入晉察

關心了思想，還特別想到藝術，這方面，我們是費了一點心血的。我們發現一位嚴格㊿先生，對西洋音樂特別在行，他以「辛豐年」筆名寫的專欄「門外讀樂」非常受歡迎。他原爲新四軍，想不到對西洋音樂有那麼深的修養，而且善作通俗的介紹。他久居南通，由趙麗雅同他專線聯繫。評者認爲，他的文章「雍容大度，左右摭拾，不疾不緩，興味盎然」，是爲的評。辛作後來大都由三聯編爲文集出版，如：《樂迷閒話》（一九八一）、《鋼琴文化三百年》（一九九五）。以後我們又請李皖開闢了當代音樂評論專欄「聽者有心」；請尹吉男寫美術評論專欄「獨自扣門」，等等。

提到藝術，不能不說一下丁聰老先生的漫畫。最早請丁聰爲《讀書》畫漫畫的是馮亦代等老前輩，余生也晚，未能與聞。我要說的是，到後來，陳四益先生加入進來，與丁聰合作「詩配畫」專欄：「新百喻」、「詩畫話」，堪稱《讀書》一絕。陳四益古文修養極佳。人們讀他的詩文後，每每以爲他是一位老先生，其實他比我還小好多歲呢。

心中不存一個固定格局以後，每每有意外的發現。我那時對王小波(51)的雜文特別感興趣。我在五六十年代奉命去見過王小波的爸

冀邊區，一九五五年畢業於中國人民大學俄語系，曾在北京俄語學院、山東大學外語系、河北大學外語系執教，後在北京師範大學蘇聯文學研究所指導研究生。一九九三年離休。

㊹樊綱，一九五三年生於北京，祖籍上海。經濟學博士，中國社會科學院研究員、國民經濟研究所所長，兼任北京大學滙豐商學院教授、博士生導師。一九七八年考入河北大學經濟系，一九八二年入讀中國社會科學院研究生系，一九八五年獲碩士學位。後繼續在社科院攻讀博士學位，期間赴美國哈佛大學及國民經濟研究局學習研究，一九八八年獲社科院經濟學博士學位。曾兩次獲孫冶方經濟學優秀論文獎。二〇〇四年被法國奧弗涅大學授予榮譽博士學位。

㊺趙一凡，一九五〇年生，江蘇鹽城人。一九六八年下鄉插隊。一九七〇年進入安徽大學外語系學習英語。一九八一年公派到美國哈佛大學留學，一

爸王方名(52)，自以爲王小波的文章大概也是挺「學術」的。等讀到王小波的雜文，我驚呆了。我印象最深的是他的《花剌子模國信使問題》，這樣的佳作實在少見。

江曉原(53)教授近年有一句名言：「我忽然發現《讀書》近年變得不好看的原因了！哈哈，那是因爲——李零(54)已經不在上面寫文章了。」此語在網上流傳極廣。李零當年也是支持《讀書》最力的學者，他的《漢奸發生學》（發表於《讀書》一九九五年十月號）最使人難忘。

好了，再舉多少例子也說不完。說說我們編輯部內部由此的得益吧。當然，從這「三無」中最得益的是趙麗雅。她後來自己總結當年是「師從眾師」。她說，「我一九八六年十二月到了《讀書》，一直到一九九六年。這十年是我人生中非常重要的一個階段。期間谷林（勞祖德）先生和我通信，對我的幫助也非常大。他是非常細心的人，因爲他是做會計的。他把這種細心用在文史上，正是一種一絲不茍的文風。他幫我看稿子，改錯字。還有一些幫助就是潛移默化的了。」「在《讀書》認識的作者都是頂尖人物。這對於我來說是『師從眾師』了。不限於某一老師，這樣就不會有一種思維定式，

九八九年獲哲學博士學位。現任中國社會科學院外國文學研究所研究員，博士生導師。

㊻錢滿素，一九四六年生於上海，哈佛大學美國文明史博士，南京師範大學外國語學院特聘教授、博士生導師，中國社會科學院外文所研究員。主要從事美國文學文化研究，著有《愛默生和中國——對個人主義的反思》、《美國文明》、《飛出籠子去唱》等，並主編《美國當代小說家論》、《年輕的美利堅》等。

㊼崔之元，一九六三年生於北京。一九八五年畢業於國防科技大學系統工程與應用數學系，一九九五年獲美國芝加哥大學政治學博士學位。之後歷任美國麻省理工學院政治學系助理教授、哈佛大學法學院高級訪問研究員、柏林高等研究院高級研究員、康奈爾大學法學院傑出訪問教授等職。二○○四年起至今任清華大學公共管理學院教授、博士生導師，兼任西南政法大學世界與

視野就更開闊了。那種幫助是一種影響，等於是在他們中間薰陶出來。我和徐梵澄先生的交往，在這方面受益就特別多。他特喜歡陳散原[55]的詩，我幫他借，借完以後我自個兒又抄了好多，全都是營養。」

當然，也有相反的事例，不能不說。

在八十年代後期的某一次「讀者服務日」的活動裏，編輯部的一位同事忽然對呂叔湘老先生在《讀書》中對若干新進學人的某些批評有意見，當面提出異議，並說：「一個刊物很難讓老中青三代讀者都滿意」。這位同事這樣在公眾場合批評一位老學者的文章，應該說有點失當。我們當然可以對文章有看法，但既然身爲編輯，最好還是退居幕後，這樣可以便於多方面的作者表達意見。一個刊物，老有老的觀點，中有中的立場，青有青的看法，是正常現象。編輯在這類不同意見交鋒的場合，以「失蹤」爲好。

這「三無」實際上同陳原他們的一個看法密切有關。這個看法是：絕對不要把《讀書》辦成學術刊物。他們要辦的是思想刊物，不是學術評論刊物。既然如此，我們就不代表一種學派，一種學問。既如此，在學問上我們最好是「無我」。

中國議程研究院聯席院長、重慶大學教授。主要研究興趣在政治經濟學和政治哲學領域。著有《看不見的手範式悖論》等。

㊽汪暉，一九五九年生，江蘇揚州人。著名學者，通常被認為是大陸「新左派」領袖。一九八八年畢業於中國社會科學院並獲得博士學位。隨即分配至中國社會科學院文學研究所工作，先後任助理研究員、副研究員、研究員。一九九一年與友人共同創辦《學人》叢刊，一九九六年至二〇〇七任《讀書》雜誌主編。二〇〇二年受聘清華大學人文學院教授。曾先後在哈佛大學、加州大學、北歐亞洲研究所、華盛頓大學、香港中文大學、柏林高等研究所等大學和研究機構擔任研究員、訪問教授。

㊾劉軍寧，一九六一年生，安徽人。一九九三年獲北京大學政治學博士學位。曾為中國社科院政治學所研究員，哈佛大學費正清研究中心訪問學者。現

為中國文化研究所研究員。主要研究領域為政治學。著有《民主、共和、憲政》、《保守主義》、《權力現象》，主編《公共論叢》、《民主譯叢》、《公共譯叢》、《政治思潮叢書》等。

㊿嚴格，一九二三年生，筆名辛豐年，江蘇南通人。一九四五年八月，到蘇中解放區參加新四軍，開始在部隊中從事文化工作。一九七一年被打成「反革命」，發配回老家監督勞動。一九七六年平反，當時主動要求退休。二十世紀八十年代以來，為《讀書》、《音樂愛好者》、《萬象》等刊物撰寫音樂隨筆，馳譽書林樂界。一九八七年，第一本音樂隨筆《樂迷閒話》由三聯書店出版。以後又出版《如是我聞》、《請赴音樂的盛宴》、《樂迷樂話》、《樂滴》、《辛豐年音樂筆記》等。

(51)王小波，一九五二年生。當代著名作家。代表作有雜文集《沉默的大多數》，電影劇本《東宮西宮》，小說《黃金時代》、《白銀時代》、《青銅時代》等，被譽為中國的喬伊斯兼卡夫卡。一九九七年心臟病突發去世。

(52)王方名，四川渠縣人，邏輯學家，中國人民大學教授，作家王小波之父。

(53)江曉原，一九五五年生，科學史博士。一九九四年任教授，一九九五年任博士導師。長期在中國科學院上海天文台領導國內唯一的天文學史研究組，一九九九年創建中國第一個科學史系——上海交通大學科學史系——並出任首任系主任。除了天文學和科學史等研究領域外，他還是中國性文化史研究的專家。

(54)李零，一九四八年生於河北邢臺，長於北京。一九七七年入中國社會科學院考古研究所參加金文資料的整理和研究，後入中國社會科學院研究生院考古系研究殷周銅器。一九八五年至今任教於北京大學中文系，主要從事先秦考古研究及中國古漢語研究，現為北京大學中文系教授。

(55)陳散原，一八五三年，字伯嚴，號散原，江西修水人。同光體贛派代表人物，被譽為中國最後一位傳統詩人。出身世家，父陳寶箴為湖南巡撫，著名學者陳寅恪為其次子。當年與譚延闓、譚嗣同並稱「湖湘三公子」；又與譚嗣同、丁惠康、吳保初合稱維新四公子，但戊戌政變後，頗思避禍全身，甚少參與政治，自謂「神州袖手人」（憑欄一片風雲氣，來作神州袖手人）。一九三七年去世。

來自上層不知因由的關照

八十年代初期，我們刊登了一些被認爲是有問題的文章，老是要去做檢討，下面也流傳說，《讀書》出事了，要停掉。正在我們很緊張的時候，一九八三年七月二十九日的全國通俗政治理論讀物評獎大會上，胡喬木發表講話。他的講話是談通俗政治理論讀物，可是中間話題一轉，忽然談到《讀書》雜誌。他說，《讀書》月刊已經形成它固定的風格了，它有自己的讀者範圍，可能不宜改變或至少不宜做大的改變。他希望仍然把《讀書》雜誌辦下去，而另外辦一個刊物，來滿足另一些需要。至於另外辦一個刊物，就是不久創刊的《博覽群書》。新聞出版署趕緊根據這個精神重新研究《讀書》怎麼辦下去，其中一條是，把一個黨員沈昌文的地位升高了，變成執行副主編了。

這個事情過去以後，又有一件意外之事：胡喬木給《讀書》雜誌

關於《讀書》雜誌的有關文件

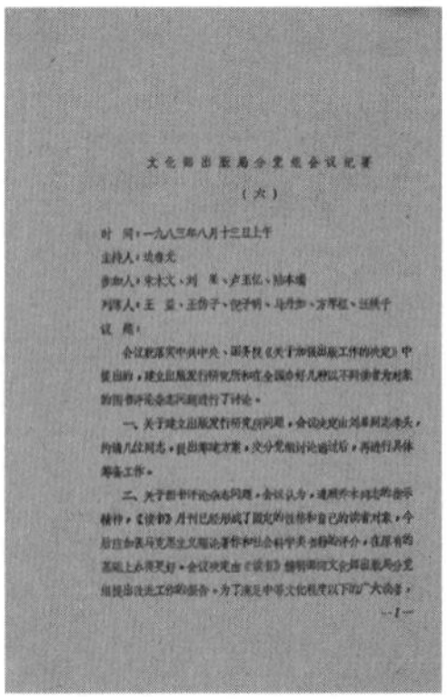
文化部出版局分党组会议纪要

（六）

—1—

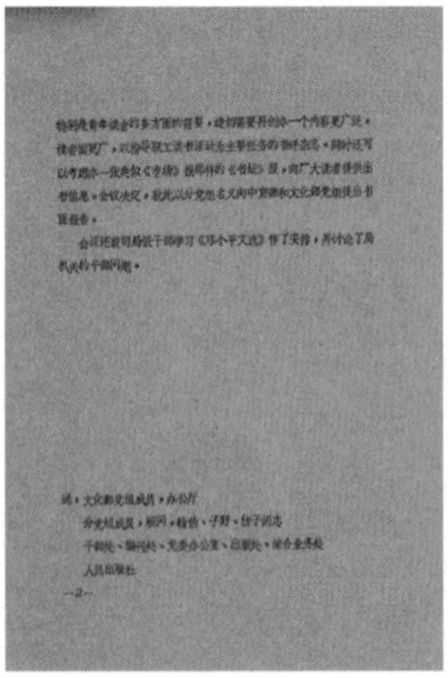
人民出版社

—2—

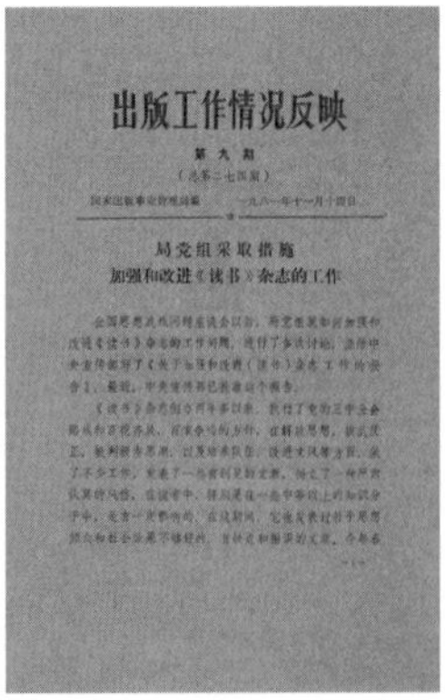
出版工作情况反映

第九期

局党组采取措施

加强和改进《读书》杂志的工作

投稿。他完全是以普通讀者的身分投稿。他用個人名義給我和董秀玉女士寫了一封親筆信（秀玉女士當時大概還在香港工作，但她一直在名義上是擔負《讀書》領導工作的）。我雖然在出版界混跡多年，到這時爲止，卻從未同部長以上的高幹打過交道，更不會有高幹知道我的名字。喬公在信中很客氣地說，要給《讀書》投一稿，是他爲自己的新詩集《人比月光更美麗》寫的後記，「如何是好，諸希裁奪」，云云。此信看後大驚，因爲我在上面說過，此前若干時候，亦有「某辦」來信，批評我們的文章反黨反社會主義云云，此「辦」雖非那「辦」，但都是徑直向下級來信，如是所爲者何？請教了一下朋友，說看來這只是投稿，並無別故，敬請放心。於是我們覆信表示歡迎，並建議文章做兩個改動，其中一個是把「我的拙著」中的「我的」兩字刪去。他又給我一封回信，同意修改，語氣客氣得不得了，說「來信對一個投稿人的禮貌用語似越常規，以後希望平等相待，此不特沒有平等就沒有民主，彼此說話亦有許多不方便也」。

以後我又到上面匯報工作，談話間有意無意地順及此事，並表明喬公對《讀書》十分關懷，著實張揚了一下。不知是不是我個人神經過敏，似乎從此《讀書》雜誌清風霽月，欣然過關，主管機關再沒有人嚷嚷《讀書》不聽話了。我至今不知，胡喬木在不很相干的

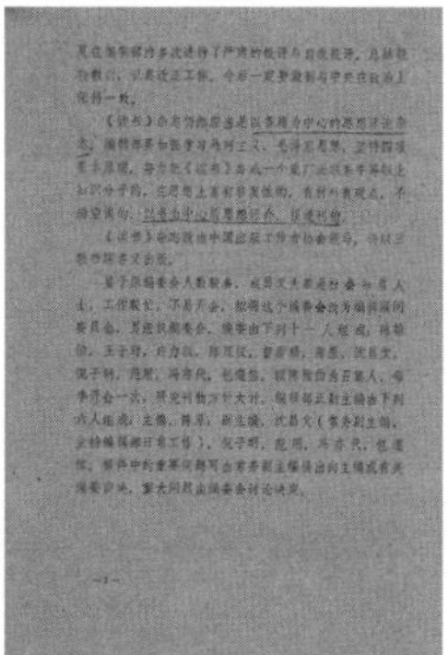

胡喬木給《讀書》雜誌的投稿來信

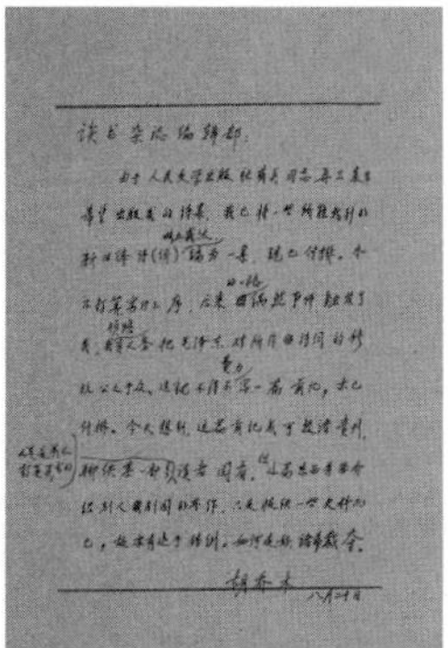

《讀書》編輯部給胡喬木的回信

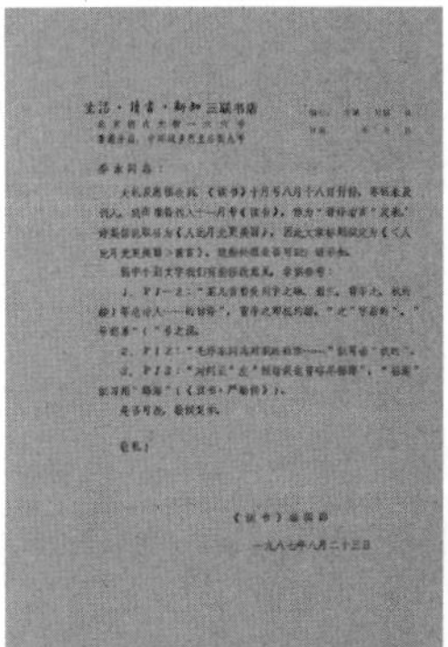

會議上刻意提起《讀書》雜誌，以後又親自作書投稿，是不是亦屬對下屬扶持或引導，但它確實起了這種作用。我居於底層，不明上峰情形，與喬公更是素昧平生，從未謀得一面，所以此舉必無我個人的「人情」在內。

但有高人提醒過我，這大概是陳原老人家起的作用。因爲胡喬木一直很欣賞陳原。由此又想起范用薦羅孚、《爭鳴》[56]交三聯書店代售等情況，似乎上面也有人。一旦上面的兩條線碰撞，下面就會出麻煩。我在此前此後面臨的種種，莫非出於此乎？

胡再致信《讀書》

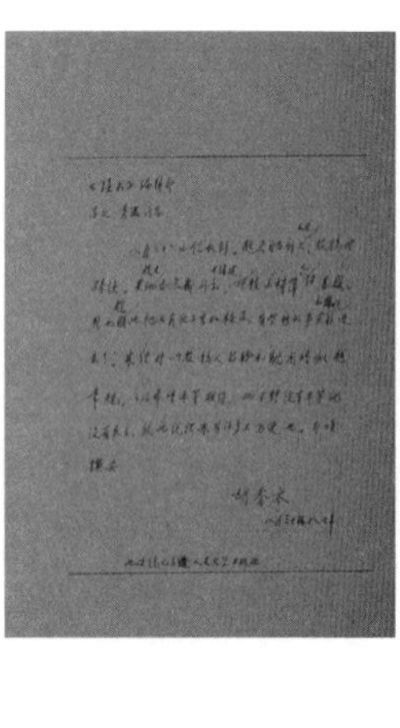

[56]《爭鳴》，一九七七年創刊的香港刊物，內容主要以揭露社會的「黑暗」和「內幕」為主。由香港百家出版社出版，編輯負責人溫暉。

范用所提的「自治」

據可靠消息，范用之所以沒擔任三聯書店的領導，而讓他立即離休㊼，主要原因是他知道三聯書店可能被批准獨立經營後，給上面上了一書，要求今後實行「自治」。這就犯了大忌。

當然，鑒於范用的地位，即使如此，也只是讓他脫身出版，不批不評，全身而退。而且安排了一個他多年的忠實信徒沈某人接班，一切都做得平滑無痕，可謂老練之至。我是接班以後過了一陣才知道這情況的。之前只知道他在一個會上辱罵了黨的領導，現在才知問題更加嚴重。

在大陸做出版多年，深知「黨的領導」之重要。而「黨的領導」之體現，不在行政上的上級機關，而在中共中央宣傳部的時刻「關照」。這種關照可說是無時無刻、事無鉅細的。我在過去多少年裏，已經很習慣這種關照，因爲中宣部管出版的上上下下都同我交

㊼離休，指一九四九年前參加革命鬥爭的老幹部根據國家規定離職休養，所得待遇高於一般幹部的例行「退休」。

往很多，乃至已成朋友。那裏幾位老領導，譬如文革前的包之靜[58]、許力以[59]，我都同他們十分親近。他們說的，乃至一顰一笑，我都察言觀色，言聽計從。現在范用這一主張，在中國大陸尤其對我的確是青天霹靂，不知所從。

當然，還是要「從」，只是不從范公，而從上司。但是我也不能斷然批判這種「自治」。因爲從內心深處，覺得在這改革開放的年頭，范公所做種種，往往不無道理。我跟從他多年，知道此公絕不反黨。所以有些怪論，至多出於所謂「個人英雄主義」，絕對不是反對黨的領導。只是他覺得，他的主張更加有助於共產黨的領導，如斯而已。

因此，出於舊情，出於報恩，又出於組織觀念，當然歸根結蒂也許是出於我對三聯書店總經理這個正局級高位的留戀，就只得在兩邊周旋徘徊，想找出一條能融合的道路。我根據此前多少年的經驗，相信是找得出來的。因爲在此前後，傳媒界已流行「打擦邊球」、「走鋼絲」種種辦法，都是爲了解決這種困局的。何況，據我觀察，我的另一些老前輩，如陳原老人，就一直鼓勵在現狀下謀求思想解放。編《讀書》多年，陳老以及另一位陳老（翰伯）已經教

---

[58] 包之靜，一九一二年生，江蘇蘇州人。一九三一年上海震旦大學文學系畢業。同年在蘇州參加中國共產主義青年團，從事蘇州世界語學會活動。一九三八年八月進解放區，曾任《前鋒報》、《新路東報》、《淮南日報》社社長，華中新華通訊社、《新華日報》社副社長，山東《大眾日報》社社長，並負責新華社華東總分社工作。建國後，歷任政務院文教委員會辦公廳副主任，中共中央宣傳部新聞出版處處長。一九七一年去世。

[59] 許力以，一九二三年生於廣東遂溪縣（今海康縣）。一九三八年參加共產黨的外圍組織遂溪青抗會，進行抗日宣傳活動。大夏大學肄業。一九四一年加入中國共產黨。曾任大別山區《七七日報》記者，《冀魯豫日報》記者、編輯，新華社第二野戰軍總分社記者。一九四八年入中共中央馬列學院學習。建國後，歷任中共中央宣傳部出版處副處長、機關黨委副書記，國家出版局出版部

過我很多辦法了。

事實上，我觀察，當前的中宣部官員也與過去有些不同。他們都受過高等教育，明白事理。只要大家都不直接迕違聖旨，不明目張膽地對抗上面的指示，做點小動作，往往也一笑置之，不予計較。在這種種態勢下，我就對自己很放心了。

而且，類似范公這類主張，社會上已經層出不窮。以後過了多少年，有某位教授居然公然提出「討伐」領導機關的主張。這比范公又大進一步。從這裏看，范公並不反對黨的領導，只是覺得他個人代表黨來領導三聯書店，比你某某部更強。我陡然想起在五十年代前半期我經常出入范府，同范公的媽媽特別談得來，因爲她是寧波鎮海人，口音未變，而我在學徒期間也學會了鎮海口音。她常要我多聽范公的話，說他嘴上很兇，心是好的。從這裏想開去，我就還是同范公疙疙瘩瘩地共事下去吧。這一想法，支持我在「三聯」工作了幾十年。

主任、副局長，中國出版工作者協會第一、二屆副主席，中共中央宣傳部出版局局長，中國國際出版合作促進會會長，《中國美術全集》工作委員會副主任，《漢語大詞典》工作委員會主任，《編輯與出版》叢書主編。二〇一〇年病逝。

竭誠爲讀者服務

「竭誠爲讀者服務」是三聯書店的老傳統，據說這口號還是鄒韜奮先生親自提出的。但是我當年一點沒有想起這口號。現在要說的，是爲讀者服務這件事，但不是這口號。

《讀書》開辦不久，一些老革命家想起了當年的讀書會。他們都是從當年大學裏的這類自發的組織得到啓蒙，從而參加革命的。我們發了于光遠、陳企霞[60]等人的文章，宣揚建立讀書會的好處。于光遠的文章題目就特別有煽動力量：〈懷念「讀書會」，組織「讀書會」〉。這啓發我們來做這一工作。正好，我們編輯部內部的老革命都是此中老手，自然一呼百應。可是，搞了一些講演、座談之類的活動，還沒有組織「讀書會」，我就發現大學裏的黨團組織對這類活動很警惕。本著我多年在黨培養下的政治警惕性，意識到必須找保護傘。某天看電視，發現牡丹電視機廠在宣傳「爲顧客服務」。

---

[60] 陳企霞，一九一三年生，浙江鄞縣人。文學評論家。一九三三年參加左聯，同年加入中國共產黨。一九四〇年到延安，先後任《中國青年》、《解放日報》編輯。一九四五年赴晉察冀邊區，任華北聯合大學文學系主任，《北方文化》、《華北文藝》編輯。建國後歷任《文藝報》副主編、主編，中國作協第二、四屆理事。一九五五年因「丁玲、陳企霞反黨集團」案而受到錯誤處理。後任杭州大學教師。一九七九年恢復名譽。後任《民族文學》主編。一九八八年去世。

《讀書》「百月生日」來賓簽名

靈機一動，覺得這種商業口號可以拿來用，不會犯錯誤。於是，正式打出「讀書服務日」的旗號，預定每月二十五日舉行。也隱約地對上級部門說，這是學習工商單位的「產銷結合」，自以爲這下做得天衣無縫了。

「《讀書》服務日」一九八五年開始正式舉辦。我在內部還提出一個口號：「沒主題、沒主持、沒開始、沒結束」，避免人家以爲我們有政治意圖。「《讀書》服務日」的地點就在某一咖啡館。當時的做法是請《讀書》的作者、讀者隨意坐下來，隨便喝咖啡聊天，編輯們周旋其間，藉機瞭解信息，討教主意。通過這樣的方式，《讀書》有了源源不斷的選題，根據這些選題，編輯再去深入組稿。在「《讀書》服務日」剛開始設立時，我們還請熟悉的出版社提供最近相關樣書，讓參與的作者討論，作者、讀者、出版者對此高度評價並熱烈響應。後來又在《讀書》雜誌開闢「《讀書》服務日之頁」。每期約用十來頁篇幅，介紹這方面的活動，反映出版界提供的新書，介紹其中一部分內容，發表與會者的意見和要求。

值得一提的是，當年有一位企業家大力支持我們的「《讀書》服務日」。此人鼎鼎大名，叫牟其中(61)。後來他涉案坐牢，不知現在

《讀書》參加的一個藝術活動

(61) 牟其中，一九四一年生，四川萬縣人。南德集團前董事長。一個把口號喊遍中國的富豪，一個曾同時肩負中國「首富」和「首騙」兩個名號的備受爭議的人物。三百元錢起家，辦了三件大事：飛機易貨、衛星發射、開發滿洲里。後因南德集團信用證詐騙案入獄，被判有期徒刑十八年。

何處。我只知道，牟先生那時每次不請自來，不事聲張，稍坐即走。但在行前，已去櫃檯留下一張空白支票，說今天的帳都由他付。中國還有這樣的企業家，令我們感嘆不止。

「服務日」的精神收益自然十分巨大。刊物上的許多點子實際上來自這個活動。我記得王蒙的「費厄潑賴[62]可以實行」的主張，即來自他在喝咖啡時的隨便晤談中。會後，我們一知這事，即由董秀玉向王約稿，於是產生此一名作。

再說一件事，就是由服務日等的啓發，我們越來越覺得讀者反應對我們的重要。前面說過，我們的文章往往是「點到為止」，難以明說。那麼，讀者是否都能理解呢？我用了一段時間研讀讀者來信，結果使我大受鼓舞，原來，來信的讀者對文章的意圖瞭解得一清二楚。我以後形成一個工作習慣：一上班，第一件事是去收發室拿讀者來信，接著一一研讀，從中得到鼓舞，受到啓發。我已等不及有關部門的一一收文登記。以後，我也開始在刊物上寫編後記，隱約回答讀者的反響。我最喜歡看的是偏遠地方的教師的來信，因為這種意見是最難得到的。有些讀者，因相互通信而熟識。記得同現在的財經名編秦朔就是這樣熟識的。他當年是復旦大學的學生，

---

[62] 費厄潑賴即「fair play」的音譯。典出魯迅有名雜文〈論費厄潑賴應該緩行〉，主張對資本家的「乏走狗」，不能講費厄潑賴，而要痛打落水狗。

常常給我們寫信提意見。

我還記得，大約在一九九三年的某期上，我們發了一篇書訊，報導劉再復[63]的《人論二十五種》在香港出版。當時劉先生的大名是不許刊佈的。可是雲南電視台文藝部的一位讀者把這信息在電台上播出了。於是這位先生挨了批，還被扣除一百元工資，以示懲罰。我得訊後，慌忙給這位讀者寫了慰問信，並匯去二百元，說明「我們實在捨此無法表示自己的抱歉和難受。請允許我們用這一點款項，來略略減輕自己的不安」。

[63] 劉再復，一九四一年出生於福建。曾任中國社會科學院文學研究院所所長、研究員、學術委員會主任、《文學評論》主編、中國作家協會理事。一九八九年出國後先後在芝加哥大學、斯德哥爾摩大學、科羅拉多大學等校擔任客座教授和訪問學者。

第五章

十年總經理

恢復三聯書店

說來也可憐，在一九四九年以前爲共產黨立了那麼多功的三聯書店，爲了學習蘇聯「先進經驗」，到一九五三年它已名存實亡。「文化大革命」中又背上一系列惡名，連鄒韜奮都被說成「資本家」。「三聯」的老人一直爲此憤憤不平。「文革」後這些老人大都重居高位，紛紛要求恢復三聯書店。他們說話應當很有分量。其中最有名的大概是中國社會科學院院長胡繩。

在老前輩們一再呼籲下，大概在一九八四年，上面正式確定要籌備重新成立三聯書店，並進入操作的階段。在人民出版社內，正式成立一個籌備小組，具體負責人是范用。我是其中工作人員，不過我從來也不與聞籌備的具體事宜。我知道，自己不是一九四九年以前參加工作的「三聯老人」，只不過因爲當時在行政上當了人民出版社內的「三聯編輯室」的負責人，所以在籌備恢復三聯書店的重大活動中被列名，如是而已。

到了一九八五年籌備工作比較成熟，到年底要確定哪一天正式宣佈三聯書店獨立了。這個時候來了一個戲劇性的事情：忽然宣佈范用離休。他是人民出版社多年的老領導，一九二三年生，到一九八五年的時候才過六十不多。他突然離休，是非常意外的事情。離休的同時，又來一個意外：宣布三聯書店獨立，籌備工作完成，而新任命的總經理，居然是我。這事情背後，據說有不少內幕。我是「老土地」，當時已經聽說過不少。例如，據說范用有一次去中宣部開會，在會上，同一位副部長頂撞了起來。范居然罵這位領導只配管管總務，沒有能力過問文墨之事，然後拂袖而去。另外還有別的更重要的事情，例如前面提到過的要求自治之類，但那時我的級別無法從正式渠道得知確實消息，這裏也不便多說了。我在這裏只能擔保，我本人當時沒爲此做過任何幕後活動。

不論如何，我這個多年密切關注三聯書店而無法實際介入其中的人，在一九八六年一月一日，居然當起它的總經理來了。當然，我自知德薄能鮮，而三聯書店又是老店，所以立即成立一個編輯委員會，成員大都是三聯老人，而由范用任主任（不過這種安排，以後上面有人當面批評我做錯了）。

我要做的第一件事，是跟人民出版社分家，包括資金和版權。實際上，這些都是范用離休前規劃好的。資金分得三十萬元，版權得到一兩百本書。范用不喜歡看翻譯書，他就要了一些老三聯版的著作。特別遺憾的是沒要房子，一點房子都不要。范用的口號是要「自力更生」。後來我跟人民出版社商量，把人民出版社在西總布胡同宿舍的地下室租給我們，租金照付不誤。

未來三聯書店的性格，我希望辦成小出版社，這一點跟老前輩們很一致。我個人的習慣是主持一個小單位，十幾二十個人。什麼事情都由我自己來決定，甚至操作。第一把手不按老規矩稱社長，而命名爲總經理。這方面，我特別請教了陳原老前輩。三聯書店的英文名稱，照當年國內的規矩，出版社英文名字都不叫 Company，要叫 Publishing house。陳原堅決要我改過來，叫 Company，同國際接軌。這些做法，應當說都是國內在改革開放後的首倡。

三十萬資金不夠用怎麼辦？我向一些老同志呼籲幫忙。當時有一位老同志很願意幫忙，他叫王益。他跟我介紹了一些有錢的人，去要求投資。我記得最早去找一位「中信」的總經理王軍先生。我拿了王益寫的介紹信去找王軍，第一次看到大公司的排場。坐了好一會，他來了，我給他講了一講情況，他表示同情。可他在我臨走的時候跟我說了一句話讓我大爲驚訝。他說我們「中信」一千萬以下的項目是不做的。在一九八六年，我聽到一千萬這數目簡直嚇暈了，以後就再也不敢找他了。這樣我就始終在三十萬塊錢裏兜圈子，用它來維持一個出版社，維持出書。

中國的出版社是有分工的，或者按地區分工，或者按照專業分工。三聯書店到八十年代中才冒出來，它的專業分工是什麼？這是我上任之後第一個要考慮的事情。我很爲難，因爲任何的專業都是「小姑居處已有郎」了。這正應了列寧的名言：「殖民地已經分割完了」。難道還要按照列寧在《帝國主義論》中的說法去打一場爭奪戰？這我肯定打不過。只能是另找出路。畢竟是改革開放年頭，思想比較活躍。我們第一個念頭是想到港台等境外的文化資源。當時中國還沒有這方面的專業出版社。另外，在籌備三聯書店的時候，范用他們很大的精力都放在港台方面，尤其是同香港聯合出版集團①有密切關係。我們一起舉行過幾個很大的活動。范用他們長期在白區工作，做統戰還是很有經驗的。所以在三聯獨立以前，

①香港聯合出版集團，香港最大的綜合性出版集團，一九八八年在幾家歷史悠久的出版機構基礎上組建而成。屬下機構包括：香港三聯書店、香港中華書局、香港商務印書館及中華商務聯合印刷（香港）有限公司等。

我們跟香港文化界已有很好的關係。記得剛改革開放的時候，有關領導人要在香港創辦成立一些「小罵大幫忙」的刊物，而確定這個刊物的國內工作由我們三聯書店來做。香港出了個有關雜誌，我記得第一期寄來好幾百本，可是不久忽然上面的方針改變了，不搞「小罵大幫忙」了，那些雜誌變成「反動刊物」，在我任內不得不銷毀了事。

范公那時同香港的聯絡，經辦人員是董秀玉女士。董女士很會做工作，港人非常欣賞她、佩服她。

那麼，用什麼來統戰呢？我們又想出一個詞：「文化」。後來把這詞擴而大之，廣泛使用。比如要出楊絳的《洗澡》。這是小說，屬於三聯書店的分工範圍嗎？於是打報告，說明這小說有「深刻的文化內涵」，因而符合三聯書店的性格，上面也就批准了。又如出金庸的武俠小說，也強調它的文化性格和文化意義，儘管那時查禁武俠小說②甚嚴，我們的方案還是被批准了。

范用是編委會主任。他是非常高興出點子的。以他的地位，他的點子當然必須執行。他的點子大都非常高明，例如主張出巴金的

---

② 查禁武俠小說的背景，早在一九八五年一月三十一日文化部發佈的《關於當前文學作品出版工作中若干問題的請示報告》中，已經指出，「最近，不少出版社要求出版新武俠小說。……這類作品的出版，必須擇優。……為防止選題的重復，加強出書的計劃性，這類品種的出書計劃須經出版社上級主管部門審核同意後，報送我部出版局批准後出版。」以後，胡啓立又批示要對「當前猛出新武俠小說等問題進行調查研究，並提出改進意見。」國家出版局在一九八五年九月發出通知指出，「對新武俠小說等類圖書，允許有選擇地適當出版一些，但不能過多，不能讓其成為通俗文學的主流。」

《隨想錄》和有關譯作，還有《傅雷家書》，都是大手筆，爲當年的三聯書店創造了極大聲譽。而且此公主張出的書，從稿件直到裝幀、版式，都必須親自過問，要完全符合他個人的構想，這些都爲我輩所不及。他還主張出版一些當時當局不喜歡的學者的文集，如李洪林（《理論風雲》一九八五年）、王若水（《為人道主義辯護》一九八六年）等。這套書取名爲「研究者叢書」。

但是，范公所爲，我們儘管亦步亦趨，但有時還是緊跟不上。第一是他不大喜歡過問市場和營銷，不愛過問盈虧，只管花錢，不管賺錢。而更主要的是，他個性極強，喜歡「犯禁」。例如出版《隨想錄》，他主張把香港報紙所刪的部分全部恢復，並且說，上面一旦問起，讓人家直接找他。他再三對我進行革命傳統教育，說明實現韜奮精神就該如此。但是我們不少人（包括我，而且恐怕首先是我）還是沒有出息，非常害怕因而犯錯誤。因此同他發生了許多矛盾（近年有些文章說，胡喬木當年也曾批評香港報刊對《隨想錄》的刪節。《大公報》老人潘際炯先生的回憶中言之甚詳。我不知道范用那時主張的恢復原文，是否來自胡喬木。或者，胡喬木的批評是否來自范用。「老革命」之間的交往，按照革命黨傳統，是從來不告訴我輩「小革命」的）。

我還很感謝別的「三聯」前輩對我們的關懷。我想說說許覺民③老前輩。他是多年的人民文學出版社社長，後來又擔任中國社會科學院文學研究所所長。他爲人比較平易近人，與范用不同。但他們卻是兩親家。他推薦張申府的《所思》，於一九八六年出版。三聯書店過去出版張申府④的論著不少，但沒有許先生的提醒，我們是想不到他的。還有張若名⑤的《紀德的態度》等。

③許覺民，一九二一年生，筆名潔泯。江蘇蘇州人。文學評論家。一九三七年在上海生活書店工作，同時參加陶行知、鄒韜奮等領導的上海職業界救國會，進行抗日救亡活動等地下工作。一九三八年加入中國共產黨。建國後歷任上海三聯書店副經理，上海軍管會新聞出版處辦公室副主任，北京三聯書店總管理處秘書處副主任，北京人民文學出版社經理、副社長兼副總編輯，北京圖書館參考部主任，中國社會科學院文學研究所研究員、副所長、所長、顧問等。二〇〇六年去世。

④張申府，一八九三年生，原名張嵩年，字申甫，河北獻縣人。中國哲學家，中國共產黨三個主要創始人之一。張國燾由他介紹進入北京共產主義小組，周恩來加入中國共產黨的介紹人。又與周恩來一起介紹朱德加入中國共產黨。一九三六年去世。

⑤張若名，一九〇二年生於河北清苑。覺悟社成員，原雲南大學中文系教授。早年參加「五四運動」後出國留學，歸國後先後執教北平中法大學和雲南大學，是中國婦女運動的先驅，第一位法國女博士。一九五八年，在「反右」運動中，因橫遭無端批判投水自盡。

五朵金花

《讀書》初創，即已聲名鵲起。主持人都是名流，前面已一一表過。然而，奇怪的是，主持人以下，卻都是文化程度不高的小人物。這些小人物，後來很多也都文名昭著，但當年畢竟是小人物。

說這些小人物文化程度不高，不確。準確地說，應是學歷不高。這是那個年頭的特色。在「偉大領袖」指示的光輝照耀下，眾多青年無法上學，初中畢業即已上山下鄉。所以在改革開放剛起步的那些年頭要招員工，想招有高學歷的青年實在很難。

三聯書店特別是《讀書》雜誌的這些優秀青年，後來名聲大譟，人稱「五朵金花」。她們都是女性，因謂。

「五朵金花」中的第一朵自然是董秀玉。她不是「知青」，情況與上述有所不同。她是一九五三年人民出版社從上海找來的校對員。

五朵金花中的四朵，右起：趙麗雅、吳彬、賈寶蘭、楊麗華

她初中畢業後，在上海中蘇友好大廈任那時蘇聯展覽會的解說員，展覽結束後，其中不少解說員來北京工作，董是其中年齡最小的一個。但是此人從小出手不凡，在當年的出版部門中，她最能幹，而且大有當今所說的「女強人」的風範。所謂「女強人」也者，即不甘低男士一頭，凡事必須勝過那些屁男人。我寫過小文表彰過她在某年一起勞動時，男士挑擔一百斤，已稱英雄（我這男士只能挑六七十斤），她忿然而起，挑一百二十斤健步而行，於是眾人拜服，其中自然少不了鄙人這一「小男人」。

董秀玉調《讀書》，我曾出過力，但也只是向范公誇讚其人而已。以後在《讀書》，我想她文化水平不夠，不料她十分勝任。尤其是聯絡作者。比如錢鍾書、楊絳夫婦，對「三聯」始終只信她一人。個中奧妙，我亦不知，在旁盛讚而已。

另一朵「金花」吳彬，是吳祖光老先生外甥女（外傳「姪女」，誤。吳彬從母姓，所以姓吳）。吳祖光先生是范用好友，介紹來此。她是典型的「知青」，初中畢業即去雲南插隊，以後在北京當油漆工人。她從小在文人圈子中長大，出去組稿，凡屬北京文化圈子中的老人，她往往稱叔叔、阿姨，因爲都是舊識。僅止如此，還以爲她只是靠人際關係才在《讀書》生根發芽的。非也！我曾爲一事驚嘆她讀書之多。我多年在北京閒逛，往往見到一些著名的舊宅，上面寫著「某某公府」，知是清代名人的府第。以後見面問吳彬，這某公是誰，她必定立即滔滔不絕地告訴我這位清代大官姓名爲何，官居何職，有何功過大事，根本不用回去查書，即可倒背如流，如數家珍，令我嘆服！

至於另一位「金花」趙麗雅，更是奇人。她開過卡車，做過小販，後來考入《讀書》雜誌。其人身材矮小，訥於言談，初識之時，必定漠然對之。時間越長，發現其人深度越甚。我至今奇怪，一個如此小女子，自學出身，竟然學得如此深入。究竟如何深入，以我淺學，表達也難，大家只要翻讀她以筆名「揚之水」發表的眾多學術論著即知。一個人靠自學而得如此成就，大概是中國學術史上的一個奇蹟。由此不能不說，毛澤東的「上山下鄉」政策，其實一點沒有扼殺中國文化，反而大大有助於如揚之水之類文壇明珠的迅速成長。

奇怪的是，趙麗雅在《讀書》編輯部不顯聲色。能爲人所不及的，只是她善於與某些學有素養的學人打交道。因爲她在學術上易爲人瞭解，善於相處。最瞭解她的是張中行先生。他爲此寫了專文，推介趙女士，我看後大驚失色，因爲從來沒想到，旁邊這一開卡車出身的自學青年，竟有如此功力。

還有兩朵「金花」是楊麗華、賈寶蘭。這兩位有高學歷，楊女士可能還是碩士。她們來得較晚，而且因學有專長，關注面較狹，瞭解她們的人不多。但她們也都爲《讀書》做了不少貢獻，稱之爲「金花」而無愧。

說起《讀書》，大家都太注意女性的成就，其實除了「金花」外，還可注意一下「鋼球」。我指的是王焱⑥。王君也是自學出身，當過巴士的售票員。他自己報名投考而來。進入《讀書》未久，即以學術見長。所以，沒過多少年，我即申報他爲《讀書》編輯部主任。他凡事均可從學理上申說，實在高我一等。他與趙麗雅，後來都因學術成就顯赫，由自學青年而成學術教授了。

除了上述各位，來過《讀書》的「知青」尚多，恕不一一細說。

---

⑥王焱，一九五三生於北京。曾任三聯書店《讀書》雜誌編輯部主任，《政治學研究》編輯部代主任，先後兼任上海經濟與法律研究所研究員，「文化：中國與世界」編委會副主編，《國學叢書》特約編審等，現為中國社科院政治學所副研究員。一九九〇年代中期，與一批知名學者共同發起成立了《公共論叢》編委會，任主編，注重探討公共理論，闡發人類永恆價值理念，在國內知識界有很大影響。著有《陳寅恪政治史研究發微》、《晚清學術與近代中國政治思想的兩種傳統》等。

知青政策的因禍得福

回憶及此，覺得不妨再說說當年偉大領袖的「知青」政策。上面說過，從《讀書》當年的情況看，知青上山下鄉倒也並非壞事。因為他們經過這一番歷練，知道求知之艱難，學術之可貴，於是工作起來，對學問讀書之道倍感興趣，對工作更加熱愛。這特別明顯地表現在同作家的交往。如我認識金克木先生久矣，但即使交往很多，金老不會讚佩我的學識。而我推介趙麗雅去見金克木先生，金老立即嘆為奇才，一次交來稿件五篇。

那麼「知青」的學識是否全是來自艱難環境下的自學呢？自然，這是一個重要因素。但我仔細觀察，還有一個重要因素，即是「家教」。知青當年不論如何生活艱苦，所以孜孜不倦者，幼小的家教是個重要因素。有了「書香門第」的家教，以後生活再艱苦，他們自然離不開書本和學問。一旦環境轉變，自然刻苦向學，而且學起來比常人快且易於收效。因爲只有嘗過多年的「窩窩頭」，方知大米飯及饅頭之香也。

因是之故，我在「三聯」以後的年月中，十分注意吸收家中有良好的知識環境的知青。以後，翻譯編輯室的迮衛、倪樂等人，就都因此進入「三聯」。迮衛的祖輩和父母輩是外交官員，自幼研習外語。倪樂是「同仁堂」後裔，在「文革」中淪爲售貨員，以後出洋讀書，遂成英語專家。

我不知道以後的發展情況會如何，在當年，所謂「知青」政策倒促使三聯書店在人事政策上取得了成功。因爲，「眞金不怕火來煉」是也！

辦公室裏的紅燒肉

在這種氛圍下，我這個當頭頭的該如何辦呢？

我從來不懂學術，說實話，也對這一點沒有興趣。我一直奇怪，如趙麗雅，過去比我文化程度還低，何以現在對《詩經》之類誦之不倦。她過去寫的著作，我還翻讀一下。現在寫的專著，不僅買不起，而且也實在讀不動，所以簡直不買。其實她現在講的，我理應大感興趣。例如談古代人的飾物。我是從小爲女士們製作飾物出身的，但是對趙女士深研春秋戰國以來仕女的飾物歷史，我卻只有嘆服，絕不細研她的學術大著。我不是出身於學術世家，對於讀書明理，從來只認爲是一個人生求飽的出路，而不是學術嚮往。幾十年來，我都是用功利觀念來看自己所面對的種種，求其應對之道，而沒有耐心求學的意願。對我這小上海人來說，功利主義的侵蝕實在太厲害了。

因此，我之團結文人，籠絡部下，所用之道，不是學術感染，而是功利。功利也者，範圍何其廣泛，而我手中所恃極爲有限。無奈之下，我還是常想到自己在做學徒時的缺食少吃之苦，所以常用一些廉價食物來籠絡同儕乃至文人。

我發現，當年市面上有一新產品名「高壓鍋」，插上電後可以立即產生高溫，持續很久。於是我購置一具，放在辦公室，上班後即在其中放入豬肉、醬油、黃酒、白糖之類，不久肉香四溢。中午開鍋邀友大嚼，加上啤酒、燒餅，遂成佳餚。這一味，有時還加上別的菜，打動不了那些「金花」，但是如丁聰老人等上海名流，自然會聞味而來，因爲他們都是肥肉之同好。

舉紅燒肉只是舉例子。事實上，我不斷採取此類「大嚼」政策，賴以團結作者、同僚。後來當然發展爲去飯館大嚼。我於是編出了周邊飯館的清單，大家瀏覽，隨便點名前去。這名爲大嚼，實際上是一種團結文士的小手腕。領導文化而到了此等地步，惜哉！

往海外開拓

三聯書店創辦之初，內地既無路可走，當然就往海外跑。這要從一九八一年《傅雷家書》的出版談起。

《傅雷家書》的出版是三聯書店籌備復業時期的一件大事。這書是范用一手策劃並操作的。以後陸續印了一百多萬冊，獲得很大成功。出版這本書，是樓適夷⑦先生向范用的提議。但在當時，仍然阻礙重重。在這情況下，范公敢於出書，令人驚訝不止。當然，我後來知道，上面的口徑也在改變，詳情是我輩不會知道的。

《傅雷家書》一出，范用率領我輩又做了一個大動作：到香港去展覽有關信件等文物。我於是在改革開放後第一次去香港，實在大開眼界。生活上的事不想多說。例如把XO當紹興黃酒喝，一瓶下去，酩酊大醉。在工作上，我第一次知道香港出版業的格局和大致情況。更重要的是，認識了許多朋友，大大有助於以後向海外的開

---

⑦ 樓適夷，一九〇五年生，原名錫春，浙江餘姚人。中共黨員。早年參加太陽社，曾留學日本，後回國從事左聯和文總的黨團工作，任《前哨》編輯。後參加反帝同盟，在中共江蘇省委工作，一九三三年被捕，一九三七年出獄，歷任新華日報社副刊編輯，中華全國文藝界抗敵協會理事，《抗戰文藝》及《文藝陣地》編輯、代理主編，新四軍浙東根據地浙東行署文教處副處長，《新華日報》編委，《時代日報》編輯，出版總署編審局副處長，東北軍區後勤政治部宣傳部長，人民文學出版社副社長、副總編輯、顧問，《譯文》編委。二〇〇一年去世。

拓。這中間，我特別想講一下羅孚。

起初是范用在香港爲我介紹了羅孚⑧。我知道羅孚在香港十分有地位，可以說四五十年代香港的文化是羅孚他們打下的基礎，但那次在香港我和他只有點頭之交，並沒有特別交往。以後，大概在一九八二年下半年光景，忽然見到《人民日報》發表一條消息，說美國特務羅孚已被抓獲，判刑十年。我當然頗爲吃驚。以後有一天范用找我，問我是不是知道羅孚，說他可以出來和你見面，也可以寫文章。我大惑不解。有一天范用忽然陪著羅孚來了，並和我一起吃飯。我因此知道了羅孚在北京的住址（從理論上說，這就是他的「監房」，實際上是某單位宿舍），就在中關村附近，我以後經常去。那天范用說羅孚現在的名字叫「史林安」。他可以寫文章，筆名「柳蘇」，以後就再也不能提「羅孚」這個名字。平時可以出席國內朋友的活動，但不能出席有外國人在場的活動。爲什麼可以這樣，你不必多問。以後，我們《讀書》雜誌每月讀書服務日活動，他就做爲一個配角和讀者參加。

這一來，我覺得這是上帝恩賜給我們三聯書店的一位重要人物。羅孚有那麼多海外的人脈，而現在又那麼空閒，非得抓住他幫我們

羅孚（左）與丁聰（右）

⑧ 羅孚，一九二一年生。作家，香港老報人。曾任香港《大公報》屬下《新晚報》總編輯，著有《南斗文星高》等，他是香港文壇的拓荒者、早年的健筆，與香港文壇曹聚仁、三蘇、葉靈鳳、侶倫、金庸、梁羽生、董橋、小思、西西、亦舒、林燕妮、鍾曉陽等多

開疆拓土不可。

他首先給我們介紹一些國內的朋友，都是大名流，例如其中就有徐老——徐鑄成。我在上海做學徒時，作爲進步青年，常常讀《文匯報》給同事聽，因此常常念到徐老大名。可是我這個只讀過一年初中的「知識分子」，不會讀「鑄」字，一直讀成「壽」。現在居然見到，高興得不得了。

以後，羅孚以「柳蘇」爲筆名在《讀書》的專欄開始發表，影響非常大。第一篇文章是〈你一定要看董橋〉，簡直轟動了內地讀書界。通過羅孚在筆頭和口頭的介紹，我們瞭解了香港越來越多的情況，認識了更多的人，包括金庸、梁羽生、戴天、小思等等。羅孚在幫助三聯書店擴大自己的出版範圍方面眞是立了大功。三聯書店出版金庸，也是羅孚應我請求給金庸寫了介紹信。一九八九年初我還拿了這介紹信專程去香港找金庸。與台灣的文化界出版界的聯繫也是從羅孚開始。曹聚仁⑨也是因羅孚的關係而建立了聯繫。這種關係一直維繫到一九九三年的某一天，羅孚被正式宣布「釋放」可以出境了，他便回到香港又去了美國。

位作家交往密切。金庸和梁羽生當年創作武俠小說時羅孚幫了很大的忙，所以他也經常被稱為「新派武俠小說的催生婆」。一九八二年後因故在北京「入獄」十年。

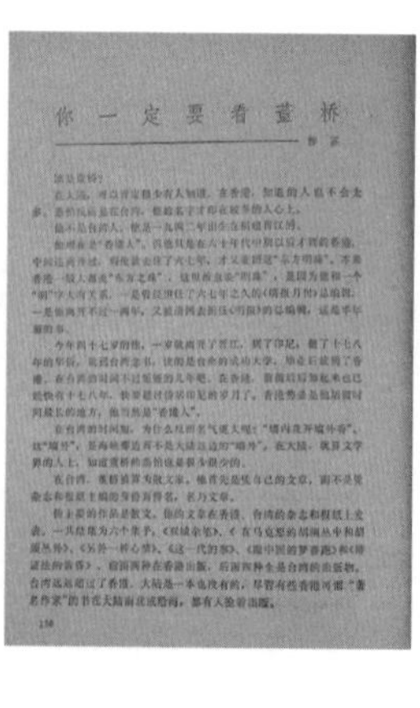

〈你一定要看董橋〉發表在一九九年《讀書》第四期

⑨曹聚仁，一九〇〇年生，浙江蘭溪人。中國左派作家、編輯、記者、教授。一九二一年畢業於浙江省立第一師範，此後曾任教於上海多所大學。一九五〇年以後任香港《星島日報》編輯，著有為中華人民共和國建設大唱讚歌的《北行小語》、《北行

這以後，我又在美國和香港常常見到他老人家，我現在開始見他可以公然尊稱「羅老」。老先生在北京的這十年奇怪經歷，如何從一個老共產黨員變成階下之囚，又如何從監犯變成專欄作家，我至今一無所知。當下我能報答他的，只是向中央編譯出版社建議出版羅孚文集，現已出版六冊。

就在我們結識羅老不久，還有一件事也有助於我們向海外開拓。那是在一九八三年四月，美國西方石油公司派人來三聯書店接洽出版《超越生命——哈默博士傳》。哈默是西方石油公司的創辦人。他見過列寧，那時同蘇聯有很好的關係。既然如此，茲事體大，我們立刻將此事報告文化部出版事業管理局，局裏又給胡耀邦打報告，反映其事。胡耀邦很快批示：「認眞做好哈默的工作，對爭取外國資本家來華投資和擴大我方信譽，都有不可輕視的意義。我已當面允諾哈默七月一日再度來華簽訂合同時，即贈送他的這本傳記。因此，要請出版社按時出版。據說這本傳記寫得還好，估計有讀者，還可考慮多印一點。」三聯書店一九八三年出版了這本大有來頭的書。以後我又去紐約訪問了有關人員，我這才知道畫家陳逸飛同西方石油公司有很好的關係。

二語》、《北行三語》等。曹聚仁熱衷於政治，甚至前往台灣遊說蔣經國易幟，無功而返。一九七二年病逝。

《超越生命——哈默博士傳》書影

以後，我們又結識了一位海外名人于品海。這位先生手面很大，我們想合作多做一點事。不料，沒多久，傳聞他出事了。說是他在海外集資，號稱「已控制了中國文化界」，因被國內有關部門告到中央。中宣部也向我進行了調查，我據實匯報，倒也相安無事。但同于的長期合作不成，我倒因此認識了于的一位同事陳冠中。陳先生生於上海，長於香港。他與于不同，是個十足的文化人。陳先生相當「識貨」。他一眼看中了《讀書》雜誌。在他的具體推動下，《讀書》在一九九四年七月開始出版香港版，同年十二月又出台灣版。以後又合作做了不少事。

陳冠中在香港創辦了知名文化雜誌《號外》，提倡所謂「無厘頭」文化，我非常感興趣。因爲我在上海時，就接觸過某種「嘸清頭」（上海話「沒頭腦」之意）的東西，覺得十分有趣。更重要的是，我在同上層官員的接觸中，意識到上面願意引進通俗文化，用來抵制西方的「錯誤意識形態」。例如他們當年竭力扶植《讀者》雜誌。陳先生在美國讀書時是研究馬克思主義的，於是我又一廂情願地認爲這種做法是「西馬」的延伸。我一心要想辦一個在大陸張揚「無厘頭」的雜誌。後來爲人所勸阻，說那不符合「三聯」傳統。

《讀書》海外版書影

我在這件事上沒挨上范用等人的駡，可在另一件事上卻挨上了。

三聯書店在一九八八年出版了一本名爲《戴尼提（自我心理調節技術）》的書，哈伯德著，于曉等譯。又出了同一作者的《有效理解的竅門》。前一本書引起了極大的轟動。我很早就知道哈伯德其人和他的「科學教派」，又名「山達基教會」（The Church of Scientology）。《戴尼提》一書原著當年出了上千萬冊。海外有人認爲，「現在這項稱作『戴尼提』的心靈健康科學在歐美逐漸蔚爲風潮，成爲許多知名人士的自我心靈保健工具」（台灣仁安診所主治醫師語）。

《戴尼提》中文版出版時，國外專門派人來做促銷活動。如在銷售的書店周圍張燈結綵，並有西洋的妙齡女郎從事簽售。這種促銷方法，連胡喬木都注意到了，在內部加以表揚。可是，中譯本出版未久，上海有報紙根據美國《讀者文摘》的材料，指出那個「科學教派」即「山達基教會」是個騙人的機構。於是，中宣部來向我調查，問我們有沒有中圈套，乃至助紂爲虐。我再三說明，我們同這個教派毫無聯繫，而作者哈伯德⑩早已去世。我們就書論書，仔細看過書稿，認爲是一本有用的著作，沒有發現問題。中宣部來人表示，以後不要再印，乃了事。但在我們內部，范用一得訊，立刻

胡喬木關於《戴尼提》出版一事的信

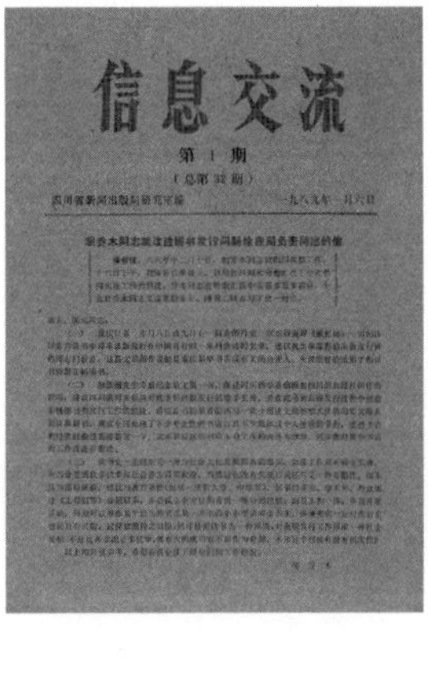
信息交流

第1期

⑩哈伯德：L・羅恩・哈伯德（Lafayette Ronald Hubbard），一九一一～一九八六。美國作家，山達基及戴尼提創始者。主要撰寫結合宗教的性靈提升書籍，也曾寫過小說、企業管理書籍、散文及詩。他設計了一種自助的技術，所謂戴尼提哲學，被統稱為山達基。組織增長後，成為一宗教——山達基，一九五〇年出版《戴尼提：現代心理健康狀況的科學》，為其成名作。

如獲至寶，一再來信批評，有一封信中甚至說：「這是一本三聯有史以來出版的最壞的書，對不起讀者，是三聯的奇恥大辱」，「遺憾的是，三聯至今未向社會承諾錯誤，反而多方掩飾，進行狡辯」。我無奈，只向他輾轉說明兩點：第一，那本書的責任編輯當初提出選題時，我請他會閱，他在選題報告上簽署同意（當時他還擔任編輯委員會主任，所以他要簽閱）。第二，既然說這書「最壞」，請從書中舉出實例。以後一無答覆，乃不了了之。

事實上，我對這一方面的書一直是很警惕的，儘管我有點喜歡它們，覺得在中國可能有市場。一九八四年前後，我作爲中國出版代表團的成員，曾去芝加哥訪問過一個研究所，認識了那裏的一位柏忠言⑪先生和張蕙蘭⑫女生（都是西洋人，用的中國名字），接觸到他們在努力推廣並卓有成效的瑜伽氣功，寫了不少書。我很有點心動。但是，實在怕出事，就把談瑜伽的書推薦給別的出版社，只出了一本《西方社會病——吸毒、自殺和離婚》（柏忠言編著，張蕙蘭助編，一九八三年）。最近發現，我那時不想出的《瑜伽——氣功與冥想》（柏忠言、張蕙蘭著），至二〇〇九年二月，已印近四十五萬冊。好一個買賣，因我膽小，給丟了。前不久，我發覺三聯書店的年輕職工在工餘時間居然在練這種流行的「蕙蘭瑜伽」，我更加愧悔不

---

⑪ 柏忠言，瑜伽師，藝術家。已教授瑜伽超過三十五年，着重在瑜伽語音冥想、業瑜伽（即實踐的、無私活動的瑜伽）和巴克悌瑜伽（即愛心服務瑜伽）等方面的教導和傳授。著有《瑜伽氣功與冥想》。

⑫ 張蕙蘭，東西方瑜伽學院（The East-West Yoga Institute）的合作創建人之一。生長於香港，一九八五年通過中央電視台傳授瑜伽，成為中國大陸家喻户曉的人物。與柏忠言合著《瑜伽——氣功與冥想》。

止。

除了美國，我們還很想到歐洲開拓。不久，機會來了。人家給我介紹了一位德國的神父 Dr. Spranger，中文名：孫志文。他原在台灣輔仁大學教書，現在北京師範大學。不知什麼原因，他又不能待在北師大了。我同這位神父來往幾次，印象不錯。我在五六十年代學過德語，這位神父能講中文，彼此能夠交流。我忽發奇想，請他到三聯書店來教編輯學德語，這一來，他在中國的居住也有理由了。神父索要報酬極低，大出我的意外。於是，我們就熟起來了。以後，我到他的教會所在城市弗賴堡去訪問了幾次。我由此開始，在他幫助下，策劃了一套「德國文化叢書」，從一九九一年到一九九四年，共十二本。

我當然很熱中出版海外華裔學人的論著。一九八三年三聯書店出了張光直教授的《中國青銅時代》，但那時我還沒主持工作，沒有出版海外學人著作的全盤計劃。以後認識了林毓生教授，在一九八八年出了他的《中國傳統的創造性轉化》，開始以《海外學人叢書》為名，系統出書。列入這套書的，先後有：傅偉勳、杜維明等好多位。有位杭之，是我聯繫到的第一位台灣學者。這方面的故事下一節再細說。這裏再說一下黃仁宇先生的著作。我很喜歡他的論著，可惜國內別的出版社已經走在前面。九十年代初，我知道黃先生的《赫德遜河畔談中國歷史》在台北出版。此書在台灣報刊上做專欄發表時，我從台灣朋友寄來的舊報中已注意到了。此書一出，我就想謀求出大陸版。但是有一顧忌，就是黃作過去是由國內別的出版社出的。現在三聯書店貿然去組稿，會不會成功？我靠著《讀書》雜誌主編的身分，乘到美國探親的機會，與黃先生相約在赫德遜河畔飲茶。略一試探，居然一談即成，從此黃先生就成爲「我們的」作者。我退休以後，潘振平以其歷史學內行的資格，慧眼自然較我更識英雄。他在董秀玉支持下，更一舉出版黃作全套。近來報刊提出，黃作「爲中國史學打開一扇窗」，因爲它影響了中國幾代學人，讀後十分振奮。

在改革開放的大形勢下，應當說，向外開拓是得到上面支持的。上面舉了胡耀邦一例，這裏再舉一例。

《讀書》在一九八〇年第八期上發表了一篇文章〈令人發笑，又發人深思的書〉，介紹英國學者的書《柏金森定律》。國務院副總理張愛萍看後，立即寫信向另一領導人推薦。信中說：「正值黨中央下大決心，對我黨、政、軍、民的體制及機構，從中央到基層進行全面改革、整頓，以選拔德才兼備、年富力強的中青幹部，加強各級領導力量之際，作爲現任各方面的工作領導者來說，讀讀這篇簡介，對我們是頗有益處的。儘管我們的政治制度與當時英國的政治制度全然不同，但文中所諷刺的官僚主義機構及某些作風足以引起我們的深思。」一九八二年，三聯書店以《官場病》爲名，出版了這本書。

既然「走出去」的好處那麼大，於是我又做了一個大動作：把我的副手，三聯書店副總經理董秀玉女士，調到香港三聯書店，任港店總經理。這事的起因是：某日，香港出版方面的負責人同我閒談，說到港店現領導已到退休年齡，可是現在接替的人不好找。因爲照內部掌握，此人必須是共產黨員，可是在香港社會上又要強調這是一位資深文化人。這樣的人比較不好找。我回來尋思，又請教了有關專家，知道海外規矩，總店的副總經理調到分店當頭頭是順理成章的，而按內部規矩，董又是共產黨員。所以，我立即向香港方面推薦了董。另一方面，董一直經管有關香港的事務。她一貫黽勉從事，服務特別周到。所以，此事一談即成。這裏的當局自然也同意。

董秀玉去香港工作，我們的用意在於爲北京的三聯書店開疆拓土。這一點，大家都心照不宣。也因此，經上級同意，她在北京的職務和名義不變。這麼做，是考慮到董的家還在北京，所以這可以便於北京三聯書店給她分配住房。另外，我個人還幫了一個小忙，就是：她那還在讀中學的獨生子住在我家，由我太太照管。

如此這般，自以爲爲三聯書店的開疆拓土已經盡心盡力，哪知道，范用一知此事，立即大發雷霆，在書面和口頭上指責我「排斥異己」，怎麼解釋也沒用。更有甚者，香港三聯書店的一位「老三聯」的前輩，當我一九九〇年去香港時，在一宴席上，當眾就董秀玉調港的某些安排對我叱罵，且拒不飲我敬他的酒，讓我大丟其臉。

我從此更加明白，我們的不少革命前輩，是在用專政的辦法爭取民主。他們對外力爭民主，對內卻一味實行獨裁。那麼，黨內有沒有民主派呢？我想是有的。究竟如何，以後再說。

「向後看」

老幹部中，有相當多倡導民主的人教我在新形勢下如何工作。首先要說一下李愼之老人。

六十年代，我參加過中央「反修小組」領導下的組織翻譯「帝、修、反資料」的工作，認識不少翻譯界的高人。他們大都是我當年聯絡的高級「廢物」——李愼之、董樂山等前輩。改革開放以後，我當然更要不斷向他們請教。李老同我長談多次。他向我稱道自由主義思想，在出版問題上，他教我要「向後看」。這意思就是，我們現在比海外許多國家在思想上落後一大截，需要補課，補民主和自由的課。在出版工作上，就是要研究、出版在西方曾經起過作用的「老書」，把它們翻譯出來，「古爲今用」。這高見我心悅誠服，以後逐步做來，簡直讓我受用無窮。

其實，在三聯書店籌備期間，陳翰伯已經在爲我們考慮出版歷史題材的翻譯書。此老也是一個平易待我的老民主派。他主動爲《讀書》雜誌寫紀念兩週年的文章時，還專門找我這一小幹部來徵求意見，我至今難忘。他在三聯書店籌備期間，就領導我們做了一件大事：中英合作出版《泰晤士歷史地圖集》。這是一項大工程。但在鄧蜀生、楊柏如等同事努力下，只用了三四年時間，這本六百六十幅彩圖、三十萬字說明的大型圖集就於一九八六年出版了。應當說，這在中國出版改革開放史上，也是一件值得紀念的事件。

陳翰伯還最早提出重譯埃德加・斯諾的《西行漫記》。由我找董樂山先生著手，一九七九年三聯書店出版。在這同時，又出版了《大地的女兒》（史沫特萊）⑬、《偉大的道路——朱德的生平和時代》（史沫特萊）、《「我熱愛中國」——在斯諾生命的最後日子裏》（斯諾夫人著）、《安娜・路易斯・斯特朗回憶錄》、《手術刀就是武器——白求恩傳》（泰德・阿蘭等著）、《中國——我的第二故鄉》（王安娜著）⑭，等等。一九九一年，又出了《續西行漫記》（尼姆・威爾斯著）。

我對李慎之「向後看」的意見心悅誠服，而且覺得策略上最可行，當局絕不會因而開涮我。我想找一些有意義的外國老書，但我只會讀俄語書，看英語書很吃力。怎麼辦？當初我在范用領導下做巴金

《泰晤士世界歷史地圖集》書影

《西行漫記》書影

⑬王安娜：安娜利澤，一九〇七年生於德國，曾在柏林大學學習歷史和語言，獲哲學博士學位。從一九三一年起積極參加反法西斯鬥爭，兩次被捕入獄。一九三五年與

著作的時候，注意到巴老翻譯過不少書。我們曾經重印過一些。如《六人》（洛克爾著，一九八五），《我的自傳》（克魯泡特金著，一九八五），《獄中二十年》（妃格念爾著，一九八九）。到一九九一年，在范用帶領下還出版了《巴金譯文選集》。我發覺這些書很好看，符合「向後看」的宗旨，於是進一步查看巴老主持的出版社的書目，再查看三四十年代整個上海的翻譯書目。由此，意外地發現了美國作家房龍的書，再進一步去找原書。幾經研究，我覺得他的《寬容》最符合當前需要。我們多少年來，特別在「文化大革命」的年頭，受的教育都是要進行你死我活的鬥爭。現在當然要改變，要提倡寬容，使人們的生活更舒適、更自由、更多生機和活力。從此以後，寬容已經成為生活的必須。我們完全沒有意料到，這本美國五六十年前的通俗著作，一九八五年在中國出版後那麼受歡迎，中譯本一下子印了五十六萬冊。它後來甚至被列入高中語文教案。

以後又翻譯了一些房龍⑮著作。如：《漫話聖經》（一九八八），《人類的故事》（一九八八）。很想把房龍的書全翻譯過來。但覺得有些對我們的「思想解放」直接作用不很大。於是又去發掘別的外國舊書。不久，也從老上海的出版品中發現了茨威格。我首先著手組譯他的《異端的權利》，一九八六年出版後影響也很大。這本書中

留德的中國共產黨員王炳南結婚，遂改姓王。翌年，隨丈夫來華，協助進行了爭取楊虎城的工作。一九三七年春去延安，結識了毛澤東、朱德、周恩來等中共領導人。全面抗戰爆發後，隨夫到上海、香港和重慶等地，參加八路軍辦事處做聯絡及統戰工作。一九四五年作為宋慶齡的助手去上海，繼續在「保衛中國同盟」中工作。一九五五年離華返回東德。一九六一年移居西德。回德後曾一再重返中國訪問並探望兒子、前夫及老友們。一九九〇年在德國病逝。

⑭史沫特萊，美國人，生於密蘇里州。美國著名記者、作家和社會活動家。曾在《紐約呼聲報》任職。一九一八年因聲援印度獨立運動而被捕入獄六個月。一九一九年起僑居柏林八年，積極投身印度民族解放運動，曾在柏林會見尼赫魯。史沫特萊一九二八年底來華，在中國一待就是十二年。抗戰初、中

刻畫了一場爲「異端」爭取權利的「蒼蠅撼大象」的鬥爭。儘管說的是西方五百多年前的事件，原書出版也已有七八十年，但對剛從「階級鬥爭爲綱」的年代中清醒過來的中國人有巨大的吸引力。它使我們知道集權體制對人性的摧殘到了何等樣的程度。八十年代在談及過去時有「多數的暴政」一說，這就是要求社會能保護少數人的言論自由。這本書適應了中國讀者這方面的精神需求。

接著，又出了茨威格的《人類群星閃耀時》、《一個政治家的肖像》、《昨日的世界》。遺憾的是，起先我們沒有找到德文原書，只能從英語、俄語轉譯。外國老書的原本有時找不到。名翻譯家施咸榮知道這事，也伸出援手，設法幫我們從美國免費運來許多美國的圖書館淘汰的舊版書。

這方面的選題越做越大。後來，腦筋動到外國駐華使館等單位身上。由於當初羅孚老先生的引薦，我知道五十年代香港有個「今日世界」出版社，出版過不少有價值的譯自英語的美國經典作品。我很費勁地找到一些，讀後大感興趣。不僅其中大多數是所謂美國的「老書」，符合我們的要求，而且不少書譯筆奇佳，例如張愛玲的譯品。我如獲至寶，趕緊同美國有關單位聯繫。他們也十分配合，不

期，她目睹日本對中國侵略，向世界發出了正義的聲音。

⑮ 房龍：亨德里克・威廉・房龍（Hendrik Willem van Loon，一八八二年～一九四四），荷蘭裔美國人。歷史通俗讀物作家、插圖畫家。房龍的作品多以散文的形式敘述、評論歷史事件及人物，文筆詼諧生動，配上其親手所繪的生動插圖，趣味橫生，因此他的書很受一般的讀者歡迎，銷量驚人。

僅免版稅，而且還能提供補助。我那時不敢要美國人的補助，特別是據說這家出版社有美國情報系統的背景，怕犯錯誤，後來想出一招：讓他們買不少書，實際上同補助差不多。後來還想出版「英國文化叢書」，卻一事無成。英國人不肯理我，大概是因爲我的English實在太差勁了。

但我究竟是會一點俄語的，當然要關心俄文書。忽然，有一個機會讓我見到一本俄文新書：《情愛論》。它不是老書，但講的是傳統的馬克思主義理論，也算是老故事。這本書的中譯本三聯書店一九八四年出版，印了一百二十萬冊，使得我們的經濟獲得了很大的改善，這本書是一個保加利亞作家用俄文寫的。他引了很多馬克思的著作。書中主要論點是說，馬克思從來沒有否定過肉欲，因爲肉欲是愛情的唯物主義基礎。我們談馬克思主義什麼都要談到唯物主義。從唯物主義的角度看，怎麼能否定肉欲呢？怎麼一談起肉欲就好像犯罪。講情愛，講肉欲，這是階級鬥爭爲綱的年代非常犯忌的事情。現在一下子「撥亂反正」了。

我之選譯這本書也有自己的研究基礎。我關心這類問題由來已久。我在前面說過，五十年代中，潘光旦⑯先生來人民出版社洽譯

---

⑯潘光旦，江蘇寶山人。原名光亶，後改光旦，又名保同，號仲昂，西名Quentin pan。社會學家、優生學家、民族學家，與葉企孫、陳寅恪、梅貽琦並列清華百年曆史上四大哲人。一九二七年參與籌設新月書店。著有《優生學》《人文生物學論叢》《中國之家庭問題》等，另有譯著《性心理學》等。《性心理學》原著作者英國性心理學大師靄理士（Henry Havelock Ellis一八五九～一九三九），是與弗洛伊德齊名的性心理學泰斗。

恩格斯的《家庭、私有制和國家的起源》，這部名著吸引了我的注意，便開始閱讀。一九六〇年，我從俄文翻譯了《列寧給全世界婦女的遺教》（蔡特金著），開始大量閱讀這方面的中外文材料。我意外地發現，馬克思、恩格斯其實是一貫熱中討論情愛包括肉欲問題的。《馬克思恩格斯全集》裏有不少這方面的材料。如一八六七年他給恩格斯的信裏就引述了雷尼埃關於生殖器的詩，可惜在中文版《全集》裏一律照印原文，不譯成中文。可這反而引起了我的閱讀興趣。我用當年在河北高碑店農村學的法語基礎知識，左手查字典、右手查文法，耐心研讀一過，不勝驚訝之至。

那麼我現在當然要想法重印潘光旦先生的名譯《性心理學》。但我怕三聯老人批評，於是請他們信任的老文人戴文葆先生當編輯。以後不久，又安排重新出版三聯老書：《性健康知識》。《性健康知識》是老革命董秋斯⑰所譯，當然老革命不會反對。如果反對，我一定反唇相識，說他們不尊重老人。

儘管我在選題上層層設防，但出於我的怯懦性格，還是在翻譯書上做了手腳，主要是對內容做了刪節。

---

⑰董秋斯，一八九九年生，原名紹明，天津人。文學翻譯家。一九二六年畢業於燕京大學哲學系。同年底參加北伐戰爭，主編《血路》月刊。一九三〇年參加左聯和社聯的發起工作，並主編《國際》月刊。一九四五年參與組織中國民主促進會，並任《民主》週刊編委。一九四六年加入中國共產黨。建國後，歷任上海翻譯工作者協會主席、中國作協編審、《世界文學》副主編。一九六九年去世。

也許這手腳非做不可。一九八三年一月二日《人民日報》發表領導人講話，內稱：「文學藝術，特別是電影、戲劇、小說，要防止不加區別地過分地學習西方的技巧、手法。對於西方的藝術觀點，更不能不加批判地接受。那些肆無忌憚、明目張膽地散布資產階級毒素的人，第一步要批評；如果不聽，第二步就要調開；屢教不改、堅持錯誤，第三步就要執行紀律。有意從思想上放毒，詆譭我們的社會主義制度，鼓動崇洋媚外，大搞封建迷信，要受到社會輿論的譴責，確實造成了嚴重後果的還要受到法律的追究。」在這種形勢下，即使是老書，我也得對內容做刪節。最早是出《西行漫記》時，刪了一些毛主席的話。

出《情愛論》、《寬容》，都有刪節。刪、刪、刪……，刪到了一本《第三次浪潮》身上，激起了輿論界的巨大反響。這本當代外國人寫的書，是在上面那位領導人講話不久以後出的，我本來就不放心，所以出版方式是：限國內發行。但書中有反對馬克思主義的話，我一律刪去。這一刪，引起了軒然大波。研究者發現書中把作者阿爾文・托夫勒（台譯：艾文・托佛勒）否定馬克思主義的話都刪了，認爲這樣一來不是把此人美化了嗎？他們由此指出，這是錯誤的。我們很贊成乃至欣賞學者的批評，但是，出當代的翻譯書，捨此還有別的辦法嗎？

那當然，這一來，又激起了范用對我的大罵。

台灣這塊「試驗田」

中國大陸改革開放後，我在出版工作上的一個很重要的觀念：就是要瞭解和研究台灣的出版業走過的道路。

先講一個小故事。我發覺台灣出版業有很多新現象，但苦於得不到完整的訊息。看了一些台灣報紙，發現百分之九十幾的訊息是我不關心的。於是找到一位台灣朋友——楊渡，請他把他們辦公室看過的舊報紙寄給我。我只要副刊，不要別的，爲的是瞭解文化訊息。他就把那些舊報紙捲一捲，上面打一個箍，也不封起來，這便於在海關通過，他們不必打開來檢查。這樣我就得到很多台灣的文化、出版信息。

在這以前，我已經出了台灣學者的書，如陳鼓應教授的書（《悲劇哲學家尼采》，一九八七）。但那是因爲陳教授那時就住在北京。以後，我直接聯繫到的台灣出版品是：蔡志忠漫畫。我通過各種渠道，知道海外有出版漫畫熱。我一口氣買了台灣、香港、日本等漫畫很多種，比較下來，覺得蔡志忠的最好。我對大陸的漫畫界人頭還算熟，但在一九四九年以後，大陸的漫畫主要是對西方的政治性諷刺，有時有一些趣味性，卻極少見通過漫畫傳播知識的。我看了蔡志忠漫畫簡直給迷住了。他所傳播的知識連我自己都覺得有用。例如我以前就不知道還有一本書叫《菜根譚》，看了蔡作，才瞭解。對大陸來說，他眞是最早的啓蒙思想家了。

我通過我所熟悉的管道，立刻同蔡先生聯繫上。從一九八九年開始，到一九九三年，三聯書店一口氣出了近四十種蔡作。這期間，董秀玉也去了香港工作，我於是建議請董作爲蔡作的代理人，蔡先生同意，於是我再也不怕有人來同我搶奪了。另外，蔡先生願把版稅存在三聯書店。我們正愁資金不足，這也來得正好。有一陣子北京政府出賣住宅，每平方米一千八百元，我用蔡先生存放的稿費買了一些，以稍稍平息職工們對這個不善經營的窮領導人的不滿。

於是，我的同事在總結三聯書店在沈昌文任內的業績時，常挖苦說，沈某人之翻身，主要是由於「賣菜（蔡）」。

沈昌文（左）與蔡志忠（右）

也在差不多的時候，我看到了台灣耕雲先生的作品，都是講修身養性的，比較欣賞。前後出了四種：《安祥集——耕雲先生禪學講話》、《不二法門》、《邁向生命的圓滿》、《安分守己》。但在那前後，我正爲《戴尼提》的事鬧得暈頭轉向，故這類書只能悄悄應市，不敢聲張。三聯書店的老前輩們也沒發現這幾本書，沒有來找我吵架。

我們當然要努力出版台灣學人的論著。在陳鼓應的論著以後，三聯書店出了台灣學者杭之的《一葦集》（一九九二）。杭之即陳忠信。那是旅美學者林毓生教授爲我介紹的。因出這本書，我同陳忠信先生熟起來了。他常來北京，我們常常見面。我一次去台北，他招待我，我應邀前往，聽到餐廳的人講這是「陳委員」訂的座，方知他已貴爲立法委員。可惜，近年在北京不大能見到他了。

以後，出了蔣勳、龍應台、席慕蓉等位的書。我十分欣賞四十年代共產黨的「統戰」，也就是羅孚等老人當年在香港「交朋友」的工作方式，總在自覺不自覺地學習。當然以後這裏不大再提那時的種種了，而海外朋友大概更忌諱這裏提「統戰」兩字。但我對龍應台，那時就自覺不自覺地「統」了一下。她來北京，有時帶兒子來，我就爲她借兩輛自行車，我們三個人一起在北京騎自行車兜風，悠遊閑哉，何其舒服。以後我去台北，她已貴爲「龍局長」，當然沒這麼寫意了。我總覺得，出版社同作者，最好經常這麼「統」一「統」。

到我在三聯書店的出版生命快結束時，在一九九五年十一月，出版了唐文標先生的《我永遠年輕——唐文標紀念集》。這書是唐先生過去的同學關博文先生編的。那時關博文住在北京，我們常聊天。他業保險，我想不到他那麼瞭解文化。他編的這本書，是我在三聯書店任內親自編的最後一本書。本來，我作爲店裏的最高領導人，是不必親自去做具體的編輯工作的。但是，這部書稿一上手，我就被深深吸引住了。南方朔的序言也精彩。我由是知道台灣同胞過去的許多故事。順便再說一句，我從這裏又溫習了一下張愛玲，也感到特別親切。

台灣出版家來北京，我最高興，總要親自接待。那時接觸多的主要是時報、聯經、遠見、遠東幾家出版社裏的人，同他們都很談得來。聯經的劉國瑞老兄喜歡同我談老上海。他談版權，總是用我當年在上海灘耳熟能詳的一句話：「閒話一句。」我聽了特別高興。

那傳聞是杜月笙老人的口頭禪，在過去上海商界風行一時。他對餐飲比較內行。北京那時餐飲業剛興起，我正在努力研習，劉先生教我不少。他是安徽人，於是我開始喜歡上安徽菜。最近這裏安徽菜館頗興旺，我老去欣賞什麼「臭鮭魚」之類，可惜劉先生現在不來北京了。

還有如林載爵、吳興文、陳曉林、張作錦、高希均等等，等等。高希均所著《天下哪有白吃的午餐》，由我本人署名責任編輯，也是我在三聯任內出的最後一批書之一。高先生還曾幫了我一個忙：一九九五年一月，由高希均先生出資，向北大清華學生贈送《讀書》每期一千冊，由萬聖書園執行。

我很欣賞張作錦先生的專欄。曾經很費心地編了一本集子，只選政治上「無害的」文章。編成後交給一家出版社。哪知交去後了無音訊，連稿子也未退還。

還應當說說同台灣出版界的實幹家郝明義先生的交往，留待下一節再細說吧。

最後，提一下我在那些年頭同台灣出版業合作未成的另一件非常

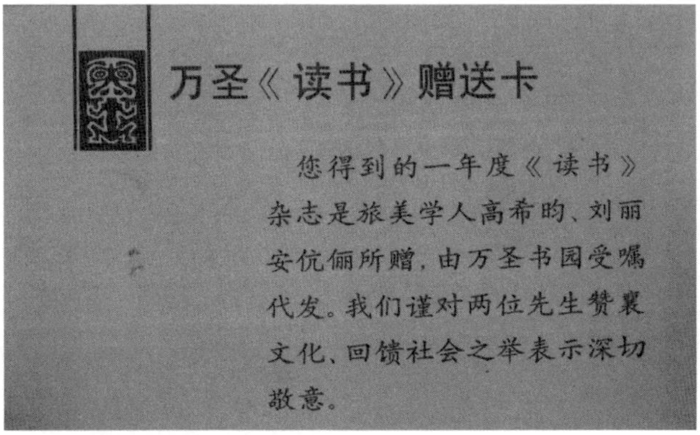
万圣《读书》赠送卡
您得到的一年度《读书》杂志是旅美学人高希昀、刘丽安伉俪所赠，由万圣书园受嘱代发。我们谨对两位先生赞襄文化、回馈社会之举表示深切敬意。

高希均先生出資、萬聖書園執行，向北大清華學生贈送《讀書》的卡片。（卡上高先生名字印刷有誤，「昀」應為「均」。）

遺憾的事情。許多年來，我同趙紫陽的政治秘書鮑彤比較熟。鮑先生的夫人是翻譯家，我請教過她，因此結識了鮑彤⑱。鮑通文墨，有文才，自然也耽於讀書。我就常常送些可讀的書給他，由此常通信郵。我想同台灣同行合作，向他請教，問是否可能。鮑很支持，回答說可以考慮，對象最好是像遠東圖書公司那樣，政治性少一些的。我驚訝他對台灣同業的熟悉，而且理解，他的意思是從非政治性出版物開始。那時我同浦家的人常有聯繫，以爲此事必成。不料，一同浦家商量，遭到婉拒。以後，鮑先生身陷囹圄，其事也化爲烏有了。

我當然常去台灣。有些出版家不來北京，要去那裏才能見到。如「三民」的劉先生。大概是一九八四年。那是我第一次去台北，接待單位招待我們看電影。電影放映前，忽而肅靜無聲，聽得播放一個歌曲。我一聽，簡直樂開了：那不是我上小學時每星期一早上集體唱的歌嗎！我小時唱的時候總不懂裏面怎麼會有「匪」字，還有什麼「咨爾多士」，像外國人的名字。現在一下全懂了。這是我在四五十年後在台灣接受的第一個啓蒙。我們同去的年輕朋友，都對這歌莫名其妙，只有我一個老頭兒才懂得。

---

⑱鮑彤，一九四九年就讀於南洋中學期間擔任校學生會主席，並加入中國共產黨，畢業後進入中共中央華東局，任中共中央華東局組織部幹部處幹事，後調入中共中央組織部。一九六四年升任中央組織部研究室副主任。「文化大革命」開始後，下放到五七幹校勞動。一九七八年，被重新任命為國家科學技術委員會辦公室負責人，後又調任政策研究室副主任。一九八〇年開始，擔任國務院總理趙紫陽的政治秘書，後又兼任國家經濟體制改革委員會委員、副主任、黨組副書記等職。在中共十三大上當選為中央委員，任中共中央政治體制改革研究室主任。一九八九年「六四」事件中，鮑彤被撤職，並於五月二十八日在北京被捕。一九九二年三月，被撤銷中央委員職務，開除黨籍。

這一節，原來想叫：學習台灣的出版經驗。後來想到這在大陸是犯大忌的說法。因改如上，想無大過了。

朱楓的故事

講到我如何賞識台灣的文化，還可再敘一敘朱楓的故事。

上面說過，我多年來十分賞識這位女士。這不僅因爲她是三聯書店的前輩，而且由於我同朱女士的家屬有較多的關係。

朱楓出身鎮海，這是我十分熟悉的地方。我說過，我學徒時，老闆即我的師傅就是鎮海人。於是，他們把我的戶口本上的籍貫填爲「鎮海」。這使我這個當年的小廝覺得很光榮，於是我拚命學鎮海土話，瞭解鎮海情況（可是直到現在我沒去過鎮海一次）。

朱楓的先生，一九四九以後是北京國際書店的頭頭，我聞名已久。不過他是高幹，當年我只是一個辦事級員的小幹部，無緣結識，只是聞名而已。但是朱楓的一位姑表姐妹，卻當過人民出版社資料室負責人，算是認識。更重要的是，這位女士的兒子朱輝，卻多年同我在一個部門工作，至今還有交往，而且住在一個樓群裏面。

我最近特別關心此事，還因爲上海遠東出版社在二〇〇七年出版了一本書，馮亦同著的《鎮海的女兒——朱楓傳》。此書出版未久即被禁，不解何故。但因被禁，引起我的巨大興趣，千方百計覓得一本，細讀一過。我由此書得知作者很多材料得諸馮修蕙女士。啊喲，喲！馮女士是我在人民出版社的老領導，極其熟悉。原來，馮女士的丈夫萬經光先生即是引導朱女士去台灣做勸降工作的這裏的官員。萬先生我也見過。但我從來沒聽馮女士講過這類故事，這想必是當年「黨的紀律」之故。現在一切知悉，自然快何如之。

這本《朱楓傳》我一讀再讀，並且盡力在三聯書店同事中宣傳。現在三聯書店也極其重視其事。最近蒙台灣同胞的努力，將朱女士遺骨遷至鎮海，舉行了隆重的安葬儀式。三聯書店的領導親自蒞臨。從這裏看，三聯書店同台灣同胞有了血肉之緣。據說，三聯書店現掌門還要去台灣開分店。這些都使我這個兩岸交往迷大爲高興，爲之暗暗興奮不已。

《朱楓傳》書影

《文化：中國與世界》

講到這裏，必須談一談同「文化：中國與世界」編委會的合作。上面說過，我喜歡主持小出版社，不喜歡搞大。但是，書稿越來越多，自己做不過來，怎麼辦？只有一個出路：動員社會力量。那時聽說一些青年學者有一個從事編譯工作的組織，趕緊去瞭解情況。聽到一些他們的主張，我們非常欣賞，那是同我們「向後看」的主張基本相同的。當然，他們不是僅僅「向後看」，而是著眼西方學術界的現狀。這有點危險，但到八十年代中，上面也有點鬆動了，而且我們著眼的是西方的學術，可以有些退路。至於這些年輕朋友的思想解放，在那時已經頗有名聲。記得最有名的故事，是其中一些朋友在西郊組織了一場裸泳，其事在文化界大爲轟動。

「文化：中國與世界」編委會的負責人甘陽⑲後來把他們當年的活動稱爲「第一次思想解放」。他以後回顧說：「第一次思想解放以

---

⑲甘陽，一九五二年生，杭州人。一九八二年獲黑龍江大學學士，一九八五年畢業於北京大學外國哲學研究所，獲西方哲學碩士，同年在北京創辦象徵中國學術新生代崛起的「文化：中國與世界」編委會，主編出版的「現代西方學術文庫」等成為八十年代的文化標幟之一。一九八九年赴美入著名學府芝加哥大學社會思想委員會長期進修，廣泛研究社會理論，政治哲學，西方文明史。後任香港及大陸多種學術機構研究員及客座教授職位。現為中山大學人文高等研究院院長，兼任博雅學院院長，通識教育總監。

前，我們在很長時間裏是以一種非常粗暴的、簡單化的方式，全盤否定西方；而第一次思想解放最重要的成果，是從這種簡單的否定和批判當中解放出來，轉向大規模地學習西方。」又說：「一九八五年我從北大畢業以後，和一些同學創辦「現代西方學術文庫」。一開始很多人認爲這是不可能的，說甘陽你在發神經病嗎？你們一幫剛剛畢業的學生，自己就想翻譯現代西方哲學？你們能通過政治審批嗎？你們要找一個至少是政治局委員的太太來做主編還差不多。我說我不要，幹不成就不幹嘛。但是陰差陽錯，就幹成了……」

他又說：「眞正講『思想解放』的人實際都是很少的，他一定是少數派，如果和大家想的都一樣，談什麼思想解放。思想解放一定意味著前期是異端，被看成非常大逆不道的才叫思想解放，和所有主流、統治者和主導者潮流觀念是完全不一樣的，這才叫思想解放。所以第一次思想解放的時候，實際上它並不是僅僅從一九七九年開始，因爲實際上從文革初期、中期、晚期，都有很多很多人爲此付出了代價，甚至是生命的代價。我可以舉個人的一個例子，說明這種束縛的存在。我在學術界出道時翻譯的一本書叫做《人論》，那時候還在北大念研究生。這本書不像現在大家隨便可以翻譯，當時有個規定，卡西爾《人論》在範疇上叫現代西方資產階級哲學，立項很嚴格，老先生們先推辭了；後來出版的時候還要加一篇序言，用馬克思主義思想加以批判。這樣一個小事情就非常難，向西方學習有大量的非常困難的問題。但是思想解放運動的開展，確實進展非常快，成效非常大。我翻譯那本書是一九八三年，到一九八七年，卡西爾另外一本書《語言與神話》翻譯出來，讓我寫序言，那時研究完全自由了，在純學術領域，西方哲學領域禁區幾乎已經沒有了，我可以完全按照自己的想法，根本不用想如何應對外面的情況，可以放開地寫。

「文化：中國與世界」編委會成立於一九八六年。主編：甘陽；副主編：蘇國勛；編委：于曉、王煒、王焱、王慶節、劉東、劉小楓、孫依依、紀宏、余量、何光滬、陳來、陳平原、陳維綱、陳嘉映、林崗、周國平、胡平、趙越勝、徐友漁、郭宏安、閻步克、秦曉鷹，都是當年的青年才俊。

三聯書店同這個編委會的合作，其間也有一些小故事。我們已經聽說編委會同別的出版社的合作有了障礙，大概就是前面甘陽說的出版《人論》的事。我們就趁機向他們進言，如果在三聯書店出，一切都可由他們做主。以後，基本談成了，我們很大方，送給他們一本由三聯書店蓋了章的空白介紹信，他們可以隨便使用，使得譯者們相信他們有出版社做後台。經過這些努力，終於把他們拉過來了。從八十年代中起，大約不到十年光景，三聯書店出版了他們編的「現代西方學術文庫」三十多種，「新知文庫」近八十種，「文化：中國與世界」叢刊五輯，成績可謂大矣。

以後，我見到上海的同行，其中一位元老吳勞先生，見到我大加叱罵，我莫名其妙。後來想到，我大概就是因這事與同業結的怨。

的確如甘陽所說，那時的西方熱實在厲害。他們編的書，不少都很暢銷。很艱深的學術著作，有時印數可達五萬乃至十萬冊。至於社會聲譽更大。儘管後來同甘先生本人鬧了一些彆扭（後面細說），我還是非常感謝甘陽先生以及編委會同仁。

在外地的開拓

三聯書店的業務日益發展，「讀書服務日」越辦越紅火，引起了我們到外地發展的欲望。

最早的開拓是在河南鄭州。那是因爲羅孚老先生在爲我們介紹朋友的過程中，一位輾轉認識的薛正強先生希望同意他在鄭州開分店。薛先生在鄭州大學學考古出身，以後又進修管理。這樣的青年願意從事書業，我很支持。一九九三年我們商定，三聯書店同意他在當地開設「分銷店」，不出資金，不負盈虧，條件只有一個：不得經營「壞書」，實際上即非法出版物。這店一開張，還紅火。但是我更感興趣的是它給三聯帶來了新的人脈。

鄭州金水路有一家餐廳叫「越秀酒家」，規模很大，我在那裏認識了餐廳的主人崔乃信先生。一九九四年，崔先生表示有意提供餐廳的場地進行學術活動，我聽了很心動。以後有機會同丁聰老人家說起，他全力支持。於是，我就決定定期邀請學者去鄭州講演，活動取名爲：「鄭州越秀學術講座」。剛好，陳鼓應先生在北京，我就邀他去做第一次講演，他欣然同意。在那裏做了「道家研究的新方向」的講演，反響絕佳。以後我幾乎每月邀請一位學者去作講演。爲了聲望，也爲了安全，我刻意安排一些學術界的領導人去講演。尤其是牡丹盛開的時候，活動更爲活躍。當時，最熱心支持這一活動的是費孝通老先生，前後去過多次。費老是國家領導人，每次去鄭州，不要說省委宣傳部，連省委第一把手都必恭必敬。據說，有一次，省委書記李長春還專門同他談話，費老對河南的發展提了許多好意見。以後，我又邀請了錢偉長、胡繩、于光遠、龔育之、王元化、王世襄、黃裳、李慎之、李銳⑳、吳敬璉、王蒙等幾十位名家。我們也注意邀請新進學人，例如余秋雨剛露頭角，我就把他請來。我那時已開始關注海外特別是台灣的學人，可惜那時這方面交友還不甚廣，認識得不夠多。

這樣的講座辦了一百四十多場。在鄭州的影響不說，就以我的出版活動而言，局面也大爲開展，與過去不可同日而語。我由此進一步認識到，編輯出版是一項公益事業，非得同時從事公益文化活動不可。

---

⑳李銳，一九一七年生於北京，祖籍湖南平江。著名中共黨史專家。曾任中共中央委員、中共中央組織部副部長、水電部副部長、毛澤東政治秘書。

當然，在中國當前的語境下，有時這也會惹來麻煩。有一場講演，是請李銳講歷史反思。李銳老爽直地談了對「文革」及其前後特別是對「偉大領袖」的看法，想不到下面提了許多尖銳意見，幾乎劍拔弩張。我趕緊收場。以後一次是李慎之講演，有聽眾提出，希望以後聽到「新左派」的聲音。我作爲主持人，回答說，我不知道什麼是「新左派」，搪塞過去。以後，我知道那不是適合爭論的場所，便改爲多談藝術，外加表演。

不論如何，我們在河南鄭州這方寶地折騰了十來年，總體效果是好的。《光明日報》發表文章指出，這是「耐人尋味的越秀文化現象」。文中還引用河南省委宣傳部的負責人的話說：「越秀文化現象是一種現代經濟與文化共生、發展的良好標誌，已經超過了將文化僅僅作爲一種經營手段的層次。」

在這同時，鄭州三聯書店也有很大的發展。不久，浙江杭州有一位葉芳女士也有意在那裏開三聯書店分銷店。我們欣然同意，因爲看來這位葉女士也是有心爲文化事業貢獻力量的。我也很想用鄭州的方式在那裏大施一番手腳，也確實行動了一下，但是自己已面臨退出出版的歷史舞台。在國營單位，一旦宣布退休，就面臨一切權力的結束。那又何必多事呢？

災難時刻的狼狽處境

一九八九年四五月間，上級宣布上海《世界經濟導報》停刊。一九八九年五月一日，《讀書》雜誌開編委會，我一手組織安排，范用自然是名義上的主人。王蒙、陳原等名流都來參加了。會剛開始不久，范用忽然拿出一個東西來，是他起草的一封抗議信，抗議上級命令《世界經濟導報》停刊，發動大家簽名支持。信先傳給陳原。陳原眞是老練，他看了就好像看一份報紙一樣，一邊看一邊微笑，看完了，沒做任何表示，信手傳給第二個人看。以後傳到董秀玉那裏，她表了態，說我不能簽，因爲我在香港工作。王蒙也沒有簽。以後別人大都簽了。傳到我手上，我覺得是我組織的這個會，不要讓范公太難堪，加上我跟范用關係一直很僵，我如不簽，他又會大罵我，於是我就簽了。

過後不久，馬上就到了「六四」這個「災難時刻」。出版社內部有人組織遊行。據說范用都一個人舉了標語上街去遊行。我作爲領導，自然要多方勸阻個別同事去上街遊行。我的說辭無非是：現在確實有腐敗現象，但是還不到上街去遊行示威的程度。我本人經歷過國民黨執政年代後期的腐敗，那實在比現在嚴重得多。我們的腐敗還不到這程度。我們要反對腐敗，但不必上街。自然，我說歸說，聽者大都不理，我作爲領導人，也無非盡人事而已。

「六四」過後，接著，又開始了對「六四」的清查。我被任命爲三聯書店的清查組長。作爲組長，首先要自己交代清楚問題。我想來想去，自己也就是一件事，就是五月一日在范用起草的抗議信上簽了名的事。這時，陳原也專門找我談，批評我五月一日那時太幼稚，並且說，這信肯定已到了「國安」手上，你必須趁早交代，爭取主動。我無奈，又去找范用。范只說，你沈昌文別管這事。別的話再也不肯說。我那時理解，這是他的一貫傲慢態度。但是，他是「三八式」老幹部，又不是現職領導，可以傲慢，可我這個小人物該怎麼辦呢？我現在又是清查辦公室主任，更不能不管。再問陳原，他說你已經摔跤，現在只能補救、說明了事。於是我向上面如實交代。上面很重視，專門開了一個會，讓我和范用說明這事。會議由一位署領導主持。到了會上，不料范用做了一個驚人的發言。

他說我根本沒把這抗議信送出去，你們別胡說八道。他講，他在那天會後打電話給汪道涵㉑，問他意見。汪說，這事你不能辦，這家雜誌停刊是我支持的。於是范用就把抗議信壓下未發。他這一說，大家都平安無事了。只有我仍然有事：范用到處罵我在危難時刻舉報了他，於是我成了君子們心目中的「小人」了。

局勢如此多變，《讀書》雜誌怎麼辦？我只能跟著變。一九八九年六月號編好了，趕緊作廢。其實裏邊也沒有什麼成問題的文章，主要是一篇談法國革命的文章，有點鼓吹革命變革。《讀書》六月號停刊，七月出六、七月合刊，在合刊的「編後絮語」裏，我還說了一點官樣文章的話。

當了「清查組長」後，一個大好處是看到了上級機關轉來的大量「舉報」信件。那些信件所舉報的正是鄙人，但因黨國管理不嚴，那些信又都交我處理。這眞讓我大開眼界，知道另一個精神領域裏的朋友是如何思考的。

例如，一位署名「冷岩」的先生於一九八九年九月八日來信說：

「反對資產階級自由化的風潮看來也終於沖刷到了《讀書》的門

㉑汪道涵，一九一五年生，原名汪導淮，安徽蕪湖人，原籍安徽嘉山縣，同盟會元老汪雨相之子。曾任中共上海市委書記、海峽兩岸關係協會會長等重要職務。二〇〇五年去世。

上。於是，一向左右逢源、妙筆生花、亦莊亦諧、嬉笑怒罵的貴刊『編後絮語』中，也居然冒出了『中國需要安定』、『動亂不是中國現代化需要』的真理（似乎儼然忘記了前一期『編後絮語』中對當時『到處人聲鼎沸』按捺不住的幸樂之言），並且忽然鄭重其事地向讀者預許要『進一步端正辦刊方針，做到以馬克思主義為指導』，這倒真是一種久違的聲音了！」

「我想，如果說你們是『政治多黨化，經濟私有化，理論自由化，馬列「解構化」，文藝西方化，文藝理論「調侃」化，知識分子自我化』這一套頗成系統綱領的一貫愛好和鼓吹者，恐怕未必是一種誤解和誣衊不實之辭吧？」

「如果貴刊真想轉變方針，就應當有勇氣徹底清理整頓一下貴刊多年來那些夾槍夾棒、指桑罵槐、『軟刀子割人頭，使人不覺死』，或洋怪刁鑽或玄妙莫測的各種怪話、神話、鬼話……」

冷先生在信末特別標明：「本文一式三份，分送《讀書》及有關部門。」

這樣的信共有六七封。當然寫信的人都是化名，但有時也可隱約猜得出作者是誰。另外還有一些是被拘禁的人的獄中交代，例如老朋友「小老包」的有關交代。有一位先生向上面舉報說，天安門事件就是《讀書》雜誌的人挑起的，其人有名有姓。可是，天哪！他列出的人是一位最老實巴交的編輯，我們天天見面，她怎麼會去煽動動亂呢？估計是在工作中得罪了什麼人，人家挾嫌報復而已。

在政治動亂的風波中，過去階級鬥爭年代中見過的事情又一一重現，不免驚心動魄。好在究竟已在改革開放年代，這些主要「舉報」鄙人和同事的信件一律由我本人處理。我看後不動聲色，一一予以歸檔留查，既沒有給別人傳閱，也沒有把自己和其他當事人申請拘留法辦。最後，上面對《讀書》的「處分」僅僅是：以後每期清樣必須送審。從七月以後，大概送了不到十期，以後也就自然停了。其實我們所受到的最大處分是：印數因而一度大跌，從十五萬跌至六萬冊，直到一九九二年四月，才又增至十四萬冊。這只能說明，讀者確實都有眼光。

災難時刻幫助的人

說實話，儘管我對這場災難從一開始就採取了規避的態度，但是，由於職業，更由於同情，也不能不不斷地去瞭解情況，實際上已有某種介入。

我的一位很熟的年輕朋友，他父親在國家有關系統中任職，本人卻很同情民運。他三天兩頭去天安門及別的場所瞭解情況，歸來後，我們往往一起促膝長談。我對那些爲首的小朋友深爲同情也極爲惋惜，因爲預料到，當局遲早是要下手的。

一位研究馬克思主義史的專家居然也參與在運動之中。我從六十年代初就自居爲馬克思主義史的愛好者，因此與此君視爲同好，時相過從。他在「民運」中的活動，我也偶或去參與幾次，如聽他們的講演等等。他以及他的夫人，從此相熟。

到了「六四」那天，是我幼女生日，我自然在家「排場」一番。不敢邀請客人，全家小敘而已。不料，飲宴未畢，已聞街頭槍聲。未久上街，東單已無法通行，我於是知道，世界已經大變。

以後到了單位，知道出了大事。首先遇到的是在這場大風波裏，有一些海外朋友在北京工作，「動亂」以後連走動也難。我那時算是正局級幹部，有專用公車。於是我派自用的公車一一把他們送走。

七月某日，上面在北京飯店召開一個大會，向海外朋友解說「六四」，我作爲內地的中層幹部參加。會上見到不少老朋友，非常高興。忽然見到於梨華也來了。我們是從小結識的朋友，見面自然高興。不料於大妹子在會上做了一個十分激動的發言，其中居然還對國家領導人頗有微詞，全場爲之側目。這一來，嚇得我再也不敢在會上繼續招呼她，生怕引起在場的有關人員的關注。會一結束，我就悄悄溜走。膽小如此，現在想來簡直可笑。

「動亂」以後，自然是大舉鎮壓。某日，那位精研馬克思主義史的老朋友忽從南方某小縣城來電話，說是爲逃避鎮壓，從北京來此。現在無路可走，請老朋友一賜援手。到這地步，再膽小也不能不想想辦法了。我知道海外有這類從事搭救的熱心朋友，趕緊想辦法掛上鉤，讓他們之間取得聯繫。以後這位朋友安然出境，避去若干年牢獄之災。

以我的身分，請求援助的海外朋友自然是海外的國營機構。以後，聽說此事已被當地的有關部門發現，因而幫助我的朋友都曾受到一些磨難，而我這個「幕後主使人」卻至今安然度日，甚至被任命爲這場「動亂」後的「清查組織」的負責人，愧何如之！

除此以外，我能做的，無非是幫助或同情一些「動亂」後被捕並出獄的朋友。這方面我出力有限。但當年我最爲敬佩的是劉蘇里先生。他以後創辦「萬聖書園」，我沒出多少力，但對他著實敬佩！一個災難時刻，就這麼委委屈屈、躲躲藏藏、兩面三刀地活過來了。

沈昌文（右）與劉蘇里（左）

蓋大樓，找接班

當上三聯書店總經理沒多少年就碰上那麼多事，實在心煩已極。而最煩心的是：提拔我的老前輩范用先生時時刻刻緊盯我的一切言行。而我們的親愛的黨，又實行嚴格的一元化領導，從另一角度密切關注三聯書店的種種，而視范公的種種主張爲「異端」。我在「夾縫」裏做人，這就苦了我了。范公是老革命，再說錯話也無非「靠邊站」而已，何況他本來就「靠邊站」了。我怎麼辦？當然最好也往「異端」走。這一來是有點「怕」，不符合我的個性。更主要的，陳原他們教我的種種拐彎的辦法吸引了我，以爲由此可以做到兩全。但是范公卻明顯反對這辦法。他認爲我是一個完全不夠格的搞出版的人，以致一再聲言和我絕交。

於是我還是想法銷聲匿跡吧。我在他面前躲開，甚至想離開三聯書店。爲此，在一九九一年一月二十日，我專門寫信給三聯書店前輩徐雪寒先生。我說：「五六年以前，我曾滿懷熱情，參與籌建『三聯』。以後承擔全局工作，誠惶誠恐，力求實現理想。然而幾年下來，我已完全幻滅，承認恢復『三聯』之舉必不能在我手上完成。這中間，客觀困難自不論。在主觀上說，則無論老中青三者，均無法達致共識，是一重要原因。我是『中』一輩，自應斡旋其間，促進調和諒解。然而因我本身姿態不高，亦因某些老同志要求過苛（恕我直說），使得裂痕越來越大。某些三聯前輩對『三聯』出書和經營之指責，我已屢聞。這些看法，確實有理，切中肯綮。然而，在現在的情況下，大多數做法是由於現實的需要而不得不爾。」「我自去年已還，憬然有悟，悉知底事之不可爲，因已向新聞出版署堅決請辭。我在書面辭呈裏明確提出，我的工作之最重要敗筆，即爲處理不好與『三聯』前輩的關係，而這對『三聯』這類老店來說，卻是至關重要的。」

三聯書店的老前輩當然不能管這事。而且我從別的地方得知，「三聯」的三方，其實原先也不是彼此很融洽的。徐老是「新知」系統，范公是「讀書生活」系統，可能不會容易說上話。於是，這條路也斷了。

不過不論如何，我已年過花甲，退休之年指日可待，那就有一天過一天吧。

但在我在位之日，總還有一件事放心不下，那就是三聯書店沒有一個落腳之地。說這說那，弄來弄去，三聯書店「復活」多年，依然地沒一壟，房沒一間。最困難的時候，這麼一個多少有名單位的幾十號人要在北京市內東、南、西城四五個地方分散辦公，可謂苦矣！這是我的內心最爲不安之處。正在焦急之時，有一個人幫我們來了。此人是吳江江㉒先生。他那時是新聞出版署的計財司長。有一次他忽然找我說你們現在這麼困難，何不蓋個辦公樓？我說哪裏有錢蓋房子？於是他介紹我去拜見國務院副總理鄒家華的秘書，他的同學。找這位先生之前，我做了一些準備。我當過人民出版社的資料室主任，就把資料室裏面當年「韜奮圖書館」報廢的舊書找了一些，那些書上「韜奮」兩字都打了叉。我把這個找來複印轉給鄒家華，據說他看後很氣憤地說：眞想不到，三聯書店解放之後居然有這種遭遇。最後又由吳找到出版總署宋木文署長，由他會同國家計委主任郝建秀研究，最後批給我們八千萬塊錢。吳江江不但給我們找到錢，還通過他的努力，把北京市中心美術館東街一塊熱門的地皮弄過來。於是大興土木，蓋起樓來，成爲現在這樣子。

㉒吳江江，一九五一年生。中共黨員，中央黨校經濟管理研究生。現任中國出版對外貿易總公司總經理兼黨委書記、《出版經濟》雜誌主編、中國出版工作者協會國際合作出版促進會副會長、中國書刊發行業協會書刊出口工作委員會主任、中國出版會計學會副會長。一九九六年底，吳江江調任中國出版對外貿易總公司總經理。一九九七年，由他組織創辦的第一家面向海外華人的中國現代書店網上書店「亞太網絡」、「朝暉網絡」相繼開通，成為國內最早實現電子貨幣結算的網上書店，引起了世界各地華人的普遍關注。

大樓還沒蓋成，但大局已定，我的心事已了，應該說一無牽掛。這時，大約在一九九三年，董秀玉從香港回來了。董秀玉是一九八七年去的香港。以後，她願意長期留在香港工作，我也支持，因爲有個人在海外幫我們辦事，對業務很有利。一九八九年九月，我還給香港三聯書店的上級領導寫過信，請他支持讓董在香港工作。那時新聞出版署也希望由他們另行指派忠誠可靠的人來接替我，實際上也已派來了。但以後忽然產生了一個新情況：香港新華社的人事部門忽然通知我說，董秀玉必須回來。我原來拜託的那位領導也託人帶信給我，說很對不起，情況改變了，我幫不了忙了。於是我們當然都心悅誠服地服從領導。

董秀玉回來後，願意仍舊到三聯書店工作，我當然支持。儘管內部有分歧意見，但我獨斷專行，支持她回到三聯書店。她回來後，我就把「第一把手」讓她當。上面對我的安排是「退居二線」。我的工作，就管一個《讀書》雜誌。這一來，倒也悠遊閒哉。

退居二線後，除《讀書》雜誌外，我大概只管過一件閒事：我想起當年「三聯」的老前輩們都是先辦雜誌，後籌獨立，通過雜誌培養人才，準備條件。這確是高見。應當是他們的經驗。而通過我們以後的體會，也深知辦刊物對出書大有助力。於是我一下子頭腦發熱，向新領導董秀玉建議再辦些雜誌，董首肯，讓我寫報告。我寫報告時又歇斯底里大發作，建議一下辦十個刊物。上面當然沒有歇斯底里發作，只批准了一個《三聯生活週刊》。現在《三聯生活週刊》大爲興旺，我對這刊物沒出過一點力，只是當年有此故事而已。

這樣，到一九九六年一月一日上午，我正在家休息，忽然接到一個電話，是三聯書店的人事處長打來的，我以爲是祝賀新年。沒想到那位先生說：「沈總，通知你一件事，上面決定，你已經在昨天下午五點鐘退休了。」

爲三聯書店打了一些年工，到此告一段落！

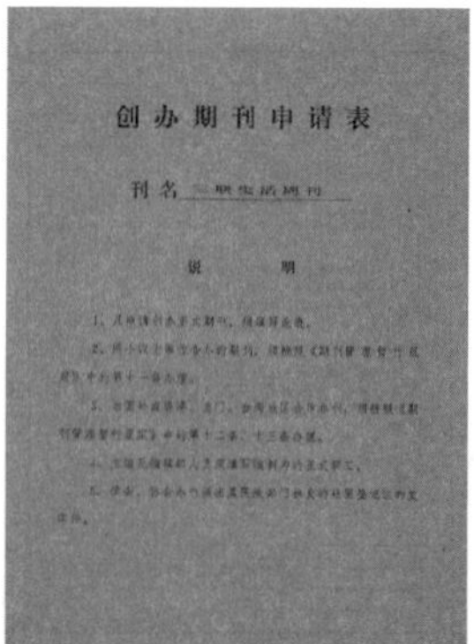
创办期刊申请表

刊名

说　明

創辦《三聯生活週刊》申請表

第六章

「退休」後的天地

最後的恩怨

退休以後不久，董秀玉向我表示過歉意，說是三聯書店沒法再請你幫忙工作了，原因你是清楚的。這當然是指范公。我也早預料到范公會指示她遠離我，因此也早給自己準備了別的退路。

我以爲，我從此徹底退離三聯書店，就可以做到此生再也不讓前輩們見到我這個不肖的「三聯書店接班人」了。我在三聯書店這麼些年，看得見的政績至少是蓋成一個大樓（這所大樓可以說是由我親手辦成，可我從沒有在裏面待過一天）。他們對我的大恩大德我算是都已做了回報，從此歷史可以告一段落。但是，歷史卻偏偏還要再演一幕。

在我將退未退之際，台灣《聯合報》的一位熟悉的記者朋友找我聊天，談我在三聯書店的種種直到退休，談得挺高興。我訴說我的種種委屈，無非是上面對言論管得太嚴，我們還能發一些文章，如

〈讀書無禁區〉、〈人的太陽正在升起〉等等，還能做一些事，無非是有些老同志的支持。這種說法，大都是向海外朋友說的老調。這位記者朋友由此在他寫的報導中提出，我們這些人之退休，實屬於不得已的迫退。不料，那位朋友的文章發表後一些時候，范用看到了，勃然大怒。他向上級和朋友發了一封公開信，其中說：「《讀書》主編易人，三聯書店是按國家人事制度行事，屬於正常的人事變動，根本不存在所謂『迫退』。《聯合報》說『《讀書》發表兩篇文章向中共挑戰』，『中共主管出版的老一代幹部』，如何『幫助沈昌文遮蓋』。不知向該報提供此類『消息』者，居心何在？……我強烈譴責此種卑劣行爲。」

直到最後，老先生依然不依不饒，原因何在？我知道自己最後得罪他老人家的一個可能的事情。那是在同上級官員討論我退休後人事安排的一個會上，忽然，有個官員問我，是否同意安排誰誰誰進三聯書店的領導班子。我一聽知道是范老先生的主意。他老人家在爲自己的今後找代言人了。我靈機一動，馬上用美麗的詞語把要推薦的人讚美了一番，但最後說，這是個優秀人才，可惜太「嫩」了一點，還是讓他再在實際工作中鍛鍊幾年吧。這是我用「油腔滑調」得罪他的最後一次了，我知道會讓他記恨許久的。

「將錯就錯」的犧牲品

范公一案到此結束，但令人想不到的是，以後又爆發了同一位甘公的糾紛。

甘公即甘陽，我同他可以說是老交情了。想像不到的是，他老兄在我退休後，居然寫了一大篇攻擊我的文章，題目是〈無可奈何答昌文〉。這就奇了：我何嘗寫過關於他的文字，勞他作「答」呢？研讀之下，方知他老兄看了亦遠先生的一篇評論他的文章，以爲是我寫的，於是作答。亦遠是我熟人，也是《讀書》的作者，但他的評論與我何涉？再瞭解，才清楚，此文在網上出現後，不知被誰把此文改署我的名字，並加上「《讀書》前主編沈昌文回應甘陽」的大標題上網流傳。於是甘君大怒，把我狠狠批了一通。

甘君文章極長，其中列舉了大量流傳的關於我的不實之詞，我也懶得在這裏多說。他歸結說我「混水摸魚、乘火打劫」，倒有點范公的口氣。最後他說：「這種血口噴人是十足從前上海灘上專門出庭作僞證的小流氓的職業行爲。我惟希望昌文寧可越老越糊塗，不要變得越老越不要臉！」既挖了我這「小上海」的老底，又指明了我的現狀，的確不愧是刀筆名家的工夫，值得佩服。

我有點聽說，甘君那時也是什麼「新左派」。我想，把亦遠的文章改成我的署名，再廣爲流傳，最後由大手筆加以批判，也許有什麼來頭吧。我在「新左派」中不乏熟人，他們怎麼不找我打聽打聽呢？沉思之間，忽然接到中國青少年研究中心的王小東先生電話，向我瞭解「亦遠」是誰。我向他做了澄清。王兄熱心，馬上爲此事發出消息，予以澄清。我至今非常感謝他。以後，董秀玉也在網上發專文說明「亦遠」不是沈某人。她的澄清自然更有說服力。

想必甘兄都見到了這些，但始終未見他對此事再有所說明。偶見他一新作，名「將錯就錯」，於是憬然有悟。我自己當過左派，我的帶路人如范公輩都曾是堅定的左派。我知道，左派是不能認錯的。早在一九六〇年，不是老領導王子野就教育過我嗎：我們左派認爲自己的使命是解放全人類，那麼，我們使用任何手段都是正當的，我們不會有錯。這樣，我就把從范到甘的一切都想通了。首先他們都曾有恩於我。至於甘兄後來之所爲，照我瞭解的過去杭州人的說法，我無非是給人「刨了一下黃瓜兒」而已。「將錯就錯」得了，何必老記在心裏。自己年事已老，今後所求者，的確如甘老兄所說，「寧可越老越糊塗」，糊塗到把一切都忘光。甘兄教我惠我，誠非淺也。

同甘兄的種種往來，也都終於落在一位台灣朋友眼裏。此人是老朋友楊渡。他是詩人，信手發給我一贈詩。我看後極爲高興，央北京的書法大家大筆一揮，懸諸寒室，日日誦讀。他總結我那時的處境是：「昨日恩人成新怨，明朝舊友變宿敵」，實在準確。最後勸說我學「嬉皮」，到現在爲止，那一直是我爲人做事的方向。

退休後，蒙鄭惠老兄好意，推薦我去《百年潮》①雜誌負責編務。我考慮再三，終於覆信婉辭。我對《百年潮》雜誌十分推崇，能做這工作實在受寵若驚。但是，我在北京的老派革命黨人中人緣可能太壞。爲了免得前輩再費心找《百年潮》的有關領導去告我的狀，還是銷聲匿跡爲好。

---

①《百年潮》，一九九七年在北京創刊的歷史刊物。刊物由胡繩起意創辦，初意希望辦成一個通俗的、可讀性強的講黨史、革命史、近現代史的刊物。首任主編鄭惠，曾任中共黨史學會副會長。現任主編楊天石。刊物以「信史，實學，新知，美文」為宗旨，主張言之有據，從善如流，平等交流，在大陸讀者群中有一定影響。

恢復光明以後

退休以後還做了一件大事，就是割治白內障。我年紀不大就得了白內障，視力只有零點零四。醫生也說，這種情況很少見。兩個眼睛，動了兩次手術，都很順利。動完了手術我的視力就非常好了。我認識趙麗雅多年，手術後再同她見面，意外的發現她的臉上有了皺紋。原來過去看她祇是霧中看花。最後我的視力到了一點二，這是令人非常高興的事情。

眼睛能看東西以後，於是又蠢蠢欲動。孩子在美國，自然我又想出境，以探親爲名，行漫遊之實。這次去美國，實在想多住一陣，多見識見識。過去去過多次，上面說過，一九八〇年剛改革開放，我是奉命成爲第一個赴美出版代表團的成員。那時，在臨行前，還住在北京南河沿大街的翠明莊賓館專門受訓一週。現在再去美國，已無如此複雜手續，又見社會進步多了。這次在美國，耐下心來考察一些書業狀況，覺得大有收穫。過去是公事訪問，極少閒逛。現在居然一個人在紐約的大街上逛蕩。逛來逛去，喜歡上了美國的圖書館和舊書店。美國的圖書館，居然沒有單位介紹信，就允許我這個外國人把書借走，而且一次能借好多本。最高興的是在美國能看到新出的和二三十年代的俄文書，比「以俄爲師」的中國北京多得多。複印很便宜，我經常把一本書全部印了帶回來。

未出國時，在香港雜誌上看見一位王強②先生的文章，介紹一本談書的名著。這本書當年在北京遍找無著，現在在哥大圖書館找到了，馬上複印帶回。後來知道王先生是北京大學英語系出來的，於是請熟人介紹，又多結交了一位學界名流。

在美國，同康正果③先生談得很熟。他要寫我的事。我請他特別在文章中說明我屬於正常退休，免得范用等人再次攻擊。范用他們會不會見到美國華文報紙上康先生的有關文章，我不清楚。但他們見到了大概也不會吭聲。在我，也只是盡人事而已。

我在美國住了一陣，帶回來很多文化資源。我說過，我做出版編輯工作喜歡自己做選題，什麼都自己做。現在正好，也沒老闆也沒

---

②王強，一九八四年獲北京大學英國語言文學系學士學位，後留校任英語系助教，講師。一九八七～一九八八年任美國紐約州立大學英語系訪問學者。一九九〇年自費赴美留學。一九九三年獲美國紐約州立大學計算機科學碩士學位。一九九四年進入美國著名「貝爾傳訊研究所」工作，任軟件工程師。一九九六年十月回國，加入北京新東方學校創業團隊，先後設計並啓動了新東方學校的英語基礎培訓課程、實用英語學院課程以及計算機培訓課程。先後擔任過北京新東方學校主管教學與培訓的常務副校長、新東方教育集團產業副總裁及董事長。

③康正果，美國耶魯大學東亞語文系中文資深講師。著有《風騷與艷情》、《生命的嫁接》等。

夥計了，只有我一個人。以前我跟遼寧教育出版社的關係很好。遼寧教育出版社的俞曉群④先生，我不認識他，也不瞭解這家出版社。這位俞先生是趙麗雅的朋友。他在三聯書店出過一本書，我知道，但更主要的是我知道他是《讀書》雜誌的廣告客戶，僅此而已。我退休之後才跟俞曉群認識，我們談得很投機。因而知道遼寧教育出版社的利潤多得不得了。於是我跟他們說，在計劃經濟體制下，利潤多了全部上繳，好是好，可是非常麻煩的是，你這個一來災難也來了：你計劃利潤五千萬，最後你賺一億，明後年上面就要你賺一億五，這樣你就被套上了。我有一個鬼招：盡量少賺，多的錢怎麼辦呢？發展文化，創造聲譽，建立品牌。俞曉群非常贊成。他本身是作家，文化水平比我高許多許多。他是大學數學系出身，專門研究過中國文化中的數術。我的這類「鬼點子」，他當然一聽就懂。

這樣我們就談得很投機，並且進行操作了。開頭還零敲碎打，無非出些我從美國帶回來的書的中譯本。例如《歐洲風化史》。順便說一句，這「風化」兩個字是我改的，原來叫《歐洲愛情史》。我在上世紀六十年代，由於給中央反修小組跑腿，特別喜歡瞭解國際共產主義運動裏的異端思想和人物，就是跟馬恩列斯思想不一樣的理念和代表人物。研究過一種異端的戀愛觀念叫「杯水主義」。後

---

④俞曉群，著名出版人。曾任遼寧教育出版社社長兼總編輯、遼寧出版集團副總經理。二〇〇九年至今擔任海豚出版社社長。他提出「書香社會」的出版理念，主持策劃了很多具有很高思想與學術價值的叢書，如「國學叢書」、「書趣文叢」、「新世紀萬有文庫」、「萬象書坊」、「海豚書館」等，從國外引進「探索書系」、「美國國家地理雜誌系列圖書」、《工商管理大百科全書》、《牛津少年兒童百科全書》等世界著名品牌圖書。著有《自然數中的明珠》、《數學經驗》、《數術探秘》、《這一代的書香——三十年書業的人和事》、《前輩——從張元濟到陳原》、《蓬蒿人書語》等。

來我就比較注意瞭解現代愛情觀的變遷。這本德國人寫的書在當年俄國很受注意，我老看見俄國文人引用，但在北京沒找到俄文譯本，後來在紐約發現了俄文譯本，趕緊複印帶回。以後請我的老同學、俄語專家侯煥閎老兄譯出，由遼寧教育出版社出版。

「新世紀萬有文庫」

這時候俞曉群有一個創造發明，我起初很猶豫，後來完全支持。他提出來的是要向王雲五學習，學習他主編的「萬有文庫」。他希望編一套「新世紀萬有文庫」，分古典、近代跟外國三個部分。當時嚇了我一跳。因爲像我這樣一九四九年以後習藝的出版人，非常怕同王雲五這個名字掛鉤，更不敢去「繼承」這位老先生的事業。好像在我的前輩直到我這一輩眼裏，商務印書館可學，而王雲五絕不可學。豈止不可學，簡直不能提。大家只要回想一下當年改寫「四角號碼歌」的故事就得了。我小的時候學的四角號碼歌第一句是「一橫二垂三點捺」，一九四九年以後，因爲王雲五的關係，非得改成「橫一垂二點捺三」。我知道這是政治紀律，所以記得很牢。但俞兄的識見打破了我的迷障。我由此覺得他在文化出版上確有大魄力大手筆。「新世紀萬有文庫」後來找了三個人來編，古代找呂叔湘先生的弟子楊成凱先生，近代找了上海的陸灝先生，我做外國

《新世紀萬有文庫》書影

部分。這套書的價錢便宜，每本八元十元。

陸灝那時在《文匯讀書週報》工作。他是復旦大學新聞系出來的。我的同學後來有在那裏當領導的，那麼陸小弟要小我一輩了。可我發現，這位年輕朋友對書眞在行。從結識開始，我就以他爲師。結識了他以後，我就一直存著一個念頭：此人必須好好「開發」。

做了大半輩子出版，說實話，到了編「新世紀萬有文庫」，我纔眞正嘗到編書的甜頭。我儘管只編外國文化書系部分，但對全套工程亦常參與其事。例如，我幫出版社聘請了幾位在京學者做顧問。而且，後來發現，顧問名稱太虛，而且只有六位（陳原、王元化、李慎之、任繼愈、劉臬、于金蘭），力量不足。後來又想出一個「學術指導」的大名，三個書系聘下如下二十四位，陣容赫赫，影響不小：

傳統文化書系：顧廷龍、程千帆、周一良、傅璇琮
李學勤、徐萍芳、傅熹年、黃永年

近世文化書系：金克木、唐振常、丁偉志、黃裳
董橋、勞祖德、朱維錚、林載爵

外國文化書系：董樂山、般敘彝、陳樂民、藍英年
汪子嵩、趙一凡、杜小真、林道群

幾年下來，一共出了六七百種，蔚爲大觀。這套叢書裝幀簡樸，少有插畫。這也極對我意。我幹幾十年出版，所以一直在行業內沒有名聲，因素之一，是我不善做裝幀，更不喜歡在書裏加印美觀的插畫。這也是永遠及不上范公而屢屢爲他唾棄、爲各個著名的「書人」所不齒的原因。這套「萬有文庫」，可眞對我的意了。

全套叢書，我最喜歡的是陸灝編的「近世文化書系」。第一系列「傳統文化書系」不是不好，而是因我不諳中國古籍，因此少讀。我編的部份，數量不少，但顯然太雜，不成章法。陸灝老弟所編，收入許多我聞名已久而從未得讀的書，還有許多令我大開眼界的論著，最是快意。

但是我不知什麼原因，「新世紀萬有文庫」做得如此盡智竭力，費去如許資金財源，影響似乎並不如預期。原因大概在於，改革開放儘管已經十來年，社會上仍然浮躁。這種情況，引得我們這套書的頭頭——俞曉群先生也開始向社會呼籲，訴說自己的無奈。當

然，如俞兄所說，「『無奈』也罷，『有奈』也罷，我們只是想說，我們正在做一件好事情。先人已經做得很好了，我們還要老老實實地做下去，力爭好起來。」（《中華讀書報》，一九九六年十一月十三日）

新《萬象》

編印「新世紀萬有文庫」以後，有機會在上海同陸灝、陳子善⑤等人常在一起。有一次陳子善帶了幾本舊雜誌，那是上世紀四十年代的老《萬象》。我在做工人時見過這雜誌，那時讀不懂。以後好不容易找到一些，喜歡得不得了。我提出，我們何不承繼前賢，老店新張？於是，一行人去拜訪當年老《萬象》後期的主編柯靈老先生。我同柯靈老人是老交情，自然一談即合。接著四處奔走，一跑幾年，才有了遼寧教育版的新《萬象》。

說實話，我編《讀書》多年，其實那不是我的夙願。我這個上海灘出來的人，不大會做十分嚴肅的東西。《萬象》很適合我的性格，很快就喜歡上了它。現在去找誰來編呢？起初，趙麗雅給我介紹一位在北京媒體工作的吳先生，談得挺好，可是後來這位先生另有高就。那麼再找誰呢？這時想起陸灝。其實重新創辦《萬象》，源於

⑤陳子善，一九四八生，上海人。華東師範大學中文系研究員、博士生導師，華東師範大學中國現代文學資料與研究中心主任。長期從事中國現代文學史研究，致力於二十世紀中國文學史料學的研究和教學，在周作人、郁達夫、梁實秋、台靜農、葉靈鳳、張愛玲等現代重要作家作品的發掘、整理和研究上做出了重要貢獻，尤其對張愛玲生平和創作的研究為海內外學界所關注。

我對海派文化的認識和留戀。如同研究者所說，所謂海派文化，是在兼收並蓄各種外來文化的基礎上扎下了自己的根。從這意義上講，陸灝是再合適不過了。

《萬象》一出，輿論反應很好。有人說，同那時《讀書》的越來越深奧莊嚴相比，「它有點像花邊文學，可以讓一閒人，身穿家居服，隨意躺在沙發上、床榻上展卷閱讀」。「這雜誌很海派，卻是在遼寧出版的。奇怪！」陳樂民⑥先生評論說，在《萬象》，「常常讀到一些妙不可言的好文章」。他喜歡讀塵元（陳原）的「詞語密林」。王蒙連載的「玄思小說」，等等。陳先生說，「或許覺得它太休閒，確實這裏沒有宏大敘事、高頭講章，但卻足以在輕鬆恬淡和談笑之間，傳遞出濃郁的文化底蘊，且不乏鮮活靈動之氣，可以益人心智，可以發人聯想。」「《萬象》的妙處全在一個『趣』字。」

我邀趙復三⑦先生爲《萬象》陸續寫稿多篇。趙老那時已遠走海外，但還用「常念斯」這一含義深遠的筆名爲國內刊物寫稿。他在一九九九年五月四日來信說：「四九年前，上海刊物甚多，質量較好的卻寥寥可數，《萬象》是比較能做到雅俗共賞的。依稀記得，那時的《萬象》好像是十六開本，每期篇幅薄得多，紙張只是普通

新《萬象》創刊號書影

⑥陳樂民，一九三〇年生，中國社會科學院歐洲研究所研究員、原所長，歐洲學會原會長。夫人是資中筠。在大學畢業以來的半個多世紀中長期從事「民間外交」、國際政治和中西曆史文化的研究工作，曾遊歷亞非拉歐美各地，參加了大量國際會議，進行講學等學術交流活動。二〇〇八去世。

⑦趙復三，一九二六年生，上海人。一九四六年上海聖約翰大學畢業。一九四七年後，任北京基督教青年會幹事、副總幹事。建國後，任北京

報紙，大概並不準備讓人保存的。現在手上這本《萬象》，內容質量格調當然高得多，能組織到這麼多位名作者有質量的稿件，圖文並茂，版面設計也很好，紙張也很好，足見不僅大處，連小地方也是用了心的，眞是可喜可賀。」「希望《萬象》的內容，還可以更寬廣。」

陸灝當然還能順應時代。記得他曾在《萬象》連續兩期編「同性戀」專欄，十分新潮。他約愷蒂⑧、毛尖⑨、須蘭⑩、陳巨來⑪等寫專欄文章，也都十分引人注目。

《萬象》在知識界的影響，我還可列舉幾位名流對我來信中的品評：

金克木先生專門為《萬象》題詩一首：

京派精神海派裝
一元復始更新忙
欲將世事包羅盡
指點江山臭與香

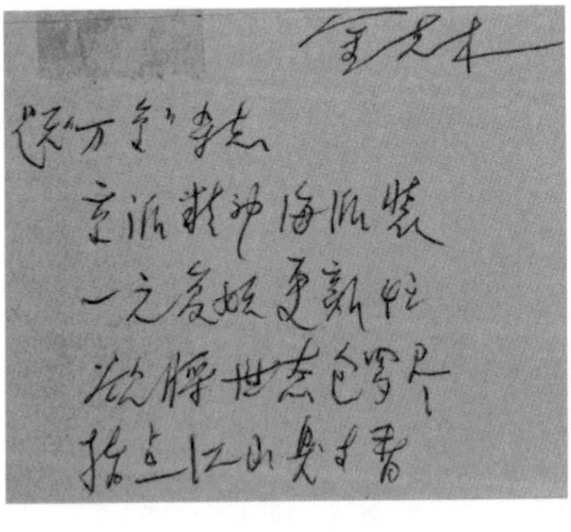

金克木為新《萬象》題詩

市政協委員會副秘書長，中華聖公會牧師，北京基督教三自愛國運動委員會副主席，燕京協和神學院教務長，中華聖公會華北教區總幹事。一九六四年後，任中國社會科學院世界宗教研究所助理研究員、研究員、副所長，中國社會科學院副秘書長、副院長，中國 基督教三自愛國運動委員會副主席。後赴美國，在大學任教並定居耶魯。

鮑彤先生專門來信指出：

「《萬象》很有看頭，開卷勝似當年——不僅僅是當年的一卷《萬象》，而是多種味道的綜合：比方說，其間就有一點黃氏兄弟的《西風》的氣息。」

最有趣的是姜德明先生在《新民晚報》（二〇〇〇年十月三十一日）上撰文，給我們講了一段故事，使我們編起《萬象》來比以前更加有勁。他說：

「那是發生在一九五六年夏天的故事。當時一部分在思想和藝術上都比較成熟的作家、畫家，在『百花齊放』『百家爭鳴』方針的感召下，經文化部批准，擬辦一本圖文並茂的綜合性文藝雜誌，定名為《萬象》，並成立了十人組成的籌委會，名單是：吳祖光、郁風、張光宇、張仃、胡考、丁聰、黃苗子、華君武、龔之芳、葉淺予。畫家張仃還擬定過一份欄目安排，內容計劃。『創刊號』業已編就，其中有張仃：〈畢加索訪問記〉、郁

---

⑧愷蒂，本名鄭海瑤，一九九一年獲上海復旦大學比較文學碩士學位；同年赴英，就讀於倫敦城市大學信息科學系，獲碩士學位。曾任職倫敦聖馬丁藝術學院圖書館、倫敦維多利亞博物館國立藝術博物館、倫敦西敏大學圖書館、倫敦歐洲木版基金會等機構。二〇〇〇年移居南非，現居住於開普敦和上海兩地，為自由撰稿人。著有《書緣情緣》、《書裏的風景》等。

⑨毛尖，女，浙江寧波人，現任上海華東師範大學對外漢語系教師，華東師範大學中國現代思想文化研究所城市文化研究中心研究成員，上海師範大學都市文化研究中心專職研究員，著名專欄作者。

⑩須蘭，女，一九六九年生，上海嘉定人。大專畢業。一九九〇年參加工作，任上海汽車齒輪廠宣傳部幹事。一九九二年開始發表作品。一

風：〈衣飾雜論〉、吳祖光：〈回憶一齣最糟糕的戲〉、艾青：〈我寫過的一首最壞的詩〉、葉恭綽：〈顏魯公的書法〉、曹禺：〈論莎士比亞〉……這在當時是多麼吸引人的一些題目。不想一夜之間，反右派的風暴襲來，一份不曾問世的《萬象》要目竟變成反黨罪證，『二流堂』復活的宣言。『創刊號』主要作者幾乎都被打成右派分子，僅曹禺一人得以保全。儘管刊物未能辦成照樣可以定罪。我真希望在未來的中國現代期刊史上有人能記上一筆。這也是人間萬象，社會百態中的一個小插曲，或許說不上是閒筆吧。」

九九八年加入中國作家協會。著有長篇小說《武則天》等。求學香港後，曾任香港電影《投名狀》編劇。

⑪ 陳巨來，一九〇四年生，原名斝，字巨來，後以字行，號 齋，別署安持，安持老人、牟道人、石鶴居士，齋名安持精舍。浙江平湖人。篆刻名家，詩人，並擅書法，曾任上海中國畫院畫師、西泠印社社員、上海書法篆刻研究會會員。一九八〇年就月，被聘為上海市文史館館員。有《安持精舍印取》（附《安持精舍印話》一卷）、《古印舉式》等。一九八四年去世。

「書趣文叢」和《呂叔湘全集》

我是編書的，一直愛讀寫得好的書話文章。現在有了財力，自然想起了書話。這事委託吳彬來做。她編了一套《書趣文叢》，把我們想得起來的評書大家的作品，都收進去了，前後出了六十來本。

這套「書趣文叢」實際上是《讀書》雜誌的圖書版，所以吳彬來編最爲合適。我們當年定下來的宗旨是：

「本套叢書意在傳揚一種讀書方式，旨在營造一個書香社會。請一些讀書的大行家現身說法，把他們『讀書成趣』的成品展示出來，告訴讀者不必把讀書看成是教訓與被教訓、賜給與接收的關係。而只是一種『對話』。這樣方能以自己為本位，自得其趣。」

全套叢書共五六十冊，包括當代的幾乎全部名家之作，煞是難得。

「書趣文叢」書影

俞曉群和我都有意思乘這旺勁還出一些大家的全集。他屬意錢鍾書。張羅了一下，沒成功。我很想爲少年時代結識的小朋友於梨華女士出一全集，俞兄也同意。此事如辦成，我也算是報答了幾十年來海峽彼岸最早熟識的大人物的恩情。可惜的是，這選題報到上面，沒有批准，原因無他：遼寧教育出版社不是出版文藝讀物的單位。這給我很大的打擊。萬般無奈之際，又想出一招：推薦出《呂叔湘全集》。呂老同我談得來，他對此事大力支持，自然一拍即合。《全集》共出十九卷，上千萬字，實在是件大工程。在我的最後出版生涯裏，總算對這位我在做學徒時就自學他的《中國人學英文》直到成長後始終蒙他點撥的大學者，有了一點報答。

其他零星的書就更多了，簡直不勝枚舉。

例如英若誠的五個劇作的中譯本，一九九七年前後宋木文、申輝慧⑫等曾竭力向三聯書店推薦，三聯書店出於經濟原因，不能出版。我得訊後向俞曉群求援，俞立即應允。以後即由遼寧教育出版社出版。

我知道孟湄女士翻譯了昆德拉的作品出版有困難，就接過來在遼

---

⑫申輝惠，一九五六年生，女，山西垣曲人。編審、中國社會科學院研究員。主要學術專長是英語國家的當代文學，現從事外國文學的介紹和研究。一九七五年畢業於遼寧大學外語系，一九七八至一九八一年在北京大學西語系學習，獲碩士學位。畢業後任教於北京大學西語系，一九八五年至今在本院外國文學研究所工作。現任外國文學研究所《世界文學》常務副主編，編審。現負責南海出版公司。

寧出。以後我又去巴黎見了昆德拉。再以後遼寧出資由我專程去巴黎洽出昆德拉全集，可惜未成。

前面說過，在美國耶魯大學結識了康正果先生，知道他極富文才，我出了他的《風騷與艷情》。以後，又在紐約認識了一位美國史專家尹宣先生。晤談之間，得知他個人居然把當年美國制憲會議的紀錄全文譯出，字數極多，而無法出版。我回國後，央諸曉群老兄，由遼寧教育出版社出版。一九九六年寫信給尹先生，他欣然同意。這大概是我當年爲遼寧教育出版社做的最後一本書。

要做那麼多事，自然要有一個班子。我找了人民出版社、三聯書店的同事，同心協力，一起來做。那時我跟人民出版社關係不錯，他們給了我一間房子。排校工作也在北京成立一個班子。美術裝幀我不懂，委託一位美術家張紅女士來管。這一來，我們的小工作室也有不少人了。

退休以後還做那麼多事，實在高興。可是樂極生悲，沒多少年就出問題了：上面忽然把俞曉群先生調開，於是所有這些工作都停頓和撤銷。上面這種措施，現在叫「改制」。是是非非，我也說不清。

總之，對我來說，來得意外，去得突然。好在我也到了「古稀」之年，理該退出是非之地了。讓我高興的是，因遼寧這塊寶地的恩賜，我從「耳順」到「古稀」期間，居然成爲了自己一生做出版最順手的年代。

當然，也有極大遺憾之處，就是原先設想了幾個大計劃，這時都無法實現了。例如，我想學習國外出的學術名著的《讀本》，出一套「外國學術名著讀本叢書」，已約編了好幾十種，全部泡湯。還有，我對俄國柯倫泰女士特別感興趣，想出一系列，還約譯了幾種，也都泡湯。這些願望，今生已無法實現，惜哉！

不良於行而工於「躍」的郝明義

事到如今，我已省悟，我這個老廢物，看來是不能適應中國大陸日新月異的發展形勢了。我需要學習。於是我四處尋找學習、提高的機會。

前面說過，我認爲台灣的出版業是大陸的「試驗田」，於是尋師訪友，想找個把台灣出版界的朋友。我的台灣同行朋友極多。但是，因緣際會，最後和郝明義老兄結緣。

我同郝明義在八十年代末就相識了。當時他在時報出版公司。他因小兒痲痹症，不良於行。但是我同他初識不久時，印象最深的是在北京的卡拉OK上，他老兄引吭高歌，讓我覺得他眞懂得生活。他那時出的書，印象深的是那本《EQ》。所有種種，使我覺得他眞新潮，眞會生活。後來他忽發奇想要在台灣出版《資本論》。這類事，我這號稱馬克思信徒的人起得了作用，很快幫他辦成。

後來等我想和他合作時，他已自己主持大塊出版公司。他想在北京開一家辦事處，我介紹于奇女士主其事，自己和郝兄同事。

我在「大塊」，特別讓我感興趣的是那套「網絡與書」（*Net and Books*）叢刊。辦叢刊，是我很熟悉的事。在大陸，出叢刊的主要目的是「以書代刊」。因爲刊號難得，所以出版社往往用書的形式來出期刊。可「大塊」不是這想法，他們的著意在 and 一詞。這叢刊出了二十來種。其中，關於書的若干種我當然最感興趣。但像《音樂事情》、《少一點》等等，也極有趣。

我覺得不可理解的是，這套書做了一些，我從 and 裏感受到了不少樂趣，但郝老闆顯然已經不滿足了。And 也者，只是 A and B，他的個性，大概不能滿足於兩個。於是在某月某日，我發現他又有新的計劃。這計劃叫「經典3．0」。

這個計劃的含義，我是看了他答《南都週刊》的訪問才明白的。

他說：「經典3．0」有兩層意義，第一層就是今天的閱讀，應該同時顧及「書」、「網路」和「旅行」這三個層面。閱讀，同時也思考閱讀在真實世界裏的價值。第二個意思是，這個活動要呼應

Web3.0時代的精神。1．0指的是一個人講，眾人聽；2．0就是你講我講，眾聲喧嘩；3．0應該是結合以上兩種精神的一種新的精神。由此分了三個階段，第一階段就是找一些名家來演講，然後當我們把他們的錄影放到網路之後，大家會來補充、添加，這個就是2．0，最後把這些合起來再編一套書，就叫3．0。」

說實話，到「經典3．0」，我已經跟不大上了。到這時，我感興趣的是郝老闆的個人著作。幾年來，他一口氣出了好幾本，如《越讀者》、《那一百零八天》、《一隻牡羊的金剛經筆記》、《工作DNA》、《故事》。我在案頭抄了一段他的語錄，以爲警言：

「除了愛情，沒有任何事情像閱讀這樣讓我們覺得，遲來的開始也可以如此美好！

即使愛情，也沒法像閱讀這樣讓我們覺得，越界之舉，可以如此新奇！」

由此我領會到，說郝明義「不良於行」，不是說他不能走，而是說他良於「躍」，或曰「越」。世上哪一個良於行的人，都躍不過他。

我這破老頭當然更加跟不上了。好在我原意並不在「跟」，只是想知道世上有其人其事而已。在「大塊」十來年，我滿足了。

朱德庸和幾米

在同郝明義兄打得火熱之際，從他那裏得訊：台灣又出現了一些大漫畫家：先是朱德庸，而後是幾米。我同台灣出版界的交往，是從漫畫入手的，現在這些書又同郝明義有關，談判版權十分便捷，我自然嘴巴饞得要命。但是，我如果管這閒事，去幫誰的忙呢？俞曉群已在難中。三聯書店，格於范公，大概不會搭理我，我又何必去做這人情。何況董秀玉也已不大管事了。但我這人是不肯「太平」的。忽然之間，想起一人：吳江江。此公現在已離開出版總署，主持一家現代出版社。前面說過，我在主持三聯書店期間，要說業績，唯一看得見的是蓋了一個大樓。蓋成這個大樓，主要得力於當年任出版總署計劃財務司司長的吳江江兄。沒有他上下關照，乃至親自奔走，特別是幫我搭上同鄒家華副總理的關係，以及隨後取得出版總署署長宋木文的傾力支持，以我微薄之力，絕不可能完成偌大的功業。想到這裏，我覺得，一定要在此生報答吳大司長。吳司長既然已在主持現代出版社，我就想方設法，讓吳兄與郝兄成為知友，然後把這兩位台灣畫家的大著先後介紹給他們出書。於是，在我還有能力做點小事之際，總算為三聯書店做了一點小小的報答。至今，我每次出入三聯書店，坐在門口的石碑上尋思往事，總是想起這事。吳大司長事業極為宏大，自然不會計較些須小事。但在我來說，總算稍稍問心無愧了。

第七部

「脈望」的故事

嗜「臭」成癖，喜「肥」成性

到了「知天命」的光景，退出了歷史乃至社會的舞台，當年的二十字訣（吃喝玩樂，談情說愛，貪污盜竊，出賣情報，坐以待「幣」）是不是還起作用呢？

當然不起作用了。那都是我開拓業務的手段。現在什麼也不用開拓了，到了眞正的「坐以待斃」，而不是「坐以待幣」時，還幹這些事幹嘛？

但是，賊心難改。這些行爲，到了現在，無非是改變了形式，依然起著作用。

先說「吃喝玩樂」吧！

過去常上飯館，目的是張羅飯局。現在沒這需要，同時，也沒這麼多款項，但是飯館還是要上。怎麼上？我自己規定，每餐只能花人民幣三十元，只上小飯館。逛來逛去，喜歡上了北京城的無數清眞小館。那裏，一碗羊雜碎，一盤羊頭肉，一瓶啤酒，一個燒餅，三十元足矣！爲什麼偏偏要清眞小館呢？說了可笑：我喜歡那裏的羊騷氣。記得東四附近有一家羊騷氣最濃，我就去得最多。

這難道是因爲我同回民有過很多的交往？不然。其實歸根結蒂是我喜歡怪味。這也是在上海當學徒時的收穫。我當年住在商店馬桶旁的一間小屋內，空氣不流通，天天聞馬桶和臭缸旁邊的味道，日子多了，引以爲快。所謂「臭缸」，是寧波人用來做臭菜的大缸，裏面裝滿了蛆蟲，人們見而生厭，我卻見而心喜，因爲到了這裏，就到了我的個人天地。我在這裏讀書寫字，學習無線電技術，乃至把它變成暗房洗印照片。因是之故，我這人眞的是「樂臭成癖」。

但是直到現在，朋友請我飲宴的還很多。如是，我當然仍然裝出一副人樣，與人「吃喝玩樂」。那樣還能節下這三十元錢來。於是，我就將節下的錢單獨存放。到夠一數目，忽然上街一個人或邀朋友大嚼一通。「嚼」什麼？我現在忽然喜歡台灣菜。近年來，北京的台灣飯館越來越多，很引我注意。我慢慢學習，能用台灣口音說

「三杯雞」，「Ho A」（蚵仔），於是一去就先點這兩個菜，狂吃一通。然後來碗炒米線。我聽說有的台灣人也嗜臭，於是到處找哪裏的臭物，多半不能如願。前不久，北京東郊的藍色港灣開設台灣小吃節，我專門趕去，找到了臭豆腐，但並不太臭，並不過癮。

說到「臭」，這是我對食物的最愛。你想想，一個小孩，從十三歲到十九歲，天天在臭缸邊生活，餐餐吃臭缸的醃物，焉能不跟臭物發生感情。到了垂老之年，我從網上查到北京有多處賣臭物。中關村有一家取名「臭豆腐大王」，我聞名趕去，從此成爲常客。每次去「萬聖書店」，做點雅事，歸來便悄悄從那裏帶回臭物。於是在家中一人默默烹食。我置備了一套食具，烹燒、儲備都是密封的，免得家人聞而生厭。遺憾的是，現在無論從哪裏買到的臭物，都已沒有蛆蟲附在其上。不若我的少年時期所食，邊吃邊剔去蛆蟲，何等情趣盎然！

關於臭物，還應該說一下北京今年流行的一宗奢侈食品：臭鮭魚。這是安徽飯館的名菜。我之瞭解它，是台灣出版家劉國瑞當年每來北京，常與我一起大啖他的家鄉安徽的名菜。可惜，那時安徽菜只在北三環邊上安徽賓館的餐廳吃得到。路太遠，價太貴，犯不上常去。近年不知什麼原因，安徽餐廳新開了好幾家，有一家正好開在我家不遠。我一看見它開張，就想請劉兄同去嘗鮮。崇文門外那時新蓋了一個巍峨的「國瑞城」大廈，我以爲必是劉國瑞先生的產業，到那裏拚命打聽他老人家。後來得悉，那是崇文區政府的公有財產，取名「國瑞」，乃是「Glory」的音譯！

臭鮭魚一碟需要人民幣二百餘元，我何嘗可以經常食用。幸好，老人自有老來福。我晚年結識了俞曉群先生。他應我要求，常同去大嚼徽產臭鮭魚。後來，更從網上得悉，俞兄辦公室附近有一安徽餐廳，臭鮭魚一味更有盛名，我自然更加饒不了他。

好了，不說「臭」，說說「肥」吧。我的另一個食物嗜好是肥，主要是肥肉。

我爲此專門給上海的報紙寫了文章，把我對肥肉的考證全抄了出去。其實我何嘗有什麼考證，全都抄自陳存仁醫師的大作，只不過補充了一些毛澤東主席的有關論述。偏偏報紙怕出問題，把毛的論述全都刪去。其實，我也並不喜歡北京流行的「毛氏紅燒肉」。我愛吃的是上海灘的「外婆燒肉」。這又得回到我當學徒的時光。那時，爲了上夜校，每天下午五六點就從首飾店裏溜出來，在法租界太平橋小攤上吃一碗陽春麵，遇到有錢時，外加一塊肥肉。吃了這肥肉，萬分得意，讀俄語、學英語，都更加來勁。到了老年，嗜肥的罪行自然更加猖獗。

說到這裏，除「臭肥」之外，還想起一事：「剩」。我當年爲工作傭，最高興的是剩菜。我白天伺候大人物們飲食，他們吃剩的便歸我。上夜校，回來肚子餓了，如果廚房裏沒剩菜，便到隔壁小飯館買一碗「熟落羹」（寧波話，意謂剩菜），也都是客人吃剩的東西。價極便宜。但是偶爾也能在其中找到一塊整肉。有這習慣，我現在特別喜歡在宴席後帶剩菜回家。當年當領導時不太好這麼做，爲的是要面子。現在當然橫行無忌。什麼貴重的宴席，我都要關照「打包」，然後左提右拎，回家耐心享用。從其中偶爾發現整塊魚肉，快何如之。

總而言之，年邁以後，一切都在回憶中討生活，首先是吃喝大事。

爲興趣而讀書

一輩子幹出版，可謂讀書無數。但是說到底，此讀書非彼讀書。讀了半天，你究竟還不是文墨場中人。何以至此？說穿了，我多年從來只是爲功利而讀書。儘管鎮日手不釋卷，但一不是爲興趣，更不是求眞理，而只是圖出息。

那麼，到了老而退休之年，這種情況可否改變呢？的確想改，因爲此刻對我而言，已不存在任何「功利」了。

到目前，自己的藏書室有六十來平米，書大約四五千冊。多年下來，買書、積書自承尙努力。目前藏書室面積超過我們老夫婦的起居室。藏書室地處鬧市，房屋市價在人民幣二百萬元以上。如是，每冊書佔用了本人私產約四百元。而我所收藏的書，每冊大概只值五至十元。如是，豈不浪費太甚！

因此，我在北京不斷著文呼籲：目前藏書人的難處是買得起書，買不起房子。但無人搭理。大概答覆只有一個：誰讓你買那麼多書！

我現在的所讀之書，只服務於我這老人的興趣。現在一不做選題，二不讀稿件，「功利」何在？但如果因讀書而使自己多少產生一些快感，豈不也是功利之一義？

我的興趣首先在海外作品。不知怎的，還是在做出版時的老念頭：海外作家寫來比這裏的有新意。因此，我耐心收集李碧華、龍應台、舒國治、朱天文、齊邦媛、於梨華，乃至新井一二三的作品。

不僅是文藝創作，評論也同，如余英時、王德威、董橋、李歐梵、思果諸位，都是我的崇拜對象。說來也怪，我對對岸的李敖、南懷瑾等位特別有興趣，幾乎有出即收。因讀他們的書，一度又迷上胡因夢，也因此天天去讀克里希那穆提。現在大陸非常熱中出版蔣介石的書，我倒興趣不大。但是我幾乎買齊了張愛玲和胡蘭成的書。此無他，他們過去在上海待過是也。而老蔣在上海那些年，正是我畢生最苦難之時，我實在不想重溫它。

我還特別注意收集談舊上海的書，因爲這可以滿足我的「懷舊」欲。多年下來，有滿滿的一大書架。上海文匯出版社的「海派文化叢書」我最感興趣，一讀再讀。關於共產黨歷史的書，自然也有收集，但未及細讀。這方面讀得較多的還是葉永烈、師東兵幾位的作品。說這話大概要遭非議，但也沒辦法。

我費很多精神收集海外的出版物，滿足我的求知飢渴。這方面的書不想舉了，只想說說我本人特有的一功：即搜集有關方面禁讀的書。這種精神需求來自六七十年代本人有幸做偉大毛主席個人讀書的小小知情人，於是知道某些罕見書之可愛和讀它們的樂趣。美術家劉海粟的生平傳記三大卷，據說因家人告狀停止發行，我從有關方面得到十來套，不僅自己讀，而且送人。三聯書店前輩朱楓女士在台灣因吳石一案被蔣介石槍斃，大陸的有關著作《鎮海的女兒——朱楓傳》不知爲什麼被禁，我千方百計覓取一冊，然後複印贈友。我聽說正派歷史學家金沖及先生乃父寫汪僞的歷史很耐讀，我聞訊從芝加哥覓得，讀後又再複印贈友。諸如此類，不一而足。

但是，不論如何，我已不大讀翻譯書。即使讀俄國書是我感興趣的書，也只止於讀讀楊奎松、藍英年而已。

總而言之，從爲功利而讀書轉而爲興趣而讀書，是我近十幾年的一大轉變。而爲做學問而讀書，我是怎麼也做不到了。

鄧麗君和季姐

我學過無線電手藝，當年自己就安裝過用眞空管的放大機。記得當年的政壇紅人王力在未十分發跡時，就常找我諮詢放大機的功能，於是使我成爲他家中的一個常客。到了自己退休以後，自然不忘這項享受。何況，現在用不到自己去安裝放大機了。我女兒爲我從美國帶來的放大機，體積不大但放大倍數驚人，低音尤其好，我特別喜歡。

放大機是播放什麼？說來也怪。我多年以來，放的總是鄧麗君。特別在退休前後，正事不多了，一開起來，就聽鄧麗君。家裏沒人，我就把聲音放得極大，幾乎聲震屋瓦。家裏有了人，我就用耳機聽。聽鄧麗君，當年是個政治需要。大家知道，在改革開放前後的年代，大陸有兩個犯忌，都跟「鄧」有關。鄧麗君的犯忌，涉及傳聞的海峽對岸的敵對行動，自然更加犯忌。但我還是一股勁兒設法找磁帶來聽。難道我眞的是那麼有政治積極性嗎？

當然不是。我之愛聽鄧麗君，其實只是因爲她唱的那些老歌不斷勾起我的回憶。我當年在上海做學徒時，店裏天天放那些流行歌曲。說來也可憐！這是我爲工作傭的六年裏唯一的文藝享受。那是我學習勁頭最大的年代。上帝既然非讓我每天學習和享受《何日君再來》，我自然一輩子也忘不了了。自然，這也同五十年代以後的歌曲實在太單調，到了改革開放的年代，相比之下，我自然又回到這以前的時候了。更何況在我聽來，鄧麗君確實比當年的周璇她們唱得動聽。

說起這段往事，又不得不使我想到另一故事。我在四十年代中期，其實更愛聽的是另一個歌曲。我已不知道歌曲的名字，只記得其中有一段歌詞是：「達啊呀，達，你醒醒吧，你爲什麼還要想著它！」這裏的「它」是指「鴉片」。那是一個什麼電影，裏面女主人公勸說她丈夫不要再抽鴉片的話。在剛當學徒時的我，聽了這歌，簡直感動得大哭不止。因爲這使我想起父親嗜毒，以致家破人亡，使得本是富家子弟的我不得不更名換姓，爲工作傭，做牛做馬。這歌大概同李香蘭有關。八十年代以後，我再也找不到這歌。

估計，當年日本人爲了鼓動中國百姓反對英美，往往大講當年英國人販賣鴉片的罪惡。其實後來，我知道日本人也販毒。但不論如何，這是我最早的政治教育。

當然，更重要的政治教育在後面。我父親如果不抽鴉片，我後來作爲富家子弟，不論從學、爲仕，大概在「文革」等政治運動中的日子都不會好過。我家赤貧以後，我在政治運動裏，即使不積極，也整不到我身上。我還記得，上世紀六十年代末，工宣隊的領導對我說，整個文化部三千來個幹部，居然找不出幾個像你這樣出身工人的。後來軍宣隊的領導同我交了朋友，我們一起用俄語開玩笑（他是在俄國學習空軍的）。我在整個「文革」期間，就以這工人出身平平穩穩過來了。歸根溯源，還得歸結到我這位老爸當年「敗家」有功。想到這裏，一切氣惱也就消散殆盡了。

八十年代後天天嗜聽鄧麗君，我這出版商自然想報答這位大美人。還在三聯書店上班時，我不敢出關於鄧麗君的書。革命前輩是不會喜歡她的，一定以爲是我在胡搞。如果出一本外國音樂家的傳記，我還可藉陳原的名義，別人沒有話說。不久，機會來了。我退出「三聯」未久，一九九九年，我見到香港「天地」出了一本日本作家寫的鄧麗君的故事：《美麗與孤獨——和鄧麗君一起走過的日子》。我同「天地」還熟，立刻用遼寧教育出版社的名義買了版權，出了大陸版。現在此書大概還是少有的幾本關於鄧麗君的書之一。讀了這本書，我這「鄧迷」又到了一個新階段。我開始理性地喜歡這位歌手，自然，也更加瞭解海外特別是台灣的文化氛圍。

講到這裏，還想小敘一下我的另一項娛樂：看電視。我耐不下心來與時間坐在電視機旁，也因此，我除了每天清晨要收聽兩次關於海峽對岸的新聞外，只在晚上睡前稍微看看影視劇。我這幾年，不斷看的影視劇無非是警匪片，特別是那個《重案六組》。這是講一個取名「重案六組」的刑事警察劇。它的故事並不耐看，我特別喜歡的是，劇中的女警察季潔，由演員王茜飾演。她的形象、台詞，都讓我覺得新穎、奪目。另外，這影視劇強調用網路通訊的技術手段破案，也讓我增加不少知識。

一個晚上，如有《重案六組》季潔大姐出現，我可以熬到九點鐘才上床。不然，一到七點半，我就呵欠連連，要告別電視，告別電腦，進入夢鄉了。

在「潛水」中討生活

我生平不做運動，不解藝術。退休之後，亦復如是。那麼，「潛水」何爲？

這裏指的是在玩電腦時上網的「潛水」。那是我眼下幾乎最大的生活樂趣，幾乎不可一日無此君。

前面說過，我小時候是業餘的無線電愛好者，還受過一些收發電報的專門訓練。所以，對電腦產生興趣是自然的。然而，到了互聯網時代，我發現上網來窺測這個世界，特別是瞭解文化動向，是最巧妙不過的事。我在做編輯時，就喜歡躲在「閣樓」裏窺測這個世界。現在，一上網，所「知道」的東西比過去多得多，做一個「知道分子」是比過去更有趣得多了。

我一天大概先後要上近十小時的網。大陸的幾個有名網站，我幾乎無日不去。如「共識」、「天涯」、「凱迪」、「豆瓣」、「五柳村」、「往復」、「炎黃論壇」、「新語絲」等等。我更喜歡看網上的打架，因此自然也不時要看看「烏有之鄉」等。至於同我業務有關的網，自然也每天一到，如「大佳」、「百道」、「出版之門」、「布衣書局」等。更有一好是上氣功網，如「清靜家園」，看看現在練功上有什麼新招。

我的上網之所以花時間不少，是因爲我看到好看的東西，要下載，下載後要統一規格（如消滅不必要的空行，大標題排四黑，小標題排五黑，正文排五宋，按語排五仿，等等），再打印。打印完成後細讀一過，然後分類存放。分類的辦法是，除專題外，我特別關心的人士，按專名排列存放。這樣以來，一天的大半光陰就都花在上面了。我也曾試圖不去打印，在網上閱讀，然後在軟盤裏分類存放。後來覺得十分不適合我一輩子做文字工作的習慣。我究竟是做紙面印刷出身的，看電腦裏的東西，只是一種「提示」，不是正式閱讀。眞正閱讀，還非在紙面不可。

近幾年發現，我打印的東西越來越多，可是我做的事越來越少，看來，自己每天忙碌的事，都是無效勞動。是不是要放棄？現在還下不了決心。且待來日吧！

上網還給我一個極大樂趣，就是可以隨時尋找自己知道的信息。年齡大了，記憶能力極差。每天之所以還能與這世界交往，多半靠時時刻刻的上網查詢。例如有人請我吃飯，我得訊後，必定於出發前查一下「大眾點評」，於是在飯桌上我就可以假充內行，胡說爛嚼一通。遇到要去開什麼專業的會，我會先查「百度」，甚至下載一些有關言論。到時候，別人所說，我就看得心領神會。這個「百度」簡直奇怪，我要的東西它幾乎都有。我當年做首長秘書時，做好工作的訣竅，是凡事先查俄文版的《蘇聯大百科全書》，於是到時一出口就是馬恩列斯，滿座皆驚。後來以爲這辦法不靈了。可是天下又出現了「百度」之類，讓我老邁之年依然可以海闊天空，胡吹一通。

當然，我只在網上「潛水」，絕不發表言論。現在好多朋友勸我上博客、微博等等，一概婉拒。這當然有技術問題。例如我不會打字，自己普通話又不好，舌尖前音、後音分不清，ng和n也區別不出來，於是打一個詞要「試錯」幾次，速度大減。然而，更重要的，是我有一番經驗、教訓。前面說過，當《讀書》在上世紀末換帥時，我不慎對報社記者說了幾句話，後來釀成軒然大波。一位從東亞來的女士，不斷爲文挖我老底，把我大大損了一通。當然損不了我多少，但終究弄得心神不能安寧。其實，當年我何嘗不知老人要「明哲保身」，那時之所以對記者說了點話，無非是想幫一位在「《讀書》雜誌」工作的小姐說話。哪知結果一點也不領情，反而使自己狼狽不堪。現在報上在討論老人在路上倒地不起要不要去扶持，眾說不一。我如年輕，當然認爲要扶。現在卻不作此想。因爲自己保命的力氣也沒有，怎麼顧得上別人。更何況，時常發生冤枉扶人者是蓄意謀害。

我到了耄耋之年，想的不復只是自己。重要的是自己怎麼做到求靜調身。上面說的還是消極的辦法，積極的辦法又如何，下文再說。

防止「被遺棄」

從上班時當領導的風風光光，到交班後的沒沒無聞，心情自然難以平靜。退休後雖然還找了些老朋友，做一些事，還算得意，但是久而久之，日漸發現自己確實已經難以適應種種事務。身體不斷在警告自己：你不行了。

每逢自己到了年歲逢五逢十之際，朋友們一定要爲我慶賀，其實這時我最沮喪。每逢友人舉杯說：祝你高壽！我心中往往在想，這無非是在暗示你已來日無多。儘管這是不可抗拒的事實，但終令人沮喪。

這時，能拯救我們心靈的，還是年輕時拯救過我的法寶——氣功。

如果說，氣功，特別是當年蔣維喬老師傳授我的種種人生哲學，在我年壯的時候幫我排除雜念，積蓄內力，在事業上做出一些成就，那麼，現在，氣功眞是令我只存「一念而攝萬念」，到了止念入靜的境界。我練了蔣先生面授我「小周天」五十多年，從來注意「意守丹田」。每天到了一定時候，必然「攝心」、止念，內守丹田。止念自然要順其自然，遇有心頭難解之事，現在比過去易於破解，因此入靜也更有保證。我到了這時，才眞心體會到「放下就是幸福」。

現在要放下，自然比過去容易得多。生活上常有缺陷，又不能滿足之處，然而回首一瞧，那裏面有一個平板電視，不遠還有空調，等等。這些設備，秦始皇、唐明皇、慈禧太后等都沒享受過，恐怕連偉大領袖在世時，也未必欣賞過二十四吋的平板電視。我今日可以隨時享用，人生還有甚麼不知足呢？想到這裏，一切雜念戛然而止，丹田熱氣漸湧，不久而後，任督一通，人間之快，豈有甚於此乎？

過後再讀胡因夢、曲黎敏諸大家的佳作，自然更有體悟。

幫助我攝心的，除了氣功，還有書法。我自幼習顏，現在頗想改換一下路徑。我很想學習狂草，試了一下，未能如願，畢竟是太老了。現在仍然習顏，目的不在學書，而是攝心，內守，止念。

過去說過，我練氣功一事在工作單位一直不事宣揚。原因無他，在左派當權的單位，切莫傳揚氣功，易遭誤解。「文革」之中，毛澤東《體育之研究》披露，氣功，尤其是蔣維喬先生的功法，更是忌諱。幸好我一直對這不事傳揚，所以安然過關。

後來「特異功能」當道，我卻始終沒有說話。原因無他，不知什麼緣故，我學氣功幾十年，始終沒有什麼值得稱道的「特異功能」。我只能同朋友們開玩笑說，我如站在街頭，朝紅綠燈發功，須臾紅燈一定變綠，綠燈會再變紅。聽眾只是大笑，沒人會驚詫我的「功力高強」。

幾十年來，我學得自己可以「獨坐無餘事，悠然見遠山」（蔣維喬先生語），也是人生的一大行幸了。

茶餘飯後逛北京

來北京六十年，說實話，我並不瞭解北京。過去階級鬥爭年代裏，事實上，人們也較少念叨老北京。上世紀五十年代中，前北京市長何思源先生就在人民出版社工作，同我一個單位。我爲了學習法語，常常請教他，他也對我十分客氣，這多半也因爲我是當年出版社頭頭即一些老共產黨員的秘書。他自然瞭解北京，有時同我說起往事，但我多半返首不顧。他介紹我認識一位華攬洪先生，在北京的建設部門工作。華太太是法國人，我至多請教他們法語，不言其他。現在華先生的女公子華新民爲京中呼籲恢復舊建築最力者，可見華老先生對老北京一定知之甚深，可惜我當年又失之交臂。

最可惜的是，當年的老編輯朱南銑先生，前面說過，對我幫助很大。但我只願意跟他欣賞北京菜，不言其他北京往事。

但是在眼下，我忽然興起了遊逛北京的願望，自己也覺得奇怪。

這裏，第一個原因是我生性好動。我在上海，長者對我有「投五投六」之批評。「投五投六」大概是賭場中用語，意味下注時主意常變。又有寧波長者批評我「坐不定，立不定」，誠爲的評。因是之故，我一輩子也成不了學問場中人。因爲我生性好動，哪能永遠只關注一門學問，幾天裏只讀一二本書。我的腦海中時時冒出新主意，鼓勵我出去 to take adventure。

但是，人老了，走不動了，怎麼辦？感謝北京市領導，忽然給我發了一個「北京市老年人優待卡」，持卡坐巴士一律免費。更有甚者，等我上了車，售票員一見是老人，立即招呼讓座，讓我安穩就席。這雖小事，對我來說十分重要。主要並不是我乏力想休憩，而是我感到一種新的社會風氣。須知幾十年前，遇到一個不認識的老人，如果衣著尚整齊，首先要懷疑他是不是過去的敵對階級中人，在不明究竟之前，絕不敢對他客氣。現在居然一點不認識就讓座。如此小事，使我這種階級鬥爭年代中過來的人，驚詫不止。

因這些原因，每當我在座中靜極思動時，就出門搭上公共汽車，直驅遠郊。一二年裏，東西南北四郊，幾乎都去逛了一下。郊區逛多了，就在市區尋找那些老胡同。有些胡同經常去，但那時不瞭解典故。現在我在逛之前、之後，拚命研讀有關書刊，於是舊地也生新意。譬如那條北總布胡同，六十年前即知此地，現在多讀了書，細加尋覓，又找到了五四時火燒趙家樓的舊址。這裏成了一個飯館，歸部隊管理，價錢不貴。我於遊逛舊地之後，往往進去大嚼一通。一味冷菜，名「趙家樓蘿蔔」，僅數元，極有味，我往往食後再帶一碗回家。如是生活，可謂無怨無愁乎？

與老人惜別

退休後若干年裏，最值得紀念的事件之一，便是不斷悼念老前輩的離世。

最早過世的老人是胡愈之。他在世，我還正在三聯書店上任，而且以他的地位，自然不會有人通知我去參加任何葬儀活動。使我驚訝的是，到了一九九八年我退休後，忽然從後人編的他老人家的《出版文集》裏讀到〈關於創議興辦「群言堂」的一封信〉，及其附件〈建立「群言堂產銷合作社」的初步設想〉（此信及附件詳見附錄三）。這事前已言及，我這裏不怕重複，再提一下。因爲似乎這裏出版界很少有人注意及此。奇怪的是，近來出了好幾本關於這位老人的傳記，但都諱言此事。我在退休後，曾埋首讀他老人家的著述近一週，回首我參與的往事，如「知識叢書」的創辦等，著實讓我感動。但是我究竟不是當年出版總署中人，再多的事就不知道了。

以後王子野、陳翰伯等我的「頂頭上司」相繼去世。關於王子野，我最懷念。因爲此公長年擔任單位的領導，是黨內的著名筆桿。同他說話，只覺得滿面正經，除了黨的語言，別無可說。然而，久而久之，方知這些延安來的老幹部胸中別有情懷，並不只有「延安文藝座談會」，還有別的情愫，只是不爲人知而已。我當年的上進，不斷受他鼓勵，然而他永遠沒有長篇大論，只是點頭示意，或者忽而告我，他正在研究什麼什麼，比如拉法格、羅曼・羅蘭、盧梭等等，要我當他下手。最奇怪的是，一度他譯了關於一位電影明星的著作，我想這位始終面目嚴肅的老人何以會注意及此。他交我譯稿，要我整理出版，才知確有講究。五十年代中，他稟承領導意旨，領導出版《胡適思想批評》八冊。然而，到了八十年代末，我主持三聯書店，他又忽然要我出版《胡適研究叢錄》，由他親自作序。我由是知悉，他老人家當年之主持批判胡適，是如何的不得已。

還有一位人民出版社的黨的領導人譚吐①。他一直直接領導各種政治運動，面目自然嚴肅。我自忖，我一向走「白專道路」，他自然瞧不起。想不到，到了他退休後，常常作書同我說說閒話，特別是關於書的故事。他去世時，我自然也是深爲惋惜的。

---

①譚吐，原人民出版社副總編、副書記，延安《邊區群眾報》副主編。

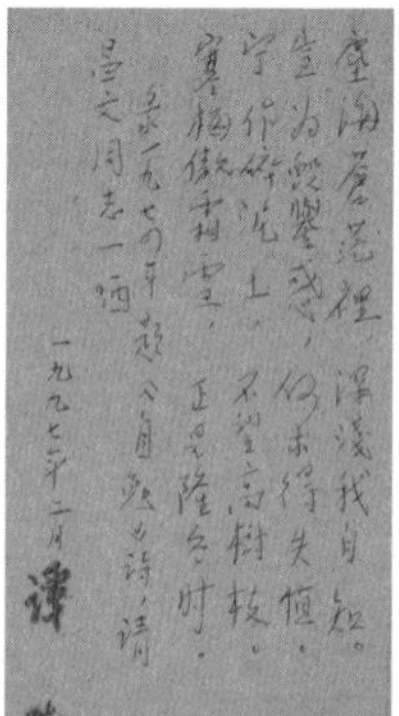

譚吐贈沈昌文詩手跡（塵海蒼茫裡，深淺我自知。豈為毀譽惑，何求得失值。寧作碎泥土，不望高樹枝。寒梅傲霜雪，正是隆冬時。——錄一九七四年題《自勉》詩，請昌文同志一哂。一九九七年二月，譚吐。）

下面說道兩「陳」（陳翰伯、陳原）。這兩位大陸出版界的「CC」，我前面不斷提到。他們先後謝世，於我是頓失明師。尤其是陳原。這他晚年對我的指點，讓我在後幾十年裏走對了路，不致失途。這方面，上面反覆說過，不再重複。我只再提一下，我最記得的是一九八九年後，他在病榻上，對我用德語說的一位語言哲學家的話，使我知道以後如何不再出錯。這裏他已病危，但還是記得我的安危，我一想起當年的情景，就禁不住下淚。

近年最後一位悼念的老人是范用。他痛恨我，多次與我絕交，但是他的追悼會我還是悄悄地去了。我是他一手提拔的，使我從一個小工人終身廁身出版界。但我多次違逆他的意旨，他自然惱恨。種種故事，上面大都說過。我要補充的還有一小事。當年人民出版社蓋了宿舍，我雖已離開那裏進了「三聯」，總還算是老職工，所以范公出面爲我寫一信，爭取比較寬敞的房子。爭取到手後，他忽然又下一諭旨，意味其中有一廳房，讓我伴爲遷入，於數日後再自動遷出。他爲我安排另一小房，此房讓他屬意的另一同事居住。原來他用我的名義要的房，不讓我全部居住，而暗中轉給他要關照的別的同事。我當然不平。但是他的意志我如何敢於違逆。無奈之下，給他上一書說——我已將這意思告我家人，但我太太不願。爲了不致產生家庭矛盾，請容我時日。這「時日」，迄今已三十餘年，還未爲我們的范領導大人兌現。思念及此，我在追悼會上，忽忽進入，又忽忽退出，因爲我沒面目見他老人家了。

退休這二三十年，我就是這樣在思念、感恩、追悔中過去。

結語

天天還在想「知道」

到寫現在這些東西的時候，我已虛歲八十。在這之前，我用過種種藉口來爲自己找理由還能混跡江湖，不致讓自己眞正從出版江湖上退下來。例如，我曾借用一位台灣作家的書名，稱自己是「不良老年」，於是放肆從事在大陸的體制下老人不當爲的「不良言行」。我還竄改領袖語錄，到處宣揚「革命就是請客吃飯」，使自己天天能上宴席。我說過，自己現在主要做的是很簡單一件事情：「做媒」，戲稱自己是上海長大的寧波人，寧波人喜歡作媒，媒人常說的是包生兒子或者包生女兒，而我現在的「作媒」多半是某家媒體讓我幫助找人。

我曾用很惡劣的語詞來概括自己退休以後的編輯行當：吃喝玩樂、談情說愛、貪污盜竊、出賣情報、坐以待幣。頭四個字不言自明。「談情說愛」是指要處處向有文化的知識人表達衷心愛戴，然後，方能領會或「盜竊」他們的智慧。我常對同事說，在國營單位工作，千萬不要對有形資產貪污盜竊，這風險太大，且聲譽不佳。但是，盜竊無形資產，即藉機學習領會能者的智慧，應當是合法的。「出賣情報」多半是指告訴別人某某學人的聯繫辦法。有些單位很客氣，在我效勞之後，往往允諾我去報銷一定數目的餐飲費用，於是我把單據寄去，在家裏「坐以待幣」。

可惜的是，眼下精力衰頹到連這些不良作爲也往往做不到了。我現在挺愛讀大塊出的《在自己房間裏的旅行》。南方朔先生在此書序言中說：「這本小冊最發人深省的」，是作者「在自己的房間裏閱讀與反思的部分」。我躲在自己的房裏，但頗少「反思」，只是還想「知道」外面的世界。我每天上網幾個小時，藉此知道世界上人們在幹什麼。「知道」，眼下是我生命的全部。

想想自己的一生，我經常用一句蘇詞來描述——「也無風雨也無晴」。我沒有這雅興——在退出江湖後還經常誦習中國古典。蘇東坡的這句詩，是海外學者莊因先生寫給我的。我回顧自己的一生，與此境況實相類似。我沒有像許多朋友那樣備受種種苦難，但在階級鬥爭爲綱的年代，自然也天天在驚恐中度日。直到改革開放，在

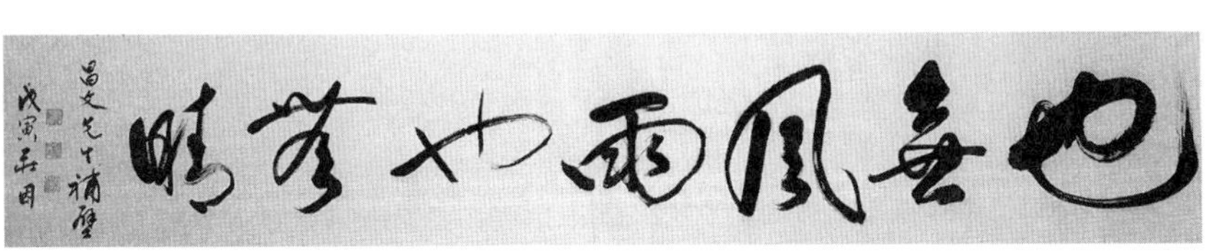

莊因先生題詞原跡

我眞算是大晴天了，但內部矛盾重重，直至退出江湖。

上帝待我不薄，讓我能苟活到今天。在斗室「旅行」之餘，常常遵循大學者莊因先生的啓示，一個人誦習蘇老先生的詩句，藉以自娛：

莫聽穿林打葉聲，何妨吟嘯且徐行。
竹杖芒鞋輕勝馬，誰怕？一蓑煙雨任平生。
料峭春風吹酒醒，微冷，山頭斜照卻相迎。
回首向來蕭瑟處，歸去，也無風雨也無晴。

——蘇軾《定風波》

後記

秘書、書房與氣功——沈昌文訪問記

郝明義

我是在一九八九年的秋天第一次去北京。沈昌文先生是我最早認識的人之一。我們初次在一家飯店的大廳見面，印象就是見到了武俠小說中所謂的「練家子」：適當顯露著精明、深沉又圓熟的眼神、一頭沒有染色卻烏黑茂密的頭髮，輕盈迅捷的動作。當時他還是三聯書店的總經理，大陸朋友稱呼他「老沈」的居多，我則照台灣的習慣，稱他沈公。二十多年來，我對大陸許多事情的了解都來自沈公，他是我不折不扣的活百科全書。沈公在做人處事上的許多洞見，尤其在一些關鍵時刻上，更讓我受益匪淺。爲了讓讀者對沈公再多一些體會，我在他的回憶錄結尾處，再多做了一篇訪問。

〇郝明義　◎沈昌文

〇：早在當編輯之前，你曾經做過秘書的工作。我記得你有一次談當秘書的時候怎麼幫首長派車，很精彩。請說說你做秘書的心得。

◎：我是一九五四年八月開始當秘書的。我自己認爲做這個工作比較順手，上面也比較滿意。爲什麼呢？一個很重要的原因就是，我從五六歲開始就寄人籬下。我們家道中落，我媽媽給人家當保姆，上海話叫「娘姨」。我跟著媽媽住別人家，一天到晚學的就是察言觀色。用上海話說，我從小就比較「識相」，比較不怎麼搗亂。

後來我又做學徒，我慢慢更往前走一步。我是老闆比較得意的學徒了，因爲我比較能夠體察人意。老闆喜歡看上海《東南日報》的燈謎專欄，把報紙剪下來貼在案頭，答出來的燈謎寫在後面，答不出的空白。我好幾次悄悄地給他答出來，並且給他塡上去。有一個燈謎我畢生難忘：「山在虛無縹渺中」，打一古人名字，這個燈謎是「白頭格」，意思就是第一個字是別字。他想不出來，我想出來了，叫「孔丘」，空的山嘛。我給他塡了，他很高興。這樣，我自然就逐漸受到信任，本來做體力勞動的，後來就不必做了，當起小賬房。我很得意，立刻就改革賬，把中式賬改成西式賬，做成借方、貸方那樣。稅務局來查賬，一看有資產負債表、損益表等等，大爲喜歡，所以大家都很滿意。

有這些背景，等我當了共產黨的領導的秘書以後，很快就能適應了。我適應的辦法就是每當我知道領導要關注什麼事的時候，就連夜下功夫看資料。我看的資料其實非常簡單，那時候沒有百度，我就看《蘇聯大百科全書》（俄文版）。我懂一點俄語，這一部蘇聯的百科全書不但能回答每個問題，每一條前頭還都先列出馬恩列斯的教導，講一番馬列主義的道理，便於我向領導搬運和賣弄。

那個時候開會，什麼都要講馬列。別人講的我很快能聽懂，講不周全的時候我還能給他補周全，所以我的名聲很大。大家都認爲這個秘書讀書太多了。其實我都是前一天下苦功趕出來的。我當年是跑資料室最勤的。

○：當時你們的資料室是什麼情況？

◎：當時人民出版社的資料室是接管了韜奮圖書館。一九四九年的時候，建了一個韜奮圖書館。

韜奮圖書館當時在國際上也是有名的，俄國人送給我們不少書。原來人民出版社的資料室是不開架的，大家都憑著卡片查，要這本書去借，然後圖書管理員到書架上給你找出這本書來，很麻煩。到了我當秘書的期間，我很感謝一位領導叫曾彥修先生——現在還活著，九十幾歲——他到了人民出版社，首先提倡資料室要開架。他一說開架了以後，我就很幸運了，因為我可以隨便到書庫裡邊去找，去瀏覽了。

這位曾彥修先生是一個傳奇人物。一九五四年，他是從廣東華南分局宣傳部部長任上調到人民出版社的。他是延安老幹部，調到人民出版社來當第一把手。因為原來的第一把手是胡繩同志，胡繩調到中宣部去當秘書長去了，於是他來接手。他是一個敢說敢為的老幹部，到一九五七年成為中國出版界最大的右派分子，於是被撤銷全部職務。因為他也是坐輪椅的，不能夠做體力勞動，所以調到上海去編《辭海》——《辭海》很多卷都是他編的。後來又回來了，現在住在北京，是人民出版社的退休員工。他是非常的開放，而且主張要培養幹部。我就靠他這個主張受益。

○：剛才說的那套百科全書，每一條前面都先講馬恩列斯？

◎：這是蘇聯人的習慣啊。你要講一個問題一定要講出馬列的道理是什麼，馬恩列斯有什麼說法等等。講穿了就是教條主義，可是在五十年代中期是很實用的，不但實用而且崇高。無論討論什麼問題，立刻就說「斯大林當時認為如何」、「列寧認為如何」、「馬克思認為如何」，大家會覺得你這個人不得了，認為這個人有學問。

○：都是什麼樣的情況，你會馬上去看書？是領導交待你嗎，還是不用他交待？

◎：等領導交待，就不稀奇了。一般都是有個會議日程，比如說每個禮拜三，這個禮拜三要討論編輯工作，講一個美國侵華史的稿子。那麼我必須把美國、侵華這些歷史稍微有一點瞭解。其實，當時也不用瞭解歷史本身——這個沒有意義——最重要的就是要瞭解馬列的教導。關於這一段歷史馬列有什麼教導，這樣別人講了我能聽懂。

還有一點，說起來有點難為情，就是你不但要會補充領導的話，還要當做是忽然想起，不經意地說一下。譬如有一次王子野講，在延安的時候，斯大林講托洛茨基的時候怎麼講，「這個在一九多少年⋯」，我就把「一九多少年⋯」的詳細年份補上去。他說；「你怎麼知道呢」？我也不回答。其實，我是昨天剛看書。他是延安老幹部了，在延安時候看的書，到現在當然很可能把年份忘了，而我是昨天晚上剛看，怎麼會不記得呢！所以，雖然別人認為我這個秘書是比較有學問的，其實我是很不光彩的，是用傭人的辦法做秘書的。

○：「要領導交待，就不稀奇了」這句話很有意思。你剛才提到另一件事情：「識相」。識不識相，其實是人生非常重要的事情。請談談你怎麼給「識相」下一個定義？什麼叫「識相」？

◎：這個定義，我一時也說不出來。總之，和我在上海的時候學的「鑒貌辨色」有些關係吧。我在書裡邊寫過，我最早的一個老師是一個扒手，我現在還很記得他，他應該還活著。他每天扒完了以後就跟我們坐在一起聊天，特別愛找我聊天，我也特別愛跟他接觸。

他說，要不要扒這個人，要不要下手，就是要靠「鑒貌辨色」，看這個人是不是——上海話叫——「洋盤」，洋盤用英語來講就是 stupid。如果這個人瞧上去 so stupid，就是非常的「土帽」，就可以下手，否則，最好不要。因為對方如果也是一個流氓，那你就沒法過日子了。

比如說在上海戴禮帽，可能隨時有個人從後面給你搶走，這個上海話叫做「拋頂功」，就是從後面把你的禮帽給搶走。可是你如果有地位，認得那個地區的流氓的頭，說我的帽子剛剛給「拋頂功」了，你給我找回來。他不出一個小時就能給你原樣找回來。因爲上海的小偷都是有組織的，他們都服從若干個流氓頭子。某個流氓頭子一發話，誰在什麼馬路上搶了一頂咖啡棕色的禮帽，是什麼牌子，給我拿回來，立刻就有人送回來。這在上海過日子是一個很重要的經驗。所以在上海，我是從小就學會鑒貌辨色等等。當然現在說起來是很卑俗了。

○：或者說，你覺得為什麼很多人是不識相的？你看不識相的人是有什麼問題？

◎：不識相的人多半就是：怎麼說呢，照我的看法就是謀小利。在上海謀小利是最容易，因爲所有騙人的勾當就是給你一個引誘，你爲了一點小利益，然後你馬上就上當。

過去上海的馬路上到處都可以見到下象棋的，兩個人在鬥棋，相持不下。這個時候你假如少年氣盛的話，就會在旁邊說「你這怎麼不上馬啊？你這馬可以把他的車吃掉，下一步怎麼樣…」，於是對方就說了：「怎麼樣，來賭一局吧？十塊錢。」那麼這樣一局下來你是非輸不可的。因爲他擺了這麼一局就是讓你上當的，你絕對下不過他，這就叫「設局」。上海灘的處世哲學，讓我養成一個壞習慣，或者叫好習慣，就是只相信cash，不相信別的。我到現在不用信用卡，因爲我實在不能相信怎麼能把兩萬塊錢放在一個卡裡邊。這個我不敢信任，我寧可兩萬塊現金放在身上。

○：「不識相就是謀小利」，說得好。還有哪些不識相？

◎：還有過分膽小也算是。譬如說我在上海剛做學徒不久，我非常害怕馬路上的汽車，尤其是一九四五年美軍到上海，汽車橫行，我當時給老闆辦事還要騎車，簡直受不了，很害怕。可是他們老上海教我一條——你要知道人怕汽車，其實汽車也怕人——這一條我學會了以後，果然騎車、過馬路等等大膽得多了。只有在我怕汽車，汽車也怕我的情況下，大家才可以相互適應。

還有，「冒昧」也是一種不識相。我所謂的「冒昧」，就是做事情不見前後、不計效果、不問前面的因也不想後面的果，那這樣你也就是要吃虧了。對不對？所以必須開頭採取非常謙虛的態度，好像你什麼也不懂，實際上你已經瞭解了一些情況。這種種都是在說，「識相」就是瞭解事情，明白事情。我從小受了一點這方面的訓導，所以到了共產黨的營壘裡邊我比較能適應。但這也都是共產黨後來所批評的處世哲學，所以我在一部分人眼裡的品位是很低的。

○：共產黨為什麼要批評這種處世哲學？

◎：這主要是牽涉到一個問題了。「文革」中間，毛澤東最批判、最反對的是劉少奇《論共產黨員的修養》這本書。這是一本太有名的書了。我們當共產黨以前，在「文革」以前都必須反覆地看、反覆地學。劉少奇企圖告訴大家共產黨員的處世哲學，例如「少數服從多數」、「要尊重少數」、「批評和自我批評」等等。劉少奇企圖把中國傳統的那些修養改造過來，變成共產黨員的修養，講了共產黨員必須做的一些事情。具體觀點我也想不起來了，要查書。可是毛澤東最反對這些。毛澤東主張鬥爭，主張悍然地鬥爭，不主張修養，修養就要講究分寸、講究適度、講究對人要好等等。於是毛澤東把這本書批判得一塌糊塗，一文不值，成了我們在共產黨裡說的「黑修養」。我們從「文革」下來學習的就是那種鬥爭、批判、打倒，一隻腳把人家踩在地上，就這樣。

○：你剛才講了「不識相」的三種情況。是否還是請你再講一講「識相」的層次又是什麼樣子？

◎：我舉我自己的例子來說。在階級鬥爭最尖銳的情況，我碰到一次就是我的領導王子野——人民出版社的主要領導——在「文化大革命」中間被揪出來了，我當時受了很大的壓力。當時的造反派讓我做什麼呢？把他揪出來的時候要游街，而且讓我鳴鑼開道，叫著「走資派王子野來了」什麼的。那意思就是因爲我這個人是他的秘書，是給他鳴鑼開道的。我的處境非常不利，我差不多也要完蛋了。

我記得很清楚，一九六六年八月十四號。因爲這是我一生奇恥大辱的一天。

就在這一天鬥爭王子野的時候，一定要我發言，要我揭發王子野的罪行，並且說這是對沈昌文的考驗。如果我不跟王子野劃清界限，我就要完蛋；我要劃清界限的話，就把王子野所謂「批倒、批臭」。

可是有一點我很瞭解，共產黨搞運動的時候是很高潮，但是到了最後處理的時候是比較冷靜的。之前我參加過一些小組的工作，我知道。於是我挖苦心思，想了一個兩全的辦法：我聲嘶力竭批判了王子野，各種上綱上線的話也都用上了，甚麼「反革命修正主義分子走資派」都用上。可是我揭發他的罪行是什麼呢？王子野居然有那麼大的罪惡——他每天不在單位的食堂吃飯，而是回家去吃飯！他這麼做的出發點就是成心不跟革命群眾在一起，他一定要脫離群眾。接著，我引毛主席的教導，王之野如何違背毛主席的教導，罪孽重大等等。

我很瞭解，最後這些詞都上面定的，我只是照念。我重要的是要揭發他的罪行。可是他每天回家吃飯這件事是不是罪行呢？最後落實政策來進行處理的時候，知道這是處理不了的。每天不在食堂裏吃飯、回家吃飯，怎麼能算反革命呢？可是這一來，因爲我講得聲嘶力竭，在會上就過關了，認爲我劃了界限。

當然了，當天能過關，還主要因爲會上還有一個我的朋友，也是同事，他犯了錯誤了。他認眞地去反對王之野。於是聲嘶竭力地喊口號，結果口號「打倒王子野」他喊錯了，喊成「打倒毛主席」。結果群情激昂……那一天回頭都鬥爭他，沒鬥爭王子野。我過關了，王子野也過關了，就因爲也正好出現那麼一個意外。這位喊錯口號的先生現在還活著，也跟我差不多年紀。當然，他或許也是有意如此，這我就不知道了。

○：你覺得自己識相的事還可以提一提的有什麼？

◎：我因爲是做出版的，特別是學會做編輯以後，比較講究分寸。改革開放以後，我非常想在這方面做一些事情。可是接著又有一些新的思潮出來了，反自由派、反自由化、反對什麼的。所以又要改革開放，可是又必須不能做得所謂的「過分」。

我當時的一個辦法，也屬於識相的一類。這是李愼之教我的，他叫「向後看」——想辦法瞭解外國的過去，重找外國書。我特別得意的一個例子，是房龍的《寬容》。

我對房龍不熟悉，從上海找到了《寬容》在四十年代的舊譯本。我看了這舊譯本，想辦法找到了英文本，立刻請人翻出來。我們不能否定毛主席，又不能批判階級鬥爭，那麼我要對這個東西有所否定的時候，怎麼做呢？我想出來一個辦法，就是找這些能啓發人的材料，讓讀者看，讓讀者產生一種觀念來反對階級鬥爭爲綱。像《寬容》就是一個例子。於是這一下就轟動了，這本書一出版就印了十五萬冊。因爲人們都想不到，歷史上都已經有那麼多的寬容不寬容的歷史了，而最後都是寬容得勝了，特別是宗教改革這些時候。這本書裡我還刪掉了一些，比如講斯大林如何不寬容，我都刪掉了，現在的版本都恢復了。

還有一個就是我書裡邊講的「到馬恩列斯那找例子」了，這也是一些老前輩教我的，可是具體是我操作的。我專門看一些材料才知道，當時因爲提倡性解放等等，一些書講得過分，犯了錯誤了。可是要怎麼才能不講得過分呢？我就想辦法到馬恩列斯中間去找。我才發覺馬克思恩格斯講過很多這方面的話，特別是我們翻的《馬恩全集》第十卷恩格斯寫給馬克思的信裡邊引了一些性的言論——我們的《馬恩全集》不譯，我是很辛苦地看法文看出來。我才知道馬恩本身有很多這方面的文章。那個時候正好出了一本俄文書叫《情愛論》，它本身不叫「情愛論」，就叫「論愛情」，我把它翻做「情愛論」。

這本書裡邊的基本觀點就很簡單，說任何愛情都離不開肉欲。你們共產黨講愛情，不敢講肉欲，只敢講精神的愛，這本身就是唯心主義。馬克思不是提倡唯物主義嗎？愛情的唯物的基礎是什麼呢？就是上床。這個唯物基礎你不敢講怎麼行呢？於是這本書裡邊描述了床上的事情以及沒有上床以前的兩個人的種種的互相的動作等等，這都是唯物主義的基礎。我對這個當然很有感觸，因爲在這以前我翻譯過一本書，叫做《列寧對全世界婦女的遺教》，說列寧是反對這個的。可是我後來看到了這些言論，發現列寧本身就是非常那個的。特別是列寧時期一個女共產黨員叫柯倫泰，她主張徹底的性解放。她的主張就是：十月革命了，我們工人階級都解放了，我們什麼都解放了，應該連性生活也解放。性生活的解放就是什麼呢？就是什麼時候想跟什麼人性愛都可以，這才叫無產階級的性解放。她把這種性解放取了一個名字叫做「杯水主義」。就是說我們革命勝利了，有任何肉欲的要求要滿足，就像喝一杯水那麼簡單。

這位女士當了俄國的外交部長，當時不叫外交部長，叫外交人民委員。她的情人是十月革命的衛隊長，這地位多高啊！革命勝利以後沒多久，俄國國內還很緊張，這兩個人忽然想到要「喝水」了，於是兩個人離開工作，跑到外地去玩了。俄共中央專門批判這個事情，認爲這是違反黨的紀律。可是就在這個關鍵時刻，列寧起來講話了，說這是允許的，應該的，這樣就沒有被批判、沒有被撤銷職務等等。

我看了這些資料，覺得好玩極了！所以我當時主張一定要把《情愛論》這本書翻出來，這一翻了以後是轟動得不得了。我一下子印了一百二十萬冊。當時賺了不少錢。

所以，我的識相也可以說就是，在不違背總的意志之下，要有一種辦法來解決自己的問題。這實際上就是我的所謂的「處世哲學」的變種，就是這樣。

我這些故事說出來，不但是共產黨內一定有意見，連北京人都很有意見的。我老婆一定要說這是混蛋，混蛋哲學，因爲北京人不喜歡用這種曲裡拐彎的辦法。這種曲裡拐彎的辦法後來被上海一個雜誌總結出來了，叫「打擦邊球」。所以後來我們黨內也提出了，不許打擦邊球。可是我這個不是打擦邊球，我僅僅是介紹外國的作品而已。

○：我記得你提到，當領導的秘書的時候，你安排汽車，不單要交待司機，還要到首長家門口去等著，一定要看到車子真正開出去了才算結束工作。這是怎麼學來的？

◎：這是小心伺候嘛。因爲我一開始做這個秘書的本份工作，是管他們的日常生活。我這個所謂的秘書是很低級的秘書，我們共產黨裡邊語言叫「生活秘書」。生活秘書無非就是幫助他們打理日常生活中的事情。我做這些事情就做得很地道，凡是安排汽車，我單通知司機，表示我還不夠盡責。我必須提前到領導家門外，確認車子來了沒有，然後一直到確認領導上車出門才放心。

當時我伺候的老人家——其實也不老，當時他們也不過都四五十歲——是非常多了。曾彥修、王子野、陳原，還有好幾位都是大知識分子，而且都是很有學問，是共產黨裡邊的高級知識分子。所以類似的細節還有很多。譬如幫領導清理桌子、準備各種筆等等。比如說曾彥修是用毛筆的，陳原是用鋼筆的。另外一點很重要，譬如說陳原是喜歡講外國話的，我跟他對話中間要講一點外國話。王子野是不講的，曾彥修也是不講的，你如果跟他講外國話，他一定要生氣了，即使懂他也要生氣。可陳原喜歡講這些，那麼我就喜歡講。其實很簡單的語言嘛，就是用俄語講「請坐」等等。所以他才發現我懂世界語，我其實懂得不多。我懂德語。在「六四」以後，他躺在病床上，跟我講的唯一的一句德語，那句話我背不出來了，維特根斯坦的話，意思就是說要保持沈默。

因爲我在他們的生活上安排得很盡責。另外，加上領導發現我居然還有點學習思想的能耐，於是我就被提拔了。

○：如果你給秘書工作做個歸納的話，你覺得要做好秘書工作到底需要哪些條件？

◎：這個很難歸納。我衹能說，很重要的一條是「傾心伺候」，一條是「察言觀色」，第三條就是「領會意圖」，第四是「有所發展」。當時對我來說，最後兩條就是去做翻譯了。因爲當時是學蘇聯的時候，我領會他們的這些情況以後，就開始翻譯東西、寫文章了。因爲我不甘心僅僅做事務工作了，要不然我就永遠是個 boy（僕歐）了，對不對？所以我在學習蘇聯這方面當年是做得比較多的。我從介紹蘇聯的出版經驗開始，然後就介紹馬克思列寧主義的歷史。我翻譯的東西裡馬克思主義的歷史翻得很多，大概要佔三分之二吧。

我是覺得不甘心只作爲一個 boy，所以慢慢我也從 boy 學著做主人。然後他們也覺得我是可以重用的一個人。人生就是這樣，你必須從做boy開始，要這個都做不到，你一下子就認爲自己有大才，那就不行了。但是，一方面做boy，一方面你要培養自己的才能。所以，你必須從做僕歐開始。但也要一面做僕歐，一面努力發展自己。

我的二房：書房

○：現在請你講講你那個有特色的書房吧。我上次爬了六層樓上去。

◎：你去過的那個六樓，現在賣掉了，原來我六樓的書房就搬到二樓去了，二樓的地方比較大了，有六十多平米，這樣放的東西就可以多一點。我還正想就現在的書房跟你說呢。公家給我的房子現在慢慢賣給我了，值錢了。我現在的書房，據說值二百來萬，可是我的書只不過最多五千本，每本幾十塊錢，哪能值那麼多呢？我看我的那些破書每本最多值五塊錢，那麼這個按數來說十萬塊都不到，可是佔了一個兩百萬塊錢的房子，那當然很委屈了。可是另外一個方面，我又少不了這些書。爲什麼呢？這就是我的多年的編輯工作跟秘書工作培養的一個習慣，這個習慣就叫「瀏覽」。

認眞地看書對我來說簡直很困難。大家看我有很多書，我也可以跟人討論問題的時候隨手舉某某書、某某書，仿佛我是看過很多書。其實我知道我這個「看」跟專家學者說的讀書是兩回事，準確地說我是瀏覽。我喜歡瀏覽，我喜歡看很多，而且我的看書習慣是剛看這一本，看了三頁，就看另外一本了。爲什麼呢？第三頁講到了一個問題，這個問題我感興趣。我好多書呢，我一查，又查到另外一本書，這樣我就不可能一口氣讀完一本書。而且我沒有做筆記的習慣，我認爲很浪費時間。這樣一來自己就……過去腦子還好，可以記住，現在記也記不住了。所以我是瀏覽。所以我跟你們直說，我不是做學問的人，我經常自嘲說是「做書商地看書」。所以我如果說享受的話，我能享受的就是書中間的優美的文筆、寫法等等，而不是享受別的東西。

這樣好處是我看了好多書知道好多書，你跟我說時下出版的書我都知道，可是我都沒有怎麼看。我前幾天跟你推薦朱鎔基的講話，可是我最多看了半個小時都不到，看頭看尾、看目錄、看語言、看後記，我特別注意看它的版權頁。因爲大陸的版權頁有印數多少，現在不怎麼有了。我看序言後記以及序言後記的作者是誰，我看一般對它反映如何等等。然後看目錄，目錄裡邊找幾篇有意思的故事看看，一看這一篇好像帶勁，看一看。

大體上要從頭到尾當做一個研究地讀，我可以說平生沒有做過，所以我成不了學者。我很想研究，比如說俄國問題，我應該可以研究，我有條件，可是我不行，我耐不下心來。尤其是現在，更耐不下心來了，一個是因爲老了，已經不能夠博聞強記了；第二個是碰到了一個更大的麻煩——叫麻煩也行，說幸福也行——就是有了網上搜索。

我搜索的就是百度。我一有什麼問題就查百度，這百度裡邊都有很多資料了，那我又何必再去辛辛苦苦從頭到尾看那些書呢？百度我只要輸入進去查一查，結果立刻就出現了，我不必費那麼大勁，而且我現在也不要做那麼多事了。所以我的讀書是這麼一種讀書，爲瞭解世界事情，爲了求進取等等的一些手段，而不是求學問的手段，所以我做不了學問家。我現在寫不出任何學術文章來。我知道該如何寫，可以我做不到了。

○：每天都幾點去？

◎：一般都是我睡醒午覺了就去了，我一般都是中午要睡個午覺，而且這個午覺一般來說十五分鐘就完成。我睡午覺是做睡功。到書房去了就待兩三個小時吧，也就最多，絕不會超過四個小時的。大約總是兩點到四五點吧。然後再去三聯書店，去郵局，然後就完了。郵局是去平寄的信，三聯書店是取掛號的一些快件。因爲郵局不收別人寄給我的express，express我讓他都送到那個三聯書店，因爲三聯書店有個專門的收發機構。另外我在三聯還要幹一件事情，三聯的人老挖苦我，說是找一位「傅小姐」去幽會了。「傅小姐」也者，其實就是複印機，它那有專門的一間屋子是複印機的屋子，這件屋子的鑰匙我能找到，因爲我是前領導，我可以打開來在裏邊複印東西。

○：你的起居習慣呢？

◎：我通常是六點到六點半吃晚飯，看一會兒電視，然後整理這些東西，一般七點半我就睡覺了。很特別的，除非出現了一個看電視看到好的，我所謂「好的」在我的書裡講了，就是「警匪片」，抓壞人的片子，那個片子是比較逗趣。我現在特別不愛看那個什麼家庭倫理劇、愛情劇等等，這些片子都是莫名其妙的，我喜歡看更莫名其妙的警匪片。沒有好的警匪片我七點半就睡覺了。我能夠控制自己要想睡就可以睡。

半夜三點半左右，有的時候三點，有的時候四點就起來了。起來了以後我就上網，上網上到六點左右，我再去睡大概半個小時，然後就起來一天的活動。爲什麼要那麼早出門？其實根本不是說因爲勤快不勤快，而是那個時候車子空。現在你在北京要打計程實都是非常困難的。

○：你剛才提到說你從來不做筆記，可是你搜集資料搜集那麼好卻不做筆記，這是怎麼養成的習慣？

◎：我自己不記嘛，我現在搜集的都是打印資料了，然後我把打印的資料都分類。我不做筆記，也不寫日記。一個原因是我懶，更重要的就是寫筆記等等在歷史上有很多人都爲這個付出代價，你們只要讀過「文革」歷史就該知道了，這個代價非常地沈重。我本人就幾次去整人，都是整人家的筆記跟日記。

○：那你的剪報資料是怎麼剪呢？我記得你每天早上很大一塊時間都在剪報嘛，對不對？

◎：對。我覺得好玩的我就剪下來了。我看報紙分成兩個步驟了，一個步驟是把完全不需要的扔掉，然後就把需要的剪下來。剪貼完拿回去再分類。

我的書房裡，除了書之外，大量的東西，其實就是這些剪報，以及我從網上檢索以及個人通信的大量資料。比如說「郝明義」，我有專門一個夾子，放你跟我的信件來往，以及網上我查到的郝明義的各種言行等等。所以比如跟郝明義談話完了，我回去一查，就查到了。如果查到了，那就 I'm so happy! 也就是每天做那樣的事情。所以我每天必須去我的書房，把我白天得到的東西歸納整理一下。

○：資料你都怎麼分類呢？

◎：分類我是分兩類，一類是按事情分，一類是按人分。我最主要的是按人，因爲我做編輯接觸的是人，我要一看見郝明義有五年不見了，我就要去查查這五年裡邊他有什麼文章等等，我就要看這個東西。所以按人是主要的。人跟事有矛盾的時候，我以人爲主，然後人以外就是事了。事，比如說無非是當前的一些熱門問題，或者是一些學術上的有關問題。

人的話，完全用他的人名的前面三個字母。郝明義就是 HMY。這麼有幾百個吧。

○：萬一很多人都是HMY呢？

◎：沒有，我哪有那麼多的朋友是HMY，最多兩個嘍，一般不會的。而且必須是熟人，或者是我仰慕的或者大家痛恨的，此外我何必呢？一般的人寫個文章我不理他了，他夠不上我去關注。

○：事情的分類呢？

◎：也分大類小類。首先大類，比如說出版那就是一類了。現在中國出版新出現一個問題：比如說實體書店的消亡，我就關注一下。

總共多少大類，我也說不出。隨時調整。我喜歡變。因爲我不是學者，我不要做得很固定一個系統。我不講究system，只講究實用，我非常欣賞實用，所以我的所謂分類等等都是從實用的目的出發，從我感興趣的出發。

○：那如果碰到一些不是自己關心的大類，但是有一些個別的小現象你如果又感興趣，會不會收起來？

◎：那經常有矛盾的地方。但沒關係，因爲自己整理的資料腦子裡有一個感覺。比如說郝明義，我有郝明義這一類，可是忽然有一件事情跟郝明義有關，我想起來可能在台灣那個資料裡邊有，也許在出版的資料裡邊有，那我再去找了。當然不那麼科學。可是找資料從找不到到最後的找到，那是一個愉悅。

沈公的書桌

○：談談你的書桌。我覺得你的書桌設計得很棒。你書房還在六樓的時候，那書桌真的是夢想中的書桌啊。非常便利，所有的東西都在兩手所及的範圍之內可以解決。電力的開關雖然是很簡陋，但是非常方便。

◎：因爲我是做過電器工人的，所以我會設計電子開關。我跟學者不一樣，我做過工人，而且是修電器的工人。當然現在也困難一點了，現在的缺點是爬上爬下的能力差多了，過去可以。

一個理想的書桌、書房，應該具備哪些條件，我說不出來，這得靠自己的不斷地增添。基本架構就是順手，就是你剛才說的。還有一條，當然是安全了，我現在很注意的。因爲我的書房衹有我一個人，而且我現在老年糊塗了，所以我必須要設計得非常安全。到我走的時候，我記住幾個要點——我現在是六個要點——一一都去檢查一下，每次離開都檢查這幾個要點。

我年輕的時候還好，因爲我記憶力好，我能夠做得很靈活。現在不行了，我必須要非常死板，臨走的時候一個一個檢查，而且最後一關是檢查我的口袋，就是我要帶的東西都在裡邊了。我的口袋基本上規定要帶四樣東西，我要一一檢查。

○：哪四樣東西呀？

◎：第一個是錢包，錢包裡邊因爲有身分證；第二個是鑰匙；第三個是手機；第四個就是我現在經常用的一個卡。這個卡對我來說很重要了——是北京發給六十五歲以上的老人的卡。老人可以免費搭乘公共交通的免費乘車卡。有了這個卡不是省了一些錢的問題，主要是方便。

○：所以你也是一個非常注重計劃跟紀律的人。這個習慣是怎麼養成的？

◎：這也跟做秘書有關了。因爲我做秘書的時候是伺候人家，就是我剛才說的嘛，領導十二點半要出去了，我十二點二十五分一定要檢查這個汽車是不是等在那了，這樣我才放心。所以做秘書以及做別的事情，我都主張細緻，不要大而化之。這個就是叫做眞正的謹小愼微吧。這是我的一個做秘書、做下級員工出來的養成的一個習慣，我到現在還是謹小愼微的。

○：你覺得這種紀律可以訓練出來嗎？還是跟先天的有關？

◎：應該訓練，我覺得要缺少這個的話的確是自己吃虧很大的了，這也應該是人生的第一課了。當然，太謹小愼微了，就不能從大處著眼。那麼之所以謹小愼微，是因爲我們過去有一個特點，一切聽從黨的安排嘛，我連老婆都是黨給我找的，所以自己不必去考慮了。

○：那你覺得在所有的紀律裡面，自己最得力跟最受益的是哪一點？

◎：有條理，我認爲這條最重要。我剛才說的整理資料等等，我也是從這裡看，學會了什麼事情都要有條理，不要搞得亂七八糟。凡是天才都有「天才的雜亂」，可是我不是天才，所以我只能學會這種有條理的方式。

我的雜亂有的時候是假裝出來的。比如說，我當總經理的時候，非常主張條理。可是我在形式上卻要做得好像很雜亂。在目前的制度之下，有些事情我們衹能夠做得好像很雜亂，實際上是有條理。這樣才能做到既宣傳某種觀點，自己卻沒惹事。我出了什麼問題，上面問我怎麼回事，我一定回答「我水平很低、管理混亂」等等，實際上這個問題可能有更深刻的原因。

○：請再多說說「形式上的雜亂」？

◎：比如說我管理單位，我不大喜歡經常整理出一些條例、一些規定。我希望管理中間都好像是一個念頭，一念之差或者一念之得。大家覺得這個人很亂，但實際上你是有一個想法的。跟你說實話，這個在我們這個制度之下，很重要。你顯得很有條理的話，你到那個時候出了問題，就很難檢查了，很難認錯了。外表上有一種雜亂的話，你很容易認錯。你的錯誤是什麼呢？是方式，是方法，不是觀點、立場。我們共產黨把錯誤分兩種，方式、方法的錯誤是可以原諒的，立場、觀點的錯誤是不可原諒的，必須徹底批評，甚至於要撤換你的職務。那這也是我學會的一個處世哲學，所以你要做得好像很雜亂。我現在老了，可以跟你說得很條理，我年輕時候不喜歡這樣。我在當領導工作的時候，喜歡好像是有點雜亂，可是實際上是有一個想法的做法。

○：所以，即使是真有什麼想法，要表現出來的話也要像是一念之得？

◎：對。

○：所以規矩也不能夠定很多？

◎：大一點的要定。不能定很多。定很多規矩反而自己束縛住手腳。以後容易落把柄讓別人鬥爭。

怎麼躲避階級鬥爭

○：請說說你都是怎麼躲避鬥爭的。尤其是階級鬥爭。

◎：那無非還是一條——心裡有數。這個很重要的就是，觀察動向。因爲大陸的階級鬥爭有一個特點，一開始提出來的時候一個樣，到後來有很多變化。比如說我們偉大領袖毛澤東自己的主張就不斷在變。在這種情況之下，每當出現一個風潮的時候，你一定要靜以觀變，這是我學會的大陸的階級鬥爭的經驗。要靜以觀變，不能夠一見風向就投入。

每當一有動向的時候，上面提出來要反什麼了，你立刻就起來響應，往往到後來會被動。所以在單位裡邊我的缺點始終就是：我不是積極分子。我太善於觀察動向了，我看了這不斷在變的動向，變到一定的時候，你非得表態的時候才表態。這個也是我學氣功的時候學來的一種辦法，一種在我們的黨的領導下來做事情的處世之道。

○：那觀察動向的要訣是什麼呢？

◎：要訣沒什麼，就看上面的言論，特別看《人民日報》社論，有什麼動向、這場鬥爭是往哪轉了等等。總之一條，你不要去做積極分子，不要太早去露頭。

所謂積極分子，就是黨一有什麼動向，立刻就去響應什麼。我永遠不是積極分子，我在單位裡邊是有名的，我永遠要觀察。觀察到了一定的時候，我也只做最穩重的事情。

這裡說「一定的時候」，指兩方面。一個是大致上從上面來說成定局了，這是重要的。第二個更重要的，形勢逼得你必須表態了。我要表示的時候，我必須要看穩了、看準了，因爲中國的形勢有個特點——這是我現在說的了，當時沒有那麼深刻的認識——毛主席特別愛變化。他一會這樣變，一會那樣變的，你琢磨不透的。你要一見風向跟著別人走，結果你錯了，錯的就是你。

○：那你說觀察到不得不表態的時候，要做得保守又穩當，會做什麼事？

◎：那就是我前面說的，我參加過專案組。我知道哪些是空的口號，哪些是紮實的材料。在空的口號上，你最好跟上，某某是反革命修正主義分子，罪惡極大、罪惡滔天等等。但這些口號都進不了專案。專案是你要揭露出來那人寫了一篇甚麼文章，這篇文章是反對毛澤東的，那才行。而這種揭露要非常慎重，一般來說我不敢揭露，除非別人已經揭露過了，我引用那是可以的。所以要空喊口號，表態的時候只不過是空喊口號而已。在階級鬥爭中間總是要做得很簡單一句話——要做得空，不能做實了。

○：專案組是在什麼時候參加的？

◎：專案組就是五十年代中後吧，我做過那些反革命案件的專案。我參加了專案組，做一些日常工作，觀察出來的。

五十年代，一九五三、五四年都有反革命的，我們叫「肅反」了，開頭叫「鎮反」——鎮壓反革命，後來叫「肅清反革命」。那些人查出來有問題，最後落實要設一個專案組。

比如說某某某當時大家批鬥得很凶，最後落實了，究竟給某某某什麼處分？那麼就要成立一個某某某專案組。我參加過一些專案組，到了專案組我才知道，都是要很紮實的材料，要不然上面不認賬。所以共產黨這時是很有分寸的。群眾運動歸群眾運動，到了專案組就比較冷靜了。專案組最後落實的時候，還得要看材料。

專案組的人覺得這個材料、口號叫得很高，沒有一點實際東西，把某某某罵得一塌糊塗，可是一條實際材料都沒有，或者有的不上綱——就像我剛才說的，王子野老不在辦公室吃飯，老回家吃飯——那無論是毛澤東、周恩來、蔣介石誰當家都不能把這個定成一個反革命啊。

這是共產黨搞運動的特點。毛澤東喜歡什麼都搞運動，這個運動中間都是什麼都有。毛提倡運動，他自己也非常瞭解運動中間的話是不可靠的。我很早就已經得到了教育。

可以說我這個人一生中很重要的一個成功經驗，就是階級鬥爭中間我做得很空。因爲我在專案組做過，所以我受的訓練就是做到儘量讓自己的材料不進專案組。

氣功與養生

○：說空，可以講氣功了，氣功就講究空。請你講講你開始打坐，第一次有感覺說真的是入門了，是什麼時候？

◎：氣功，現在概括起來講，無非兩個字——「放下」。因爲學了氣功了以後，到一些時候都能夠放下，都能夠覺得不懊喪，都能夠重新找到出路。

我對打坐眞有體會，也就是一九五四年、一九五五年之間吧。當時我也就意守丹田，開頭守不住，慢慢地能守住，能守住就能放下。我的導師教我的，叫做「破除我執」。我當時把「破除我執」理解成是反對個人主義。我當時都只會用革命語言來理解這些的，以後才慢慢學了這些佛教的、道教的語言，開頭我衹能都是用共產黨的話來理解。

意守丹田之後，慢慢地認識到丹田發熱了——當時我從上海回到北京，就在協和醫院學氣功。

〇：您不是跟蔣維喬先生學的氣功嗎？怎麼又到協和醫院學？

◎：我最早在上海是跟蔣先生學的。我只在上海呆了兩三個月就到了北京了。可是呢，到了北京以後發現協和醫院有開了氣功門診，我一瞭解，這個氣功就是蔣維喬的「小周天」，我就跟他學了，就這樣。以後我跟蔣維喬又通信，向他請益等等。很多通信沒保存，那些信都送給一個朋友了，他也沒有還給我。

〇：那比較大的突破呢？

◎：一直沒有什麼大突破，我就始終到丹田發熱，這個丹田的氣能夠按照設想的穴位運行，就滿足了，我就不往前走了。

〇：一直到現在都是？

◎：一直都是這樣。所以後來什麼特異功能什麼的，我說我始終沒有碰過，因爲我沒到這個境界。不過我實踐很長，我練了五十幾年了。我覺得人舒坦了就高興了，我就不再用氣了。一練就可以舒坦，哪不舒坦就是自己想辦法練一下就行。

非常奇怪的，比如說我困了要想睡覺，我又不能睡，怎麼辦呢？丹田用氣，到了一定穴位，就會連連打哈欠，哈欠過後精神就來了。我不知道生理學上該怎麼解釋，這個哈欠有什麼作用。可是就我來說是實際上是這樣的，原來以爲打哈欠是壞事，現在發覺一打哈欠了以後就有精神了，可以繼續做事。

當然了，你打完哈欠你有條件睡覺你也可以，沒有條件睡覺，打哈欠就可以補充你的。我完全不研究這些，我從不去探討它的生理機制或者心理機制。就我來說，實用就好了，於是我一天到晚就很高興。

○：對於心理的「放下」，你又是什麼時候有明顯的體會呢？

◎：人要不放下就整天懊喪了。比如說出去坐公共汽車，還沒走到公共汽車站，一輛公共汽車剛過去，你多懊喪啊，對不對？什麼事情都可以懊喪，可是我後來逐步覺得完全不必要的。

這問題很簡單，你要意守丹田，不去想這個，就放下了。當然還可以想一些別的，我現在老動員我周圍的人，我老說我們現在的幸福到了什麼程度呢？比秦始皇、唐明皇都幸福啊！秦始皇的時候沒有電視，唐明皇的時候沒空調，我現在家裡看的是二十四吋的大平板電視，連毛澤東都還沒看過彩色的。這麼一想不是 **I'm so happy** 嗎？我跟他們的相比唯一的缺憾，沒有三宮六妃，如此而已了。可是有三宮六妃的話，我今天也受不了，沒有也挺好，這麼一想也就想過來了。所以就是不想懊喪的事情，想這些其他的好的事情，或者甚至於不想，最好的不想就是意守丹田。

意守丹田了以後，自然的，肛門就緊起來了。肛門緊起來了沒多久，雙腳一抽那就發熱了，丹田就發熱了，時間長了那你就有一股氣。這叫什麼什麼氣書上都有，我都不管它，我只管暫時的高興就可以了。

這五十多年來氣功，讓我持續的有一種恆久的力量，儘管很小，可是是一種恆久的動力，使得我可以不至於懊喪，這個都解決了。我現在用了它主要是我可以控制自己隨時入睡，我該睡覺了就睡，我該睡五個小時、該睡三個小時等等都可以控制。這個也是I'm so happy的一個理由，所以我整天是在愉悅中間生活。

○：在心理狀態上最大的好處是什麼？

◎：心理上當然也經常有想不通的事，可是想不通就往想通的方面想嘛，現在也有了人生經驗了，有很多事情從根本問題上想想，覺得自己還是挺好。當然了，因爲老去想這個問題，就有一個最後的缺點。你也一定觀察出來了——對於問題，我是採取「躲」的態度而不是「迎」。過去我就是這樣，特別我當領導的時候，但那時的躲，很多是外表上的躲，暗中我另有採取的辦法。

這個事我剛才說過了，我都喜歡表面上看起來是無序的辦法。我跟管理專家的觀念正好相反，我希望表面上是無序的，因爲這樣便於我隱藏我的主張。我要太有序的話，人家一眼就觀察出來了你在哪，而且知道你A、B以後的C、D是什麼。這個說實話，跟我們的意識形態有關，我避免下面告我的狀。我跟你說，告我狀的人多着哪，做我們共產黨的單位，大家都是平等的，因此你一不小心，人家就要搞你。特別是比你矮一級的人，正好這樣的人，在你直接領導下。你是總經理，那個副總經理最喜歡到上級機構去告你狀，說你如何，因爲他掌握這些東西。我做的無序的，他就找不出理由來，這個是我保存自己的一個很重要的手段，當然這種辦法是不可取的，這不過是我們這個制度之下不得以而爲之的事情。

○：所以你說過去暗中還會迎，但現在是暗中都不迎了？

◎：現在……對，因爲現在不做事業了嘛。要做事業的時候你能不「迎」嗎？你要不迎的話，你整個事業是失敗的。但是迎又不能明著迎，所以要採取一種好的方式迎。

我這就要講到另外一個問題了。我在大陸做出版的時候特別喜歡引進台灣的出版物，因爲有新意，這個迎起來往往會迎出一個新的東西來。比如說蔡志忠的漫畫，那我就覺得蔡志忠能夠把中國的傳統思想放進去，是非常難得的。在當時正好中國的傳統思想被否定的時候，而蔡志忠的漫畫開始講那些，這就是這種迎啊，在上面來說，我就是一種迎，是生動活潑的。而實際上用我們宣傳語言講叫「引導」。

○：你做蔡志忠的時候，讓你的上級覺得迎的是一種新鮮、變化。那對你來講，你當時想迎的是什麼？

◎：我當時最注意的就是它所引進的中國的傳統思想，因爲我對這個問題有深刻的體會了。我在書裡講過以前我是「批林批孔」小組下面所成立的一個機構——這個機構設在北京前門飯店——裡的工作人員。所以我非常瞭解共產黨高層是如何否定中國傳統。這個眞是不得了。我當時找了很多著名的學者，都是簡直出乎意外地擁護共產黨否定傳統的主張，他們都是過去傳統的代表人物啊。

○：所以你參加過這個批林批孔小組？

◎：我沒有資格「參加」。我只是這個小組下屬的一個機構裡邊的一個工作人員。我的工作是做記錄、寫簡報，我一直就做這種秘書工作的。我是工人黨員，又有一點表面上的文化，那就使某些領導覺得難得了。而且我還能講外國話，所以我屢次被重用，認爲是比較能信得過的工人黨員。這樣我就在這個小組裡邊呆了一段時間，我沒有什麼作爲，可是我觀察了很多。

這個工作使我開始接觸了很多高層的領導，當然我見不到江青，可是能見到江青下面的人，最主要的就是能見到那些大學者，那些大學者請來批林批孔，批判孔子、罵孔老二等等，我參加了。

○：就住在前門飯店？

◎：我就住在那啊。我們黨那麼有力量，等於把前門飯店都包下來了，就住在那了，天天在裡邊開會，首長都在裡邊。這個叫一個什麼機構，我忘掉了。所以我對中國的歷史——當然當時我也相信毛的主張了，除了法家以外，這個儒家是最混蛋的。

而且是請了不少儒學大師，上海的、北京的，都跟着罵儒家。這些學者好多都是我一九五三年、五四年以後開始認爲中國最有學問的人了，所以我當時是深信不疑的。說實話，我沒懷疑過。我很勤奮地工作。可是到了以後改革開放的時候，我才忽然覺得出現了新的思想，而我們這裡，很少有人以很煽動的形式來宣傳。這時覺得蔡志忠是最適合的人選。我忽然發現一條線。

我說的「線」，就指的是台灣的出版成果。我當時做了一件驚人的事，這也是一個故事了，我在書裡也寫了。我跟楊渡定了一個辦法。楊渡當時管《中時晚報》，我請他把《中時晚報》看剩的台灣報紙的副刊寄給我。這樣省得我訂，因爲我的級別不夠訂台灣報紙，必須副部級以上才可以，當時我連正局級都不夠，所以我不能訂台灣報紙。後來可以訂了我也不訂，爲什麼呢？我發覺台灣報紙廣告什麼的太多了，我只看副刊，未免浪費。所以我就只要楊渡給我把副刊給我寄來就行了。

就這樣，楊渡幫了我好多年。這還有個好處，它那個寄就是叫裸寄，一卷報紙上面打一個箍，所以不用檢查，郵局一看就知道是什麼東西了，廢紙嘛。於是我收穫很大，很多都是從這裡得到的啓發，所以楊渡幫了我很大的忙。

○：說到出版，你印象中歸納起來，大陸這幾十年的出版可以分幾個階段來看呢？

◎：用階段的說法我怕不科學，還是叫四個段落吧！四個段落，一個是文革前，一個是文革中，一個是改革開放後，一個是近十來年的市場化、改制後。

○：那這四個段落各有什麼特色？

◎：文革前就是一般的控制，文革中是嚴格的控制，改革開放後就大體上恢復到文革前的狀況，並且逐步鬆綁。改制以後就是採取了一個新的方式來控制和管理出版業。

當然，我們現在還做不到以法管理新聞出版。據說這裡邊有個故事。大概二十年前改革開放的時候，要制定《新聞出版法》，因爲這個已經在《憲法》上定了嘛，要把《憲法》上說的那個（出版）辦法實現，因此要制定《新聞出版法》。據說當年這個方案報到了一位老同志那裡，這位老前輩的確是有眼光，他說：「你們都昏了頭了！我們共產黨當年是怎麼取得政權的？我們就是利用國民黨的出版制度、出版法中間的問題，找他們的毛病，宣傳我們的東西起家的啊！」所以就不准訂，一直到現在。

○：大陸的出版社可以怎麼分類？

◎：可以分爲兩種。指導性的和經營性的。譬如人民出版社就是指導性的，而東方出版社是經營性的。這是改制以後近年來的分法。

○：之前有這個觀念嗎？

◎：沒有。之前全部是指導性的，沒有經營性的。現在開始有「經營性」這個觀念了。那麼經營性一來，就是所謂改制了，出版社就要賺錢了，不但要賺錢而且要賺大錢！「要上市」，那就厲害了，還有甚麼「借殼上市」，這個我聽都聽不懂了。

○：我們最後講一講蔣維喬先生是怎麼走的。

◎：這就是一個故事了。大陸有位謝泳教授，是他研究出來的。不知謝泳根據什麼資料查到，蔣維喬某一天知道他兒子劃右派了，於是他跟別人說他很沮喪，說「我這就完了」。說完了這句話，他到了氣功室。他是大師嘛，他有一間屋子練功的。老不出來，人家找他，發覺他死在氣功室裡邊了。這叫什麼？有人把他說成是自殺。也有人說不是自殺，這叫圓寂。或者也可以說坐化。總之他功力已經高到這個程度，隨時可以讓自己死，這個也的確是了不起的一個。

那麼我可以補充一點，這個謝泳先生沒講到的一件事情，就是當年毛主席反對蔣維喬的氣功。這個我有資料，現在還存著，我在書裡邊也講到了，就是我在文革的時候開始知道毛主席早就反對他。我想這位老先生是一定知道這些的，我想一等到他兒子劃右派，他會不會想到要新老賬一起算呢？因此更促進他去坐化或者自殺呢？

○：毛很反蔣維喬，是說反對他的「廢止朝食論」嗎？

◎：反氣功。毛在念高中的時候，他的高中老師都練氣功，毛反對，毛寫了一篇文章，叫〈體育之研究〉。這篇文章我還保存着呢，文革的時候這篇文章非常流行，紅衛兵都拿來，我是那個時候才知道毛有這文章。我練氣功的時候哪會知道？

○：那毛寫這個〈體育之研究〉是他高中時候就寫的？

◎：對。毛在念高中的時候就跟蔣維喬有尖銳的對立了。毛認爲氣功不行，應該從事體育活動。這牽扯到一個重要的哲學問題，就是生命的本質在哪裡？氣功是認爲生命的本質在於靜止。而毛認爲這是錯誤的，生命的本質在於運動。因此你要求得生命的延長，你應該運動，所以毛是游泳健將，主張運動。

附錄一

中央批轉中央宣傳部關於改進人民出版社工作狀況的報告

（一九五四年四月）

中央批示：中央同意中央宣傳部關於改進人民出版社工作狀況的報告。這個報告裏面所提出的關於如何增加出版物的數量並提高其質量以及如何加強人民出版社與全國作家和翻譯工作者的聯繫等方面的意見，對人民出版社是重要的，對其他出版社同樣是重要的。人民出版社應當根據這個報告訂出出版書籍的長遠計劃及改進工作的具體辦法，由中央宣傳部批准後執行。各級黨委宣傳部也應當領導當地國家出版社根據這個報告的精神檢查自己的工作，切實加以改進。中央一級的出版政治書籍、社會科學書籍、通俗書籍和文學書籍的出版社，並須將檢查工作的結果和改進工作的辦法報告中央宣傳部。

人民出版社是出版政治書籍的國家出版機構，成立於一九五〇年十二月。在一九五一年及一九五二年，出版總署又按照專業分工原則將公私合營的出版機構三聯書店和世界知識出版社先後併入該社，但仍保留三聯書店和世界知識出版社的名義，以便出版一部分不宜用人民出版社名義出版的書籍。

三年來，人民出版社的編輯出版工作已有改進，初期的粗製濫造、只問量不問質的現象已逐漸克服。三年來的主要出版有：馬克思、恩格斯、列寧、史達林和毛主席的著作，黨的其他負責同志的著作，黨和政府的重要文件，蘇聯哲學和社會科學的一部分重要著作，我國的一部分社會科學著作，以及配合各項政治運動和幹部學習的書籍。其中，馬克思、恩格斯、列寧、史達林和毛主席的著作佔有顯著地位，並年有增加。一九五三年出售四百七十四種，其中馬克思、恩格斯、列寧、史達林和毛主席的著作，在種數上佔百分之三十一，在冊數上佔百分之三十五，而在一九五三年以前種數僅佔百分之十三點七，冊數佔百分之二十三點四。

但是人民出版社的工作還存在著很大的缺點，首先是沒有長期的打算，沒有遠大的眼光，表現了相當程度的盲目性。其次是，除了馬克思列寧主義經典著作以外，沒有有計劃地翻譯出版比較重要的理論著作，本國作家的學術著作所出無幾，按照一般讀者的需要來宣傳馬克思列寧主義的讀物及有關黨的生活的讀物也出得極少。著作稿件的缺乏雖有多方面的原因，但出版社對組織作家寫稿不夠積極和熱心是重要原因之一。出版社在作家稿件的處理上的積壓拖延現象及書籍的出版時間過長，也引起作家的不滿，因而影響了寫稿的積極性。

為了進一步改善人民出版社的工作，我們特提出以下的意見和辦法：一、人民出版社首先應集中主要力量出版以下幾項書籍：

（一）馬克思、恩格斯、列寧、史達林與毛主席的著作；

（二）中共中央的文件；

（三）蘇聯共產黨的文件；

（四）有關黨的建設的讀物；

（五）闡釋和宣傳馬克思列寧主義理論的讀物，此項讀物內容主要可有下列兩個方面：①解釋馬克思恩格斯列寧史達林的經典著作，解釋毛主席的著作；②解釋馬克思列寧主義關於各方面的問題，例如馬克思列寧主義關於社會主義建設問題、民族和殖民地問題、資本主義總危機問題、農民問題、婦女問題等等的理論。

（六）國家的政策法令及其解釋；

（七）我國的哲學及社會科學著作和蘇聯的重要學術著作的翻譯。

其他原由人民出版社出版的某些書籍可以分別交由有關的出版社出版。政治經濟學原理以外的一些財政經濟書籍可以由財經出版社出版；有些高級的專門學術著譯交由科學院出版（科學院應考慮成立科學出版社）；中國古代書籍的翻印可以由古籍出版委員會負責。

三年來，人民出版社出版了不少有關國際問題的著作以及蘇共和各國兄弟黨的文件，今後仍應注意出版這些書籍，但除蘇共文件以及國際問題方面文獻性和權威的著作可仍以人民出版社名義出版外，其他國際問題一般著作和蘇共以外的各國兄弟黨的文件以用「世界知識社」名義出版為宜。

為使人民出版社集中力量做好上述工作並提高工作質量，應在人民出版社內容設立三聯書店編輯部（目前三聯書店並無單獨的編輯機構，也沒有獨立的編輯計劃），編制上仍為人民出版社的一部分，但須有獨立的編輯方針與計劃，以充分發揮現有譯著力量。

二、選題計劃是出版社各項工作的基礎。為了加強出版工作的目的性並提高出版物的質量，必須認真做好選題計劃和組稿工作。人民出版社應根據黨和國家的路線政策、讀者的需要和作家的情況，制定出長期的以及年度的選題計劃，這些計劃並應經過社外有關機關團體學校和專家的討論和中央宣傳部的批准。選題確定之後，應該認真挑選作家，以保證選題計劃的實現。而在約稿以後，出版社仍需與作家保持經常聯繫，瞭解其寫作情況，給以可能的幫助，使他能如期完成約定的稿件。做好選題組稿工作是辦好一個出版社的關鍵，出版社的社長總編輯必須親自加以掌握。

三、為了推動科學研究工作，培養學術著作力量，對於學術著作應採取積極鼓勵的方針。凡屬經過認真研究，在某一方面說來有些價值的著作即應使其有適當的出版機會。人民出版社對於所出版的著作書籍，一方面應該保證在涉及黨的當前政策和宣傳馬克思列寧主義的基本觀點時不犯錯誤，另一方面也應估計到中國目前的理論、學術研究的現有水平，不要求過苛，特別是對待不涉及當前政策問題的學術著作，標準可以較寬。三聯書店應當更多出版著作書籍，以便使黨員和非黨員作者的各種雖然尚有某些缺點，但有一定的用處的作品都能印出來。這樣做，當然不是容許粗製濫造，而是為了在現有的水平上逐步地提高。在出版社這樣做時，報紙刊物上的書評工作和學術討論應當逐漸加強。此外許多舊的學者的著作，特別是關於中國歷史的各方面材料的整理和考據的著作，對於我們還是有用的，這類著作一般可由科學院出版，但人民出版社和三聯書店亦可酌量選印。

翻譯書籍中除馬克思主義的著作外，各種古典學術著作也應陸續有譯本出版。人民出版社主要地出版馬克思列寧主義著作的譯本，三聯書店可以較多出版社會科學其他古典著作的譯本。

現在，出版的書籍品種太少，不能滿足研究各種不同的問題，抱著各種不同的合理要求的讀者。這種情形不僅在社會科學書籍方面，而且也在文學藝術書籍，自然科學書籍以及兒童讀物、通俗讀物各方面。為改變這種情形，除有關各出版社注意從多方面組織稿件外，而且有必要從過去各書店如商務印書館、中華書局、開明書店等出版過的書籍中選出目前仍為學校教員、研究工作者以及一般讀者所需要的一部分來，由原出版者、三聯書店、作家出版社或其他適當的出版社重印。

四、人民出版社應當積極地改進並加強它和全國著作家及翻譯工作者的關係。人民出版社應熟悉全國社會科學方面的著作家和翻譯工作者的能力和工作狀況，積極地主動地和他們取得聯繫，分別不同情況經常給以從事著譯的各種方便。對於在某一專門學科上有著述能力和翻譯能力的人才，都應採取愛護輔助的態度，而不採取排斥歧視的態度。對專科以上學校教授和黨校教員均應進行組織寫稿的工作。對於作家的書稿必須認真處理，藉以提高作家的寫作積極性。

人民出版社並應在各個編輯室周圍，依據不同的專業，逐步團結一批社外專家，作為審稿的依靠，以解決目前社內編審力量不足的困難。為了做好上述幾項工作，人民出版社的社長總編輯和各編輯室的主任應該分出一定的時間來參加社會活動，使能瞭解並熟悉學術界的動態和著作家的情況。

五、人民出版社現有出版物中，除了少數幾種重要的著作，如《毛澤東選集》、《史達林全集》之外，一般書籍的裝幀印製質量還有很多缺點，讀者頗多指責。應責成出版社採用有效的步驟來提高書籍裝幀印製的技術水平，並會同發行部門確實掌握書籍的印數，以免應該經常供應讀者的書脫銷，而不應多印的書又因印行過多而積壓。

六、人民出版社應結合業務加強社內的政治思想領導。尤須重視幹部的培養提高工作。除了一般的政治學習以外，對編輯幹部應該組織系統的理論學習。應該根據具體情況，適當提高編輯幹部的物質待遇和政治待遇。

為了解決這些問題，我們除責成該社在認真檢查過去工作的基礎上，制定一九五四年度的工作計劃外，在可能範圍內將適當補充領導骨幹。

中央宣傳部　一九五四年一月

附錄二

人民出版社出版工作兩條路線鬥爭大事記

（一九六〇～一九六六）

一九六〇年

＊一月十九日　中宣部部長會議討論有計劃地大量出版中外遺產問題。周揚提出這一工作的「重點是滿足廣大幹部的需要」。他說：「出版社是學術機關……有一個滿足幹部知識、欣賞需要的目的，還有一個供應研究、批判需要的目的」，「有益、無害、有利，應該是出書的標準。」會後，由包之靜擬出《關於加強和改進出版中國古籍和翻譯出版外國學術和文藝著作問題的意見（草稿）》，鼓吹無批判地全盤接受封建主義和資本主義，胡說：「我們要創造社會主義和共產主義的文化，必須確切地瞭解和掌握中外古今人類全部發展過程中所創造的文化」。

＊一月　周保昌抽調各部門人員對一九五九年的成本、贏利情況進行大規模核算和調查，實行按編輯組分攤利潤的辦法，把一九五九年內各編輯組書稿的盈虧情況集中公布，引導各部門確立利潤掛帥的思想。由於這些活動，一月二十二日舊市委東城區財務部門認為，我社在成本核算和經濟活動分析方面有「突出成績」，評為紅旗單位。文化部財務司二月十九日在我社召開財務工作現場會議。

＊十一日　王子野等進一步扼殺通俗讀物，索性砍掉通俗讀物組。自一九五八年通俗讀物出版社與人民出版社合併以來，王子野對通俗讀物一砍再砍，到現在已從組織上把通俗讀物徹底砍完。

＊二月二十日　包之靜通知，蘇修《政治經濟學》教科書第三版增訂本中譯本可以公開出版。隨著蘇修的日益猖狂，這部《政治經濟學》教科書出版後不斷修改，塞進的修正主義貨色越來越多，越改越修。一九五九年我社已曾公開出版修訂第三版的譯本，在全國印行二百餘萬冊。第三版增訂本比一九五九年版更加惡劣，本來不準備把譯本公開發行，但包之靜卻悍然決定繼續放毒，又印了數十萬冊。

＊二月　我社發行科同志根據十一個省、市、自治區的要求，向文化部出版局報告，要求重印《毛澤東選集》一、二、三卷二百萬部，出版局藉口紙張困難，只准重印一百萬部，而且撥給壞紙。二十二日，四川雅安專區新華書店來信反映，廣大革命群眾渴望大量出版《毛澤東選集》以滿足學習需要，王子野在回信中竟藉口紙張困難，不予解決，要讀者「靠單行本解決需要」。

＊同月　文化部召開部分地方出版社座談會。由陳原起草，胡愈之審查後提交會議討論的報告中，胡說為工農兵服務的方向這個問題「實質已經解決了」，現在是「不要狹隘地或機械地理解這個方針。服務可以是直接的，也可以是間接的」。報告強調中央一級出版社「工作的重點是搞提高」，出版通俗讀物的首要責任在地方出版社。

＊同月　《人民公社萬歲》一書印成後，譚震林、彭真批示全部銷毀。此書是中央決定編寫的，目的是宣傳人民公社產生的歷史必然性和顯示的巨大優越性，毛主席原來準備寫序言，後來因忙未寫。在出版過程中，資產階級司令部對此書重重阻撓。胡喬木曾以「少而精」為由，把各地選送的大批調查報告砍去五分之四。書印出以後，王子野藉口書中有些缺點，給譚震林打報告，建議改內部發行。譚震林看後立即給彭真寫信，連內部

發行也不允許，要立即銷毀，理由是這本書「寫的時候是以反右為出發點的」。彭真看後，立即表示「同意譚批」。於是印裝好的五千冊書全都銷毀。

＊三月　正在全國學習毛主席著作的熱潮中，王子野等不去積極引導全社革命同志活學活用毛主席著作，僅僅以「加強毛澤東思想的學習和理論研究」為名，成立一個「理論研究工作小組」（王子野自任正組長），由少數人冷冷清清地「埋頭研究」，從而扼殺了這一群眾性的學習運動。

＊四月二十二日　列寧誕生九十週年，《紅旗》雜誌第八期發表了重要文章《列寧主義萬歲》，堅決批判了現代修正主義，捍衛了馬克思列寧主義的純潔性。我社出版了《列寧選集》（四卷本）和列寧論反對修正主義等六本語錄。

＊四月二十九日　錢俊瑞在出版工作座談會上做總結報告。他不去肯定大躍進以來出版工作為工農兵服務、為政治服務的正確方向，卻一味指責出版工作「在書籍質量上還有些問題」，存在著「單純追求數量的觀點」，而對解決這些問題的關鍵，他本末倒置地認為主要在於保證編輯有時間，說什麼「編者如果沒有時間組稿、看稿、讀書、討論、下廠下鄉、參觀訪問，則政治掛帥、群眾路線、大搞協作、改進制度等等，都落不了實。要保證時間，就當前情況看，最重要的是解除品種數量的衝擊。解除這種衝擊，就是當前出版工作繼續革命的重要環節」。群眾當時提出，大躍進中方向對頭，他居然駁斥說：「如果只是方向對頭，選題訂得好，還不一定就會出現質量高的書」，「方向儘管對，選題儘管訂得好，要真正提高質量，還要在書稿上下工夫」，於是就在實際上否定了當時的出版方向。

＊四月　周揚在香山召開的一次座談會上，胡說「修正主義對中國……影響不大，在文藝界開展反修正主義鬥爭，不要弄得草木皆兵，形成處處都是修正主義。」他還大捧資產階級專家，說什麼「他們有有用的知識，要發揮他們的長處，不要老以為他們是右的，從世界範圍說他們還算是左的。」「不要一棍子打死，出版社要允許不同水平的出版物都能出版」。

＊同月　《關於思維和存在的同一性問題的討論》第一集出版，翌年又出版第二集。楊獻珍所挑起的關於思維和存在同一性問題的爭論，是三年困難時期兩條道路、兩個階級鬥爭在思想領域的表現。楊獻珍等大肆宣傳否認意識和存在具有同一性的謬論，來打擊工農兵群眾發揮主觀能動性，來反對大躍進。這一謬論遭到以艾思奇同志為首的革命左派的反擊。在舊中宣部指定出版的這兩本討論集中，卻根本不允許在編排上體現左派的立場，而是為彭真的「打一場混戰」的反革命方針服務。

＊五月二十八日　文化部向省、市有關部門發出《關於〈毛澤東選集〉第四卷發行工作的通知》。由於害怕群眾知道，竟規定調查需要數量的工作「只限於在機關、部隊、學校、團體、企業內部通過組織向讀者登記，不得在報紙上刊登廣告，也不得在書店門市部張貼公告」。還規定：「分配原則一般應該是：領導機關優先於一般機關，集體讀者（圖書館）優先於個別讀者，領導幹部和有專門需要的讀者優先於一般讀者。」

＊五月　按中央指示在社內開展以反五多五少為主要內容的反官僚主義整風運動。革命群眾共貼出大字報一四一七張，對王子野等人的問題進行嚴正批判。但是王子野竭力為自己掩飾、開脫，十日他在做反官僚主義動員報告時就力圖為這次運動定調子，盡力反對出版為工農兵服務，反對出版通俗讀物，要革命群眾在他規定

的「間接服務」的框子裏做文章。他說：「現在來說，通俗讀物不佔主要地位，我社要出為幹部服務的高級讀物，對象是水平比較高的讀者。」「通俗講解黨的政策、哲學、經濟學的書一定要出，但不能佔主要比重。出不出主要決定於是否可以組來較好的稿子，看是否能搞來質量較高的通俗讀物……又要通俗，又要形象化，很不容易，這樣的作家很少，寫不了、組不來就不要出，不要強求，要面對現實。」他以質量不高為藉口，把大批通俗讀物拒於門外，然後另一方面，他對資產階級「權威」、「學者」的著作又盡量放寬標準，提倡讓步。

＊同月　由於范用一貫緊跟王子野執行資產階級司令部的黑線，在調任歷史組長不久，王子野又提出提升他為副總編輯，隨即得到文化部批准。

＊六月二十八日　全國人民代表大會常委會轉交我社一件正式提案，提出「最近在北京買不到毛主席著作，不能長期脫銷」，要求我社設法解決。王子野看了以後置之不理，既不讓有關工作人員傳閱，也不向上級請示報告，也沒有向人大常委會做答覆，就把提案歸檔了。

＊六月　吳晗的反黨反社會主義大毒草《燈下集》出版，其中包括他為彭德懷翻案的《論海瑞》。這本書是一九五九年由王子野批准約稿的，王在審稿過程中還特別叮囑編輯部要向吳晗「讓步」、「折衷」，盡量給吳晗以放毒的方便。出版以後，王在一九六一年九月十四、十五日做報告時，還吹捧這株毒草是「好的學術著作」，可以「使人耳目一新」，是「保留節目」，「反映很好」。初版印二千冊，吳晗知道後大為不滿，范用知道後立即批道：已列入明年重版計劃。後來在一九六一、六二年這本書竟共重印四次，計一萬五千冊。在重印過程中，編輯組曾提出這本書中的一些問題，如提出「海瑞的品質是我們今天所需要和提倡的」這類說法有問題。

范用卻批道：「可以允許作者有這樣的看法」。一九六三年編印《發行手冊》時，這本書又被列為適於普及發行的好書。

＊七月　林彪同志在《關於加強部隊政治思想工作的指示》中指出：「政治思想工作是經常進行的，絕不是這個時期重要，另一個時期就不重要了。」

＊七月至十月　全社進行以檢查出版物政治事故為中心的反官僚主義運動。全社革命同志在這次運動中查閱了二百餘本圖書，揭發出大量政治性事件，但是王子野等人盡量加以隱瞞，只上報十七種，而其中許多種的大方向還是完全正確的，卻當作壞書上報，如《拔白旗，插紅旗》、《歷史科學中兩條道路的鬥爭》（正續編）、《社會主義和共產主義教育》、《兩條道路大辯論》、《整風整社經驗》等。宣揚資產階級思想的書只上報三種，其餘幾乎全部隱瞞未報（其實僅在一九五八年就出了上百種中外資產階級著作）。由於文化部和王子野等人的操縱，把運動引上歧途，這次運動不僅沒有解決出版社的方向問題，而且進一步否定了一九五八年大躍進中開始出現的出版為工農兵服務、為政治服務的正確方向。

七月二十二日　呂著《史論集》將付型時，范用提出有四個頁碼不可付型，因為其中有「……標誌著馬克思主義哲學史上的毛澤東階段」的提法。經向閻王殿請示，竟悍然決定將這一提法刪去。

八月十七日　錢俊瑞在各種場合宣揚出版社要從事學術研究工作。十七日他在文化部黨組會上提出：「出版社是政治思想機關，又是學術研究機關，又是編輯出版機關，而以政治思想帶頭。」八月十九日，他又在我社經濟組宣揚説：「為了出好書，以後可以考慮以一半時間工作，一半時間學習。」十一月八日，他在文化部黨組會上就我社工作又「指示」說：「要加強學術研究。需要有具體措施。單講同研究機關掛鉤不夠，自己必須做學術研究。所有參加編輯工作的同志都要參加學術研究，每人都要有題目，每個組都要有研究計劃。」關於編輯幹部的政治思想工作，他強調要落實在業務上。十一月八日他說：「要抓緊思想工作，首先要抓書，通過書來瞭解幹部思想。領導一定要抓書。出版社是生產機關，生產就是出書。」「黨委一定要有分工。第一書記主要應抓業務，副書記主要抓黨的生活。」

＊八月　王子野將李維漢一、二月間向民主黨派所做的報告《堅決靠攏共產黨，努力自我改造，一心一意為社會主義服務》當作好書出版。十月，又趕緊出版李的另一報告《學習毛主席著作，逐步改造世界觀》。李維漢在這兩個報告裏打著紅旗反紅旗，大肆販賣投降主義讕調，一再表揚資產階級「大有進步」，提倡讓牛鬼蛇神放毒的「神仙會」，是向資產階級猖狂進攻屈膝投降的典型。尤其嚴重的是，一九六四年五月李維漢的問題已經揭發，而他的後一本書卻又改頭換面地重印一次，並且改換封面，作為新版，重印達十二萬冊之多。

＊九月　林彪同志在全軍高級幹部會議上講話指出：「人的因素第一，政治工作第一，思想工作第一，活的思想第一。這是我軍政治思想工作的方向，也是整個軍隊建設的方向。在新的歷史時期中，我們更應該緊緊掌握這個方向。」

＊十月一日　我們偉大領袖毛主席的光輝著作《毛澤東選集》第四卷出版發行。林彪同志為此發表重要文章《中國人民革命戰爭的勝利是毛澤東思想的勝利》。林彪同志著重指出：「中國革命的勝利是馬克思列寧主義的勝利，是毛澤東思想的勝利」。「用毛澤東思想武裝我們的頭腦，保衛馬克思列寧主義的純潔性，反對形形

色色的現代修正主義思潮，是我們當前重要的戰鬥任務。」第四卷據當時初步調查至少需要印一千五百萬冊，閻王殿大加削減，只准印五百三十九萬冊，並拒絕採納我社同志提出的增加造貨地點的建議。經過有關部門革命同志力爭，閻王殿在十月八日勉強同意加印三百萬冊，自仍遠遠不能滿足廣大讀者需要。同時，閻王殿還限制廣大群眾學習毛主席著作，陸定一在九月十七日文教書記會議上說：「學習《毛澤東選集》第四卷，認真組織剛才講到的一些同志（即宣傳幹部，文藝、報刊等部門的幹部）參加就行，不擴大，看來比較好些。」在《毛澤東選集》第四卷出版後不久，政治組就編了一本關於主席著作背景資料的參考讀物，王子野拒絕出版。林彪同志的文章也未出書。

＊十月　林彪同志提出「毛澤東思想是當代馬克思列寧主義的頂峰」。中央軍委擴大會議在林彪同志主持下做出《關於加強軍隊政治思想工作的決議》，號召高舉毛澤東思想偉大紅旗，把毛澤東思想真正學到手，堅持在一切工作中用毛澤東思想掛帥。決議中明確規定部隊文藝工作的任務是：「必須密切結合部隊的任務和思想情況，為滅資興無、鞏固和提高戰鬥力服務。」

＊十一月十六日　在我黨發表〈列寧主義萬歲〉等重要文章，堅決反對現代修正主義後，王子野還竭力主張公開出版美國修正主義者威廉斯的《論列寧和十月革命》。這本書是王子野在一九五六年蘇聯修正主義開始抬頭時，大力組織翻譯出版的里德的《震撼世界的十天》的姐妹篇，書中竭力宣揚十月革命是「不流血的」革命，鼓吹蘇美合作。作者在一九五九年寫的序言中更吹捧赫魯曉夫及其修正主義路線。波列伏依寫的前言則除了肉麻地為作者捧場，還含沙射影地攻擊革命的馬克思主義者是「冷戰宣揚者」。王子野看了此書俄文版後批示道：「這本書肯定可以譯，基本上是好書。」於是這株毒草就在一九六二年一月作為「好書」公開出版，其時

正在蘇共二十二大兩個月之後。

＊十二月二十四日　中宣部批轉文化部黨組《關於書籍中的政治錯誤和處理意見的報告》。報告中規定：「凡屬不涉及現實政治問題的思想性錯誤的圖書（如一般帶有人性論傾向和資產階級和平主義傾向的圖書，以及一般資產階級觀點的圖書）和學術性錯誤的圖書，可以不必停售。」這個規定，為宣傳修正主義思想和資產階級思想大開方便之門。

＊十二月二十八日　黨委會討論一九六一年出書規劃，王子野提出一九六一年出書方針是：「減少數量，增加品種，提高質量，保證重點，照顧一般。」他解釋所謂減少數量，主要是不印再版書，實際上主要是不印毛主席著作。他在會上公開說「《毛選》再版，明年不搞，等到紙張好轉以後再說」，而庫存的大量紙張要用來保證「重點」，即所謂「學術著作」。王子野特別強調要出好一些作為「台柱」的「好書」，當作重點。「文件要出，影響很大。但這是文件本身的，不是出版社的。明年要爭取一個月或者兩個月出版一本有分量的中國學術著作，每月出版兩三本有分量的外國學術著作。這些書能打動人心，其餘的書屬『編餘』性質，不這樣就浮誇。」後來出版的吳晗、呂振羽、翦伯贊等人的大毒草和《普列漢諾夫哲學著作選集》、《世界通史》等等，就是王子野心目中的這樣的「台柱」。在一九六一年出版計劃中原定出版四種毛主席著作的專題摘錄，由當時的研究組負責組織編選，但後來都為王子野以各種藉口一一砍掉，一種也沒有出版。

＊十二月三十日　黨委會就七至十月分的反官僚主義運動，向文化部黨組和中宣部做《關於改進和加強今後工作的報告》。這個報告盡量掩飾在出版方針、路線上存在的嚴重問題，把出版社的問題輕描淡寫地歸結為

「領導思想上存在著右傾麻痺思想」，「編輯隊伍成分複雜」，「工作作風極不嚴肅」，「工作制度不嚴格和不健全」等等，諱言本質問題。在談到改進措施時，仍把我社出書主要對象説成為「機關、廠礦、企業、學校的幹部」，並且照搬一九五四年四月中宣部黑報告的原話，強調對於「學術性的著作應當放寬」，「繼續貫徹『開門辦社』的方針」，「編輯不僅要經常出入作家之門，而且要逐漸成為作家的助手」，「三聯牌號不僅因為有長期的歷史，而且為了工作方便起見，仍有保留必要」。報告還提出「政治第一，質量第一」這一折衷主義的口號。在幹部培養方面，報告説什麼出版社「應當有學術研究的空氣」，「有能力寫作的編輯幹部提出寫作研究計劃，經社的領導批准可以給予寫作假期。應當創造條件讓編輯人員有機會參加科學研究的活動」，而絕口不談幹部的思想改造。根據此類方針，後來就讓一個編輯組長長期半脱產，去編選與我社業務完全無關的脱離現實政治的《紅樓夢》考證資料。

＊同日　我社出版部同志根據遼寧、吉林人民出版社的要求，報告文化部出版局王益，要求文化部批准遼寧、吉林自籌紙張加印《毛澤東選集》第四卷。同時提出，如果其他地方也有自籌紙張加印條件，也予同意。但王益根本不加理睬。

＊十二月　林彪同志指示：「要加強《解放軍報》的思想性和現實性。思想性，就是旗幟鮮明，方向正確，高舉毛澤東思想偉大紅旗，按照黨中央毛主席的指示精神辦報；現實性，就是反映部隊的思想動態和部隊的現實活動，主要是思想動態。」

＊同月　八十一黨莫斯科會議期間，劉少奇吹捧蘇修説：「蘇聯的今天，就是我們的明天」。「我們的團結

是由共同的理想和共同的事業聯繫起來的」。又說：「目前，世界各國人民面臨著爭取世界持久和平、爭取不同社會制度國家和平共處……的偉大任務」。王子野等人竭力吹捧劉少奇這次蘇聯之行，劉歸國後，就立即籌劃為他出版紀念畫冊和言論集。一九六一年一月，兩本書同時出版，書名都叫《中蘇團結，萬古長青》。

＊同月　資產階級司令部通過胡喬木下令文化部門，不准在報刊圖書上公開提學習毛澤東思想，只准提學習毛主席著作。胡說什麼「報刊上不說毛澤東思想已超出一國範圍，更不能給人印象，好像毛澤東思想同馬列主義是兩回事。不要孤立的宣傳毛澤東思想，好像只有毛澤東思想沒有馬列主義。」

＊同月　王子野主持擬訂《人民出版社關於加強黨委會的領導和貫徹勞逸結合的幾項規定》，公然強調業務掛帥，反對突出政治，反對政治思想工作。其中說：「黨委會必須改變過去那種全線出擊，主次不分的缺點，明確黨委會的工作重點應當放在管好出書方面。」「黨委書記、社長兼總編輯王子野主要抓業務、管出書工作，要保證把主要的時間和精力放在書籍的選題、發稿、出書規劃和提高質量問題方面。」「首先，必須保證業務工作的必要時間，一定要扭轉那種認為什麼都不擠，就是業務可以擠的不正常想法。」

一九六一年

＊一月二十三日　黨委會擴大會議討論一九六一年的選題組稿工作，閻王殿十分重視這次會議，包之靜親自參加並講了話。包之靜和王子野在會上一再強調，要特別注意資料書和知識讀物的規劃和組稿，把這當作今後工作重點，而絕口不提宣傳毛澤東思想和出版政治讀物。包之靜說，出版資料書「是根據了各方面的需要」，「要鼓足幹勁」。又說，「知識不足，學術不能興旺，工作也不能做好」，「知識叢書，顧名思義，要給人以具體知識，因此題目可訂得具體點，像《十六世紀尼德蘭資產階級革命》、《屈原》、《華盛頓》之類就好」。王子野則在會上大肆宣揚日本資產階級的時事通訊社出版的、既反動又粗劣的所謂《資料集成·中國共產黨史》，要各編輯組「參考」和「學習」。閻王殿於一九五七年開始策劃的「知識叢書」選題、組稿工作，在一九五八年大躍進中，由於革命群眾的衝擊而一度中斷之後，至此又再度大規模地進行。與此同時，新聞界也颳起一股宣揚「知識」的黑風，《人民日報》每星期日拿出四個版專門登「知識性」和「藝術性」的東西，「知識版」先後搞了「古今談」、「歷史物」、「拙匠隨筆」等烏七八糟的欄目。廣播電台當時也大量播送「輕」「軟」的靡靡之音。凡此種種，都說明當時資產階級司令部開始開動各種宣傳工具，大規模地為反革命復辟做輿論準備。

＊一月二十四日　王子野與各編輯組長研究書稿的審查加工問題。二月，各組討論了這個問題並提出改進措施。在這次討論中，王子野雖然也講要在政治上著眼審查、加工書稿，然而根本不提無產階級政治掛帥就是以

毛澤東思想為綱來觀察、處理一切問題，不提提高編輯幹部的階級覺悟是解決問題的關鍵，以致有些組提出的改進措施實際上還都是技術性的，如有兩個組的改進措施是：（一）書稿分類，區別對待；（二）譯文不代加工；（三）學術問題不提；（四）不代改文章；（五）查對引文有重點；（六）做些譯名卡之類；（七）審稿時看政治問題，加工時只掃尾；等等。王子野等人還把這些措施在全社推廣。

＊一月　黨中央舉行了八屆九中全會。全會公報指出：「我國在過去三年中所取得的偉大成就，說明了黨的社會主義建設總路線、大躍進、人民公社是適合中國的實際情況的。」公報還尖銳地指出：「……佔人口百分之幾的極少數沒有改造好的地主階級分子和資產階級分子……他們總是企圖復辟，他們利用自然災害所造成的困難和某些基層工作中的缺點，進行破壞活動。」在王子野一夥的操縱下，在八屆九中全會公報及有關文件公布後，我社竟不予出版單行本。

＊同月　林彪同志在《關於加強部隊政治思想工作的指示》中號召：一定要把毛澤東思想真正學到手。並指出：「要帶著問題學，活學活用，學用結合，急用先學，立竿見影。」王子野對林彪同志的這一指示十分抵觸。同月十日，他還批評《新華月報》說：「選用學習毛主席著作的文章太多了，有三分之二可以不選。」

＊同月　王子野為了使出版社變質為宣傳資產階級思想的「學術文化機關」，決定在編輯部推行所謂「四四制」學習制度，保證幹部四個整天工作、四個半天學習。在學習時間內根本不提倡學習主席著作，而是竭力提倡學習「理論知識」、「廣泛的知識」。此後，王子野幾次擬訂各種編輯幹部「基礎閱讀書目」、「理論學習基本書目」，把普列漢諾夫、考茨基、拉法格以及呂振羽、戴逸、于光遠、蘇修科學院的大批毒草都列入書目之內。他還指

使范用給美術組開書目、選課本，把蘇修《馬克思主義美學原理》，泰納《藝術哲學》以及普列漢諾夫、朱光潛等人的著作都列為必讀書。王子野還要范用告訴全體美術幹部，「趕快組織起來，要把技巧磨練起來，每天應不斷，每天都應有晨課」。一九六一年六月，王子野還親自向美術幹部談所謂藝術修養問題，大捧死人洋人，要美術幹部「手不釋卷，勤學苦練」。

＊同月　印行反華反革命修正主義分子南布迪里巴德的大毒草《聖雄甘地和甘地主義》中譯本，經王子野、范用「批准」公開出版。作者在書中把甘地作為聖人來狂熱吹捧，大肆宣揚向帝國主義和反動派屈膝投降的甘地主義，鼓吹不經過暴力革命可以使印度人民得到獨立和解放。書中公然吹捧尼赫魯是社會主義的「強有力的發言人」和「當然領袖」。在編輯過程中，責任編輯曾提出：「甘地主義對今天全世界範圍內的民族解放革命運動並無積極意義（甚至有害），所以建議本書內部發行。」范用竟否定責編的意見，說什麼「我讀了全書的清樣。此書基本觀點是正確的」。「這本書是一個用馬克思主義觀點進行分析的嘗試……可以公開發行」。

＊同月　在范用主持下編印《業務研究參考資料》，共印發十三期。在這些刊物裏，絕大多數文章宣揚業務掛帥，傳授所謂研究工作的方法，搜集資料的辦法，其中包括吳晗、胡繩等多人寫的毒草。

＊二月　新華書店根據調查，提出《毛澤東選集》第四卷增印一千四百萬冊的計劃，被文化部削減到三百萬冊。計劃報到閻王殿，陸定一竟全部砍掉，一本也不准印，並大罵「《毛澤東選集》印得這麼多，再印把全國的樹砍光了也不夠用，那會亡國的」。他還咬牙切齒地說：「如果書店只有毛主席著作一種，我國就要亡國了，社會主義文化就沒有了。」此後，王子野在社內也大肆叫嚷毛主席的書「出多了要亡國」，以此壓制群眾

多印毛主席著作的要求。

＊三月初　中宣部出版處召集會議討論「圖書供應緊張情況」，齊燕銘等人在會上大談「學術著作太少」，而根本不提毛主席著作供應不足的問題。與此同時，文化部出版局通知各出版社，要各社提出一個「極需重印書目」。我社由范用起草擬出了兩份重印書目，其中完全不提重印毛主席著作，卻列入大量毒草，如蘇修《世界通史》第一卷，吳晗《讀史記》、《燈下集》，張執一《試論中國人民民主統一戰線》，戴逸《中國近代史稿》等等。據統計，一九六一年全年編輯部發印重版書共一百四十六種，其中一本毛主席著作也沒有。在此前後，廣大讀者紛紛來信要求多印主席著作，而一些牛鬼蛇神則藉種種機會提出要求重印毒草，范用等卻一味聽信牛鬼蛇神的意見。如吳晗要求我社多印《燈下集》，這二年就重印四次之多。一九六一年二月二十七日，鄧拓向我社去訪問他的編輯提出重印《中國救荒史》，其目的是配合當時社會上牛鬼蛇神向黨的進攻。編輯組有人在訪問報告上簽注意見說：「如有可能，不妨添印幾百本，此書可算古為今用，對支持農業有益。」范用竟同意這些意見，這一反共大毒草乃於四月二十六日發印，六月印出。一九六二年一月，香港提出需要張蔭麟的《中國史綱》，范用又立即同意重印，並把吳晗寫的張蔭麟傳記增附在內，共印四千三百七十冊，一千冊出口，三千餘冊在國內發行。

＊三月　劉少奇、鄧小平批准中宣部《關於毛澤東思想和領袖革命事跡宣傳中的一些問題的檢查報告》，大肆攻擊工農兵群眾活學活用毛主席著作是「簡單化」、「庸俗化」、「形式主義」。

＊四月一日　為了緩和革命群眾對三名三高制度的嚴重不滿，文化部黨組和作協黨組不得不在一九六〇年九

月提出《關於廢除版稅制，徹底改革稿酬制度的請示報告》，說是要廢除印數稿酬，但仍保留很高的按字數計酬的稿費標準。十月，這個報告被批轉全國，但是文化部又遲遲不肯照辦，拖壓半年之久，直至三月二十二日才通知各單位於四月一日起執行。范用在實行這一辦法時，採取了陽奉陰違的手法，一方面取消印數稿酬，同時卻規定了大幅度的「照顧」辦法，尤其是在六月十九日特地規定提高基本稿酬，以「保證不減少作者收入」。當時一下子提高基本稿酬的著譯達三十五種，多付稿費近萬元。此後，范用在審批各組稿費時，又一再主動提升基本稿費，幾乎大部分著作都由他提升了若干元。

*四月中旬　《文藝報》拋出專論《題材問題》。這篇在周揚、林默涵指導下，由張光年起草，又經舊作協黨組討論，周揚、林默涵精心修改的大毒草，是反革命修正主義文藝路線的代表作。它打著「題材多樣化」的幌子，排斥工農兵火熱鬥爭的題材，它在「用一切辦法廣開文路」的口號下，鼓勵反黨反社會主義的「有志之士」、「有用之才」出來進行反革命宣傳，為資本主義復辟製造輿論。蘇修《外國文學》雜誌對此文連續加以報導，說是中國文藝界的「新事物」。范用本著他的修正主義嗅覺，對這篇東西也大為欣賞。他竭力主張在《新華月報》上全文轉載。他說：「《題材問題》是一篇力作……我傾向用全文；這篇文章本身夠精鍊的，加上刪去的，不見得累贅。」

*四月　周揚主持高等學校文科教材編選計劃會議。他在四月十二日的講話中，再一次反對毛澤東思想，反對政治掛帥，反對思想改造。陸定一在會上也叫囂說：「學習毛主席，不是把毛主席當作偶像。學他的思想方法和工作方法。毛主席有些東西進行過研究，有些東西也沒有研究，不要隨便扯上它。」「現在出現了新的標籤，毛澤東思想的標籤。」「貼標籤，是壞事，不允許。」又說：「不讀書已經成了風氣，好讀書的就是白專，

一句話，用簡單粗暴的方法來搞，黨團政治工作如此，理論工作也如此，這種風氣不改，會亡國」。四月二十五日，王子野在社內傳達了陸的這個報告，他特地交代編輯：「以後審稿也要注意不能亂貼標籤」。通過這次文科教材會議，周揚之流搜羅了大批資產階級學者和反動「權威」，讓他們主持文科教材的編寫工作，結果編出了一批塞滿封建主義、資本主義和修正主義黑貨的教材。這批教材不少都由我社出版，王子野等人對此極為得意，當作「重點書」安排。王子野在這次會上也被指定編輯《伯恩施坦、考茨基文選》一書。

＊五月六日　王子野、范用找外史組同志研究外國史的翻譯選題。他們在會上公然抵制出版歷史書的厚今薄古方針，叫嚷「對厚今薄古的理解不能簡單化，要擴大眼界」。他們不談書的政治立場、政治內容，只強調「提供一整套的基本材料」，越出得多越好。當時國際反修鬥爭正在展開，亟需有關國際共產主義運動史的書籍，而他們卻說：「國際工人運動史、國際共產主義運動史，歷史不太長，有許多問題列寧早就有了結論，也不可能寫得很多。這方面的書，倒是寧可要出得嚴一些，不要湊數，以為出得越多就是政治性強。」

＊五月二十四日　反革命修正主義分子、資產階級學閥黎澍來我社做有關編輯工作問題的報告。他認為編輯工作像「百科全書」，因此要「做好」編輯工作，就只有多讀書，要「什麼都知道點」。他還特別強調「不要害怕白專」，「不要怕讀書多了會中毒」。他把學習馬列主義書籍也當作一種知識。整個報告中根本不談用毛澤東思想武裝編輯的頭腦，才是做好編輯工作的關鍵，而是大肆鼓吹白專道路，反對政治掛帥。

＊六月二日　周揚在文藝工作座談會上做報告，污蔑反右派以來的歷次政治思想鬥爭「產生了副作用，有些人不敢講話了」，「文藝題材、形式風格的自由發展，不同學派的自由討論，這兩個『自由』受到了阻礙和束

縛」。他又一次反對歌頌毛主席，說宣傳毛澤東思想是「廉價的宣傳」，還系統地宣揚了文藝對政治的「間接服務論」，遺產的「全盤繼承」論，「反題材決定論」，「有益無害論」，「形象思維論」等反革命修正主義理論，竭力推行資產階級自由化的方針。

＊六月五日　王子野在討論「知識叢書」的編審會議上，傳達中宣部部長辦公會議的黑話：這套書不能空發議論，必須有材料。實際上這就是反對政治掛帥。會上談到「知識叢書」選題時，王子野根據周揚之流「反題材決定論」、「有益無害論」等精神，大肆叫嚷這套書的「選題思路要寬廣些，花鳥蟲魚，人情風俗，都可以考慮」，「要盡量使文采豐富些，使人看得下去」。他還把反動文人張蔭麟的《中國史綱》提出來作為寫作的範本。在此前後，王子野為歷史組開了一大批「花鳥蟲魚，人情風俗」的選題，如《蘇州盆景》、《太極拳》、《硯》等等，而且還在《知識叢書初步擬目》中註明歡迎作家補充合自己「胃口」的題目。其後不久，王子野、范用又命令《新華月報》要「辦得活潑些」。於是從第七期開始，刊出了大量的花草、金魚、牛馬等自然景物畫和書法、印章等，這些材料都是由范用等親自選定的。

＊六月　法律組提出「知識叢書」應為當前政治鬥爭服務，不能光搞古代的、外國的，並擬定了《我國的婚姻制度》、《公民的權利和義務》、《我國國家制度》等選題。王子野卻大加反對，批道：「這些選題都不對口徑，難寫。我以為可以根據『古為今用』的精神，先搞些古的，中國可以從先秦講起，外國可以從希臘、羅馬講起」。結果，為當前政治鬥爭服務的那些選題被砍得一乾二淨，剩下的只是《先秦法律思想》、《唐律研究》、《羅馬法》等宣傳封建的、資產階級的法學思想的選題。

＊同月　蘇修《社會主義制度下的價值規律及其作用》中譯本出籠。按此書及一九六二年二月、六月陸續出籠的《社會主義制度下勞動的社會計算和價格》、《國民經濟平衡表問題概論》中譯本，都是反革命修正主義分子孫冶方通過經濟研究所人員，向我社竭力推薦的，書中大肆宣揚把計劃放在價值規律的基礎上，以利潤調節生產，實行鈔票掛帥。編輯在審讀兩本書時曾提出要改內部發行，王子野堅決不同意，一定要公開出版。據上海《內部文稿》揭發，孫冶方的反革命謬論許多地方來自這三本書。由此可知，孫之積極推薦和王子野之樂於接受出版，其目的就是要配合他們的復辟資本主義活動。

＊同月　陳原整理了一部由右派分子陳洪進翻譯的英國反動資產階級作家的《英屬印度經濟史》稿多年沒有出版的材料，提供黑黨組作為出版社不重視資產階級知識分子的「典型事例」。齊燕銘、夏衍、徐光霄、王益對這份材料大加欣賞，譽為「一篇很好的教材」，立即批發我社等幾家出版社，責令「檢查」。王益在批語中竟說：「看來，出版社需要進行一次以檢查二百方針貫徹情況為主要內容的整風學習，把推託、拖拉、任意退稿、任意毀約、任意壓低稿費、隨便修改稿件等老爺作風好好整一整」。齊燕銘要我社立即把陳找回，繼續翻譯，爭取今年出版。陳作為右派分子，已由原機關下放到安徽工作，我社得訊，立即代文化部幹部司擬信，向安徽省委組織部請調陳洪進繼續譯書，並說明「在譯書期間的生活費用可由我社負擔」。（參見一九六四年二月大事記）

＊七月二十八日　中宣部召開文藝工作座談會。周揚在會上做總結報告，抛出一個系統的修正主義文藝綱領，公然提出包括資產階級在內的「全國人民」都是「服務對象」，反對文藝為無產階級政治服務。不久，一個徹頭徹尾的修正主義文藝綱領《文藝十條》就印發下來。八月七日，齊燕銘特地召集所屬單位工作人員結合

文化部情況，傳達文藝工作座談會精神，竭力放毒。他瘋狂攻擊三面紅旗，抹殺二百方針的階級性，說二百方針貫徹不好的「客觀原因」，是「反右、反右傾、反修正主義等幾次政治鬥爭，學校的拔白旗」。他叫嚷要尊重資產階級「權威」，對他們「首先應學習，然後用馬列主義去批判」。他竭力鼓吹白專道路，說今天的主要偏向是「把專壓到不重要的地位」，「願意聽黨的話，為社會主義服務，可以說立場問題已基本解決」。齊燕銘的這一傳達，在我社流毒極廣。

＊七月　劉少奇《在慶祝中國共產黨成立四十週年大會上的講話》出籠。這個講話竭力貶低我們偉大領袖毛主席，根本不提毛澤東思想是全黨全國一切工作的指導方針，卻說毛主席只不過「提出了和解決了一系列的理論和策略的問題」。講話繼續鼓吹階級鬥爭熄滅論，胡說中國社會主義革命已「在政治戰線和思想戰線上取得了決定性勝利」。王子野一夥將這本毒草用大三十二開、大字、好紙精印，封面上書名和劉少奇臭名均用紅字，上下套金邊。而同一時期印的毛主席著作單行本卻用小開本、小字、壞紙，封面上用白底、黑字。

＊同月　田家英建議將《毛澤東選集》各卷出版時新華社所發表的介紹文章集成一書出版，名《〈毛澤東選集〉介紹》。早在一九五九年九月全軍高幹會議上，林彪同志已指出毛主席「全面地、創造性地發展了馬克思列寧主義，綜合了前人的成果，加上了新的內容」，然而在田家英推薦的這幾篇「介紹」中，卻說《毛澤東選集》僅僅是毛主席「應用馬克思、恩格斯、列寧、史達林的學說解決中國革命問題的成果」，《毛澤東選集》第四卷僅僅是中國人民推翻帝國主義及其統治、建立新中國的「勝利鬥爭的偉大紀錄」，等等，不提毛主席對馬克思列寧主義的發展。由此可見，田家英的推薦是居心叵測的。此書由王子野複審發稿，九月出版，至一九六三年六月又重版一次。

＊八月三日　周揚在「知識叢書」編委會上提出了系統的修正主義出版綱領。他瘋狂地反對出版工作為無產階級政治服務，叫囂知識第一，污蔑我們黨「輕視文化知識，只是片面強調政治」。他說：「現在迫切需要知識，同需要糧食和副食品一樣」。「要出版『知識叢書』，要從各方面滿足對知識的要求。如果說出版工作配合中心任務，這就是最中心的任務、最根本的任務」。他處心積慮地給毒草大開方便之門，認為「一本知識叢書，其中有八分正確的，二分錯誤的，也是好的，就是其中有六分是正確的，四分是錯誤的，也還是有益部分多些」。他吹捧吳晗主編的「歷史小叢書」等是幾套「值得重視」的書。他還竭力抽掉學術問題的階級內容，宣揚資產階級的學術觀，禁止把學術問題「提高」到政治問題，甚至不准「提高」到世界觀問題。他說：「我們要同唯心主義做鬥爭，但是有些唯心主義我們還要有意識地去學」。「出版社只要管兩件事：一是不違背六條標準；二是要有學術價值、藝術價值、研究價值。至於有沒有唯心主義，不要緊。出了唯心主義，可以不要出版社檢查。當然，如果違背六條標準，要批評，但如果偶出一本，也可以不批評，提醒一下也就可以了，這樣就沒有什麼壓力」。出書要「提倡材料充實，反對空論」。周揚污蔑毛主席提出的文藝的工農兵方向是「五四傳統的發揮」，還拚命宣揚所謂三十年代的出版工作傳統，把胡愈之捧為出版界的「佘太君」。他說：「出版社既不是營利機關，也不是行政機關，而是文化學術機關」，「不要把出版社辦成衙門」，要「談笑有鴻儒」，為「著作界」服務。在出版社內部，搞行政工作、人事工作的同志應該「為編輯服務」。

＊八月十五日　王子野在談如何學習和討論文藝工作座談會材料時，發言攻擊一九五八年大躍進，說當時「像喝醉酒一樣」，出的大字報選等書「得罪了許多人」，「對發揚文化、知識總是勁頭不足」。他竭力鼓吹對「古的、譯的不能瞧不起」，還為一九五八年遭到社內外許多革命群眾批判的《國史舊聞》翻案，說這一類書也不能「全盤否定」。

＊八月二十八日　四月取消了印數稿酬之後，社會上的一些牛鬼蛇神表示不滿，文化部趕緊通知要各出版社提高稿酬，加以彌補。通知公然說：「稿酬的多少，直接影響作者的物質生活。稿酬標準是否適當，對於調動作者的積極性也有很大關係。關於取消印數稿酬後出現的情況，我部現正根據文藝工作座談會的精神加以研究，目前各出版社領導人員應隨時檢查稿酬制度執行的情況，正確貫徹多勞多得的精神，反對平均主義，堅決糾正偏低掌握標準的偏差。」根據這一通知，范用趕緊將一九六一年一月以來已出版的七、八種書的稿費調整補付，大颳「退賠」風。有一個歷史反革命分子對他所譯《美國史略》的稿費，在一九五八年出版時砍半支付嚴重不滿，范用看到來信後，竟指責過去這麼做是「片面廢約」、「強加於人」，並下令說：「按原約千字八元補付稿費（這也是一種退賠），了結此案。」

＊八月　包之靜、陳原等人按照《文藝十條》草擬《關於出版工作的若干規定》（草案），也是十條。草案中根本不提為工農兵服務的方向，根本不提出版毛主席著作；大肆鼓吹「應該在對現實政治無害的條件下，鼓勵和組織不同學派的學術著作和不同流派和不同風格的文藝作品的出版」；提出：「出版社應該積極出版觀點正確和有較高學術性和藝術性的書籍；足以擴大眼界、提高思想、增進知識、豐富人民精神生活的書；有資料價值，為研究工作者需要的書」，而沒有一句提到要積極出版通俗讀物。草案中十分突出地叫嚷「要重視資產階級知識分子的力量，發揮他們的所長」。

＊同月　文化部通知，翻譯書的封面上要一律印上譯者名字，王子野告知各部門立即照辦。這是貫徹「三高三名」政策的一個步驟，是同當時社會上颳起的一股鼓勵成名的黑風相呼應的（九月二日《人民日報》登載的《從一幅畫的署名說起》一文，就公然認為「名是有它的社會功能的」，必須培養「拔尖的人才」）。

＊九月十二日　范用在黨委擴大會議上反對出版為工農服務的通俗讀物，公然叫嚷出版社要為資產階級服務。他說：「有的同志提出，出版通俗讀物的方針黨委會研究得不夠，我認為這問題不一定要黨委會來管，黨委會抓二百方針，倒是更重要的。如果聽聽廣大讀者或作者的意見，會促進我們。客觀上有這麼些書是要我們出的，否則難於調動作家積極因素。如鄧之誠的《中華二千年史》、夏曾佑的《中國古代史》，都是資產階級的東西，中華書局出這些書是很有眼光的，對我們五七年出的書還應好好估價。」「五八年討論提高書籍質量問題，也有簡單粗暴。」

＊九月十四、十五日　王子野在全體人員大會上做關於學習文藝工作座談會材料的長篇發言。這個發言瘋狂地詆毀毛主席和毛澤東思想，全面否定三面紅旗和一九五八年以來所獲得的巨大成績，鼓動青年走白專道路。他稱毛主席著作是「小品種」，說「毛主席對中國歷史的看法要學習，但不是他說過以後就不要研究了，不能說同主席說得不一樣就是修正主義」。他竭力抹殺「百家爭鳴」政策的階級內容，說什麼「要求書籍體現毛主席領導下創造性發展馬列主義，這個標準太高了……百家爭鳴的問題就不好說了」。他宣揚學術問題同政治無關，認為逃亡地主陳登原的《國史舊聞》等書，都僅僅是「學術問題」，不能因為這些作者「另有不好的政治見解，否定此書」。他污衊一九五八年出版的書是「剪刀漿糊的小冊子」，「內容粗暴，有很大的片面性」，「出了比不出更壞」。他說當時「得罪了知識分子……陳寅恪的思想當然有問題，然而還是寶貝」。他還反對編輯突出政治、改造思想，說「只有觀點，不能做好工作」，「知識分子應當多少有點知識才好」，給白專道路製造根據。講話公然攻擊社會主義制度，說什麼「人不等於革命機器，人是有感情的。說錯了話不記帳。當然，不要故意說錯。說話都對《人民日報》口徑，畢竟不夠真實」。王子野在講話中，還公開提倡「個人應當有業餘研究、業餘翻譯的小自由。只要有興趣、有餘力，不妨在業餘再搞些東西」。他本人在社內就帶頭大搞這種

「業餘翻譯的小自由」。單在一九六二年四月至一九六五年八月，社內就共出版他譯的拉法格著作四本，近五十萬字。

＊九月二十九日　齊燕銘、包之靜稟承閻王殿意志，起草文化部黨組《關於譯本、圖書、報紙用紙問題的報告》，在提到一九六二年如何分配紙張時，隻字不提保證毛主席著作用紙問題。結果一九六二年《毛選》第四卷一本也沒有印，第一至三卷只印了五萬八千冊，專供出口用。

＊九月　王子野、范用等人起草《人民出版社改進今後工作的幾條意見》（草案），這是我社推行修正主義路線的黑綱領。《意見》中對出版工作為無產階級政治服務大加污蔑，說什麼不要「把為政治服務縮小為僅僅出版一些配合當前政治運動、時事學習所需要的小冊子」。《意見》還極力歪曲「二百」方針，為資產階級爭「平等」、爭出版陣地，以便讓資產階級思想自由氾濫，提出「出版社對於各家各派的著作應該一視同仁，同樣受到尊重」，不能「厚此薄彼」；「不要在某一本書的『出版說明』裏任意給人家貼標籤、戴帽子」；「有的書觀點沒有大問題，但是材料不足。有的書有材料，但觀點不一定正確，甚至很不正確。對於前一類書，未必一定就能出版。對於後一類書，也未必就不能出版……如果訂出一條規定，凡有唯心主義觀點的書一概不得出版，那麼只有百分之一百正確的書才能出版，這樣一來，可以出版的書就很少了。這是不合『二百』方針的」。

＊同月　由於廣大讀者的壓力和社內革命群眾一再要求，我社請示文化部出版局（抄送中宣部、田家英），要求年內用庫存紙張重印七萬部《毛澤東選集》，優先供應高等院校作為教材。出版局根本不想印，推出不管。中宣部看了報告，也不予批准。張子意九月二十一日批道：「《毛選》四卷已印九百四十七萬冊，一至三卷又

再版了一百十六萬套，已經印得很多了，是否還要再印？值得考慮，即使再印一些，也還是不能滿足需要的，一般願意學習的大學生、工人、軍人、基層幹部、市民是否就需要買一整套《毛選》不可呢？已經買了整套《毛選》的九百多萬人，到底有多少人從頭到尾讀過《毛選》？這是值得懷疑的……為什麼只能讀少數幾篇文章的人一定要買一整套《毛選》呢？此事請文化部黨組研究一下。不能讓出版部門無計劃地發行，出版社應該從各方面算細帳」。王子野得了這個黑批示，就更肆無忌憚地進一步嚴禁重印主席著作。

＊同月　編輯組就法修茄羅蒂所著《論自由》一書中的問題，向王子野請示。王借題發揮，以「學術」問題做幌子，抹殺學術問題的階級性，特別是把一系列政治問題歸入學術問題，從而竭力鼓吹在翻譯書中放毒。他說：「既然要出版學術性的著作，就要讓它講各種不同看法，有的甚至很奇怪，甚至是荒謬的，這也無須害怕，我們要相信讀者是有批判能力的。我們要抓緊政治，這一點必須十分嚴格，但在學術上要放得寬。外國學者談我國歷史，總容易出問題。不僅這一本書，蘇聯的《世界通史》有關中國部分，問題比這多得多，要一一加註，那還了得？即將出版的《美學原理》，其中講史的部分，據說有關中國部分，還有印度部分，也有不少問題，也沒有加註。」

＊十月九日　陸定一在討論文藝工作的會上歪曲「百花齊放」的方針，在所謂「無害」的幌子下鼓吹資產階級文藝，說什麼「百花齊放不僅是風格、形式、題材、方法，還表現在政治方向容許無害作品。無害的階級基礎就是資產階級中間派。中國那麼大，專有人搞無害作品可不可以？可以」。「周瘦鵑搞盆景，搞鴛鴦蝴蝶派，容許他搞」。

＊十月十一日　王子野在黨委會研究整改問題時又宣揚業務掛帥，反對突出政治。他說：「黨委要管思想工作，主要通過業務來管。」

＊十月二十七日　王子野請翦伯贊來社內放毒，宣揚「讓步政策」、「論從史出」、「歷史主義」等謬論，污衊農民運動，瘋狂反對毛澤東思想。王子野在翦講話後竭力吹捧他的反黨謬論，要大家向他「學習」。王說：「翦老上了很好的一課……『鴛鴦繡取從君看，要把金針度與人』，翦老就是傳金針來的。」翦伯贊的這次講話，是王子野、范用等所組織的各種放毒的講座中的一次，在這次講話前後，來社內講話的還有金燦然、陳翰伯、胡繩、戴逸、呂振羽、管大同、許滌新、白壽　、彭明等多人，講話內容有許多是反對三面紅旗，反對毛澤東思想的。當時還準備邀約吳晗等來放毒。

＊十月　蘇共舉行第二十二次代表大會，通過了一個全面的、系統的現代修正主義的綱領。會後，我社立即出版《蘇共二十二大主要文件》，隨後又出《蘇共二十二大文件匯編》。

＊同月　王子野、范用讓資產階級反動學閥黎澍盜用人民出版社編輯部名義，公開出版他主編的《馬克思主義經典作家論歷史科學》和《馬克思主義經典作家論歷史人物評價問題》。黎澍在書中打著「紅旗」反紅旗，斷章取義地摘錄馬恩列斯著作的一些詞句，來販賣反馬克思主義、反毛澤東思想的黑貨。他在《馬克思主義經典作家論歷史人物評價問題》中，竟收錄了叛徒普列漢諾夫的言論，而不收錄毛主席的光輝著作。范用在確定此書選題時特別批明：「是周揚同志叫編的，對目前的許多學術爭論有用處」。出版不久，黎又來信要重印一千五百本，范用立即照辦。

＊同月　李新等著《中國新民主主義革命時期通史》（周揚等組織編寫的大學教材）第三卷出版。此書以及以後出版的第一卷（一九六二年七月）、第二卷（一九六二年七月）、第四卷（一九六二年五月）都貶低毛澤東思想，誇大了共產國際和蘇聯對中國革命的幫助和影響，竭力宣揚叛徒和三十年代人物。

＊同月　王子野在六月看到編輯組的一份訪問報告，其中提到有人建議組織摘帽右派葉恭綽、宋雲彬、費孝通等寫稿，說他們掌握材料，且有寫作經驗。王子野對此大感興趣，於十月破天荒地親自出馬約宋雲彬改寫舊著《康有為》。來稿後因統戰部提出意見才沒發稿。至一九六五年底又準備把此書出籠，因為開展了文化大革命才未得逞。

＊十二月　文化部開始輪訓所屬單位十七級以上黨員幹部，齊燕銘等一夥反革命修正主義分子藉此機會大刮翻案風，竭力鼓吹攻擊三面紅旗。王子野參加一九六二年七月開始的一期輪訓。他藉輪訓機會，大肆污蟻三面紅旗，攻擊毛主席，極其猖狂囂張，乃至叫囂說：「五八、五九年，當時很多人頭腦發熱，主席也不夠冷靜。」

＊年底　有人問劉少奇是否可以多印一些毛主席著作，劉少奇藉口「紙張緊張」，不准多印。又問：「是否可以少印一些民主人士選集和其他書籍」，以便拿出紙來印毛主席著作，劉回答：「民主人士（出書），還得照顧些。」同年，鄧小平也說：「《毛選》四卷印得不少了，不要再印了。」

一九六二年

*年初　王子野提出編輯「史學叢刊」，宣揚三十年代史學「成就」，對抗毛主席的史學思想。范用竭力贊同，積極進行，並且提出要聘請反革命分子呂振羽為主編或「顧問」。呂振羽的《史前期中國社會研究》等書出版後，范用就大肆吹捧說「這為『史學叢刊』樹起了樣板」。他還竭力主張把目錄送胡喬木、鄧拓、黎澍、翦伯贊、田家英、吳澤、薛暮橋等徵求意見，爭取他們的支持。范用說：「這套叢刊的作用，主要是反映新史學的摸索、開拓和發展，到解放為止。內容可以有兩個方面：一、選印曾經有過比較大的影響的有代表性的重要作品；二、編印重要論戰的文章。」范用在這裏絕口不談毛主席對歷史科學的創造性發展和貢獻，實際上是要藉這套叢書來宣揚三十年代所謂「新觀點史學家」如翦伯贊、呂振羽之流的「功績」，販賣他們的修正主義黑貨，為他們樹碑立傳。

*一月三日　王子野在全體人員會議上做報告，布置今年的業務工作和學習。在業務工作方面，他竭力反對重印毛主席著作，胡說什麼「有人到下面調查，《毛澤東選集》、《列寧全集》等書都不少」，「現在要下狠心不印」。同時，他積極提倡出版毒草，認為出書「觀點不能要求過高，不能說帶點唯心主義就不要」。他還竭力主張提高工農讀物價格，胡說「一九六二年通俗組出的農曆圖，原來要賠一千四百元，後來把定價提高到一角，賺二千多元。這錢如賠了，農民不會感謝你。農民有的是錢，回籠一些，有利於工農聯盟」。在學習方

面，他反對活學活用毛主席著作，別有用心地說什麼「有人強調現學現用，事實上辦不到」，而要大家學得「博一點，要向廣泛的方向發展」。不久，有的編輯組即在王子野此類謬論影響下舉辦工具書基礎知識等講座。

＊一月二十六日　中史組的《太平軍在永安》一稿，作者試圖用毛主席的話來解釋太平天國革命的性質、原因，范用竟不同意，批道：「至於太平天國性質、原因（特別是引用毛主席的話）……在本書都可略而不談。」

＊一月二十七日　蘇共二十二大以後，蘇修及其他修正主義國家開動宣傳機器，大肆散布蘇修「新論點」。范用在本日出版的《走廊》第二期上刊登一條消息，竭力提倡出版這類宣揚蘇修「新論點」的書，以配合國際修正主義思潮的新進攻。他寫道：「最近在一個會議上，聽到兩點有關出版工作的意見：一要加強外國新的理論書籍的翻譯出版，特別是那些有新觀點新見解的書。這一類書要出得快一些，不能慢吞吞地搞。出版以後可先提出一批送給做研究工作的同志。」

＊一月三十日　毛主席在擴大的中央工作會議上做了具有重大歷史意義的講話。他指出：「已經被推翻的反動階級，還企圖復辟。在社會主義社會，還會產生新的資產階級分子。整個社會主義階段，存在著階級和階級鬥爭，這種階級鬥爭是長期的、複雜的、有時甚至是很激烈的。我們的專政工具不能削弱，還應當加強。」「沒有廣泛的人民民主，無產階級專政不能牢固，政權會不穩。沒有民主，沒有把群眾發動起來，沒有群眾的監督，就不可能對反動分子和壞分子實行有效的專政，也不可能對他們實行有效的改造，他們就會繼續搗亂，還有復辟的可能。這個問題應當警惕。」「……還有一些人掛著共產黨員的招牌，但是並不代表工人階級，而代表資產階級。黨內並不純粹，這一點必須看到，否則我們是要吃虧的。」就在這次會上，劉少奇乘機大反毛主

席，大反毛澤東思想，大肆攻擊三面紅旗和社會主義制度，詆毀歷次政治運動是「殘酷鬥爭，無情打擊」，為右傾機會主義分子翻案，鼓吹「三自一包」，拋出資本主義復辟的綱領。

＊一月三十一日　范用批准蘇修列昂節夫的毒草《論馬克思的〈政治經濟學批判〉》公開出版。本書竭力吹捧蘇修二十一大決議「大大豐富」了馬列主義關於共產主義兩個階段的學說，一再引用赫魯曉夫關於共產主義社會的謬論。在出書前編輯組認為需要改為內部發行，范用在一月三十日批示：「可以不去管它，發行方式不變」。

＊一月　上海出版公司來電要求重印《無產階級專政的歷史經驗》，范用在二十二日作覆時，竟斷然拒絕，並聲明連《毛澤東選集》也不准重印。他在覆信中說：「關於今年的重版書問題，我們曾經決定：凡是過去重版過很多次，並且印數很多的書，盡可能暫不重版。這類書包括《毛澤東選集》在內。按讀者的需要，這類書再多印一些也還是不夠，現在紙張有限，老是用在這一方面，是否合適？值得我們很好地考慮。其實這一類書散布很廣，真正有心的讀者，是能夠找得到的。因此，我們是有意識地加以控制，領導方面也對我們指出過這個問題……」

＊同月　陳原、陳翰伯去上海、廣州訪問資產階級「權威」，回京後大放其毒。王子野、范用對此極感興趣，竭力遵照執行，並在本月出版的《走廊》第一期上刊登了陳原他們傳達的所謂「知識界對出版的意見」，在全社範圍內廣為散布，這個「意見」中說：「有些編輯很生硬，對稿子提意見，大有『說了就算』的味道，有時還不善於分清政治、思想、學術問題，往往使知識分子發生錯覺，彷彿出版社是個『專政』機關，而不是為

作家服務的機關。」「大家都反對取消印數稿酬，而稿費的掌握也偏緊（偏低，偏嚴，不敢預付），甚至發了稿還不付。這樣做多少影響了作家的積極性。」「意見」中還拚命鼓吹編輯要把這些「權威」當作「自己人」，提倡聘他們為「顧問」，「按月付一定報酬」，提倡編輯同作家要「以文會友」。

＊同月　金岳霖的唯心主義著作《邏輯》在我社重印，稿費一千五百七十二元，作者不收，范用以為作者嫌稿費低，幾次向作者解釋，懇求他收下，最後通過大叛徒潘梓年的關係才使金收下。這是范用頑固推行三名三高政策的一個顯著例子。

＊同月　春節之前，范用提出向一批學術工作者（其中有許多是資產階級反動「權威」）發去春節賀信，並徵求對出版工作的「意見」。節後共收到「意見」百餘份，其中大都要求多出各方面的「學術」論著，希望為作家「服務」得更好。與此同時，范用還在節前向一批作家主動預付大批稿費，其中包括如軍統特務楊永者流，楊永收到稿費後感激莫名，一再來信感謝「盛情隆意」和「鼎力幫助」。節後，范用又特命中史組編輯拜訪尚鉞，這是因為尚的修正主義觀點受到批判，所以要特別致以關懷和慰問之意。

＊二月　翦伯贊《歷史問題論叢》（增訂本）出版（一九六三年十一月又曾重印一次）。這本書以「學術」為幌子，借古諷今，反對黨的領導和社會主義，反對史學研究中的階級觀點，污衊農民起義，和毛澤東思想大唱對台戲。這本書是王子野和范用一九六〇年從科學出版社「爭取」過來的，他們在審稿過程中都特別交代，要「尊重作者意見」，「和作者商量問題要注意留有餘地」。在稿費上，也對翦百般遷就。當時書稿稿費千字六至八元，翦稿特定十二元，而翦還大為不滿，後來王子野、范用等同意加至十四元，才算了結。當時紙張十分困

難，范用卻特地批准用印經典著作的紙張印這株毒草。王子野、范用對翦伯贊之流的卑躬屈節、沆瀣一氣是一貫的，就在此前不久，范用還替翦伯贊代印他的反動史學綱領《關於史學研究中若干問題初步處理意見》，不取分文。

＊三月　文化部和劇協聯合在廣州召開話劇、歌劇創作座談會。在劉少奇及周揚等的支持下，一批資產階級文藝家大出反黨之「氣」，反對毛主席的革命文藝路線，肆無忌憚地為受過批判的資產階級代表人物翻案。王子野聽了傳達這次會議的精神之後，如獲至寶，立即傳達貫徹。四月九日，范用在社內傳達了林默涵在會上的報告，同時又在社內放了陳毅在會上講話的錄音。

＊同月　反革命修正主義分子許滌新的《中國過渡時期國民經濟的分析》出籠。這是一株系統地宣揚階級鬥爭熄滅論和階級投降主義的大毒草。第一版由科學出版社出版，一九五九年我社當作好書「選拔」來，經修訂後重版。

＊同月　王子野、范用派員去東北瞭解學術界情況和組稿。這次組稿，主要目的仍是為了發掘所謂「老作家」、「老教授」，是一九五九年七月王子野提出「不要怕與資產階級學者沾邊」的組稿路線的繼續。范用對這次訪問帶回來的材料十分稱讚，要大家「很好地消化利用」。九月，又出於同一目的，派員去西北、西南訪問，組稿。

＊春　許力以在出版社社長碰頭黑會（在商務召開）上，傳達陸定一對出版工作的意見：一、出書不要太純粹，哪有這麼多純粹馬克思主義的東西；二、要出反面的東西；三、要出知識性的東西。

＊四月十日　書店提出重印《毛澤東選集》第四卷三十萬至五十萬部，我社報計劃到文化部轉中宣部，結果又被扼殺。但從六月開始，文化部出版局卻提出一大批毒草的重印書目，要各社重印。這一年文化部印《毛澤東選集》用紙僅七十二噸，而印封、資、修書籍用紙竟達七千五百噸之多，為《毛選》用紙量的一百多倍。如用這些紙印《毛選》，可印六、七百萬套。在此期間，我社王子野、范用等也大印毒草，如呂振羽的《史論集》、吳晗的《燈下集》、馮友蘭的《中國哲學史新編》、鄧拓的《論中國歷史的幾個問題》等。有些宣揚修正主義的翻譯書，也於此時大量重印，如五月十九日，王子野批准同意重印與毛主席哲學思想根本對立的蘇修羅森塔爾、尤金編的《簡明哲學辭典》，七月二十三日，范用批准重印蘇修的《現代拉丁美洲國家》。《現代拉丁美洲國家》書中充滿露骨的修正主義觀點，美化資產階級民主，宣揚和平過渡，為拉美的修正主義政黨塗脂抹粉，吹捧大叛徒普列斯特斯為「巴西人民英雄」、「希望的騎士」，把南斯拉夫列為社會主義國家……一九六〇年十二月發稿時編輯組就提出內容有問題，范用仍批准公開出版。

＊四月二十一日　編輯組提出《越南社會發展史研究》原著中，對毛澤東思想做了許多嚴重的歪曲，例如，認為中國革命的直接對象僅僅是「帝國主義的走狗」，而不是帝國主義，中國新民主主義革命不是反帝民族革命等。因而，主張把有關文章抽去。但范用堅決不同意，反而胡説：「作者是尊重毛主席思想的，只是理解上的問題，不是故意歪曲」。此書於一九六三年一月公開出版，影響極壞。

＊四月二十五日　文化部黨組起草向中央建議恢復印數稿酬的請示報告，説一九六〇年取消印數稿酬的決定「沒有和著作界商量」，「著作界許多人不贊成」：「印數稿酬可以體現社會對於作品的鑒定，也是我國著作家取得稿酬的習慣」，可以鼓勵「他們更加關心自己的作品」。至五月二十四日，文化部正式通知恢復印數稿酬，

再次恢復一九五八年八月的稿酬辦法，並於同日發了一個「內部通知」，要求各地將一九六一至一九六二年四月，這一期間內出版的書籍未付印數稿酬的加以核算報部，又要各地「考慮需否補付」印數稿酬等問題，大颳退賠風。這是大躍進後，在稿費問題上第二次恢復三名三高制度的措施（參見一九五九年十一月一日大事記）。至此，大躍進中由於革命群眾的壓力而實行的一些革命措施已被全部取消。

＊五月十日　編輯組發現，蘇修瓦爾加所著《二十世紀的資本主義》一書內容有許多問題，如宣傳和平過渡、和平共處，建議改內部發行，王子野竟不同意，直到此書於十一月出版後，發行部門發現問題，再次提出意見，才不得已於一九六三年一月底通知改為內部發行，但部分的書已售出，無法挽回。

＊五月　鄧小平在一次書記會議上提出要「調查」人民公社的情況。他說：「不管黑貓、白貓，能抓老鼠就是好貓。對單幹、包產到户、責任田，不要害怕。」

＊同月　周揚等藉紀念《在延安文藝座談會上的講話》發表二十週年為名，在新僑飯店組織黑會，惡毒攻擊毛澤東思想。王子野積極參加了新僑飯店黑會，並且寫了反黨文章。范用要《新華月報》文藝欄大力選刊有關文章。在審查目錄時，還特別指名要選用李煥之、劉開渠、胡果剛以及唐弢所寫的毒草。

＊同月　正當蘇共二十二大之後，國際修正主義思潮格外活躍的時候，王子野竟在審批一批翻譯稿時，進一步提出「翻譯外文的書稿，我們嚴格遵守不刪不改原則」，堅決反對在公開發行的翻譯書中刪去書中的修正主義觀點。他甚至認為，也不要採用節譯或編譯的方式，以便使有些修正主義觀點的書籍在公開出版時，「按照它的本來面目，不能走樣」。范用把王子野的這些「批示」登載在內部刊物《走廊》上，廣事宣揚。

＊同月　正當社會上大颳種種黑風的時候，王子野積極與之配合，在各種場合乘機污衊歷次政治運動和一九五九年反右傾運動。五月八日他在黨員會議上說：「十幾年來對知識分子估計不足，這是最吃虧的。一九五九年的這些運動，對我們的教育是深刻的。幾次運動中都有過『左』簡單、傷害了一些人，五八年以來很明顯。五七年反右是對的，但也傷了些人」六月十九日，他在黨委擴大會議上，竟把自己在反右傾運動中為了保護自己過關而擴大打擊，諉罪於整個反右傾運動，說什麼「我們批判了十九個，其中十八個半是批判錯的。十八個半搞錯了，作為反右傾運動這就不必要」。「四二年整風是整主觀主義，我們這次整風是整掉了主觀主義，還是增長了主觀主義？大大發展了主觀主義？」六月二十二日，王子野在全社人員大會上做反右傾運動和甄別工作總結報告，又說：「當時（一九五九年）的言論是對的，所有制太快，共產風，比例失調，煉鋼帶來許多缺點等等，都是對的。我們頭腦不對，所以把對的言論、文章看作不對的。」與此同時，王子野、周保昌等人藉著甄別一九五九年反右傾時被批判的人的機會，在社內大颳翻案風，為一些右派分子、有嚴重歷史問題的人、受過黨紀處分的人翻案。周保昌為了給一個有嚴重歷史問題的人翻案，曾在支部大會上對反對他的意見的人施加壓力，並引用劉少奇的叛徒哲學來為此人開脫。國家機關黨委當時也派人來蹲點，要為大右派曾彥修翻案。直到九月八屆十中全會以後，這股翻案風才煞下去。

＊同月　范用積極為一批社外的所謂職業譯者以特約譯者名義，設法辦理工業券，由我社按月發給。這些人多數是牛鬼蛇神，如托派頭子劉亦宇，歷史反革命分子沈立中、葉林等。沈立中和葉林，以及另一個剛從獄中釋放的反革命分子潘文院，從一九五七年以來，就組成一個專為我社等譯書的黑組織，朋比為奸，壟斷翻譯選題。葉林、潘文院七、八年來各從我社騙取稿費近九千元，賴此得以維持優越生活，逃避改造。在王子野一夥操縱下，不但對此嚴重情況不聞不問，而且樂於找他們譯書，認為他們可以保證質量。

*同月　在周揚「出版社要為作家服務」、「談笑有鴻儒」的思想指導下，王子野、范用等人一手策劃的「作家服務組」開張，把馮友蘭、馮定、朱光潛等數百人作為服務對象。王子野親自批示要給馮友蘭、馮定、鍾惦棐等人購書證，范用則特別提出對黎澍、胡繩等人要買什麼書給什麼書。有些書沒有了，也要竭力為他們尋找，送貨上門。買了書還可以破例不付書款，欠款也不讓催回。在此前後，出版局和幾個出版社的走資派甚至準備設立裴多菲俱樂部式的茶座，成立出版者協會，一時出版界為資產階級專家「服務」的妖風大盛。

*同月　由胡愈之主編的「知識叢書」第一批開始出版，其中包括我社的《日本軍國主義》和《太平天國革命戰爭》兩種。在胡愈之等人擬定的「知識叢書」出版說明中，公然把資產階級「知識就是力量」的提法作為這套叢書的口號，並胡說什麼「每個革命幹部都要有古今中外的豐富知識，作為從事工作和學習理論的基礎」。王子野、范用等對出版《日本軍國主義》等書煞費苦心，花費了極大力量。他們竭力強調要吸收解放前和帝修反等國家出版知識讀物的「經驗」，特地要人編寫了有關資料，廣為印發。他們不准在書中宣傳毛澤東思想，而一味強調形式上的「生動」、「活潑」，以利於販運毒素。范用在《太平天國革命戰爭》的審查意見中甚至說，在書中引用「美國出錢，蔣介石出人」等毛主席的話是「廢話」，叫嚷「不在這套書裏重複這種人所共知的政治常識」。同年七月，范用又在外史組給知識叢書《一八四八至一八四九年歐洲革命》一稿作者的信上，添了如下一段話：「我們現在碰到的一個問題是，這套書究竟怎樣寫法，才能使讀者有興趣看，看得下去？寫普及性讀物的確是不容易的，尤其是要寫得既有內容，而又生動、活潑，更不容易。」接著向作者大力推薦，陳原在解放前寫的兩篇充滿資產階級情調的短文作為「範本」。另一方面，他們對許多書中存在的大量毒素卻置之不顧，甚至力求越多越好。如范用不僅對《太平天國革命戰爭》一書大肆宣揚叛徒李秀成沒有提出任何異議，而且還要在書中加用李秀成自白書插圖，說「這是比較重要的歷史文物」。同年七月，范用又批准出版了竭力

為印度歷史上帝王將相歌功頌德的《一八五七年印度人民起義》：等等。

＊六月六日　徐光霄代表文化部黨委做反右傾總結報告。他在總結中提出，在反右傾運動中，因右傾思想受到批判的一百十三人，而「批判處理正確的只有兩人」。同時對群眾運動中一些過火行為大加指責，把打擊面過寬歸咎於群眾「頭腦發熱，主觀片面」等等，而閉口不提一小撮右傾機會主義分子在他們掩護之下滑了過去的罪責。

＊六月十五日　卿汝楫向我社編輯發牢騷，說什麼油肉不夠吃，並說：「全國腦力勞動的人（指高級知識分子）比重不大，可以設法撥出一批東西來照顧……培養一個拖拉機手較易，短時間即會，培養一個專門人才非得長久時間不行。」陳原知道這一情況後，十分同情，立即批給出版局辦公室主任說：「肉蛋問題可否與出版社共同想辦法報批。此人要照顧才好。文學出版社有一批專業人（才）是照顧的。」

＊六月　王子野吸收堅持反動立場、抗拒改造的摘帽右派王蔭庭來我社翻譯老修的書，並擬正式吸收他為工作人員。王蔭庭一直在人民出版社住到一九六四年十二月，在此期間，除了在政治、生活、工作、居住條件上對他的種種優待外，還支給他生活費共三千八百餘元，平均每月一百二十三元，相當於七級編輯的工資。王子野並在黨支部大會上號召黨員向王學習。王蔭庭在一九六四年底離開我社時，對王子野表示感恩戴德，而對革命群眾深懷不滿，並且大放厥詞，惡意攻擊社會主義制度和中國共產黨，揚言人民出版社剋扣他三千多元稿費，他一定要爭這筆錢，公然說這是一場「階級鬥爭」，「在這場階級鬥爭中究竟誰勝利還不知道」。

＊同月　反黨分子漆俠的《秦漢農民戰爭史》出版。這本書積極宣揚階級調和、吹捧「讓步」政策，完全是

翦伯贊的反毛澤東思想謬論的具體應用。本書是由范用批准發稿的。

＊同月　為叛黨集團頭子彭真塗脂抹粉的《中朝友誼血凝成》等兩本文集出籠。姚溱親自打電話來「指示」要出這些書，並且親自審定目錄、插圖、封面。在兩本文集的封面上，為了抬高彭真身價，特地印了彭真與外國元首的大幅合影，還對彭真的形象精心修飾，盡量突出這個壞蛋的形象。姚溱還通知出書以後一定要登廣告，大事宣揚。

＊七月　改組黨委，建立黨總支。王子野在七月二十五日黨員大會上，重彈黨委不管政治思想工作的讕調，說什麼「黨委制從五八年開始實行，已四年半了，開了一百多次會，用在業務以外的會有三分之二，管出版的會不超過三分之一。這樣就沒有把最主要精力用在出書上。如果我們別的工作都做得挺好，就是出不好書，這個制度不能叫好制度。黨委制本身不是壞制度，但按我們實際情況說，卻有不適合處」。此外，他在這次發言中還極力鼓吹白專道路，說：「我們大家要克服一種情緒，認為自己不受重視，懷才不遇。這問題，一方面領導上要考慮照顧安排，同時，自己也要考慮。如果自己真有一手，黨一定會重視的，專家的才能我們是永遠重視的。《歷史研究》第二期有一篇文章《急就篇研究》，作者二十四歲，有才能，是右派分子，國家就是羅致來……真正有本事的人，黨總是看得見的，我們要看得遠一點」。按此處提到的右派分子，即沈元，他為周揚、黎澍等反革命修正主義所賞識而吸收入近代史研究所。這事，王子野、范用等人作為「美談」，一再渲染，影響極壞。

＊同月　日修柳田謙十郎的《唯物論十年》中譯本出籠。這本書公然宣揚蘇美合作，販賣和平主義，而且有

嚴重的資產階級人道主義觀點，但王子野卻不許對書中的錯誤進行刪節。同一作者的另兩本修正主義觀點的書也由我社出版譯本。這三本書都一直被王子野目為好書。其中《自由的哲學》一書在一九六一年出版時，編輯組長已經提出書中關於「人類愛」的提法是錯誤的，指出作者缺乏階級觀點，而王子野卻根據右派分子劉丕坤對此稿的審查意見，認為「基本觀點是正確的，是馬克思主義的」。

＊八月　劉少奇為了給他篡黨篡國做輿論準備，把他精心修改並經過反革命修正主義分子田家英「校訂」的黑書《修養》交我社再版。這是地地道道的反革命復辟的宣言書，徹頭徹尾反對毛澤東思想的大毒草。在此書出版過程中，王子野在組長會上大肆吹捧這本黑書，竟說：「這本《修養》各國共產黨還沒有，只有他（劉少奇）才寫得出」，「這是名牌貨，一本頂多少本」。他還一反常規，親自參與裝幀設計，指示封面要參照舊版《資本論》譯本，以突出「劉克思」的地位。為了擴大印數，王子野串通閻王殿破例規定各地可以自行重排、自行確定印數，不再租型造貨，以致短短四個月內就印了四百七十三萬冊（參見一九六三年二月二日大事記）。

＊同月　在編輯部內撤銷研究組，設立翻譯組、國際政治組。當時毛主席著作出版任務相當緊張，社內卻無專組負責，政治組人力不足，很薄弱，而王子野卻置之不顧，專門抽調人力來加強翻譯工作。他設立翻譯組的目的，顯然是同周揚於本年三月十日與包之靜等談關於籌建編譯館問題有關的。周揚在那時說：「作為一個有高度文化的國家，許多書是要翻譯過來的……十年、八年以後，我們翻譯的成績總不能落後於日本」，「光復古不行，還要搞洋務」。王子野在翻譯組還大搞物質刺激，讓右派分子劉丕坤等大搞業餘翻譯，甚至打算仿效文學出版社編譯所的樣子，對翻譯組成員除薪金之外還付給一定稿費，後由於同志們的反對才沒成功。國際政治組成立不久，王子野就指示和慫恿搜羅各種社會渣滓來擴大譯者隊伍，除命令吸收王蔭庭來譯書外，還在派

員去上海組稿時，特地交代可以聯繫大托派頭子李季譯書，後來又批准長期使用一個思想反動的馬元德為特約譯者。

＊同月　《文匯報》連載大漢奸張次溪寫的《齊白石的一生》，鼓吹齊白石如何奮鬥成名，為齊塗脂抹粉，毒素很大，王子野看後居然十分欣賞，立即通知編輯組前去約稿。編輯組的同志稍予抵制，王子野極為不滿，再次書面命令去約稿。稿來後發現，人民美術出版社已出版同一作者的同樣內容的東西，王子野才不得已退稿。預付稿費二百元迄未追回。（又據人民美術出版社揭發，張次溪此稿先在香港出版，邵宇竭力主張由人民美術出版社重印，並傳達周揚的旨意説：「為什麼香港能出，我們不能出版！」）

＊九月　王子野、周保昌布置全社黨員學習劉少奇的黑《修養》，竭力向全社黨員灌輸《修養》的毒素。王子野提出學習《修養》，要「解決知識分子工作中的缺點」，實際上是企圖通過學習《修養》，來貫徹向資產階級「權威」的投降主義路線，進一步配合社會上颳的各種黑風。周保昌則強調學習《修養》要加強所謂「組織性、紀律性」，實際上要想通過學習積極販賣奴隸主義。周保昌當時還親自組織一些新入黨的黨員重點學習這本黑書，親自輔導、講解。

＊同月　范用給陳原寫信説：「我們有一個打算，即有選擇地出一批史學界知名學者的著作，除了陳垣，還有陳寅恪、顧頡剛等人，每人一本，用人民名義出版」。信中還特別吹捧陳垣的著作「是唯物主義的」。陳原覆信對此表示讚賞，並説中華書局已根據周揚意圖在進行這方面的工作。陳還説：「總之，這是一件未了願望，喬木同志五四年就指示過的，迄未實現」。由於范用、陳原等的這一策劃，從此至一九六五年為止，出版此類

文集近十種。在出版這些書時，有的同志曾有所抵制，如在出版繆鉞的《讀史存稿》時，組內主張緩出，范用卻批示：「選印幾篇老學者的、有一定質量的著作可能起些好影響」；「從寬處理」。《契丹社會經濟史稿》，組內提出基本上是唯心論，不合出版要求，范用則認為出版可以「鼓勵舊學者，推動爭鳴」。

＊九月　馮友蘭在周揚慫恿下寫成的大毒草《中國哲學史新編》第一冊出籠。馮友蘭在這裏用什麼「普遍性形式」來竄改馬克思主義的階級鬥爭學說，再一次猖狂地進攻馬克思主義。王子野、范用等對此書十分重視，對馮百般遷就、照顧，例如供應稿紙，在一九六二年七月主動送給他稿費一千元，等等。此書第一版出版時，還是在高等學校內部發行的，後來在胡喬木、周揚和王子野等人的一手策劃下，居然改為公開發行，而我社當時出版的另一本高校教材《中國哲學史》，則仍然是內部發行。

＊九月十一日　正當文化界牛鬼蛇神紛紛出籠、報刊上毒草叢生的時候，胡喬木派其秘書來社提出創辦《新華文萃》，專門選編當時報刊上的所謂「好文章」。十月十七日王子野等向中宣部、文化部正式報告此事，確定《新華文萃》「專門刊載從全國報刊上選拔的好文章、好作品，以反映學術研究和文藝創作的成果為主，同時也選載一些值得一讀的知識性文章」。不久編出試刊本，其中帝國主義、修正主義、三十年代的毒草無所不包，如薄一波美化叛徒、歪曲歷史的回憶錄，華君武的「內部諷刺畫」等等。試刊本發出後，文教、科研方面的資產階級「權威」、「學者」等等，對於這本大毒草極為讚美，紛紛來信打氣，要求正式發刊。

＊九月二十四至二十七日　毛主席親自主持召開了黨的八屆十中全會。毛主席在會上再一次強調了，關於社會主義下面的矛盾、階級和階級鬥爭理論，向全黨和全國人民發出了「千萬不要忘記階級鬥爭」的偉大號召，

提出「要抓意識形態領域的階級鬥爭」：「現在不是寫小説盛行麼？利用小説進行反黨活動，是一大發明。凡是要推翻一個政權，總要先造成輿論，總要先做意識形態方面的工作。革命的階級是這樣，反革命的階級也是這樣。」八屆十中全會公報公布後，中宣部出版處竟通知我社不准出版單行本。

＊同月　《史達林文選》（包括一九三四至一九五二年的著作）出版。蘇聯出版的《史達林全集》出至十三卷（收到一九三四年的著作）後，由於赫魯曉夫大反史達林，迄未再出以後各卷。不少讀者要求繼續編譯史達林著作出版，始終遭到中宣部抵制。一九六二年康生同志提出把《史達林全卷》十三卷以後的著作編譯出版，中宣部閻王許立群（兼編譯局局長）才被迫要編譯局進行這一編譯工作。這些著作幾乎完全是過去報刊上公開發表過的，完全應當公開發行，然而許立群卻說：「蘇聯不出《史達林全集》，我們也不出。蘇聯反史達林，我們卻出史達林的書，這不好，怕搞壞關係」，完全是奴顏婢膝地向蘇修投降。但是這些傢伙又不敢明目張膽地對抗康生同志的指示，於是串通王子野在《史達林文選》的裝幀、發行上大耍花招。他們規定：一、做內部發行的「特類」處理（即控制最嚴的一類，比老修、南修的毒草發行範圍更嚴格），不由新華書店發行，而由我社直接以內部分配方式發行，購書證要編號登記。二、嚴格控制印數，第一次只印了三千部，後來各地紛紛來信一再要求多印，才又勉強加印了六千部，並三令五申只准內部發行。三、不得在報刊上公開引用這部書。四、封面裝幀要與《史達林全集》有區別，以免給人以《全集》第十四卷的印象。五、王子野在九月二十九日特地通知出版部，要工廠把印壞的廢頁全部交還我社銷毀，以免「洩密」。在發書的規定中還説，「為了使這本書的發行和保密工作做得好一些」，「發書時請注意保密，最好限定取書的日期」，等等。中宣部和我社的一夥反革命修正主義分子對於《史達林文選》的出版，是如此喪心病狂地抵制、刁難，然而一九五六年蘇共二十大以後，他們為了配合赫魯曉夫大反史達林，公開出版了許多反史達林的書，例如《批判史達林問題文集》兩輯，

不僅公開發行，而且兩輯印數共達二十五萬冊之多。

＊同月　在周揚等人策劃之下，由政協文教組出面召集編譯工作者座談會，號召「出氣」。王子野在會上帶頭並慫恿與會的一些編輯大放其毒。王在九月二十八日的會上說：「對編輯來說，最主要的是培養方針問題，沒有一個明確的意見……一二十年下去，將來怎麼樣？校對亦如此……前途茫茫，這不是個人主義，而是社會主義。這是社會問題，將來究竟如何？我們要回答這個問題。是否有專家校對、專家編輯？有，目標內容是什麼？什麼原則，幾條，寫在牌上掛出來。不能走到哪裏算哪裏……」「為什麼不讓其（編輯）成為專家呢？非但不能禁，而且要適當鼓勵……假如成不了專家，也要給他們定個方向，這不是個人主義，而是革命事業。」「不要一出來就打回去，說是個人主義，不務正業。」王子野的這些讕調，在五月間就有人在上海《文匯報》上宣揚過，當時遭到姚文元同志的反擊。但是周揚在十月十八日會上做總結時卻說：「編輯出版工作者的進修學習、待遇問題，大家提了不少。這是工作條件問題，文化部要搞一個出版條例，要考慮這些意見，凡是能做到的盡量做。」

＊同月　胡繩所著《棗下論叢》這一大毒草出籠。胡繩在這本書裏公然與毛主席唱反調，大肆宣揚階級鬥爭熄滅論，叫嚷要尊重「有學問的」資產階級「權威」。這一大毒草是范用親自向胡繩組織來的，王子野、范用對這本大毒草極為重視，第一次印行一萬冊之多。

＊十月十二日　王子野、范用邀胡繩來編輯部講話。胡繩在談到人民出版社的任務時，絕口不提出版毛主席著作和以毛澤東思想為一切工作的最高指示，而一味強調出版所謂「學術理論著作」和資料書。他說：「為了

要論證、闡明正確的理論，要反駁錯誤的東西，就需要學問，至少許多反面材料要掌握好。要有歷史的證據，理論的論證。」他反對出版密切為政治服務，叫嚷「我們往往今天見報明天就編書，這風氣就不好」。胡繩還拚命為編輯的資產階級名利思想受到壓抑喊冤叫屈。

＊十月二十二日　在王子野、周保昌等人直接主持下，制定了《人民出版社關於改善知識分子工作的幾項規定》，其中絕口不提對知識分子的改造，卻百般強調從業務、生活待遇等方面優待知識分子。如說：「在業務工作方面要一視同仁，有職有權，參加一定的業務會議，有關業務的指示要向他們傳達，社外的學術性活動和參觀訪問，要有計劃安排他們有參加的機會。」「對具有一定研究能力或寫作條件的編輯幹部，不分黨內外，祇要不妨礙本身業務工作，並提出計劃，經過總編輯批准，可以給予一定的脫產時間，從事寫作。」「對體弱有病的和女在四十歲、男在四十五歲以上的知識分子，可以免除或減輕他們的勞動。」「根據需要與可能的原則，盡力改善他們的文娛生活，例如內部電影的觀摩、發戲票、居住條件、工作條件。」在把這一規定報送文化部時，還附信提出準備在北戴河買一幢房子，約費一萬元，「以供編輯同志休養課程編譯寫作之用」。

＊十一月五日、二十日　五日舉行第三次社務會議，二十日舉行全體編輯人員會議。王子野在兩次會上布置一九六三年出版方針任務。前此一月，鄧拓曾在中國歷史、外國歷史、地理小叢書編委擴大會上大肆放毒，王子野在五日、二十日會議的發言中，對鄧拓的言論加以吹捧，並且根據鄧拓講話精神來規定一九六三年的出書方針。鄧拓說歷史小叢書每套要「搞五千個題」，王子野則在報告中竭力強調選題、出書要「成龍配套」；鄧拓說編輯「不能光唱高調……實事求是，把調子放低一點」，王子野也強調組稿要「實事求是，保持質量標準」；鄧拓說：「編輯的權力雖不能槍斃人，但編輯有權『槍斃稿子』。要『槍斃』一個稿子很容易，但救活

一個稿子可不容易。好醫生能起死回生，好編輯應有起死回生稿子的本領。」王子野說：「出版社不是退稿社。挑稿嚴，是為了救它，而不是為了退……凡有一線希望的都要救。對印度，我們批評，也還是救。編輯發了稿，應負責到底，等於醫生之於病人。我們的做法，客觀上是救得太少。」王子野在所確定的一九六三年出書方針中，根本不提出版毛主席著作，卻大肆宣揚「我們為一般讀者需要的書出得多，為專家出的書太少了，這是值得注意的問題」。他認為，胡繩提出的沒有新書可出時把舊論文匯編起來出集子的辦法，「是一個啓發」。他還說：「加強馬列主義宣傳和批判修正主義分不開，而我們對修正主義的著作出得少，還要大大加強。」此後，新、老修正主義的毒草就在我社更加大量出籠。

＊十一月六—十二日　為封建主義、資本主義復辟準備輿論、公開對抗十中全會革命精神的「孔子逝世二千四百四十週年紀念學術討論會」在山東舉行，王子野竭力支持這一會議，特地派宋家修去參加。宋回京後，寫文章稱揚這一「盛會」，在介紹會議上的觀點時，不指名地批評關鋒同志在會上的發言，是「把重點放在批判上面，對於怎樣繼承和繼承什麼似乎說得不夠」。這篇文章曾刊登在《走廊》和黑板報上。

＊十一月十日　文化部出版局以《出版十條》為基礎，制定《出版社工作條例試行草案》。這個條例是在包之靜直接指揮下，由陳原起草的，是一個全面的修正主義出版綱領。條例在規定出版社的方針、任務時，絕口不談階級和階級鬥爭，不談出版為政治服務、為工農兵服務，反而宣揚什麼「出版圖書……要避免對為政治服務做狹隘的理解」，「要注意長遠的需要」，「要注意提高的需要」。條例反覆叫嚷什麼「書刊出版物是百花齊放、百家爭鳴的主要園地」，一味強調編輯部門要推動「自由探討、自由辯論、互相競賽」，反對批判資產階級思想，叫嚷「不要序言、前言、後記或出版說明裏任意貼標籤，戴帽子」。條例還竭力反對黨對出版工作的領導，

說什麼「黨組織不能包辦代替行政工作」，叫嚷政治工作應該以「保證做好業務工作為前提」，說出版社「不能因為搞政治運動而停止書籍生產」。

＊十二月十五日　曾在我社工作的托派頭子劉亦宇（劉仁靜）寫信給劉少奇，埋怨人民出版社不照顧他的生活，為自己叫冤喊苦。劉少奇對劉亦宇曲意庇護，在他的信上批覆說：「如生活確實困難，查明後，可由人民出版社給若干補貼」。王子野、周保昌、范用根據劉少奇招降納叛的原則，竟批准每月發給劉生活費一百五十元（後來群眾提出意見才降低）。從此時到文化大革命開始，共付劉生活費達六千五百五十元。同時，還替劉亦宇辦理只有高級幹部才能享受的乙類補助。

＊十二月　蘇修《世界通史》第四卷中譯本由范用批准公開出版。出版前，編輯組提出此書內容上的二十二問題，包括蘇修把我國領土西藏當作獨立國家看待這樣一個嚴重的政治問題。范用請人覆核，也認為錯誤論調「貫串全書」。但范用請示閻王殿後，卻決定公開發行。他在九月批道：「以上問題經請示中宣部，由許力以同志通知我社：本卷可照第三卷同樣辦法發行。」

一九六三年

＊一月十七日　第九次編審工作會議討論《知識叢書》。由於國內外階級鬥爭的空前激烈，這次會議在名義上，不得不提出知識叢書要「集中力量，配合反帝反修的鬥爭和我國社會主義建設出點題目」，但是實際上，仍然強調「知識叢書應當注意提供一般讀者所需要的基礎知識」這一閻王殿的黑指示，不准寫《共產主義道德》《工農聯盟》之類有關馬列主義基本知識的選題，說這些問題「過去已講過很多」，「純粹講抽象道理，不太適合知識叢書性格」。會後，王子野等人也沒有緊抓有關反帝反修鬥爭等方面的選題和組稿工作，與去年他們大抓花鳥蟲魚選題時親擬選題、限期完成的情況成鮮明對比（參見本年十月十八日大事記）。

＊一月　王子野批准發行《白勞德修正主義批判》。此書名義上是批判白勞德修正主義，實際上是修正主義藉「批判」之名維護修正主義。原作者大多數是現代修正主義者，是我黨當時就已明確的批判對象（如杜克洛等）。王子野竟把此書作為正面讀物出版，公開發行，印一萬冊之多，並同意譯者的話中稱此書為「反對修正主義的重要文獻」。出版後經中央某部發現問題，王子野卻只同意撤去譯者的話並改內部發行，不改書名，並說內部發行範圍可以比其他修正主義書籍「略略寬一點」。結果這一政治上混淆敵我的書籍仍舊得以廣泛流傳。

＊同月　中宣部專門設立了一個「外國政治學術書籍編譯工作辦公室」，姚溱指定范用為這個辦公室的主任。

＊二月二日　王子野趁劉少奇操縱的中央組織工作會議確定將黑《修養》作為教育黨員幹部的主要學習文件的機會，主動親自給閻王殿打報告，要求成百萬地加印黑《修養》，提出「想再印一百萬供應北京和華北地區。其他地區分省印造，由我們統一供應紙型，印數由各省委掌握」。十一月閻王殿正式通知，《修養》的印數和發行方式均由當地黨委自行決定，要印多少就印多少，既可以內部發行也可以公開發行。從此這一大毒草更加泛濫成災，據不完全統計，從一九六二年九月到六六年七月，全國至少印了一千八百四十萬冊，而同一時期《毛澤東選集》只印了五百五十三萬七千套。建國十七年來，《修養》總印數高達兩千零五十四萬一千冊，而《毛澤東選集》只印了一千一百四十二萬五千套。

＊二月二十一日　劉少奇在審批《關於加強外文書刊出版發行工作報告》時，竟藉口發行反修文件，明目張膽地反對向國外發行毛主席著作。他竟胡說出版和發行毛主席著作「是一長期計劃，不能適應目前國際上激烈的反修正主義鬥爭的緊急任務」。這個黑指示下達後，外文版主席著作出版數量大大下降。

＊二月二十八日　哲學組在一部論述《資本論》中的辯證法問題的書稿選題表中提出，這部書稿要注意結合反修鬥爭的實際加以論述，王子野居然批駁這個意見說：「有關反修問題在這書中最好不談，說不好容易出毛病。而且上級已打招呼，反修要統一發言，不要什麼文章都扯上幾句。這一點請編輯部審稿十分留意」。來稿時，其中有一章講述暴力革命問題，王子野對此又驚恐萬狀，批示「最好不談這些問題」，終於刪去。

＊二月　完全根據黑《修養》編寫的反對毛主席、反對毛澤東思想的黨員課本《做一個好的共產黨員》在我社出版。這本書是劉少奇布置組織部和宣傳部合編的，他在布置時說：「不要摘引毛主席的話就當課本的話

說」。書中把毛澤東思想是黨的唯一指導思想這一提法，竄改成「以毛澤東同志為代表的黨的指導思想」。在引用一九六〇年中央軍委會議的決議時，有意刪掉了「毛澤東同志是當代偉大的馬克思列寧主義者」這句話。

＊二月　楊尚昆背著中央和陸定一、田家英、曾三等相勾結，要我社大量影印「左」傾統治時期的刊物，這些刊物的主要矛頭是針對毛主席及執行主席路線的同志的，影印的目的顯然是為了搞反革命復辟製造輿論。據中宣部二月九日來信稱，這些刊物的影印本每種可印二千五百至三千冊，要發給省市級以上圖書館、報社、理論刊物、黨史研究、黨員專家，可見放毒範圍之廣。

＊二月　周揚在討論中國人民大學問題會議的講話中，大捧資產階級反動學術「權威」，說「理論工作，搞古的，三個共產黨員能否敵過馮友蘭，也是個問題」。

＊同月　由修正主義分子許滌新修正定稿的《中國資本主義工商業的社會主義改造》出籠。這本書是根據中國赫魯曉夫階級投降主義和階級鬥爭熄滅論的精神寫成的，全書印成時，八屆十中全會公報正好發表，編輯組已經初步發現稿中的一些問題，建議修改，而王子野卻在一九六二年十月三十一日批道：「須盡量少改」，因而只改動不多幾處，全書基本精神依然，並仍舊公開發行。類似宣揚資產階級的書，本年尚出《私營商業的社會主義改造》和《舊中國的通貨膨脹》等書。前一書在發稿時，王子野竟然認為書中的缺點之一，是「過分誇大了民族資本主義商業的買辦性、封建性和投機性。

＊同月　第一次社務會議通過《評發一九六二年年終獎金辦法》。這個辦法是根據文化部的黑指示制定的，規定發給三十元、二十元、十元三種獎金，完全用物質刺激辦法來鼓勵勞動熱情。

＊同月　開始實行《編輯幹部脱產學習辦法》，規定每人每年集中學習一個月，在此期間「專心讀書」，「其他活動盡可能不參加」，讀書的內容主要是馬恩列斯著作，而根本不強調學習主席著作。

＊三月　鄧小平直接布置陸定一寫一篇關於南斯拉夫的文章，陸交許立群具體負責。他們在寫文章時，故意撇開無產階級專政這個要害問題，胡説什麼「要從理論上、經濟上找出資本主義復辟的規律」，實際上是打著「反修」的幌子來販賣修正主義貨色。為了達到這一目的，許立群等人故意放著許多重要材料不用，卻一再叫嚷材料不夠，要我社大出南斯拉夫的毒草，以利於他們尋找為南斯拉夫辯護的材料。范用在社內積極宣揚這一意圖，大量布置出書，一年之中，竟共突擊出版十二種之多。其中包括鐵托秘書寫的《鐵托傳》、《鐵托言論選》等。有的書內容與已出的大同小異，范用也根據許立群、王惠德意見，一定要翻譯出版。

＊同月　毛主席為雷鋒同志題詞，號召「向雷鋒同志學習」，全國掀起了轟轟烈烈的學習雷鋒運動。王子野、范用等人藉口出版分工，拒不出版《雷鋒日記》及有關雷鋒的書籍。當《新華月報》要刊載毛主席題詞時，范用也拒不批准，説什麼「毛主席的題詞很多，哪刊登得那麼多呀！」後來幾經周折，才不得不用上，但是范用又堅持不同意把題詞印在刊首重要地位。

＊同月　重要反修文件《全世界無產者聯合起來反對我們的共同敵人》出版。本書收入從一九一二年十二月至一九六三年三月發表的反對現代修正主義的八篇重要文章，這些文章發表時也由我社出版了單行本。

＊四月　中宣部召開出版工作會議。陸定一在會上叫嚷：「書是給各種人看的，看書最多的還是高級知識分子。出版社也要為他們服務，滿足他們的要求。各種符合需要的書都可以出。」周揚説：「政治第一，不能狹

隘地瞭解為多出政治書籍」，「天天宣傳雷鋒，質量很差，適得其反」。林默涵在會上竭力攻擊，現在有「不少粗製濫造，不少只能在報上發表的都編成書，報刊上真正可以編到集子裏的很少，應該更嚴格些」。他還主張出版「要為各階層讀者服務」。會上名義上也提到和批判了一些壞書，實際上是避重就輕，千方百計為之掩護開脫。例如關於我社所出壞書，會上只提出《現代拉丁美洲國家》一本翻譯書，對吳晗、翦伯贊、鄧拓之流的大毒草根本不提。會後，林默涵、包之靜、陳原起草了一個《關於出版工作座談會情況和改進出版工作問題的報告》。《報告》提出了「政治第一、質量第一」這個反毛澤東思想的折衷主義的口號；繼續販賣資產階級自由化的貨色，提出「要注意出版一些雖然不是馬克思主義的，但內容無害，而在學術上或藝術上有一定價值的東西」。報告還狂熱地鼓吹專家路線，規定「出版社在制定選題計劃和組織書稿方面，要同廣大著作家保持密切聯繫」，「熱情地給予他們各種必要的幫助，發揮他們的積極性，盡可能解決他們寫作工作中的困難」，和著作界密切合作，互相幫助。這是做好出版工作的關鍵。這個報告的附件《關於一些政治書籍的出版權限和控制辦法的規定》，千方百計限制各地出版毛主席著作，規定「凡要出版毛澤東著作的選本，必須報告中央，非經中央批准，不得印行」。「毛主席著作不許地方出版社編印、出版；中央級出版社出版毛主席著作專題摘錄……等，各有關黨委都無權批准，必須送中宣部審查。各地編選公開發表過的毛主席著作，只准印活頁，並且還要嚴格控制印數，在機關內部發行，不得公開發行」。這一報告在同年七月由劉鄧司令部批轉全國。

*四月　范用示意中史組擬定《舊帝新論》的選題，選擇中國封建社會中十個所謂「著名」的帝王，打著「正確評價」歷史人物的幌子，企圖為這些封建統治者歌功頌德，樹碑立傳。范用的這一計劃，是同三年困難時期中一些反革命修正主義分子大肆叫嚷歌頌帝王將相、反對描寫農民起義的黑風相呼應的。例如一九六〇年八月四日，齊燕銘就在古籍整理出版規劃小組座談會上說，「像李斯、唐太宗、劉晏、康熙等這些有雄圖大略，在

歷史上做過一番事業的人物，都可以把他們的事跡整理出來。歷史上有關農民起義的東西固然要搞，但老是講造反，也未必適當」。吳晗幾年來也一直向我社表示，除了寫《朱元璋傳》以外，還要寫《武則天》、《康熙傳》。

＊五月八日　周總理在文藝工作會議上所做題為《要做一個革命的文藝工作者》的報告，在文化工作幹部中進行傳達。報告指出，革命文藝工作者必須樹立革命的立場、方向，要不斷改造自己、考驗自己；必須參加階級鬥爭；必須大力加強革命的文藝戰線。總理在報告中還強調指出藝術作品必須首先注意政治思想內容，要實現民族化、大眾化，加強戰鬥性。

＊五月九日　毛主席對《浙江省七個關於幹部參加勞動的好材料》加重要批語：「階級鬥爭、生產鬥爭和科學實驗，是建設社會主義強大國家的三項偉大革命運動，是使共產黨人免除官僚主義、避免修正主義和教條主義，永遠立於不敗之地的確實保證，是使無產階級能夠和廣大勞動群眾聯合起來，實行民主專政的可靠保證。不然的話，讓地、富、反、壞、牛鬼蛇神一齊跑了出來，而我們的幹部則不聞不問，有許多人甚至敵我不分，互相勾結，被敵人腐蝕侵襲，分化瓦解，拉出去，打進來，許多工人、農民和知識分子也被敵人軟硬兼施，照此辦理，那就不要很多時間，少則幾年，十幾年，多則幾十年，就不可避免地要出現全國性的反革命復辟，馬列主義的黨就一定會變成修正主義的黨，變成法西斯的黨，整個中國就要改變顏色了」。

＊五月十五日　劉少奇在越南阮愛國黨校歡迎會上猖狂攻擊毛澤東思想。他打著「反修」的旗號，偽善地說什麼「為了粉碎現代修正主義的進攻，我們首先要向馬克思、恩格斯、列寧、史達林請教，認真地研究他們的著作，掌握馬克思列寧主義這個銳利的武器」，而故意不提毛澤東思想是當代最高最活的馬克思主義，是反對

現代修正主義的最銳利武器。這是中國的赫魯曉夫一貫攻擊毛澤東思想的主要手段之一。劉少奇還特別強調說，要反對現代修正主義，「也要認真地讀讀」「現代修正主義者的著作，老修正主義者伯恩施坦、考茨基、普列漢諾夫等人的著作」，提倡所謂比較學習法。劉少奇的這個講話，實際成了中宣部和王子野等人大肆出版所謂灰皮書、黃皮書的指導思想（參見一九六四年三月大事記）。

＊五月二十日　毛主席親自主持制定《中共中央關於目前農村工作若干問題的決定》即前十條。這個重要文件是我國人民進行社會主義革命的強大思想武器。在序文中，毛主席進一步闡明和發展了馬列主義認識論。這一部分以後用《人的正確思想是從哪裏來的》為題，於一九六四年六月公開發表，並由我社出版單行本。

＊五月　開始「五反」運動。這次運動分三反、自我教育、兩反、整改四個階段。五月至八月是三反和自我教育階段，八月中轉入兩反階段，十月下旬迄年底為整改階段。在這次運動中，除了清查出若干貪污、盜竊、浪費事件外，廣大革命群眾和幹部還就出版社的方針任務提出許多意見，例如提出出版社存在「比例失調」問題，即反對王子野不出版宣傳毛澤東思想的著作，而一味加強外國的資、修翻譯書稿的編輯力量，乃至成立編譯館式的專門機構；還反對在知識叢書工作中竭力販賣「有益無害論」等等。但是王子野之流根本不予理會。他在十月二十一日整改動員報告中，繼續大肆鼓吹修正主義的出版方針，批駁革命群眾的若干正確意見。他隻字不提出版毛主席著作和宣傳毛澤東思想，說什麼編輯出版的方針任務的改進，應該根據中宣部當時召開的出版座談會的精神來考慮，要保證實現這次會議提出的「政治第一，質量第一」這一折衷主義口號。他污衊一九五八年大躍進中「亂了一下」，沒有執行這一方針；「最近兩年改正了」，也就是說，修正主義黑線繼續得到了全面的貫徹。他指責當時的政治宣傳讀物枯燥無味，惡毒地污衊說：「用『偉大的』宣傳偉大的，怎麼能打動

人？」他抽掉學術問題的階級內容，竭力鼓吹對於政治問題或學術問題「不要先從主觀上定框子」，「寧肯稍寬，不要太緊」。

十一月，開始群眾性的整改討論。王子野在總編辦公會議上特地規定要結合中宣部出版座談會文件、劉少奇在越南講話、周揚在學部擴大會議上的報告，來討論編輯方針問題，由是更將廣大革命群眾和幹部的革命積極性引向了歧途。

十二月，負責整改的各個小組提出一系列整改方案，其中都絕口不提毛澤東思想。范用領導擬訂的《編輯出版條例》，基本上還是一九五四年訂立的幾種壞制度的再版，換湯不換藥；孟奚領導擬訂的《在職幹部培養方案》，打著「又紅又專」的幌子，實際上貫串著白專思想。其中根本不談學習毛主席著作，而強調幹部要「讀一些經典著作和專業知識的基礎著作」，編輯幹部要學習「三十本經典著作」，其他同志則「另選一批社會科學基本知識讀物供他們學習」，還要大家「深思苦鑽」各種專業知識。方案還積極提倡「找社內外專家拜師」。

＊六月十四日　黨中央發表了《關於國際共產主義運動總路線的建議》（中國共產黨中央委員會對蘇聯共產黨中央委員會一九六三年三月三十日來信的覆信）這一指導國際共產主義運動的極端重要的文件。同月，由我社出版單行本。九月十六日起，我黨又陸續發表《蘇共領導同我們分歧的由來和發展》等文章，評論蘇共中央的公開信，這些文章也都由我社出版。綜計本年我社共出版反修文件十七種。

＊六月　毛主席在杭州會議上講話，再次強調指出：「階級鬥爭要天天講，月月講，年年講。有流血的階級鬥爭，有不流血的階級鬥爭。不講階級鬥爭，什麼問題都不能說明。」

＊同月　史達林同志反對托洛茨基、布哈林等反革命修正主義分子的文集《論反對派》中譯本在我社重新出版。這本書是陳伯達同志在總政做報告時推薦大家讀的，它的出版對國內外的反修鬥爭有極大的政治意義，但是王子野稟承閻王殿意旨，竟不准公開出版，只許內部發行。十月五日，包之靜為了掩蓋罪行，又打電話給王子野說，以後可以公開發行，但不准登報宣傳。

＊同月　反革命修正主義黎澍的《馬克思主義和中國革命》出版。這本書是范用一手拉過來的。書中露骨吹捧蘇修，宣揚修正主義史學觀，而范用卻只要責任編輯在加工時，主要核對經典著作的引文及部分引用的材料、統一格式，不准把重點放在審查政治內容上。范用在審讀意見中還表示，已同黎澍說好，以後還準備把他的反黨雜文編輯出版。王子野在一九六四年一月三十一日全社人員大會上做一九六三年工作報告時，竟把這本書捧為「質量較好的學術著作」。

＊七月　反共老手翦伯贊主編的高等學校教材《中國史綱要》在我社開始出版。這一大毒草竭力污衊歷史上的農民起義，歌頌帝王將相，從資產階級反動立場出發來歪曲中國歷史。首先出版的是第三冊，接著於一九六四年十一月、一九六五年十月分別出版了第四、二冊。

＊同月　范用一手策劃的為資本主義書商樹碑立傳的蘇修大毒草《為書籍的一生》出版。這本書從選題、約譯、加工、發稿、裝幀都由范用一手包辦，親自為之奔走、鼓吹。一九六三年一月二十九日他在給譯者的信中說：「春節以前，收到你寄來的綏青回憶錄的譯稿。我們一口氣讀完了它，這真是一部很有趣的書。今天上班，我們就把它發排了。打算早一點印出來，因為我們出版界裏也已經有很多人知道這部書了，都想讀它。」

＊同月　關鋒同志和資產階級反動「權威」馮友蘭做鬥爭的產物——《春秋哲學史論集》出版。在此書審稿過程中，充分暴露出王子野對革命左派的仇視，他在審稿意見中大肆攻擊說：「抓住片言隻語大發一通議論，這算什麼科學方法？我懷疑。」他還用攻其一點，不及其餘的手法，說「全書都有這個問題，恐怕是改不過來的」。「這是簡單化的手法……看了令人不舒服……主要是爭鳴的態度問題」。

＊八月　戚本禹同志《評李秀成自述》在《歷史研究》一九六三年第四期發表，揭露了李秀成「喪失了革命氣節，背叛了太平天國的革命事業」的叛徒嘴臉，批判了資產階級反動學術「權威」羅爾綱等人，長期以來把叛徒美化成「英雄」的反動謬論。中宣部竟發出通知，指責戚本禹同志的文章在政治上是有害的，在科學上是站不住腳的。並組織鄧拓、翦伯贊之流寫文章圍攻戚本禹同志。戚本禹同志文章發表後，《新華月報》準備刊用，而范用急忙向編輯組傳達了王子野指示：「千萬別登。」范用並宣揚說：「李秀成是太平天國後期的台柱，否定李秀成就是否定太平天國，這和毛主席的教導唱反調，同時也給蘇修以把柄。」「《歷史研究》正在寫有分量的文章來反駁。」鄧拓、翦伯贊之流反對戚本禹同志的謬論，後來在社內也得到傳播。

＊八月　偽滿大漢奸羅振玉之子羅福頤編著的《印章概述》出版。同年出版的還有反革命修正主義分子王冶秋的《琉璃廠史話》。這兩本完全是宣揚封建文化的毒草，都是作為「雜書」出版的。王子野、范用對於這類「雜書」十分重視，稱之為「枕邊書」、「軟書」，打算每年出一、二種，不僅親擬選題（如《古代人的姓氏、名號和避諱》、《新茶經》、《梅蘭芳》、《齊白石》等等），而且不遺餘力地美化這些書的裝幀設計，正文用五號仿宋排印，天地寬，行距稀，版本很講究。《印章概述》的作者對其父大漢奸羅振玉大肆吹噓，說他對古印的研究是「新的方法之一」。編輯對此提出了意見，范用卻明目張膽地批道：「對羅振玉，不必因為是漢奸而貶低其

學術上的成就，當然也不應當抬高。」這本書裏搜集的印章，很大一部分是封建帝王的「玉璽」和宣揚封建士大夫的「閒情逸致」的「閒章」。此書原稿還曾送給反革命修正主義分子鄧拓徵求意見，鄧覆信認為「這本小書還是目前所需要的」，可見此書內容之毒。同類「雜書」還沒出籠的，還有《民間節日雜談》一種，稿中對於古代逢年過節時封建地主階級吃喝玩樂的情景竭力渲染，恣意美化，而范用也認為這本稿子「還是可以看看的」。此稿也送鄧拓看過，鄧提了詳盡的修改意見。

＊九月二十四日　《光明日報》發表姚文元同志《略論時代精神問題》，批判周谷城的「時代精神會合」論。文化部黑黨委將姚文元同志的文章和代表周谷城觀點的毒草在所屬單位廣為散發，不加任何按語、說明，名為要大家獨立地討論研究，實際上是藉此機會大放其毒。與此同時，王子野還要社內的一位同志寫文章，表面上說要批判「時代精神會合」論，實際上是否定這個同志完全支持姚文元同志的主張「時代精神只能是革命精神」的論點。

＊九月二十七日　毛主席指示，上層建築總要適應社會主義經濟基礎：「文藝部門、戲曲、電影方面也要抓一個推陳出新問題。舞台上盡是帝王將相、家院丫嬛。內容變了，形式也要變，如水袖等等。推陳出新，出什麼？封建主義？社會主義？舊形式要出新內容。按這樣子，二十年後就沒有人看了。上層建築總要適應經濟基礎。」

＊九月　在廣大群眾大學毛主席著作壓力下，決定我社重印《毛澤東選集》一百五十萬部，而由於王子野沒有採取任何有力措施，當時出版社沒有一副完好的紙型，必須重新排製，以致一九六三年內竟沒有出書。王子

野為了掩蓋沒有完成任務的罪責，把一百五十萬部數字塞進一九六四、一九六五兩年計劃裏。

＊同月　美化叛徒、貶低毛主席的大毒草《從五四啓蒙運動到馬克思主義的傳播》出籠。編輯組在審稿過程中，原已發現書稿中的一些嚴重問題，可是王子野根本不予重視，卻按照反革命修正主義分子黎澍的意見批決出版。出書後有關單位發現書中的問題，康生同志知道後，曾批示：「經驗告訴我們，壞分子常常是藉研究歷史的招牌去進行反黨的罪惡勾當，對此事要提高警惕，嚴加注意。」

＊十月十八日　總編辦公會議（擴大）討論出書問題，王子野等人在會上，把周揚策劃的文科教材以及「第三線理論參考材料」（黃皮書）均列為「年內必須保證完成的重點書」。在討論「知識叢書」選題時，會議強調「選題應向廣大的中級幹部提供最有用的基本知識，既不要過於偏僻，也不要去追求直接聯繫當前實際」，竭力限制《知識叢書》為當前政治鬥爭服務，宣傳階級鬥爭知識。這也就證明，一月十七日編審工作會議提出的「集中力量，配合反帝反修的鬥爭和我國社會主義建設出點題目」的方針，實際上只是一種幌子。

＊十月下旬　中國科學院哲學社會科學學部委員會在北京舉行第四次擴大會議。十月二十六日周揚做了所謂《哲學社會科學工作者的戰鬥任務》的報告，大談「整理和研究歷史遺產」，叫嚷反對所謂「粗暴態度、命令主義」，攻擊所謂「用簡單化的辦法亂貼標籤」，胡說「有些人怕戴帽子，不敢講話，和我們做法有關」，「有人說對毛主席的著作認識不一樣，這是不是反黨反社會主義？……對學術上有不同意見是完全可以的」。周揚的這一黑報告在十二月由我社出版了單行本。十一月十三日，劉少奇在會上講話，和毛主席關於反修防修的偉大指示唱反調，提出「當前理論工作的主要任務是反對外國的修正主義」，說只要反對國外的修正主義，「就可以

防止國內修正主義的產生和發展」。劉少奇在會上，還露骨地鼓動反動學術「權威」馮友蘭、翦伯贊之流「不畏艱巨，努力學習，不怕犯錯誤」。又說：「為了對修正主義鬥爭，為了寫出較高馬列主義水平的文章，就要重新學習馬列主義。我們要佔有大量材料，而且要鑒定資料的學術性。如果是翻譯的，要審訂譯文」，卻根本不談出版毛主席著作，用毛澤東思想武裝自己。

＊十月　宣揚三降一滅的劉少奇、王光美訪問印度尼西亞、緬甸、柬埔寨、越南的畫冊《和平外交和睦鄰政策的典範》出籠。本年還出版了劉少奇訪問朝鮮的畫冊和劉少奇在越南的言論，都對劉少奇進行了露骨的吹捧和頌揚。早在本年五月二十二日，包之靜就來信說，楊尚昆「指示」一定要出劉訪越言論，還要登廣告，發消息。

＊十一月　毛主席指示：「我們有了方向，不等於執行了方向。有了方向是一回事，執行方向又是一回事。」「《戲劇報》淨是牛鬼蛇神，聽說最近有些改進。文化方面，特別是戲劇，大量是封建落後的東西，社會主義的東西少，在舞台上無非是帝王將相。文化部是管文化的，應注意這方面的問題，為之檢查，認真改正。如不改變，就改名帝王將相、才子佳人部，或者外國死人部。」毛主席在另一次聽取匯報時指出：「《戲劇報》淨宣傳牛鬼蛇神，文化部不管文化。封建的帝王將相、才子佳人很多，文化部不管。」

＊十二月九日　政治組擬出給農辦負責人的報告，提出：「明年是建國十五週年，我社準備出版一些書籍，宣傳我國社會主義建設的偉大成就。人民公社的偉大成就，也是宣傳重點之一，請您考慮能否重新編選一本人民公社典型經驗調查選」。報告稿送王子野後，他竟批道：「不宜打這個報告，這本書很難辦好」。這樣，一

下子給打回，宣傳人民公社的優越性的要求被壓制。

＊十二月十二日　毛主席在一份反映柯慶施同志大抓故事會和評彈改革的材料上批示，針對反革命修正主義集團對文藝界的反動統治尖銳地指出：「各種藝術形式——戲劇、曲藝、音樂、美術、舞蹈、電影、詩和文學等等，問題不少，人數很多，社會主義改造在許多部門中，至今收效甚微。許多部門至今還是『死人』統治著。」「許多共產黨人熱心提倡封建主義和資本主義的藝術，卻不熱心提倡社會主義的藝術，豈非咄咄怪事。」毛主席又指出：「社會主義經濟基礎已經改變了，為這基礎服務的上層建築之一的藝術部門，至今還是大問題。這需要從調查研究著手，認真地抓起來。」

＊十二月二十六日　陸定一在上海華東話劇現代戲觀摩演出大會上，進一步發揮他的「全民文化論，說什麼服務對象當中有工人、農民、知識分子，還有其他愛國人士，甚而至於包括牢裏的囚犯」。

＊十二月　毛主席批示：「……世界三大宗教——耶穌教、回教、佛教，至今影響著廣大人口，我們卻沒有知識。國內沒有一個馬克思主義者領導的研究機構，沒有一本可看的刊物。《現代佛學》不是馬克思主義者領導的，文章的水平很低。其他刊物上用歷史唯物主義寫的文章很少。例如任繼愈發表的論佛學的文章，真如鳳毛麟角。談耶穌教、回教的，沒有見過。不批判神學，就不能寫好哲學書，也不可能寫好文學書和世界史。這一點，請宣傳部的同志考慮一下」。主席這個批示中所提到的任繼愈論文，由作者編為《漢，唐中國佛教思想論集》，於本月在我社出版。

＊同月　中宣部為了惡毒抑制廣大群眾學習毛主席著作，專門召開宣傳工作會議，布置幹部要學習三十篇馬

恩列斯經典著作，並且把叛徒普列漢諾夫的《論藝術》也列入「經典著作」之中，卻根本不列入毛主席的著作。與此同時，他們還布置我社積極出書，要求把這些書排印成大開本印出來。

＊同月　在王子野、范用等人主持下炮製出《「知識叢書」工作小結》。這個《小結》完全稟承周揚等關於出版「知識叢書」的黑指示，明確規定「知識叢書」的任務是「提供基本知識，並不要求直接參加當前的政治鬥爭」，接著又以「對讀者的當前需要和長遠需要應適當結合」為幌子，把已經出版的《章太炎》、《袁世凱》等書也列為「從讀者的長遠需要考慮，這類知識仍是需要的」，從而為出版脫離現實階級鬥爭的書尋找「根據」。在通俗化問題上，也明確規定「『知識叢書』不能『化』到一般農民讀物的水平」。關於寫作「知識叢書」的作者應當具備什麼條件，《小結》中只提出了三條：「一、掌握了必要的材料；二、有一定的寫作能力；三、有寫作的興趣，也能虛心聽取意見，願意對稿件反覆修改」，而根本不提政治方面的要求，這就為資產階級「專家」、「學者」和牛鬼蛇神敞開了大門。在稿件的質量要求方面，只說了一句「不許出政治錯誤」，卻不談以毛澤東思想為標準衡量書稿的問題。

＊同月　我社根據《中宣部關於出版工作座談會情況和改進出版工作問題的報告》的精神，制定了《關於人民出版社今後的出書方針和任務》。其中，抽象地談到「出版政治書籍是人民出版社的首要任務」，但是根本不提具體措施。同時對於政治性書籍如宣傳毛澤東思想的書籍以及黨史、中國現代革命史、中華人民共和國史等等的出版，又藉口要「慎重」，「不要急於出版」，必須經中宣部「批准」之後才能出版，來百般加以限制。

在關於學術著作的出版方面，則強調「只要是經過認真研究而寫出的有觀點、有內容、有特點的作品，應當使其積極出版」。在判斷書稿的政治問題方面，根本不提必須以毛澤東思想為最高標準。

此外，還規定了出版新老修正主義著作、「知識」讀物等，唯獨不談出版為工農兵服務的書籍。

＊本年　王子野反黨「有功」，深受陸定一賞識，陸親自提出要王子野參加中宣部部長辦公會議，以便及時領會和貫徹閻王殿的旨意。一九六四年，陸定一又提出把王子野提升為文化部副部長兼我社社長。

一九六四年

＊一月三日　劉少奇為了抑制毛主席關於文藝界問題的第一個批示，糾集閻王殿頭目開會，詆毀毛主席的文藝理論已經「過時」。他說：「《新民主主義論》是一九四〇年寫的」，「那時是新民主主義革命時期，文藝是無產階級領導的反帝反封建的人民大眾的文化」，「不是社會主義文化」，而「今天不同了，社會主義革命已有十三年了」，「與一九四〇年比，完全變了。仍用新民主主義文化的觀點看今天，就不夠了」。又說：「《在延安文藝座談會上的講話》講的方向，是新民主主義的，而現在是社會主義的。」周揚也在會上惡毒攻擊：「《新民主主義論》、《在延安文藝座談會上的講話》中提出的大眾化、為工農兵服務，是屬於民主主義革命的範疇」，現在「搞社會主義」，因此「過時了」，「不適用了」。與此同時，劉少奇還胡說，文藝界反革命修正主義集團的問題「不一定是路線錯誤」，而「是認識問題」，只是「對為工農兵、為社會主義服務的方向……在實際執行中有距離」。

＊一月八日　新華書店北京發行所與我社負責人舉行座談會，反映讀者對我社出版的書籍需要情況。會上，發行所同志談到，當前最需要的是《毛澤東選集》，其次是馬恩列斯著作以及反修文件等。根據當時的估計，《毛澤東選集》至少需要重印五百萬部才能稍微滿足需要，然而文化部根據田家英的黑指示，藉口重點供應《毛澤東著作選讀》，只准印《選集》二百五十萬部。到本年十月，《選讀》也滿足不了讀者需要時，有的部門要求

我社借與紙型自己印刷，中宣部許力以卻說：「紙型要嚴加控制，一般不出借。」王子野馬上照辦，責令擬出《選讀》紙型出借辦法，嚴加控制，不准多印。

＊一月二十九日　第一次社務會議討論一九六三年工作總結和一九六四年出書方針，王子野特別提出要注意「補缺」。他不把重印毛主席著作和出版宣傳毛澤東思想的讀物作為當時的主要任務，而說什麼主要要補的「缺」是所謂「中級理論讀物和宣傳建設成就的書籍」。他還大肆宣揚「間接服務論」，說「為『工農兵服務的幹部』服務，就是為工農兵服務。但高級的出得多些，中初級的少了些。」

＊一月十四日—三十一日　文化部召開農村讀物出版工作座談會。這次會議打著出版為工農兵服務、用社會主義文化佔領農村文化陣地的旗號，實際上是力圖在農村散布資產階級思想。本月三十日林默涵在座談會上公然宣揚說：「一九六三年四月中宣部召開出版工作座談會後，出版工作的方向就明確了。」「帝王將相、才子佳人多，不能說完全是反社會主義的」；又說，農村讀物的「範圍也不能太窄，不能只限於反映社會主義革命和建設的作品，也還要出一些非社會主義的、無害的東西」。他甚至認為「即使出的非社會主義的東西，甚至是反面的東西、毒草，歸根到柢是有利於社會主義文化的提高和發展（有所借鑒），而不是為了有害於社會主義」。他還繼續鼓吹「質量第一」，說什麼「我還強調質量第一，能做到質量第一，又能多出一些書，有何不好？」會後，按照林默涵報告的調子，由陳原起草了《文化部黨組關於農村讀物出版座談會的報告》，經中宣部批轉各地執行。

＊一月　派鄧步城、張光璐、呂桃同志會同新華書店的孫發達同志去天津等地，調查毛主席著作和馬恩列斯

著作等的發行情況，在他們寫的調查報告中，敘述了各地讀者迫切需要毛主席著作的情況，但是王子野等人無視廣大革命群眾的要求，不設法增加毛主席著作印數。又如調查報告中，反映了一些大學裏的青年教師急切要求買到《史達林文選》，對於把此書作為「內部發行」，甚至比托洛茨基的書控制還嚴，提出了批評。王子野聽後也無動於衷，始終沒有設法改變此書的發行辦法。

＊同月　陸定一在教育工作座談會上大喊「資產階級思想萬歲」。他說：「現在有兩個傳下去：馬列主義傳下去，資產階級思想傳下去；兩個萬歲：馬列主義萬歲；資產階級思想萬歲。」實則，陸定一所說的馬列主義萬歲是假，他所要的是「資產階級思想萬歲」。

＊同月　在社內開始「評功擺好」運動。正當毛主席在一九六三年十二月十二日批評，文化領域中「社會主義改造在許多部門中至今收效甚微」，十二月二十八日，徐光霄就打著學習大慶油田的幌子，布置這一運動，以對抗毛主席的批評。一月三十一日，王子野在社內做題為《總結、評功、部署任務》的報告，提出在一九六四年開展所謂「總結評功運動」，把這說成是學習大慶經驗的「第一步」。他在報告中避而不談出書方向問題，一味宣揚「一九六三年的工作成績很大」，「全面超額完成出書計劃」，實際上這一年《毛澤東選集》只印了三十萬套，而毒草卻出了一大批。王子野在報告中還示範性地擺了一些人民出版社的「好的傳統和經驗」，包括重視出書質量、注意財務管理，乃至加強管理書稿檔案，都是業務技術性的，這就為這次評功的內容定了基調。他在報告中還大彈「要研究怎樣使政治工作更好地為生產服務」之類的讕調。二月五日，社務會議通過了《一九六三年度評功授獎辦法（修正草案）》，規定在評功授獎運動中「不提缺點，不提錯誤，不提消極因素」，只許「擺成績、擺進步、擺經驗」，「有多少擺多少，有多大擺多大」，做到「點滴不漏」；在發獎條件中，根

本不提學習毛主席著作和思想改造，而是把「肯鑽研業務，工作做出顯著成績」列為一等獎的首要條件。在評獎過程中，王子野還反對一些同志的正確意見，竭力主張使右派分子、歷史反革命等都參加了評功擺好。所有被評上獎的都發獎金，給予物質刺激。三月二十六日胡喬木給王子野來信，把按照他的意圖對叛徒普列漢諾夫的《論藝術》的譯稿的技術加工，稱為「自力更生、奮發圖強、鼓足幹勁、力爭上游的精神在編輯工作中的體現」，號召所有編輯工作者、所有著書、編書、譯書的同志們「學習這種精神」。這是公開號召大家不要學習馬克思列寧主義、毛澤東思想，把人們引上脫離政治、埋頭搞純技術性工作的歧途。王子野等人得到胡的這封信後，如獲至寶，決心借這「東風」把「評功擺好」運動更向前推進一步。他們不顧廣大革命群眾和幹部的抵制，在三月三十日召開黨委會會議，決定大張旗鼓地貫徹胡喬木的黑指示。他們還特地收集革命群眾和幹部的許多正確意見，例如「以後就抓技術性工作，鑽進去，忽視政治質量也不對」，「這樣一提倡，便不能保證將來不會走向煩瑣的考證」等，當作「一些認識不清的問題」，向文化部匯報，並由出版局刊登在黨內刊物上通報，橫加壓制。當時，上級正布置學習毛主席關於「三自一高」的指示，王子野竟公然對此表示抵制。四月七日黨委會上討論學習時，他說：「主席文件學習，不單獨搞，結合我們貫徹喬木同志指示，改進出版工作來搞。」還說：「三十本書學習不斷。《毛選》學習怎麼學，再商量。」四月十二日，王子野在全社人員大會做《在編輯工作中開展比學趕幫》的報告，再次鼓吹胡喬木的黑指示。王子野閉口不談比學習毛主席著作和思想革命化，而強調比工作是「最重要的一個目標」；「政治掛帥要和業務結合，把政治掛帥掛在業務上」。王公然對抗毛主席向全國人民發出的「向雷鋒同志學習」的偉大號召，說什麼「雷鋒精神是好，但對我們隔了一層，他不是搞編輯出版的，我們要挖自己的標兵」；「提出精神，為什麼一定要雷鋒式的？為什麼一定要《人民日報》提的精神才算呢？」他聲嘶力竭地號召，在編輯出版工作中貫徹胡喬木信裏所指出的「精神」，胡說「學習毛主席思想無非也是為了這個目的」。與此同時，王子野等還在社內大搞所謂編輯經驗交流展覽會。展品全部是業務技術經驗及學習語文知識的經驗，根本沒有活學活用毛澤東思想的經驗，尤其令人氣憤的是，在王子野、范用的策動下，社外的剛摘右派帽子的陳洪進翻譯大毒草《英屬印度經濟史》的所謂「經驗」也拿來展覽，作為「示範」。文化部李琦、黃洛峰對這個展覽竭力叫好，還提出要搬上海去展覽。參觀這一展覽的共達二百多單位，三千六百多人。三反分子孟超等在留言簿上為展覽會叫好，但不少解放軍同志參觀，後對舉辦這樣的展覽會提出尖銳的批評。儘管如此，五月十八日黨委會會議還要「《走廊》、《紅旗》、《超聲波》做好宣傳工作……繼續收集刊登好的編輯工作經驗」，「盡量利用展覽的形式來推廣先進經驗」；並把有關材料廣為印發，在首都以至全國都造成了惡劣的影響。在展覽結束不久，黨委會布置同志訂比學趕幫計劃，王子野又把胡喬木當時給人民美術出版社的一封信在編輯部廣為傳閱，並親加批語，說什麼同志們在比學趕幫計劃中不只要計劃學外文，還要按照胡喬木指示學一些中國語文和文法，而仍隻字不提學習毛主席著作和改造思想。

＊同月　范用不顧編輯同志的反對，從一九六四年第一期起，一反過去《新華月報》編排的格式，把黨中央的評蘇共中央公開信等重要反修文章，從《月報》最前面的特欄移入後面國際欄的次要地位。二月，他又不顧編輯同志的反對，把毛主席關於支持巴拿馬人民和日本人民愛國鬥爭的談話，從刊首「毛主席著作」專欄移到後面國際欄內。這些做法大大貶低了主席著作和反修文章的意義。四月，中央負責同志提出了批評，責令檢查。編輯組的同志花了不少時間進行檢查，並寫了一份材料，范用把材料打入冷宮，不向上報告。

＊二月十日　毛主席發出「農業學大寨」的號召之後，《人民日報》發表《大寨之路》，我社編輯同志提出應該出書，王子野卻百般刁難，說什麼要找第一流的作者寫，要補充這、補充那，終以「質量第一」為藉口，拒不出書。在此之前，編輯同志還曾提出派人去太原組織寫大寨的稿子，王子野也不同意。結果，我社關於介紹

大寨的書一本也沒出版。

＊二月十四日　毛主席在春節關於教育工作座談會上做指示：「要把唱戲的、寫詩的、戲劇家、文學家趕出城，統統都轟下鄉。分期分批下放到農村、工廠，不要總住在機關，這樣寫不出什麼東西。你不下去就不開飯，下去就開飯。」

＊二月二十二日　劉、鄧批轉舊中宣部《關於編印毛澤東著作手續的通知》，對各地編印毛主席著作規定了重重阻難。其中說：「凡要出版毛澤東著作的選本，必須報告中央，非經中央批准，不得印行」，「各省、市、自治區的出版社，一律不要公開出版毛澤東著作專題摘錄」，等等。

＊二月　鄧小平在劉少奇家對許立群說：「書籍題材要放寬。小孩看的書範圍太窄，怎麼辦？自己搞不出來，可以翻譯外國的。」要閻王殿繼續推行出版自由化。

＊同月　《編輯手冊》（內部讀物）出版。一九六一年底，王子野為引導編輯幹部鑽研技術，陷入資產階級純技術觀點的泥坑，脫離無產階級政治，要一些同志編輯了這本書。在編輯過程中，王子野不准在編輯幹部必讀書目中列入毛主席著作。

＊三月十三日　中宣部通知，一九六四年二月二十八日，劉、鄧以「中央」名義批准我社建成黨委會，由王子野等五人組成。這是劉、鄧司令部加強控制人民出版社的一個重要措施。

＊三月十四日　胡喬木寫信給樓適夷說，現在書籍廣告太少見，要在各種刊物上定期刊載「齊備的廣告」，而根本不提書籍廣告的政治性和思想性。三月底，范用立即在社內貫徹這一「指示」，我社出版的各種期刊都在封底刊印了書目式的廣告，廣告中宣揚的極大多數是資產階級和修正主義的書籍。

＊三月　由劉少奇親自布置，劉、鄧司令部幹將周揚、許立群、鄧力群總負責，並完全根據劉少奇在越南阮愛國黨校歡迎會上的講話精神編印的所謂《紅旗叢刊附冊》，開始由我社出版。到一九六六年為止，共出版四十餘種。這套書共分九類，每類都包括馬恩列斯的論述、老修正主義者的言論、現代修正主義的言論、帝國主義的言論等幾個方面，而獨獨不收或絕少收入毛主席的有關的英明論述。在已出版的四十餘種書籍中，毛主席的著作僅佔四種，而老修正主義者、現代修正主義者、帝國主義反動派的言論及各種資料則達三十多種。特別是有兩種以輯錄「中共中央領導同志」的言論為名，竟把劉少奇、彭真、陸定一、周揚等人的言論與毛主席的光輝論述混雜在一起，連篇累牘地摘錄劉少奇等的言論，甚至還把劉少奇的話放在毛主席語錄之前。

＊同月　解放軍總政治部編的《毛澤東同志論政治工作》、《林彪同志有關政治思想工作言論摘錄》等八種有關突出政治的書籍由我社出版。

＊四月七日　范用在黨委會上發言反對大出《毛選》，說：「業務問題，首先是方針問題。這兩天我發愁，現在沒書看了，看計劃，只有《毛選》。」

＊四月十七日　胡喬木在與科學院杜潤生等座談時，公然鼓吹所謂業餘小自由。他說：「業餘寫作這件事，……不許做這種批評，否則成為自殺政策了。什麼是純粹名利觀點？要有個界限，不要帽子滿天飛。」「不應

該干涉，不應說他是名利觀點，那也是為人民服務。」劉鄧司令部的這類黑指示，王子野等人一貫在社內積極奉行。就在本年下半年，新華社、外語學院等單位的一些革命群眾紛紛向我社提出不要直接向工作人員組織業餘翻譯，以免助長某些人的名利思想。而另一方面，少數名利思想較重的譯者則希望我社與他聯繫譯稿時，用編輯個人名義，採用秘密方式。這些反映了譯稿組織工作中兩條線路鬥爭的情況，於十一月向王子野等人匯報後，他們根本不去採取措施，組織業餘翻譯，反而把這作為今後工作中的一個「困難」，向上匯報，妄圖由中宣部、文化部出面進行干涉。

*四月　陸定一在接見一個外國文化代表團時，大肆鼓吹資產階級學說，說十八、十九世紀「有了成熟的資產階級學說」，「我們的東西何時能達到那個程度？……恐怕需要幾百年。」

*同月　根據薄一波所擬定的《工業七十條》寫成的《中國社會主義國營工業企業管理》（高等學校教材）出籠。毛主席早在一九六三年十二月十六日就已指出，必須加強政治工作，「看來不這樣做是不行的，是不能振起整個工業部門（還有商業部門，還有農業部門）成百萬成千萬的幹部和工人的革命精神」，這就直接否定了只講物質刺激和技術掛帥的《工業七十條》。這本教材的出籠顯然是對毛主席指示的抵制。

*五月二十五日　第七次黨委會議議論學習問題，王子野在會上公然反對活學活用毛主席著作。他說：「《毛選》宣傳要注意，宣傳學習毛主席著作立竿見影是一方面，但問題不是那麼簡單，但不是說理論不聯繫實際，可又不是說聯繫實際就能立竿見影」；「學主席著作，活學活用，但要求編輯同志學一條用一條不是那麼簡單，學三十本書就是為了更好的理解毛主席著作……另外，學毛主席著作……不要在全社來個號召，強迫學

習」，「這事不能不抓，不能死抓。抓死了，就容易流於形式。」五月二十九日，王子野又在黨小組會上談到學習毛主席著作時污蔑說：「立竿見影有局限性，有的不一定馬上就可見效果。」

＊五月　艾恆武、林青山傳播楊獻珍「合二而一」反動思想的文章《「一分為二」與「合二而一」》發表，立即受到反擊。此後，在全國展開了對楊獻珍「合二而一」論的批判。六月頃，毛主席在中央工作會議上指出：「合二而一」是階級調和論，「合二而一」的外國老師是德波林。這樣，一針見血地揭穿了「合二而一」論的修正主義本質。而劉少奇卻說：「楊獻珍是搞活思想的」，千方百計掩蓋楊獻珍反毛澤東思想的罪行。

＊同月　軍委和林彪同志指示推廣廖初江、豐福生、黃祖示學習毛主席著作的經驗，軍委總政發出指示，號召全軍掀起學習毛主席著作熱潮，並指出他們學習的五條主要經驗。不久，廖、豐、黃三同志相繼來京做報告，報上又發表了他們的學習心得和經驗。王子野、范用等人自己不去聽報告，對同志們議論應該研究出書也不予支持。直到文物出版社把廖初江等同志的學習經驗編好準備出書時，范用因受了批評，才匆匆忙忙把現成材料要來，以《以為革命而學（廖初江、豐福生、黃祖示學習毛主席著作介紹）》為書名，於一九六五年三月出版。

＊六月六日　陸定一在接見全國農村圖書發行工作會議全體發行人員時，打著出版要為貧下中農服務的幌子，提出要為農民出版課本、科技常識和史地知識性讀物，卻根本不提為貧下中農出版毛主席著作和宣傳毛澤東思想。

＊六月九日　王子野在編務會議上講培養新作家問題。他表面上說要培養新作家，實際上仍然認為「在哲學

社會科學著作力量方面，依靠老作家是主要的」。在談到培養新作家的意義和方法時，他根本不提要培養什麼樣的新作家，不提用毛澤東思想、用階級鬥爭觀點來發掘、培養新作家，更不提培養工農作家，而是一味強調所謂「貫徹喬木同志指示，發揮自力更生的精神」，「對稿件的評價，要先看優點，保留缺點」。他把周揚主編的文科教材《西方哲學史》捧為「中國人第一次嘗試寫出來的」新作品，說「看了很受鼓舞，準備提些意見請他們修改後出版」。實際上，他所指的「新作家」無非是修正主義苗子而已。王子野的這種出於資產階級立場的「培養新作家」的觀點，其實吳晗就曾一再向我社提過。吳晗在一九六三年八月九日，就向我社編輯宣揚什麼組稿路線「要眼睛向下」；同年十月十五日又說，對「新作家」「一定要有耐心，不要急躁，新生力量不是馬上能寫出好東西來的」。

*六月二十七日　毛主席在《中央宣傳部關於全國文聯和所屬各協會整風情況的報告》上，再次做了極其重要的批示：「這些協會和他們所掌握的刊物的大多數(據說有少數幾個好的)，十五年來，基本上(不是一切人)不執行黨的政策，做官當老爺，不去接近工農兵，不去反映社會主義的革命和建設。最近幾年，竟然跌到了修正主義的邊緣。如不認真改造，勢必在將來的某一天，要變成像匈牙利裴多菲俱樂部那樣的團體。」

*七月　《毛澤東著作選讀》出版。本書在幾年以前就已經著手編輯，但中宣部和田家英對出版本書百般阻難，從一九六一年報送計劃後始終不予批准，後來迫於無奈，不得不同意，又再三交代要少印，胡說什麼「發行要控制」，「如果大家搶著買，搶著學」，「就可能變成一件壞事」。一九六四年六月，田家英並通知各報都不准轉載《選讀》新收入的文章。

＊同月　田家英等人為了掩飾罪行，慌忙命令王子野在我社成立毛主席著作組，專門負責主席著作出版工作。但全組僅三人，是我社各編輯組中人數最少的，足見完全出於應付。

＊七月二日　周揚召集文聯各協會和文化部負責人布置假整風。他在會上定調子說：「政治搞修的，至少領導集團還沒有發現」；文化工作中的問題，「中宣部、文化部、各協會均是認識遲，有責任」；「有的人是官僚主義的，解決不了問題，我是這一種。」

＊八月十九日　部隊青年康寧編寫的《古代戰爭攻守》一稿，自一九六一年二月投寄中史組以後，由於稿件質量較差，幾經退修，還達不到出版水平，范用打著「培養新生力量」的幌子，竟把康寧推薦給吳晗，要他來「培養」。范說：「送給吳晗同志看一看如何？他是最熱心普及工作的。」吳晗為了擴大自己的影響，正在到處伸出黑手，聽說有這麼一位部隊青年，就竭力拉攏，「欣然」同意幫助修改，並且為稿件寫了序言，大加吹捧，說：「作者對軍事有豐富知識，對歷史情況也相當瞭解，對古代戰爭中的攻防做了深入淺出的敘述，對一般讀者很有用。」

＊八月　彭真、陸定一等反革命修正主義分子打著紅旗反紅旗的《文化戰線上的一個大革命》出籠。彭、陸的文章剛在報上發表，范用一見，立即向王子野建議出書。在排列文章次序時，王、範把彭真置於首位，其次是陸定一，把柯慶施同志的一篇講話排在第三位，後經編輯提出，才把柯慶施同志的講話放在陸定一之前。此書出版後，又在本年十一月再版一次。

＊九月下旬　《時事手冊》編輯部把《什麼是修正主義》一稿送王子野覆審。王子野竟在稿中刪去毛主席在

全國宣傳工作會議上的講話中，對修正主義所下的定義和稿中批判「三和兩全」的內容，還不准在稿中根據《九評》提「以赫魯曉夫為代表」的字樣。

＊九月　劉少奇在中央的一次會議上公然說：「現在學習《毛選》出現了一種形式主義」。九月三十日，劉在給江渭清的信中，又把大量引證毛主席的講話說成是「空話連篇」，「犯了教條主義的錯誤」。

＊同月　《紅旗》雜誌第十七—十八期發表了張啓勛《評馮定的〈共產主義人生觀〉》，由此展開了對反革命修正主義分子馮定的批判運動。文章發表前，《紅旗》曾約王子野寫文批判馮定的《平凡的真理》，王不寫。批判展開後，王子野、范用對之十分抵觸，不僅沒有出書配合，而且當《新華月報》組的編輯同志提出把《紅旗》文章收印在《月報》裏時，范用批示：「不收此文」。十二月又提出此事，范用則聲稱要請示中宣部。到一九六五年一月十五日，編輯再次提出一組批判馮定的文章，范用批道：「暫放一下」，加以阻止。三月一日，他又說「不忙」刊載。到四月二十一日，責任編輯又選了七篇批判材料送審，范用批道：「馮定批判，《月報》可不刊載。」一九六五年初，有的編輯書面向范用提出編一本批評馮定文集，范推託這是青年出版社的事，拒絕編書（參見一九六五年二月二十三日大事記）。

＊十月九日　王子野在第四次編務會議提出一九六五年的出書方針：「政治、學術併舉，政治為主；兩頭為主，中間也不能放鬆。」這是一個打著「政治為主」的幌子，實際上反對出版為無產階級政治服務的十足折中主義即修正主義的出書方針。這裏所說的兩頭，一頭是指馬恩列斯著作、毛主席著作、中央反修文件、左派兄弟黨文件，另一頭即所謂灰皮書、黃皮書，「中間」是指各種學術著作，實際上主要指各種資產階級論著。按

照這一方針，毛主席著作的出版只佔與灰皮書、黃皮書同等的地位，宣傳毛澤東思想的書籍則根本沒有提到。這次會議還強調「外國重要的東西（在世界上有影響的，從馬克思主義起到各家各派），都需要有計劃地翻譯出版」，並且大肆吹捧所謂「喬木同志的號召」，要編輯盡全力去做核對譯文、修改文字之類的技術工作。在此後不久的第十四次黨委會議上，王子野又重新強調要多出所謂「學術著作」，要各編輯組「積極聯繫作者，大力組織學術著作的稿件，凡是選題和內容符合要求的，爭取列入出書計劃」。

*十月　向中宣部請示可否把《毛澤東著作選讀》紙型借給有關單位印書，許力以竟惡狠狠地說：「紙型要嚴加控制，一般不出借。」王子野馬上責令有關人員擬出《出借〈毛澤東著作選讀〉紙型辦法》，嚴格控制紙型出借。

*同月　包之靜傳達胡喬木關於翻譯書的「意見」。這個「意見」中別有用心地提出，今後必須多翻譯「近代現代各國經濟史和經濟實況（經濟發展的敘述和論斷，工農業管理等）」，妄圖藉此販運資、修有關經濟發展管理等方面的黑貨，為這夥反革命修正主義分子反對三面紅旗製造論據。王子野、范用等人立即布置編出這類書的待譯書目。

*同月　中宣部夥同王子野拋出《學術討論資料叢刊》，其中包括《關於「一分為二」與「合二而一」問題》、《關於周谷城的美學思想問題》、《關於〈北國江南〉問題》、《關於李秀成評價問題》四種，準備出版的還有《關於道德繼承性和階級性問題》、《關於歷史主義與階級觀點問題》、《關於農民戰爭問題》、《關於宗教問題》等。這套叢刊把正面、反面的文章混雜在一起，故意使讀者看不出什麼傾向，以便打一場「混戰」，並把嚴肅的政

治門爭化為學術性的爭論。叢刊出書後，立即遭到康生同志嚴厲批評，中宣部和王子野不得不宣布停售，但是存書仍然全部保存，以便伺機再度拋出。

＊同月　文化部開始假整風（到一九六五年四月收場）。由齊燕銘、徐光霄、陳荒煤、李琦等四人組成文化部整風領導小組，後來又由周揚派去工作組。他們為了害怕挖出黑線，不敢放手發動群眾，參加整風的人員只限司局長和少數單位負責人，後來才不得不擴大到黨員幹部，但對廣大群眾始終隱瞞真相。整風採取的方法，都是背靠背的提意見。他們對革命群眾揭發文化部的反革命修正主義路線的罪行，大肆滅火。例如，一九六五年二月二十五日，石西民在出版界整風匯報會上竭力為出版局走資派開脫說：「不要把出版局局長的錯誤都提到路線錯誤上來。」「這不過只是不聽主席的話迷失了方向……不能都說成路線錯誤。」他還大肆販賣「錯誤人人有份」的謬論，說：「如果老帳都算起來，誰都可以算出個路線錯誤來。」同年四月十五日、十六日，周揚在文化部黨員幹部大會上做「整風」總結報告，一方面為自己洗刷開脫，另一方面又大肆強調「應當給資產階級知識分子講話、出書的條件」。

＊同月　赫魯曉夫下台、蘇修新領導上任後，劉少奇在中央政治局會議的一次講話中，散布對赫魯曉夫繼任者的幻想，說什麼「估計蘇聯新領導比以前有三十度的轉變」。姚溱和吳冷西也叫嚷，蘇修新領導「有可能變為馬列主義」。他們並規定在二十三大以前不提反修鬥爭等宣傳方針。我社第十二次黨委會會議也於此時決定：「凡提到赫修領導集團的公開發行的書，不論已印成未印成，在未得到中央指示以前，一律不出。有關部門和編輯組，在最近幾天內應迅速檢查並做處理。」當時閻王殿並勒令《時事手冊》，將十月出版的一期中所有「現代修正主義集團」字句統統刪掉，甚至連「現代修正主義者」也不准提。雜誌出版後，由於文中還留下

一處「現代修正主義」，閻王殿大判官王宗一大發雷霆，勒令檢討。

＊十一月十八日　在文化革命的新形勢下，文化部黨組被迫提出《關於稿酬制度的請示報告》，再次取消印數稿酬，但在報告中仍然規定要對「專業作者」予以照顧。

＊十一月二十三日　林默涵在文化部部長辦公會議上叫囂，各出版社還要多出資產階級的東西，胡說：「出版同創作不同，創作只能創社會主義的，出版還要出一些資產階級的。不要文化革命一來什麼都不出。」他又大談先立後破的謬論，說什麼「是不是批掉了資產階級思想，標準是能不能搞出社會主義的東西」。他說人民出版社一九六五年出書方針是：「應當搞出幾本好的學術著作。如果光是經典著作……何必要幾百人，只要個校對科就可以了。」林默涵還遵照劉少奇的黑指示，鼓吹出版站在資產階級立場「反資本主義」的書，甚至叛徒的書也可以出版。他說：「首先抓寫十五年是對的，但反資本主義一定要寫過去，不能簡單化，說這不是十五年」；「劉少奇同志說過，西歐揭露資本主義的作品，雖然是站在資產階級立場的，還是可以出……有一些作品，作者後來變壞的，但作品本身是揭露資本主義的，也可以考慮，如辛克萊、史坦培克。」這與劉少奇在一九六四年四月十九日接待某國文化代表團時所說的謬論，是完全一樣的。劉少奇當時說：「自從馬克思主義出現以來，反對資本主義的東西很多，就是我們翻譯出版的很少。蘇聯的，翻譯出版了些。」

＊十一月　第十四次黨委會議討論一九六五年聘書方針和發稿計劃，仍然強調「應該積極聯繫作者，大力組織學術著作的稿件，凡是選題和內容質量符合要求的，爭取列入出書計劃」。

＊年底　康生同志就《從五四啓蒙運動到馬克思主義的傳播》一書，提出嚴厲批評後（參見一九六三年九月

大事記），黨委會進行多次討論，並於本年十二月頃寫出檢查報告。在這個報告裏，把王子野的罪行輕描淡寫地說成為「驕傲自滿情緒」。報告初稿曾提出「我們的出版社究竟是掌握在誰的手裏」，這一涉及到走資本主義道路當權派的問題，二稿中竟然被刪去。康生同志看了這個報告，又批示道：「人民出版社問題十分嚴重，王子野用了些什麼人。近來有人利用歷史進行反革命活動，應該警惕。」中宣部拒不執行康生同志批示，對王子野進行了包庇，根本沒對王子野的問題進行跟蹤追擊，讓他蒙混過關。

＊本年　李維漢的問題被揭發後，包之靜、許力以稟承閻王意旨，布置我社等單位對反黨分子李維漢、張執一著作做假檢查。他們根本不發動群眾，把查書範圍限制極嚴。上報的檢查材料經過判官刪削之後，交給閻王張子意、姚溱等，姚以應由統戰部處理為由壓了下來。為反革命修正主義分子徐冰等人把持的統戰部，也以拖延的辦法包庇李維漢，對李等著作遲遲不做處理，直到一九六五年底，才拿出一個所謂檢查情況和處理意見，仍然不做嚴肅處理。這是閻王殿和徐冰等把持的統戰部合謀搞的一個包庇反黨分子的大陰謀。

一九六五年

＊年初，中宣部聽説冶金系統翻印了三萬冊總政編的《毛主席語錄》，認為觸犯了閻王殿的「王法」，把全部《語錄》從廣大職工手中收回銷毀。

＊年初　編輯部的同志向范用書面建議選編一本批判馮定《共產主義人生觀》、《平凡的真理》、《工人階級的歷史任務》等三本大毒草的文集，供廣大工農兵和青年學生閱讀。范用藉口馮定的這些書是中國青年出版社出的，「我們不管」，加以拒絕。本年底，再次向范用建議，仍被拒絕。

＊一月十四日　中共中央發布在毛主席親自領導下制定的《農村社會主義教育運動中目前提出的一些問題》，即二十三條。毛主席在這裏嚴肅地批判了劉少奇在四清運動中一系列反動觀點，否定了劉少奇一九六四年九月背著毛主席提出來的形「左」實右的「後十條」。毛主席再次強調了社會主義時期的階級鬥爭學説，著重指出：「整個過渡時期存在著無產階級和資產階級的階級鬥爭，存在著社會主義和資本主義的兩條道路的鬥爭，忘記十幾年來我黨的這一條基本理論和基本實踐，就會走到斜路上去。」「運動的重點，是整黨內那些走資本主義道路的當權派。」我社第十八次黨委會會議確定，在二月布置學習二十三條，據會議紀要稱，這次學習竟要「以彭真對通縣四清工作隊、縣社隊幹部的講話為主」。

＊同日　文化部召開二十三省市印製《毛澤東著作選讀》工作會議，田家英在會議上胡説毛主席著作出得太少的原因，是「計劃性不強」，「瞭解情況不多」，以此蒙蔽群眾。他藉口要印《選讀》，説《選讀》出版後，「《選集》可以少印一些，印一百萬套就行了」；但另一方面又藉口要保證質量，對《選讀》也不准多印。他還説什麼「要保證質量，對於數量，要做典型調查」；「對各地印製數字，不要規定得太死。要正確的積極性，不要盲目的積極性。」田家英還規定甲種本的對象是「中層幹部、教授、大學生」，以限制甲種本的發行範圍。由於這夥反革命修正主義分子的壓制，本年全年只印了《毛澤東選集》一百萬套。

＊同月　林彪同志對部隊工作指示時強調指出：「一定要突出政治，使政治思想工作真正成為我們全盤工作的基礎。」一九六五年的工作，「要突出政治，大力加強政治思想工作，大抓毛主席著作的學習，在全軍掀起一個更大、更廣泛的學習毛主席著作的高潮，把毛主席著作當作最根本的必修課。」在人民解放軍的帶動下，全國城鄉掀起了一個大學毛主席著作的高潮。

＊同月　石西民上任不久，就竭力販賣「先立後破」謬論，多次要出版局「抓生產」，抓出書，而對清除毒草工作實行壓制。他在一次部長辦公會上説：「出版局的工作，老陷於清理舊書，合算不合算？老是禁書，跟著屁股後面轉，不行。」一九六四年底至一九六五年初，各出版社上報要求停售處理的書有一千多種。包之靜生怕擴大了停售書的範圍，叮囑陳原「要頂得住」。陳原也説：「各出版社報來停售書，不要忙於處理，有些書擱在那裏再説，這叫做圍而不打。」

＊二月十六日　國務院秘書廳要我社代出《國務院公報》，並説：「沒有紙，國務院可以撥，要開正式公函

的話，以後可以開了送給你們。」范用竟加以拒絕。

＊二月二十三日　周揚、林默涵以「總結」在一九六三至六四年進行的對資產階級反動「權威」的批判為名，指責已發表的批判文章「打空炮」、「缺乏分析」、「教條主義」、「亂猜」、「誇大」，攻擊和嘲笑工農兵群眾的評論文章「簡單化」，「不能代替專家的評論」。同月，《中國青年》也停止了對馮定的批判。此後不久，三月頃，劉少奇、鄧小平在其所主持的中央書記處會議上，也惡毒地攻擊對資產階級反動思想、反動學術「權威」的批判，並反對學習毛主席語錄。鄧小平說什麼「學物理的整天背雷鋒日記、毛主席語錄，不能算又紅又專」。他公然叫嚷：「有人就是想靠批判別人出名，踩著別人肩膀自己上台。」在三月三日的一次會上，當鄧小平聽說北大社教工作隊準備用十二個星期批判馮定時，很惱火的說：「馮定問題，做兩次報告就行了。」並命令工作隊立即停止對馮定的批判。薄一波也在一旁威脅工作隊，說什麼如果北大再批判馮定，我就要叫我的孩子回家了。這次會議紀要中說，一九六四年以來學術戰線上對資產階級「權威」的批判「過火」了，要趕緊「煞車」。會議紀要下達後，報刊上的批判大部分停下來了。接著，黨內外颳起了一股對一九六四年批判運動的翻案風，攻擊群眾批判是「爆破組」、「人海戰術」、「以空論對空論」等。

＊二月　大毒草《朱元璋傳》，經范用批准出籠。這是吳晗指桑罵槐、影射現實、攻擊偉大的黨和社會主義的一本大黑書，但范用卻說：「這是一部著作稿，是一部有分量的稿子，要快點出。在整個設計中要搞得大方些。」他竟然要設計的同志把這本書的封面按照《毛主席詩詞》來設計，在設計通知單上批道：「設計者的想法：底色印白墨，仿文學版的《毛主席詩詞》，請注意印刷效果，不要印了顯不出來。」書出版後，科學院有人打電話來買此書，說這本書有問題，要寫文章批判。范用聽後大為惱怒，質問說：「誰說這本書有問題？」

*同月　蘇修《世界通史》第六卷中譯本出籠。這套書一向被王子野、范用列為「重點書」。范用在一九六一年外史組三、四月工作報告上特別批示：《世界通史》「須單獨做一計劃，否則有保不住重點的危險」。前出各卷都未寫批判性序言，公開放毒。第六卷出版前，編輯組寫了長篇批判性序言，范用反對採用。他自己起草了一個五百多字的表態性出版說明，根本不接觸實質問題。他把這篇說明交給了王子野，並說：「請你修正以後，打算送給黎澍、劉大年、于光遠同志看看，徵求他們的意見。」王子野對編輯組的批判性序言也竭力反對，竟說：「批判性的說明很不容易，因為牽連的問題太廣，有的是史實問題，有的是觀點問題，有的是學術問題，有的是政治問題，有的錯誤是出於無知，有的是故意歪曲，如果不分清這些界限就不能動筆，隨手引幾條例證，扣上一頂修字號的帽子是不能解決問題的。」一句話，就是不准反修。王子野還把范用擬的本來就沒觸及實質問題的稿子進一步刪改，剩下一百來字，其中連「批判」兩字都不敢提。

*同月　王子野授意編選的普列漢諾夫《階級鬥爭學說的最初階段》中譯本出籠。王子野早在一九六四年初，就在一次關於學習《共產黨宣言》的報告中，竭力推薦普列漢諾夫的這些文章，要大家學習，以後又竭力主張出書。普列漢諾夫在這些文章裏散布了不少修正主義觀點，如和平過渡論等等，充分表明他的叛徒面目，王子野卻從未提出過。直到編輯組發現問題，他才不得不同意在出版說明交代一下。王子野一貫熱心出版叛徒普列漢諾夫的著作，除了大力組織翻譯普的文集外，還陸續出版普的著作的單行本共十三種之多。像上述《階級鬥爭學說的最初階段》及另一本明顯地反對恩格斯的《從唯心主義到唯物主義》，連吹捧普最力的蘇修都還沒有印過單行本。

*同月　《何塞・馬蒂—反帝國主義戰士》出籠。這本書鼓吹何塞・馬蒂的人道主義思想，編輯部向中宣部

姚溱請示，姚竟表示只要作者沒問題就不必改動。書中說美國在第二次世界大戰中起了「決定性作用」，編輯審稿時曾建議刪去一部分，范用卻批道：「盡可能不要刪，原作者有句把不妥當的話，如不太嚴重，可以保留。」

＊三月九日　石西民在聽取出版局工作匯報說到一九六五年出版工作時，竟一字不提如何抓好毛主席著作的出版工作，說第一是抓農村讀物，第二抓年畫、連環畫，第三抓所謂「揭露資本主義的作品」。次日，他又親自來人民社，大談出版所謂「反資本主義」的書籍。他強調要出版「資產階級揭露資本主義的書」，要翻譯外國的同類著作，要出得「寬一點」，還特別推薦出版叛徒辛克萊的《石炭王》。石西民還為資本家叫屈說：「光解決恨不恨得起來不夠，還要更多地認識資本主義，如資本主義的歷史。有人批判《林家鋪子》，但不懂得有一種資本家既剝削人又被人剝削，大魚吃小魚。」石西民的這套讕調，同去年十一月林默涵所宣揚的完全一模一樣。石的這些「指示」傳來前後，范用以出版通俗讀物為名，主持擬訂了一套所謂「反資小叢書」和「反帝小叢書」的選題。在「反資小叢書」中，特別列入了宣揚「大魚吃小魚，小魚吃蝦米」的題目。范還派人去上海等地組稿和收集有關揭資材料。王子野則指定外書組專人收集外國出版的所謂揭露資本主義的書籍，也擬訂了一大批選題。

＊三月十三日　《哲學研究》編輯部轉告中宣部報刊處決定，將我社排印中的《哲學史方法論討論集》一書拆版，不准印行。《哲學史方法論討論集》收入報刊上已發表的有關論文數十篇，反映了一年來哲學界圍繞哲學史研究方面的階級鬥爭，主要矛頭是針對馮友蘭之流的。中宣部所以在此時以「此書為一材料匯集，沒有出版必要」為藉口，禁止出版，顯然是他們陰謀策劃的對資產階級「權威」批判進行「煞車」的一個步驟（參見

二月二十三日大事記）。

＊三月二十五日　出版局制定整改方案（草案），發給各直屬出版社。這個方案，完全是打著「紅旗」反紅旗的。方案中雖然也說什麼要加強思想政治工作，要滅資興無，然而卻把這一切僅僅歸結為「抓產品」，而且說，「必須把抓產品的工作放在首位。對出版局的工作如何估價，主要要看是否抓出新產品。通過抓產品的工作，認真管好各直屬出版社的方針任務、選題計劃、重點圖書，並幫助解決重大問題」，「絕對不能衝垮抓產品的工作」。這實際上是以業務工作衝擊政治。在所謂「產品」中，方案強調在出版工農兵讀物的「同時，出版一些為科學研究和文化積累所需要的、適合專家和高級知識分子閱讀的書籍」。關於毛主席著作，方案中卻輕描淡寫，一筆帶過，便算了事。

＊同日　范用在黨委會上傳達中宣部布置反修資料即所謂灰皮書、黃皮書之類，還要大量出版。我社從一九六三年到一九六五年底，共出版了現修、老修的東西（即所謂反修資料）約一百八十種，平均每年六十種，佔全部出版物的三分之一左右至二分之一。外加著作中的毒草和壞書，就要佔出版物的絕大多數。這大大地衝擊了毛主席著作和其他重要書籍的出版工作。如在一九六五年下半年，當時有五十萬冊《王杰日記》、五十萬冊《為革命而學》（農村版）、三十萬冊《黨章》和在上海印的十萬冊《毛澤東選集》都印不出來，出版部門的革命同志正在竭力向各方面聯繫，爭取早日印出這些書，而喪心病狂的王子野，不僅對此漠不關心，相反地卻千方百計硬要「突擊」出版右派分子宋雲彬的毒草《康有為》，鼓吹美蘇合作的《肯尼迪政府的經濟政策》，印度反動分子、國大黨早期首腦杜特的《英屬印度經濟史》，以及托洛茨基、考茨基的黑貨。可見，中宣部和王子野藉口「反修」而大印特印「反修資料」，是他們反黨陰謀的一個重要部分。

＊三月　具有偉大歷史意義的反修文件集《關於國際共產主義運動總路線的論戰》出版。本書包括《關於國際共產主義運動總路線的建議》、一評至九評蘇共中央公開信，和《赫魯曉夫是怎樣下台的》等指導國際共產主義運動的光輝文獻。

＊同月　哲學組編了一本工農兵批判楊獻珍「合二而一」論，宣傳毛主席一分為二哲學思想的書稿，其中選用了廖初江、徐寅生等人的文章，並寫了出版説明，加以推薦。書稿送給范用審閱，他根本沒有理睬。

＊同月　中宣部布置我社和中華書局合編一部人民公敵蔣介石的文集。包之靜在布置工作時，竟交代可以讓歷史反革命分子戴文葆等人參加工作，理由是他們「熟悉當時情況」。按戴文葆早在一九五五年肅反時，就已發現他是軍統特務，一九五七年又成為右派，以後被我社開除。一九六二年頃，黃洛峰、王子野、范用等人將戴自勞改農場保出，安排在中華書局工作，並盡量給他從事業餘編著的方便，讓他放毒。一九六二年起，范用讓他審查、加工我社中外史組的書稿不下十餘部，實際上讓他掌握不少書稿的命運。一九六四年一月，還約他寫「知識叢書」中的《譚嗣同》。

＊同月　鼓吹「三和」、吹捧各國修正主義黨、完全根據蘇修二十二大的修正主義綱領寫成的《外國經濟》出籠。范用忠實執行中宣部閻王殿的意旨，竟把此書作為高校外國經濟課的「參考教材」，實則是作為正面的東西來出版，並且不許寫出版説明加以批判。

＊春　著作組準備出版一套學習毛主席著作輔助材料，范用説：「毛主席的書，誰輔助得了！」以此作為藉口，拒絕出版毛主席著作輔助讀物。

＊四月一日　石西民在農村讀物座談會上講話，他打著出版為工農兵服務的幌子，實際上卻在宣揚「間接服務」論。他說：「當然出書不能只出工農兵讀物，還要出幹部、知識分子讀物。但思想上必須明確為工農兵。各種書都要出。為幹部、知識分子服務，在方針上最後還是為了工農兵。把少數人與多數人、普及與提高機械對立起來是錯誤的。」又說：「五八年勁頭很好，但出書濫了，千萬不要再搞。五八年陸部長講過，數量是否也要大躍進？現在也有這個問題。」又別有用心地向群眾潑冷水說：「是主觀地搞，還是符合實際一點的好？」

＊五月二十一日　石西民、包之靜在討論人民出版社、農村讀物出版社出書計劃會議上發言，他們都不把出版毛主席著作放到首位，竭力宣揚知識讀物、資料書的重要性。包之靜說，出版主席著作的輔導讀物，「可以從主席著作所提到的重要事件，例如，軍閥混戰、幾次大戰役、白求恩、資本主義的剝削」中找選題，仍舊把它歸結為知識讀物，而根本不提宣傳毛澤東思想的問題。他以「總結過去經驗」為名，說「人民出版社出書，大概有過這麼幾段：解放初期，最初是教條主義，抄別人的。那時有的政治讀物，一出就幾百萬冊，當然也起過作用。以後，一講學術，古代的東西搞得很多。再以後，講配合當前現實，就來了剪報。剪報有一缺點，就是當時有用，過一個時間就沒用了。再就是搞『知識叢書』，其中出了一些好書，但沒有打響……」在談到農村讀物出版社的工作時，齊速別有用心地反映現在學毛主席的書，各地已出五、六十種，村史、家史也出了好幾十種。他的意思是說出多了，石西民聽後慌忙說：「搞多了誰看？」

＊同日　范用在黨小組會上攻擊群眾學習毛主席著作說：「群眾學習很單調，只要主席著作、語錄，其他知識讀物不要。」

＊五月　各地紛紛要求自行翻印總政編的《毛主席語錄》，許立群密令包之靜：「我們絕不要鬆口表示意見。」包之靜即以「田家英在編《語錄》」為藉口，反對下面翻印。許立群還惡毒地說：「毛主席著作印多了要上舊書攤。」包之靜拿這話到處宣揚。

＊同月　蕭望東、石西民、顏金生在出版局向部長匯報會上講話。蕭望東在講話中，不但不講知識分子改造問題，反而宣揚「現在對知識分子要保護他們，希望他們多活幾年，多給社會主義工作幾年，一定要相信他們」。石西民叫嚷舊文化部的錯誤「很多是認識問題」，「真正要解決問題，還是要搞文藝八條那樣的東西，綱舉目張」，還提倡向「三十年代的鄒韜奮」學習。

＊六月四日　林默涵在討論人民文學、人民美術出版社出書計劃會議上，竭力吹噓名、洋、古，瘋狂地反對文化革命。他提出趕快搶救資產階級的東西，說什麼「沒有知識不行，特別是資產階級理論的東西，你如果不及時組織翻譯，就無人譯了，老的人死了，將來更困難」。在談到古典名著時，他說這些仍然是「一般群眾需要的」，出書「不能硬性規定現代為主」，「《人民日報》不久前發表一篇文章，湖北有人反對，認為這是反黨，定一同志說這個人狂妄，這個人思想實質上是反對馬列主義的。現在有人把黨的思想拚命往左拉，拉下去的結果，實質是拉到非黨思想那方面去」。

＊六月十二日　石西民、包之靜在文化部討論直屬出版社選題會議上，胡說「幾個出版社的選題、方針、方向是正確的……出版工作經過一九六三年出版工作座談會、十中全會、文化革命、社會主義教育運動以後，總的任務、方針還是明確的」，以此抹殺出版戰線上的嚴重階級鬥爭。他們強調「在學術方面還是要放寬一點」，

並搬出「書記處」的黑指示說：「政治問題、學術問題不可混淆，只要不違反六條，有些界線不太清楚，可以拿來看一看。」

＊六月　文化部所謂「新黨委」成立後第一次聽取出版工作匯報時，王益談到過去毛主席著作出版情況，蕭望東立即問：「過去文化部有沒有正式文件壓低毛主席著作的印數？」王益說：「正式文件倒沒有發過。」蕭望東馬上說：「那就不能說有什麼責任了。」石西民也附和說：「以後不要老檢查了。」石西民還說：「如何看出版？成績應該說還是主要的，不要因有些缺點、錯誤就灰溜溜的。」

＊同月　彭真的大毒草《在印度尼西亞阿里亞哈姆社會科學院的講話》出籠。這是姚溱在五月三十一日特地通知我社出書的。

＊夏　范用在一次全體人員大會上歪曲「二百」方針，大肆放毒：「人民出版社的出版方針是百家爭鳴的。我們不是一家獨鳴。赫魯曉夫是一家，蔣介石也是一家。我們出了《赫魯曉夫言論集》，並且正在編《蔣介石言論集》。多出這樣幾家，沒有什麼了不起的。」

＊七月九日　包之靜通知：姚溱意見，已經印好的編譯局所編《托洛茨基反動言論摘錄》一書，不裝封面，不發給中央領導同志，只發給包括彭真在內的極少數人。按這一稿子是姚溱要編譯局編選的，其中收入許多托洛茨基對史達林的污衊、攻擊，原來交代可印五百冊，內部發行。全書印出後，姚溱又慌忙通知改變發行範圍，採取這種秘密分發的辦法，其中顯然是有陰謀的。

＊七月十九日　陸定一在中宣部辦公會議上又一次惡毒攻擊活學活用毛主席著作，說「學習毛主席著作，也不要搞形式主義」，不要都「寫學習心得」等等。許立群、包之靜按照陸定一的陰謀，對當時《毛澤東選集》嚴重脫銷的情況，不但不向中央反映，反而在九月的《宣傳動態》上，發表了一篇《毛主席著作兩年來供應情況》的材料，胡說：「最近兩年來，為了滿足廣大讀者的需要，人民出版社大量印行毛主席著作」，用此蒙蔽中央。

＊七月　農村讀物出版社將選編「農村版」圖書的目錄送石西民審查，石西民將目錄中《毛澤東著作選讀》乙種本刪去，這就使原來擬做的將《毛澤東著作選讀》乙種本減低定價、印成農村版、向農村大量發行的工作受到徹底破壞。

＊八月　劉少奇在他主持的中央書記處會議紀要中，惡毒地攻擊學習毛主席著作的群眾運動，胡說：過去學習毛主席著作是「卡得太死」，「千篇一律」，「搞形式主義」，「形成社會強制」。與此同時，彭真在一次講話中也說：「學習毛主席著作，也不要翻來覆去就是『老三篇』，有些都看厭了。」

＊同月　王子野翻譯的拉法格《唯心史觀和唯物史觀》出籠。此書中有些地方宣揚「和平過渡」以及「在財產從私有轉為公有以後」即可「消滅階級」，等等。編輯組提出應寫一說明指出其謬誤，王子野竟不同意，任其公開出版。這本書中還附有法國修正主義分子饒勒斯的一篇文章（拉法格原是和他爭論的），大肆鼓吹「融合為一」即「合二而一」論，王子野也不加批判地照樣附入。

＊同月　《馬克思恩格斯全集俄文第二版說明（第十六—二十二卷）》出版。《馬恩全集》中譯本第十五卷以

前全部照用修正主義觀點寫的俄文版出版説明，直到一九六四年出版第十六卷時，才不得不刪去。然而編譯局和中宣部的一小撮反革命修正主義分子對此戀戀不捨，王惠德就一再吹捧蘇修的出版説明是一部「很好的馬克思主義發展史」，「水平高，我們超不過」。他們終於把第十六至二十二卷出版説明匯集在一起，由王子野批准出版單行本，名為內部發行，實則印數達六千五百冊，任其到處流毒。

＊九月三日　林彪同志重要著作《人民戰爭勝利萬歲》發表，即由我社出版單行本。林彪同志指出，中國人民抗日戰爭所以取得勝利，最根本的原因，在於抗日戰爭是中國共產黨和毛主席所領導的一場真正的人民戰爭，實行了毛主席所制定的正確的人民戰爭的政治路線和軍事路線。林彪同志論述了毛主席關於人民戰爭的理論的國際意義，並著重指出毛主席關於建立農村革命根據地、以農村包圍城市的理論，對於今天世界上一切被壓迫人民的革命鬥爭具有普遍的現實意義。

＊九月二十三日　文化部召開全國文化廳局長會議。彭真、陸定一、周揚瘋狂污衊毛主席。彭真叫喊：「在真理面前人人平等，管你什麼黨中央的主席」，「錯誤人人有份」。蕭望東對彭、陸、周的反動言論大力宣揚，説這些「指示」「要管文化工作幾十年」。他們還把夏衍、陽翰笙等人捧上主席台，在那裏繼續專無產階級的政。這次會議根本不談毛主席著作出版問題。後來蕭望東對抗康生同志指示，根據這次會議的調子起草《關於文化工作中若干問題向中央匯報提綱》，經彭真修改，由劉、鄧黑司令部 於一九六六年一月二十三日批轉全國，也一句不提毛主席著作出版問題。

＊九月　編輯組提出編《工農兵學哲學用哲學》一書，王子野在形勢逼迫下表面同意，但給予種種刁難，在

編選過程中大發謬論，如說：「世界觀人生觀不是哲學」，「陳永貴、李素文的文章是哲學麼？」在書名問題上，組內提出以《哲學的解放》為書名，王子野不同意，在他看來，工農兵學哲學是不配稱為「哲學的解放」的。在排印過程中，他又下令給中宣部策劃的幾本「學術討論集」讓路（參見本年十二月四日大事記）。結果，這本書直到一九六六年四月才和讀者見面。

＊十月十五日　出版部根據出版局批准的數字，起草了一九六六年出版毛主席著作計劃，提出印製《毛主席語錄》簡編本一億冊，幹部本五百萬冊，王子野看了這個計劃，把簡編本砍掉一半，只准印五千萬冊。

＊十月　我社要求重印《毛澤東選集》一百五十萬套，出版局走資派一再刁難，藉口紙張不夠，只准印五十萬套，經多次交涉，才勉強同意重印一百萬套。據在湖北進行的重點調查，至少需要一千一百一十萬套。經我社革命同志力爭，出版局才被迫同意印五百萬套。但由出版局起草、以所謂新文化部名義打給中央的報告，卻說什麼「一九六六年（全國）全年頂多能印《毛選》五百萬套，再多無論如何也印不出來」。

＊同月　近代史研究所的走資派劉大年所著《中國近代史諸問題》出籠。其中包括許多大毒草，如歌頌帝王將相的《論康熙》等。此稿由范用親自組來，親自審查發稿。

＊十一月五日　第一批專業工作隊去通縣牛堡屯公社蹲點。王子野對於這種與工農相結合的新形式極為不支持，從不過問他們的工作，而且一再削弱專業隊的人力。專業工作隊剛下農村時，在開展毛主席著作學習中遇到一些困難，向王子野匯報，王竟說：「你們先不要管那些事，可以關在房子裏寫書嘛。」

＊十一月十日　《文匯報》發表姚文元同志的文章《評新編歷史劇〈海瑞罷官〉》，指出吳晗的《海瑞罷官》鼓吹「單幹風」，「翻案風」，是一株毒草，揭開了文化大革命的序幕。本月二十九日《解放軍報》轉載這篇文章，編者按語明確指出《海瑞罷官》是一株大毒草。三十日《人民日報》在「學術研究」欄轉載時，由彭真授意吳冷西、許立群、姚溱等起草了一個編者按。這個按語避開罷官的要害問題，故意作為學術問題來討論。對於姚文元同志這篇重要文章，文化部黨委遲到十二月十一日才發出官樣文章的通知，組織幹部討論有關《海瑞罷官》問題，但只提學術討論，根本不提階級鬥爭。

＊十一月十二日　許立群召集有關研究單位開會，我社也派員參加。會上許立群叫嚣，「上海發來了一篇批判吳晗的文章，也不同中央打一個招呼，吳晗還是北京市長呢！」王子野知道了會議情況後，也攻擊姚文元同志說：「姚，此人寫文章很濫，什麼都寫，寫不深。」並指著姚文元同志的文章的最後一段說，「沒有最後一段就好了。」當時《光明日報》有人曾向王子野組寫關於《海瑞罷官》的文章，王子野竟說：「姚文的後一部分講毒草，我思想上扭不過來，過一段時間再說。」後來，報社透露姚文是同「比中宣部更高的人」打過招呼的，王子野仍然不同意把《海瑞罷官》作為毒草來批判。

＊十一月十八日　林彪同志對中國人民解放軍一九六六年工作做重要指示，提出繼續突出政治的五項原則，強調指出：「活學活用毛主席著作，特別要在『用』字上狠下工夫，要把毛主席的話當作我們全軍各項工作的最高指示。」

＊十一月二十七日　石西民授意我社草擬了一份《關於〈毛澤東選集〉印製、發行工作的情況和改進意見》，

其中雖然反映了一些讀者迫切需要《毛澤東選集》的情況，但仍然限定在一九六六年只印一千萬部，並且規定了發行上的重重限制，還提出要「各級機關團體的領導同志，採取適當方式，向那些閱讀甲、乙種《選讀》即可能解決問題的同志進行思想工作，勸他們不要去訂購《選集》，以減輕對市場的衝擊。」

＊十一月三十日　王子野在社內傳達石西民有關一九六六年出版工作的「指示」。石西民絕口不提出版毛主席著作和宣傳毛澤東思想的問題，卻積極提倡必須「配合」「理論戰線工作」，出些關於「學術討論」的書。石説：「理論戰線的鬥爭是長期的，我們要有破有立」，「最近報刊對《海瑞罷官》的評價，引起學術界一場大辯論，理論戰線就活躍起來了。」在談到培養幹部時，他把毛澤東思想掛帥歪曲為：「通過主席著作學習運用在工作上，如選題、審稿，用主席思想來解決問題，以主席思想作為評判選題、書稿的標準。」在此前後，中宣部也大抓所謂「學術性」著作的出版，王子野命令總編室，把一九五八年以來出版「學術」著作的目錄上報中宣部，以示出版社對這項工作的一貫重視。

＊十一月　周揚在一次文科教材會議上講話，惡毒攻擊毛澤東思想，胡説在編教材時，「毛澤東思想不是數量問題，是觀點問題。教材中有幾根毛澤東思想的支柱就行，古的多些也不要緊。」他還針鋒相對地攻擊毛主席對文藝工作的批示説：「教科書中，古的多些，是需要的，這同舞台上帝王將相不一樣，不能説舞台上打倒了，書裏也不要。」「所謂批判，就是分析，不是打倒。打倒，文化從哪裏來？」

＊十二月二日　毛主席在對一個文件的批示中指出：「……那些不相信突出政治，對於突出政治表示陽奉陰違，而自己另外散布一套折衷主義（即機會主義）的人們，大家應當有所警惕。」

＊十二月四日　閻王殿科學處林澗清通知我社，已經組織《新建設》、《哲學研究》、《歷史研究》編輯部分別編輯了三本討論集，即《關於吳晗的〈海瑞罷官〉問題的討論》、《關於道德問題的討論》、《關於歷史人物評價等問題的討論》，要我社收稿後立即出書，並表示以後還要繼續編下去。這些書完全是根據彭真、周揚等把《海瑞罷官》的政治批判引入「純學術」討論的黑指示而編輯的，目的在於「混戰一場」。王子野稟承閻王殿的意旨，把這些書稿作為特急件處理，馬上組織力量突擊出書，要當時正在排印的主席著作單篇本及工農兵讀物讓路，從收到稿件到出書僅用六、七天時間。在《關於〈海瑞罷官〉問題討論集》中，林澗清把過去發表的、為吳晗提供理論基礎的星宇的《論「清官」》作為正面文章收了進去。周揚看了，大為讚揚，還送給陸定一看，陸說比姚文元同志的文章水平還高，並指示可以重新發表。這本書中不收《解放軍報》轉載姚文元同志文章時所加編者按語，只收《人民日報》的編者按語。當時有人提出為什麼不收其他幾家報紙的編者按語，林澗清回答：「周揚曾說《人民日報》編者按語是經過仔細推敲的，只用《人民日報》一家按語就可以了。」

＊同日　王子野批准寫信給中宣部，要求重印反革命修正主義分子黎澍編的《馬克思主義經典作家論歷史人物評價問題》。信中說明重印目的是為了配合「關於《海瑞罷官》問題的討論」，企圖把這場政治鬥爭引上學術討論的歧路。中宣部很快就批准重印四千五百冊，隨即在一九六六年一月出書。

＊十二月七日　王子野在國際組、政治組討論會上一再宣揚《海瑞罷官》不是毒草，清官比貪官好，對剝削階級的代表人物也要「一分為二」等謬論，胡說「一個階級不是鐵板一塊，所以要有階級分析，一分為二，對美國壟斷資本家也要分」，吹捧美國壟斷資本家也有肯定的一面。當有的同志說：「《海瑞罷官》是毒草，主要是它借古諷今」，王子野說：「階級觀點的錯誤，不能說成毒草。」有的同志反駁他說：「宣揚階級調和就是

毒草。」王竟說：「六條標準哪條有階級調和？」「吳（指吳晗）也要發言，否則不好討論。」

＊十二月二十一日　毛主席在杭州和陳伯達以及戚本禹、艾思奇等同志談話，指出：「戚本禹的文章（指《為革命而研究歷史》）很好，我看了三遍，缺點是沒有點名。姚文元的文章也很好，對『戲劇界、歷史界、哲學界震動很大，缺點是沒有擊中要害。《海瑞罷官》的要害是罷官，嘉靖罷了海瑞的官，我們也罷了彭德懷的官，彭德懷就是海瑞。』」彭真、陸定一一夥一直把主席這一重要指示隱瞞了起來。二十二日，毛主席同康生、楊成武等同志談話時，再次強調要害是罷官問題。彭真立即辯解說，「我們經過調查，發現吳晗同彭德懷沒有什麼組織聯繫」，以此掩蓋吳晗的反黨反社會主義的政治問題。

＊十二月二十二日　石西民在討論年畫、連環畫工作的會議上講話。他把《海瑞罷官》問題說成是「兩種思想的鬥爭」，是「以階級調和論來代替階級鬥爭，以歷史唯心主義代替歷史唯物主義」，根本不提政治要害問題。還說《紅燈記》《沙家浜》都不能出口到緬甸去。我社曾派員去聽了這個講話。

＊十二月二十三日　王子野到吳晗擔任校長的中華函授學校去講毛主席的《反對黨八股》。他別有用心地說：「如果沒有調查研究，如果亂扣帽子，這些都是黨八股的表現」。這顯然是影射姚文元同志。

＊十二月二十七日　王子野在《光明日報》發表《誰是歷史的主人？》一文，對吳晗假批判，真包庇，迴避要害問題，把政治鬥爭引向學術討論。這株毒草，王子野事先送石西民、黎澍看過，並照他們的意見做了修改。北京出版社為搞混戰、替吳晗開脫罪責而編印的文集《〈海瑞罷官〉代表一種什麼樣的社會思潮》中，也收入了這篇東西。二月十八日吳晗在民盟北京市常委會第一次檢查中，曾搬用了王子野向他提供的救命稻草，

承認「歷史的主人是人民群眾而不是帝王將相。我的這些論點完全違背了馬列主義的根本原則」，而對自己反黨反社會主義的要害問題拒不檢查。

＊同日　吳晗的《關於〈海瑞罷官〉的自我批評》在《北京日報》發表。之後有報社打電話約王子野寫批駁文章，並提出說「康老認為批判吳晗的要害是罷官問題」。王子野拒絕寫，認為吳晗檢討一點比不檢討好，「微小進步」也要歡迎。

＊十二月　毛主席再次指示：「馬列主義經典著作，不但要寫序言，還要做註釋」。

＊本年　社內許多同志曾經建議適當提高內部發行的反面讀物的定價，而王子野則認為：「定價要低一些。買這些書的人都是經常要買書的，貴了他們負擔不起。」這同王子野多年來竭力提高大量發行的政治書籍（包括反修文件）以及發往農村的圖書的定價，恰成鮮明對照。

一九六六年

＊一月十日　在學習毛主席著作高潮聲中，黨委辦公室印發《華北局宣傳部關於地委、縣委級幹部選讀馬恩列斯著作目錄》，要編輯幹部在規劃馬、恩、列、斯著作學習時參考，並說明「希望大家在今年訂學習毛主席著作學習計劃的同時，根據自己的具體情況，再訂一個學習馬恩列斯著作的計劃」。「行政、出版部門的同志，如果有條件也可選讀幾本」。

＊一月二十日　包之靜、陳道稟承彭真、許立群的意志，召集人民、作家、北京出版社的負責人布置重印吳晗的《燈下集》等大毒草，每種印五千冊，不許改動，不准加印批判序言和重印說明，連扉頁、版權上的出版日期都不許改動，仍用上次印刷時間。王子野會後要出版部「趕快照辦」。

＊一月　《解放軍報》闢「小課堂」專欄，刊載了許多輔導學習毛主席著作的文章，政治組同志聽到這一消息後馬上進行聯繫，報社同志也支持出書，可是王子野卻胡說什麼「不能提倡膚淺」，「這樣的書不能像六十四開本的小書那樣隨便出，得注意質量」，竭力阻攔編印成書出版。

＊同月　《新華月報》編輯組擬以整面篇幅，刊登毛主席為我國人民廣播事業創辦二十週年的題詞，王子野

卻說：「用不著大，作為資料收集，小些也可以，用了就行了。」結果只用了四分之一篇幅，而且插在文內。

＊二月七日　《人民日報》轉來浙江台州地委黨校胡家賓的稿件，批評胡繩所著《棗下論叢》中宣揚階級鬥爭熄滅謬論，王子野和范用竟將原信轉給胡繩。胡在三月十六日給王子野寫了一封覆信，竭力為自己辯解，說什麼這些對他來說「都有一個認識過程」，並授意這樣答覆讀者：「作者感謝他的批評，並在修改中考慮了他的批語意見」。後來王、范果真照此覆信，包庇了胡繩過關。

＊二月十二日　彭真在劉少奇支持下炮製的反革命《匯報提綱》盜用中央名義發到全黨。十八日許立群和胡繩召集北京學術界和報刊負責人開會傳達這個提綱。王子野被許指定為第四分組（所謂「作家組」）的召集人之一。許、胡在傳達時，根本不講毛主席指示，一味宣揚彭真的黑貨。王子野在討論時也大放厥詞，肆意放毒。他在二十一日會上對左派的文章大肆攻擊說：「正面文章總的說來是好的，但是不是有問題，有缺點，也就一分為二，有分析。不會百分之百的好。有沒有簡單化、扣帽子的問題？合適不合適？」「應該旗幟鮮明，但不能說調子越高越好。毒草、反黨反社會主義都是一頂帽子，究竟戴什麼帽子，最好是他自己戴。」「姚文元文章一開始就戴，大家議論紛紛。」又說，對政治問題「不要說得太死，不要講得活靈活現，沒有留下餘地」。二十四日，王子野又故意把吳晗的反黨反社會主義扯到動機效果問題上去，還說：「清官海瑞怎麼看，還涉及英主和暴君怎麼看，要有一個正確的歷史觀。」他還大肆叫嚷現在「放」得不夠，說什麼「反面文章……答覆太早了會影響『放』。現在『放』得不夠，年輕的放了，年老的還未放，像『權威』（如馮友蘭等）讓他們出來講……」。

＊二月十八日　中宣部科學處林澗青向我社編輯同志說：「去年十二月出版內部發行的三本討論集，有傾向性，不好，不再續出；現在重新按問題多編幾本，不分類，以發表時間為序，公開發行，以利討論。關於編輯工作由你們負責。無論正面反面，只要有一定的代表性，均予收入。」顯然，閻王殿要編這些書的罪惡目的就是要造成一場「混戰」。此前一日，歷史研究所已送來《中國封建社會農民戰爭問題討論集》等三本討論集的目錄，同時轉述了閻王殿的這些大體相同的意見。閻王殿的這些「指示」下達後，王子野命令火速照辦。這幾種討論集在編選過程中，閻王殿又一再通過王子野交代要擴充選材範圍，還特別指名要收入某些大毒草。如三月二十四日龔育之說：「《海瑞罷官問題討論集》選的文章太少，應當放寬，只要有一點獨到的看法都收進去。」「《北京日報》上發表的一篇向陽生寫的《從〈海瑞罷官〉談到道德繼承論》，就是有代表性的看法，在我們印象裏比較有特點，應當收入。」四月四日和六日，龔又說：「《海瑞罷官問題討論集》仍選得不夠寬，一些有代表性的文章仍未收入。」「《文匯報》《歡迎破門而出》和揭露吳晗和胡適關係的文章應收入；原目錄中罵人的文章應去掉。」所謂「罵人的文章」，顯然指左派的批判政治要害問題的文章。四月九日龔又應王子野請求，寄來《海瑞罷官問題討論集》補充文章的篇目，計有三十篇之多（參見本年四月十八日大事記）。

＊二月　許立群等人布置編譯局查波克羅夫斯基著作目錄，隨後要我社趕譯波的《俄國史概要》，說這些都是為了「給研究打破王朝體系、歷史主義問題提供材料」。案：波克羅夫斯基是遭到史達林尖銳批判、而後赫魯曉夫又竭力為之翻案的修正主義歷史家，他除了從右的方面歪曲歷史外，還曾經從極左方面虛偽地提出過寫歷史不用王朝名號等問題。許立群之流在這時提出趕譯這本書，顯然是為了利用波的材料打擊革命左派，用心十分險惡。王子野在接到這些布置以後，立即遵照執行，並作為重要任務向文化部做了匯報。

＊同月　《縣委書記的榜樣焦裕祿》出版。此書只出版了六十四開本小冊子，書店反映，這樣偉大的事跡只出版小本子，政治影響不好，建議出版大開本。王子野卻推託說「事跡還需要全」，「等發表齊了再出大本子」。後來書店又來催促出版大本子出口，因為王曾規定小本子不能出口，王子野卻說：「翻來覆去總歸就是那麼些事情，大家輪著出版，完全是重複、浪費。『文學』已經出了，我們何必再去重複呢？」始終拒不出版此書大開本。

＊同月　王子野在收到有關談建華的材料後，立即要編輯組編成《一顆紅心向著黨——談建華日記摘抄》，以急件排印，僅用六天時間就出版了一百三十萬冊。他自己還親自指導設計，幾次跑書店、樣本組詢問發行情況。王子野竭力刁難、抵制出版有關雷鋒、焦裕祿、麥賢得的書籍，而對所謂談建華事跡卻大肆宣揚，妄圖用學習談建華來代替學習雷鋒等同志。

＊同月　宣揚修正主義分子周明山事跡的《毛澤東思想是一切的綱——周明山同志談南柳大隊黨支部工作經驗》一書出籠。這本書中所謂的「經驗」，都是陶魯笳幫助「總結」出來的。由王子野批准組稿和發稿。

＊同月　《中國近代人物論叢》即將發行的時候，編輯同志根據姚文元同志《評新編歷史劇〈海瑞罷官〉》一文的精神，發現這本書中大肆吹噓林則徐，稱林為「近代中國第一位偉大的愛國主義者」、「林青天」、「為民請命」的「好官」等等，建議加以處理。王子野不僅仍然認為此書應該公開發行，而且根本不支持編輯對此文的正確看法。他說：「統觀全文，總的來說，沒有什麼大問題，因為作者對林既有肯定一面，也有批判一面，特別著重批判了林的報君恩思想的階級本質。」

＊三月五日　在全國大規模開展學習焦裕祿運動的時候，陳翰伯派人來各出版社傳達蕭望東、石西民對出版宣傳焦裕祿事跡的書籍意見。他們強調要注意「精」，說「在宣傳的初期，編選出版一些書配合學習是有必要的，到今天這個階段了，編選要更精一些」，實際上是限制出版宣傳先進人物的書籍。

＊三月九日　許立群召集北京各報刊負責人等開會，王子野參加。許立群、胡繩傳達「學術批判辦公室」的決定說：「從即日起各報刊按《提綱》組稿，不需要『五人小組』審查，文責自負，只需送一份清樣備查」，還強調在左派之間進行爭論。他們企圖挑起混戰，瓦解左派隊伍。

＊三月上旬　王子野在社內組織傳達《匯報提綱》，黨員組長一級等幹部十一人參加。他在三月四日第一次會上，吹噓反動提綱「既總結了過去，也對將來如何做做了指示」。說什麼「社會主義革命要能徹底，在政治經濟方面我們有了辦法，文化藝術領域中還沒有一套辦法。學術領域中進行這場大辯論，對它的意義我們要提得很高，比以往任何時候都高」。「現在的方針是『放』」。「時漢人的文章很多人是同意的，吳晗說他就像時漢人說的那樣，並不是主觀上要反黨。」他還竭力宣揚方求的假批判文章，說這些文章「比姚文元的文章有說服力」。「吳晗的問題不是歷史人物評價問題，而是一部歷史誰是主人的問題，這是他的歷史觀的精華」。「……不能把歷史上的人都說成壞人」。

三月四日，王子野再次就「放」的問題大發謬論，並對與會幹部施加壓力。他說：「目前大家都怕出亂子，有消極因素。我們究竟『放』得如何？……好多書都有問題，如果都要領導負責，他們如何受得了……學術問題要放開來。」「現在最迫切的問題，是寫歷史如何寫？作家摸不清方向，不敢寫，我們不敢出。」「對吳晗的反黨説得寬些，不要講死，不要過分強調他主觀反黨，好像和特務商量過似的，他反黨是階級本能，是世界觀沒有改造的必然結果。」

在三月八日的會上，王子野除了繼續宣揚「『放』的方針是學術領域的根本性問題」，「放是一切工作的好方法」以外，還特別把反動提綱同出版社的工作聯繫起來，妄圖把出版社的工作更進一步地引向反動提綱的軌道。他說：「提綱上特別強調要使人家認識到在真理面前人人平等，不能用學閥的辦法」，「我們應該檢查對作家對編輯是否有允許鳴放的風度。我們應造成適合鳴放的氣候。出版社搞得作家不敢登門，有問題怕犯錯誤，怕講錯話，好文章就放不出來。」「我們要在組內同志中討論《講話》中關於『放』的方針。」「現在的問題是不敢『放』。學術著作要抓一下，要出書。還要找專家寫書，要兩手抓，要『放』。『放』還要用在內部的思想改造上。我們內部也不敢講話嘛！」

＊三月十七—二十日　毛主席在中央政治局常委會上指出：我們在解放以後，對知識分子實行包下來的政策，有利也有弊，現在許多文化部門被資產階級知識分子掌握著實權。社會主義革命越深入，他們越抵抗，就越暴露出他們的反黨反社會主義的面目。吳晗、翦伯贊等人是共產黨，也反共，實際上是國民黨……各地都要注意學校、報紙、刊物、出版社掌握在什麼人手裏，要對資產階級學術權威進行切實的批判。我們要培養自己年輕的學術權威，不要怕年輕人犯「王法」。不要扣壓他們的稿件。中宣部不要成為農村工作部（案：農村工作部於一九六二年被解散）。

＊三月二十八—三十日　毛主席同康生同志等談話批評彭真的《二月提綱》混淆階級界限，不分是非，是錯

誤的。毛主席說，一九六二年十中全會做出了進行階級鬥爭的決議，為什麼吳晗寫了那麼多反動文章，中宣部都不要打招呼，而發姚文元的文章卻偏偏要跟中宣部打招呼呢？難道中央的決議不算數嗎？毛主席指出，扣押左派稿件，包庇反共知識分子的人是「大學閥」，中宣部是閻王殿。要「打倒閻王，解放小鬼」。毛主席說，「我歷來主張，凡中央機關做壞事，我就號召地方造反，向中央進攻，各地多出些孫悟空，大鬧天宮。去年九月會議，我問各地同志，中央出了修正主義，你們怎麼辦？很可能出，這是最危險的。」毛主席要求支持左派，建立隊伍，進行文化大革命。他批評彭真、中宣部、北京市委包庇壞人，壓制左派，不准革命；如果再包庇壞人，中宣部要解散，北京市委要解散，「五人小組」要解散。

＊三月下旬　王子野向石西民匯報《二月提綱》傳達會議情況，特別強調許立群提出要「放」的問題。石西民說，「文化部單位看來也放得不夠，要抓一抓『放』。」

＊三月　王子野將已出的若干種六十四開宣傳活學活用毛主席著作的讀物的出版、發行情況向石西民匯報，藉此邀功和粉飾現狀。石西民看了匯報後表示「祝賀」，同時向王出謀獻策，要他「動員起來打幾個殲滅戰」，以此掩飾人民出版社的嚴重問題。四月二十五日和五月三日，社內討論石的意見，當時不少同志提出我社方向有問題，表示決心要為工農兵服務，要求下鄉下廠。

＊同月　黎澍為了替吳晗打掩護，突然提出《歷史研究》今年第一期要壓縮篇幅，砍掉一半。范用積極照辦，並特意向出版部門的同志解釋說：「當前學術爭論，很難發表文章，比如『清官』問題吧，各說各有理，硬說『清官』比『貪官』還壞，說不服人。《歷史研究》確有難處，就同意他們減少篇幅吧。」這一變動，政治上為

反革命效勞，經濟上也使我社損失一萬多元。此事剛過一個月，由於革命形勢所迫，黎澍為了包庇吳晗，為他辯護，突然來了個一百八十度的大轉彎，把這場鬥爭引到「學術爭論」上去，親自跑來我社大談什麼「要跟上形勢」，又決定要把《歷史研究》從雙月刊立即改為月刊。范用則積極配合，閉口不談前不久縮減篇幅之事，反而嫌出版太慢。范用和黎澍還大肆吹噓他們以前(三十年代、四十年代)辦刊物如何如何快，一星期出一期，字數比現在還多。《歷史研究》改月刊後，第三期就拋出《評註吳晗與胡適的通信》等毒箭。

＊同月　蕭望東召開文化部黨委擴大會議，名義上是討論「突出政治」，實際上是根據資產階級司令部的部署，進一步貫徹《二月提綱》，破壞無產階級文化大革命。蕭望東在會上還無恥地吹噓文化部假整風，說這是「延安文藝整風在新的歷史條件下的繼續」。他吹噓自己上台後的一年，是什麼「突出政治、高舉毛澤東思想偉大紅旗、貫徹黨的文藝方向的一年」。蕭望東還竭力鼓吹「堅決採取『放』的方針」，繼續把一場嚴重的政治鬥爭引入所謂「純學術」討論的死胡同。

＊四月三日　彭真偷偷地把未經中央正式批發的《林彪同志委託江青同志召開的部隊文藝工作座談會紀要》送給許立群和林默涵。林默涵歪曲和剽竊《紀要》的內容，搶先在全國創作會議上做「報告」，撈取政治資本，對抗毛主席的革命文藝路線。四月二十八日，王子野、范用組織許覺民在一部分黨員幹部中傳達了這個報告。

＊四月七日　王子野召集社內有關部門開會，研究和布置突擊出版中宣部科學處二月十八日所布置的七個討論集（共約二百四十萬字），力求盡快地配合閻王殿「打一場混戰」的黑任務。會上提出：「在確保幾種書之外，其他排校工作暫停，突擊七個討論集，如有需要晝夜下廠工作，從四月十一日起，爭取每星期出版一本，七星

期出完。」當時出版部正在突擊排校的五十幾種毛著單行本的製型任務，因而未能及時完成。

＊四月十日　中央批發了《林彪同志委託江青同志召開的部隊文藝工作座談會紀要》。十八日，《解放軍報》根據《紀要》的精神發表社論《高舉毛澤東思想偉大紅旗，積極參加社會主義文化大革命》，第一次公開揭露、批判了文藝黑線，指出「一個社會主義文化大革命的群眾運動正在興起」。閻王殿妄圖挑起學術界大混戰的陰謀破產了。

＊四月初　王子野在黨委擴大會議上做「檢查」，千方百計掩蓋自己的問題的實質，胡說錯誤的「根子在於驕傲」，「沒有徹底革命的決心」，「聽了同志們的批評，思想上發生了劇烈的鬥爭，又帶著問題學習毛主席的語錄，思想上開始有點通了。我的民主作風一貫不夠，每年檢查，始終沒改。為什麼民主作風不夠？根子在驕傲。我的驕傲自滿是到處流露的，經常高人一等的想法，所以不能聽進別人的意見。把過去沒有犯過大錯誤也當作包袱背上，怎麼得了？我快滿五十歲了，後半輩子怎麼辦？晚節能不能保得住？必須要考慮這個問題」。

＊四月十六日　毛主席親自召集政治局常委擴大會議批判彭真的反黨罪行，決定撤銷《匯報提綱》，撤銷原來的「文化革命五人小組」，設立新的文化革命小組。

＊四月十八日　《紀要》批發後，閻王殿見勢不妙，妄圖喬裝打扮逃避罪責。林澗青於本日給王子野來信說：「關於《海瑞罷官》等問題討論集，在當前學術批判發展的形勢下，原來的編選方法是否適當，看來需要重新認真考慮」；並提出「文章的挑選、編排次序與形式，以至出版說明，是否都應該有明確的政治傾向？此事請你斟酌，並請問文化部黨委解決」。此外，林還建議：「出一本批判的書，搞幾篇好文章，不要太多，讓

廣大的幹部學習」，妄圖用這辦法來迷惑群眾。王子野表示「可以考慮」。這本書擬名為《吳晗反黨反社會主義言論批判》。他們原來商定還要收入方求的假批判文章《〈海瑞罷官〉代表一種什麼社會思潮》，但由於文中關於清官問題的反動論點已受批判，照樣收進去太露骨，決定由林澗青和作者聯繫寫一附記。龔育之在四月二十五日交來附記，處理此書稿的編輯加以抵制，他們才不得不同意不選方求的文章。直到五月十七日，即中央《五一六通知》發出後，這一夥反革命修正主義分子知道大勢已去，才決定不出版這本書。

＊四月二十三日　王子野打著貫徹文化部黨委擴大會議精神的招牌，向全社同志做《關於本社領導問題的初步檢查》。他在檢查中根本迴避出版方向路線問題，而胡說什麼現在的主要問題是「黨委成員精神狀態沒有革命化」，「沒有抓政治思想工作」，「政治與業務關係沒有擺對頭」，自己「不民主」，「驕傲自滿」，避重就輕，妄想蒙混過關。

＊四月　我社和中國印刷公司的同志為了督促各地完成一九六六年重印五百萬部《毛選》的任務，曾兩次派人對十個省市進行檢查。對這一重大事情，王子野竟不加過問，只是由出去檢查的同志向出版局做了一次口頭匯報了事，什麼問題也沒解決。

＊同月　《哲學研究》雜誌編輯部編選的《對立統一規律一百例》在我社出版。王子野作為《哲學研究》編委，早就知道這本書在編選中，但他始終不感興趣，拒絕出版，遂由《哲學研究》編輯部改交上海人民出版社出版。後來由於廣大讀者要求和社內革命群眾的堅持，他迫於無奈，才不得已向上海人民出版社租型印製。

＊五月　翦伯贊在報上被點名批判後，著作組和總編室的同志都一致認為，不能再重印他的毒草《中國史綱

要》。但范用仍主張繼續重印，做秋季教材供應。有同志提出，如果要印，不能作為教材，只能供批判使用。范用卻說：「不但仍可做教材，而且還可以大出特出。批判不批判是學校的事。」還說：「你們不要以為受了批判就不出他的書。你們沒有好好研究中宣部文件的精神。」范甚至揚言要開會「討論」弄清這個問題，妄圖把同志們的意見壓下去。王子野明知教材辦公室是堅持要重印的，說「可以再問一下是哪個領導同志的意見，照他們的意見辦」。由於革命群眾的抵制，這本黑書的重印計劃終於沒有得逞。

＊五月四日　王子野向十七級以上黨員傳達顏金生關於學習《紀要》的黑指示。隨後，由黨委會出面，按蕭望東等人的部署，打著「把學習《紀要》同積極參加批判鬥爭結合起來」的幌子，成立了四個組，寫文章批判壞書、壞電影，竭力把鬥爭目標從揭發本社走資派引向批判壞書、壞電影。

＊五月六日　王子野在十七級以上黨員學習《紀要》討論會上做檢查。他竭力減輕和掩蓋自己的罪責，說他「喜歡接受以前文化部領導出的那些壞點子，當時不是覺得不合適，而是覺得很帶勁。困難時期的幾年，我們並沒有抵制那些壞點子，而且還做了他們的宣傳員，思想上、行動上都有錯誤」。他把人民出版社的黑線說成只是在一九五五年到五六年、一九六〇到六二年間才是「高峰」，並把自己打扮成在出版工作大躍進中有功勞的「英雄」。這個檢查在十七級以上黨員中根本沒有展開討論，接著就十六日向群眾做了傳達。王子野還在會上決定舉辦黑書展覽。

＊五月七日　黨委會決定由四個同志組成檢查組，第一項任務是舉辦黑書展覽，同時還要竭力為出版社的修正主義黑線找外因，實際上是幫助王子野等人開脫罪責，成了他們的工具。

＊五月十四日　王子野在我社二十級以上黨員討論顏金生、石西民報告的分組會上發言，竭力推卸自己把關於《海瑞罷官》的政治批判引向學術討論的罪責，說自己的問題只是受到外面的「影響」，是根據《人民日報》編者按的調子「寫了一篇文章」。又說：「我沒有水平看出這種意見（指《人民日報》編者按）是不對的，去和它唱對台戲。印把子在人家手裏。」

＊五月十四日　王子野在六日決定布置的黑書展覽開張。這個展覽的許多內容是按照王六日的假檢查的調子布置的，根本沒有體現王子野統治下人民出版社的修正主義黑線的嚴重情況，但王對此仍感不滿，認為陳列的「學術」著作太多，以後不好辦了。陳翰伯等人參觀了這個展覽後，表示讚賞，並要檢查組同志把展覽內容寫成文字材料上報和存檔。

＊五月十六日　毛主席主持制定中共中央一九六六年五月十六日的《通知》。這個偉大的歷史文件，提出了無產階級文化大革命的理論、方針和政策，揭露了所謂「五人小組」的匯報提綱是違反中央和毛主席的文化革命路線的，粉碎了彭真反革命修正主義集團破壞無產階級文化大革命，妄圖實現資本主義復辟的陰謀，打亂了以中國的赫魯曉夫劉少奇為首的反革命修正主義陣線的陣腳，吹響了無產階級文化大革命的進軍號角。

附錄二

胡愈之：關於創議興辦「群言堂」的一封信

起孟同志：

實在擠不出時間，又倦怠，還是先來一個筆談吧。

民主黨派愛國人士今後要把工作重點放在為四化服務上。怎麼為四化服務，我有一個想法，就是要搞：

一、廣開言路，

二、廣開才路，

三、廣開財路。

前面兩條不必多說了。民主黨派要多發些議論才好，其中也確有一批人才，可挖掘潛力。但是廣開財路比前二者更重要。我們國家很窮，要辦事沒有錢不成。海外華僑，香港台灣浮財多，能通過民建、工商聯，以及贊成社會主義的愛國者，從外面找些資金，引進先進設備和技術，要比吸引外資可靠得多。這一條如做不到，廣開言路，廣開才路，不過是一句空話。

我想應該把民主黨以及其他愛國人士的財力、物力、智力集合起來，搞出一種新型的集體經濟，集體所有，出力、出錢、出知識的，作為社員，自負盈虧，按勞分配，不向國家伸手，而能幫助國營經濟的發展。先從小規模做起，但是從生產到經營管理必須是相當先進的。（決不能搞官僚主義！）目前可以先從出版印刷事業着手。我以前曾說過，可以辦一個大型綜合性的雜誌《群言堂》。「群言堂」可以作為一塊招牌。可以辦一個雜誌，也可以搞出版、印刷、裝訂。現在國營的出版業，因技術落後，物資缺乏，遠不能滿足群眾的需要。實際上出版印刷事業是最賺錢的。要是有一點外資，可以從香港、日本引用一些先進的裝備，外資可以作為貸款，也可以採用公私合營的方式。民主黨派中有不少人可以著書立說，也有不少人長於經營管理。搞集體經濟，不受官僚主義的束縛，並且可以支持國營經濟，我想是會得到黨的許可的。

做這樣的事，只有你登高一呼，才有辦法。當然應該先搞一個籌備機構，進行調查研究，訂出計劃，才像一個「群言堂」。我已衰老，力不從心，只能追隨在你的屁股後面，出些點子，除此以外，是無能為力了。

先寫這一點。如你不贊成，只好作為罷論。否則在開完大會以後再當面商量如何。

敬禮！

胡愈之

六月十八日

附：建立「群言堂產銷合作社」的初步設想（供討論用）

㈠　毛主席教導我們：要搞群言堂，不要搞一言堂。當前一切工作重點要轉移到四化，要發揚民主，宣傳法制，普及科學文化知識，全國人民需要大量的精神食糧，僅憑國營的出版、印刷、發行事業，還不能滿足需要。因此，建議創辦「群言堂」產銷合作社，編輯、出版、印刷、發行當前最迫切需要而又為國營出版機關所不能供應的書刊及其他印刷品。產品主要用於內銷，但亦可外銷一部分，以換取外匯。

㈡　群言堂如經中共批准試辦，將是一種新穎的集體經濟（類似南斯拉夫的工業自治體）。生產資料為參加體力和腦力勞動的職工集體所有。職工各盡所能，按勞分配。合作社自負盈虧，不向國家要錢。每年結算盈餘，除用作稅收、職工獎金福利費外，作為擴大再生產的資金。創辦五年至十年，基礎鞏固後，每年應以盈餘一部分上繳國家。

㈢　暫時假定第一期資金為人民幣一百萬元。其中外匯資金（用以向國外引進先進設備及技術）大約佔五分之四，其餘五分之一用作租建廠房及必要的開辦費。資金來源一部分為各民主派、工商聯及成員所籌集的股份，另一部分則為貸款。股份和貸款一律給予年息五厘。貸款應規定期限付還本息。外匯貸款以外銷圖書款分期補償之。

㈣ 按目前國內印刷刊物圖書的淨成本（包含編輯費、稿費、印工及機器設備折舊費）約為定價的百分之二十五。如按外銷市場價格計算，成本可能只佔百分之十到百分之十五。如進行科學經營管理，在一年內收回全部資金是有可能的。這一類型的集體經濟，如試驗成功，可推廣到其他企業。它也是對國營經濟的補充，並且可以很快提高生產率。

胡愈之

一九七九年六月二十九日

說明：據胡愈之《出版文集》（中國書籍出版社，一九九八），第三百五十七至三百六十頁排印。

附錄四

沈昌文生平及相關歷史、出版大事年表

個人大事	年歲		政治及社會事件	出版政策及相關重要事件	出版相關的人
一九三一年九月二十六日，在上海出生。		一九三一	一九三一年九月十八日，日軍侵瀋陽，史稱「九一八事變」。		
	1歲	一九三二			
	2歲	一九三三			
	3歲	一九三四			
	4歲	一九三五			
	5歲	一九三六			
一九三七年九月，用假名「王昌文」進上海工部局辦北區小學學習。	6歲	一九三七	一九三七年八月十三日，日軍大舉進攻上海。		
	7歲	一九三八			

8歲	一九三九				
9歲	一九四〇				
10歲	一九四一				
11歲	一九四二		一九四二年十二月八日，「珍珠港事件」爆發，同時日軍全面佔領上海。		
12歲	一九四三				
13歲	一九四四	一九四四年九月，小學畢業，考入上海工部局辦育才中學學習。			
14歲	一九四五	一九四五年三月，輟學入上海西門路老寶盛銀樓爲學徒。	一九四五年八月，日本宣佈投降。		
15歲	一九四六				
16歲	一九四七		蔣經國「打老虎」		

一九四八	17歲	一九四八年九月，考入上海市立職業學校電訊班學習無線電收發報（夜班）。		一九四八年十一月，生活書店、讀書出版社、新知書店三家合併爲「生活・讀書・新知三聯書店」。	
一九四九	18歲	一九四九年九月，考入上海民治新聞專科學校採訪系（夜班）。	一九四九年十月，中華人民共和國誕生。		
一九五〇	19歲		一九五〇年三月，提出「嚴厲鎮壓反革命分子」。七月，開始「鎮反」運動。八月，開始「抗美援朝」。	一九五〇年十二月一日，人民出版社在北京成立。	一九五〇年十二月，胡繩兼任人民出版社社長，華應申任副社長兼總經理，王子野任副社長兼總編輯。
一九五一	20歲	一九五一年三月，考入人民出版社（北京）校對科爲校對員，來北京。	一九五一年十一月，開始文藝界整風運動。	一九五一年五月二十日，《人民日報》發表社論：《應當重視電影「武訓傳」的討論》，六月十日，又刊出文章《出版工作者應該認眞參加「武訓傳」的討論》，號召出版界	

	批判電影「武訓傳」和《武訓傳》、《武訓畫傳》、《千古奇丐》三本書，由此開始了一九四九年以後的文化大批判。八月，「生活·讀書·新知三聯書店」撤銷，併入人民出版社，成爲「副牌」。十月，《毛澤東選集》第一卷出版。				
一九五二年五月，陳原任國際書店副經理。	一九五二年九月，撤銷世界知識出版社，併入人民出版社（一九五七年一月又分出獨立）。	一九五二年一月，開始「三反五反」運動。二月，天津市領導劉青山、張子善被處死刑。	一九五二	21歲	
		一九五三年九月，公佈「過渡時期總路線」，提出社會主義建設和生產資料所有制的社會主義改造同時併舉。	一九五三	22歲	患肺結核，去上海認識蔣維喬學氣功。

一九五四年四月，陳原兼任人民出版社三聯編輯室主任。七月，自廣東調曾彥修來北京任人民出版社主要領導人。	一九五四年四月九日，中共中央批轉中央宣傳部《關於改進人民出版社工作狀況的報告》，提出六條意見和辦法。此前一月，人民出版社已在內部成立三聯書店編輯部，以擴大出書範圍。十一月，人民出版社開始提出「打開大門，團結社會力量是辦好出版社的關鍵」口號。	一九五四年十月，毛澤東寫信支持李希凡、藍翎著文批判俞平伯的《紅樓夢研究》。不久，由此擴展爲對胡適思想的全面批判。	一九五四	23歲	一九五四年八月，調入人民出版社總編室，任社領導秘書。
	一九五五年五月，文化部出版事業管理局編印的書評刊物《讀書月報》創刊。一九五八年此刊改名爲《讀書》，一九六〇年停刊。	一九五五年一月，中宣部提出《關於開展批判胡風思想的報告》，五月以後，大規模清查「胡風反革命集團」。	一九五五	24歲	
		一九五六年五月，毛澤東倡導「百家爭鳴」和「百花齊放」方針。	一九五六	25歲	
一九五七年十一月，陳原任文化部出版局副局長。	一九五七年七月，開始實行基本稿酬加印數稿酬的稿費辦法。	一九五七年二月，毛澤東提出「正確處理人民內部矛盾」。四月，中共中央	一九五七	26歲	

	一九五八年一月，通俗讀物出版社併入人民出版社。人民出版社辦公地址由東總布胡同十號遷至朝陽門內大街一百六十六號。九月，上海建議稿費一律減半支付，十月一日起全國實行。十月，文化部規定各出版社必須大煉鋼鐵。
發出《關於整風運動的指示》，展開全黨整風運動。六月，文藝界開始批判「丁玲、陳企霞反黨集團」；傳媒界開始批判《文匯報》。八月，中共中央發指示要求全面反擊「右派分子」的進攻。十月，公佈反右鬥爭幾個月來，中央國家機關共發現右派分子約五千名。十一月，國務院通過《漢語拼音方案》。	一九五八年五月，中共八大二次會議提出中國正處於「一天等於二十年」的時期，目標是「七年超英，十五年趕美」。同時，又提出批判南斯拉夫「現代修正主義」。十月，全國農村基本實現人民公社化。
	一九五八
	27歲
	一九五八年十月，奉調加入人民出版社後院煉鋼隊。

	28歲	一九五九	一九五九年七月，召開廬山會議，展開反右傾運動。	一九五九年九月，人民出版社開始黨內「反右傾」鬥爭。	
一九六〇年四月，出席文化部群英大會。七月，批准加入中國共產黨，爲預備黨員。	29歲	一九六〇			
一九六一年初，奉調去河北高碑店從事「整社」活動。	30歲	一九六一	一九六一年十二月，發佈《簡化字總表》，共計一千九百一十四字。		一九六一年五月，胡愈之倡議出版《知識叢書》，到一九六五年共出版六十五種。
一九六二年一月，與白曼頤女士結婚。	31歲	一九六二	一九六二年一月，中共中央召開「七千人大會」，總結大躍進以來的經驗教訓。	一九六二年七月，李建彤小說《劉志丹》發表，後李被認爲「利用小說反黨」。	

		一九六三年五月，開始批判「有鬼無害」論。	一九六三	32歲	一九六三年一月，爲「反修」需要，借調到中宣部新設立的外國政治學術書籍編譯工作辦公室工作。
			一九六四	33歲	
	一九六五年十一月，廢除印數稿酬，再版不再付酬。		一九六五	34歲	一九六五年，到河南農村搞「四清」。
	一九六六年一月，稿酬再降近半。		一九六六	35歲	一九六六年八月，同事貼大字報嚴厲攻訐沈昌文。
	一九六七年一月，《人民日報》號召「革命造反派聯合起來，奪取出版大權」，各單位紛紛響應。		一九六七	36歲	
	一九六八年九月，由軍隊、工人組成的軍宣隊、工宣隊進駐人民出版社。		一九六八	37歲	

一九六九	38歲	一九六九年九月，下放湖北省咸寧文化部「五七幹校」，全家被迫遷至湖北咸寧農村。本人不久任十三連隊文書。			
一九七〇	39歲			一九七〇年三月，陳伯達指示人民出版社重印恩格斯《費爾巴哈與德國古典哲學的終結》，必須將普列漢諾夫的序言和註釋刪去，因爲其中有攻擊列寧的問題。	
一九七一	40歲	一九七一年初，本人及家屬先後自湖北咸寧奉調回京。回京後，在人民出版社歷史編輯室工作。		一九七一年五月，據有關部門發佈，文革中全國封存圖書八千種，近三億四千萬冊。	
一九七二	41歲				一九七二年六月，陳原任商務印書館負責人。

		一九七三年八月，中共中央批准《關於林彪反黨集團反革命罪行的審查報告》。	一九七三	42歲	
	一九七四年七月，國務院擬定法家著作註釋出版規劃。九月，《人民日報》號召學習上海人民出版社開展的以工農兵作者爲主體的「三結合」編輯工作方式。	一九七四年一月，全國掀起「批林批孔」運動。	一九七四	43歲	
		一九七五年九月，《人民日報》號召批判《水滸》的投降主義。	一九七五	44歲	一九七五年二月，再次下放到河北石家莊「五七幹校」勞動，下去後被任命爲政工組領導。
		一九七六年一月，周恩來逝世。四月，北京市民自發在天安門廣場集合，悼念周恩來。七月，唐山大地震。九月，毛澤東逝世。十月，逮捕「四人幫」。	一九七六	45歲	

	一九七七年十二月，召開全國出版工作座談會，爲粉碎「四人幫」後首次出版工作會議。		一九七七	46歲	
	一九七八年一月，國家出版局召集會議座談三聯書店的歷史，批判所謂「三十年代反動黑店」論。六月，中共中央批准出版《中國大百科全書》。	一九七八年四月，發佈《關於全部摘掉右派分子帽子的請示報告》。七月，全國掀起關於眞理標準的討論。十二月，中共十一屆三中全會召開，決定停止使用「階級鬥爭爲綱」等口號。	一九七八	47歲	一九七八年五月，被任命爲人民出版社翻譯著作編輯室副主任。
一九七九年一月，范用出版《新華文摘》雜誌創刊號。四月，陳翰伯、陳原、范用創辦《讀書》雜誌，創刊號發表李洪林〈讀書無禁區〉一文。六月，胡愈之致信孫起孟，提出建立	一九七九年二月，《天安門詩抄》正式出版。八月，中華書局和商務印書館恢復建制。	一九七九年一月，中美建交。理論工作務虛會①召開，胡耀邦號召進一步解放思想。	一九七九	48歲	

「群言堂出版產銷合作社」的構想。					
			一九八〇	49歲	一九八〇年三月，人民出版社內增設「三聯編輯室」，被任命爲主任兼《讀書》雜誌負責人。
一九八一年一月，范用提出恢復《生活》雜誌，試刊號問世。四月，老出版家、《讀書》執行主編史枚去世。	一九八一年四月，白樺著《苦戀》受批，認爲違反四項基本原則。	一九八一年六月，中共十一屆六中全會通過《關於建國以來黨的若干歷史問題的決議》，重新評價了毛澤東的歷史地位。	一九八一	50歲	
	一九八二年十二月，召開全國出版工作座談會。同時，人民出版社決定建立「三聯書店編輯部」，以爲「其逐步成爲一個獨立的出版機構創造條件」。		一九八二	51歲	

一九八三	52歲	一九八三年三月，文化部通知，授予沈昌文副編審職稱。四月，文化部黨組通知，任命沈昌文爲三聯書店副總編輯（兼三聯圖書編輯室主任）。	一九八三年十月，鄧小平指出必須反對和抵制「精神污染」。		
一九八四	53歲	一九八四年六月，始辦「讀書服務日」活動，每月二十五日舉行。	一九八四年一月，胡喬木發表文章掀起關於人道主義的論爭。		一九八四年，陳原任語言文字改革委員會副主任。
一九八五	54歲	一九八五年十二月，被任命爲三聯書店總經理。		一九八五年五月，文化部批覆三聯書店籌備處報告，同意恢復三聯書店的建制。其後，又同意人民出版社另設副牌：東方出版社。六月，文化部限制出版「新武俠小說」。	一九八五年十月，因范用主張三聯書店恢復建制後實行「自治」等原因，被指定「離休」。
一九八六	55歲				一九八六年一月，胡愈之去世。

一九八七年十一月，陳原任國家語言文字委員會主任。	一九八七年一月，實施「中國標準書號」制度。四月，創立「韜奮出版獎」，十人獲獎。	一九八七年六月，《人民日報》提出，「旗幟鮮明地反對資產階級自由化」。十月，中共十三大正式提出「一個中心、兩個基本點」的基本路線。	一九八七	56歲	
一九八八年八月，陳翰伯去世。	一九八八年一月，《讀書》印數增至近十五萬冊。四月，頒佈「出版管理條例」，明確出版社必須由事業單位改爲企業。		一九八八	57歲	
	一九八九年二月，新聞出版署發出文件，嚴禁以書號出刊。四月，上海《世界經濟導報》因言論激進，遭停刊處分。六月，新聞出版署致信中共中央和國務院，擁護平息暴亂。七月，《讀書》雜誌停出六月號，改爲六、七月合刊。印數劇降至六萬冊。	一九八九年一月，方勵之致函鄧小平，要求釋放「政治犯」。四月，胡耀邦逝世。不久，學生上街悼念。五月，北京部分地區實行戒嚴。	一九八九	58歲	一九八九年五月，開始出版台灣漫畫家蔡志忠著作。

一九九〇	59歲			一九九〇年七月，國家版權局通知提高書籍稿酬。	
一九九一	60歲				
一九九二	61歲	一九九二年十二月，退居二線，不再擔任三聯書店總經理。		一九九二年一月，《讀書》印數又升至十四萬冊。	
一九九三	62歲			一九九三年十月，新聞出版署一再禁止買賣書號。	
一九九四	63歲	一九九四年六月，建議創辦《三聯生活週刊》。		一九九四年六月，新聞出版署發文再次強調加強圖書審讀工作。	一九九四年二月，國家出版委員會主任王子野去世。
一九九五	64歲	一九九五年十二月三十一日，從三聯書店退休。			
一九九六	65歲	一九九六年，開始與遼寧教育出版社俞曉群結盟，陸續組織出版《萬象》雜誌、《新世紀萬			

		有文庫》、《書趣文叢》、《呂叔湘全集》等。			
一九九七	66歲			一九九七年一月，國務院發佈《出版管理條例》是建國後第一個比較全面系統的有關出版管理的行政法規。七月，新聞出版署發出通知嚴禁有關法輪功出版物出版。	
一九九八	67歲				
一九九九	68歲			一九九九年二月，上海世紀出版集團成立，出版集團化進程由此開始。	
二〇〇〇	69歲	二〇〇〇年起，開始與郝明義結盟，爲台北大塊文化出版公司服務。			
二〇〇一	70歲				

二〇〇二	71歲		二〇〇二年二月，中國共產黨第十六次全國代表大會召開。會議將「三個代表」思想寫入黨章。		
二〇〇三	72歲	二〇〇三年十一月，本人第一本著述《閣樓人語》在作家出版社出版。			二〇〇三年六月，出版界原領導人劉杲著文指出，出版工作「文化是目的，經濟是手段」。
二〇〇四	73歲			二〇〇四年四月，四十二家民營書店聯名遞呈了「致北京三聯書店暨中國出版集團的公開信」。	二〇〇四年十月，陳原去世。
二〇〇五	74歲	二〇〇五年五月，忽患腦部硬膜下血腫，做左顱骨鑽孔引流手術。	二〇〇五年十月，新聞出版總署副署長柳斌傑指出，中國政府堅定不移地希望中國文化「走出去」。十二月，中共中央、國務院發出《關於深化文化體制改革的若干意見》，提出以公有制爲主體、多種		

			所有制共同發展的文化產業格局，以及以民族文化爲主體、吸收外來有益文化，推動中華文化走向世界的文化開放格局。		
二〇〇六	75歲		二〇〇六年十月，中共十六屆六中全會舉行。全會審議通過《中共中央關於構建社會主義和諧社會若干重大問題的決定》。		
二〇〇七	76歲	二〇〇七年八月，兩本文集《書商的舊夢》《最後的晚餐》由上海書店出版社出版。			
二〇〇八	77歲	二〇〇八年四月，張冠生整理的沈昌文口述自傳《知道》在花城出版社出版。	二〇〇八年八月，在北京舉辦第二十九屆奧運會。		
二〇〇九	78歲				

二〇一〇年九月，范用去世。十一月，倪子明去世。			二〇一〇	79歲	
……	……	……	……	……	……

①務虛會議是中華人民共和國特有的一種會議，指各級政黨、政府機關、軍隊、企事業單位等的決策層就組織機構整體戰略或某項具體工作，從政治、思想、政策、理論等諸方面進行討論，達成共識，創造理論、制定路線、提出綱領、確立原則的會議。一九七九年初，中共中央召開的理論工作務虛會是最有名的務虛會之一，四項基本原則就是鄧小平在該次會議上提出的理論。